教育部高等学校电子商务类专业教学指导委员会规划教材

浙江省普通高校"十三五"新形态教材

网络零售
Internet Retailing

主编 章剑林 林慧丽
编者 章剑林 林慧丽 苟尤钊 吕琳媛
     郦 瞻 陈晴光 方美玉 熊传光

高等教育出版社·北京

内容简介

本书是教育部高等学校电子商务类专业教学指导委员会规划教材。本书分为网络零售基础、网络零售生态、网络零售运营、零售业数字化转型和大数据与网络零售5篇，共18章，主要内容包括：零售与零售业基础、网络零售概述、网络零售的相关理论、网络零售的发展环境；网络零售生态系统、网络消费者、网络零售平台、网络零售商、网络零售服务商；网络零售界面设计、网络商品、网络零售营销、网络零售客户关系管理、网络零售品牌；零售企业数字化转型、网络零售与组织变革；大数据在网络零售中的应用、智能时代网络零售的变革。本书将理论和实践有机结合起来，内容丰富，实用性强。

本书可作为高等学校电子商务类专业网络零售及相关课程教材，也可作为网络零售从业者的参考读物。

图书在版编目（CIP）数据

网络零售 / 章剑林，林慧丽主编. -- 北京 : 高等教育出版社，2021.9
ISBN 978-7-04-056378-8

Ⅰ. ①网… Ⅱ. ①章… ②林… Ⅲ. ①网上销售-零售-高等学校-教材 Ⅳ. ①F713.36

中国版本图书馆CIP数据核字（2021）第129668号

网络零售
Wangluo Lingshou

策划编辑	刘 艳	责任编辑	刘 艳	封面设计	李卫青	版式设计	徐艳妮
插图绘制	黄云燕	责任校对	刁丽丽	责任印制	朱 琦		

出版发行	高等教育出版社		网　　址	http://www.hep.edu.cn
社　　址	北京市西城区德外大街4号			http://www.hep.com.cn
邮政编码	100120		网上订购	http://www.hepmall.com.cn
印　　刷	三河市华骏印务包装有限公司			http://www.hepmall.com
开　　本	787mm×1092mm　1/16			http://www.hepmall.cn
印　　张	22.75			
字　　数	440 千字		版　次	2021 年 9 月第 1 版
购书热线	010-58581118		印　次	2021 年 9 月第 1 次印刷
咨询电话	400-810-0598		定　价	48.00 元

本书如有缺页、倒页、脱页等质量问题，请到所购图书销售部门联系调换
版权所有　侵权必究
物　料　号　56378-00

网络零售

章剑林 林慧丽

1. 通过计算机访问http://abook.hep.com.cn/1878813,或用手机扫描二维码,下载并安装Abook应用。
2. 注册并登录,进入"我的课程"。
3. 输入封底数字课程账号(20位密码,刮开涂层可见),或通过Abook应用扫描封底数字课程账号二维码,完成课程绑定。
4. 单击"进入课程"按钮,开始本数字课程的学习。

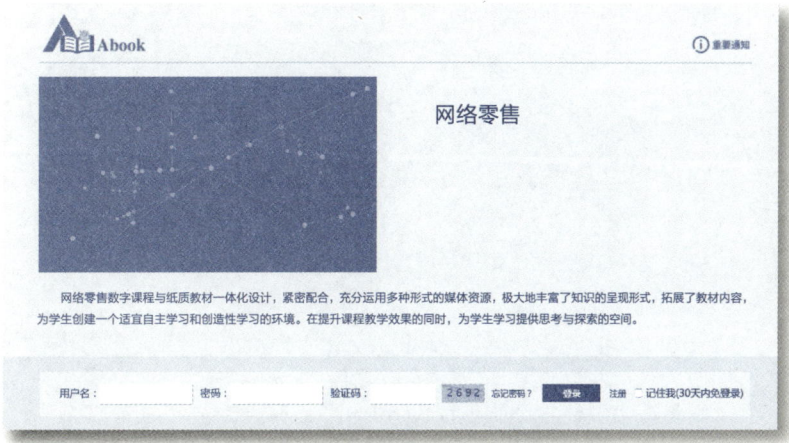

课程绑定后一年为数字课程使用有效期。受硬件限制,部分内容无法在手机端显示,请按提示通过计算机访问学习。

如有使用问题,请发邮件至abook@hep.com.cn。

扫描二维码
下载Abook应用

http://abook.hep.com.cn/1878813

教育部高等学校电子商务类专业教学指导委员会规划教材编写委员会

主　任：刘　军
副主任：覃　征　陈　进
委　员：刘　军　覃　征　陈　进　孙宝文　刘兰娟　章剑林　彭丽芳
　　　　贺盛瑜　李　琪　张润彤　华　迎　曹　杰　熊　励　帅青红
　　　　张荣刚　潘　勇　叶琼伟　李文立　王刊良　左　敏　胡　桃
　　　　郭卫东　李敏强　于宝琴　杨兴凯　姚卫新　陈　曦　张玉林
　　　　倪　明　尹建伟　琚春华　孙建红　刘业政　陈阿兴　魏明侠
　　　　张李义　孙细明　周忠宝　谢　康　李　明　王丽芳　张淑琴

前言

网络经济作为现代国民经济的重要组成部分,在国家经济建设中发挥着至关重要的作用。在网络经济的背景下,零售业的转型升级顺应了时代发展的要求。网络零售作为一种新兴的零售业态,已经成为新的经济增长驱动力。网络零售的发展日新月异。尤其是在"互联网+"时代,随着移动互联网、云计算、大数据、人工智能等技术的发展,网络零售呈现出移动化、数据化、智能化等特点,并向着新零售的方向发展。网络零售的快速发展,带来了社会对网络零售人才的迫切需求。"网络零售"作为高等学校电子商务类专业的基础课程之一,其重要性日益凸显。本书正是在这样的背景下编写的。

本书编者曾于2011年和2015年出版过两版"网络零售"课程教材,这两版教材的内容主要围绕着基于PC端的网络零售展开。近年来,网络零售由PC端转移到移动端,网络零售的市场格局、商业模式、渠道整合模式、营销策略等都发生了很大的变化。如何紧密结合网络零售实践,完善网络零售知识体系,是本书编写所面临的挑战。本书编写的基本思路如下:一是完善网络零售知识体系,加强对网络零售相关理论的梳理和创新,使读者对网络零售的演变机制和发展趋势有深刻和全面的了解;二是注重内容的实践性,在系统介绍网络零售运营和管理过程的基础上,结合最新的产业实践,以提高读者的实践能力;三是提供丰富的教学资源,供读者,尤其是在校大学生进行课外拓展学习。

本书共分5篇18章,相关内容及主要编写者如下:第一篇网络零售基础,包括零售与零售业基础(章剑林)、网络零售概述(章剑林)、网络零售的相关理论(章剑林)、网络零售的发展环境(章剑林);第二篇网络零售生态,包括网络零售生态系统(章剑林)、网络消费者(苟尤钊)、网络零售平台(林慧丽)、网络零售商(林慧丽)、网络零售服务商(章剑林);第三篇网络零售运营,包括网络零售界面设计(林慧丽、方美玉)、网络商品(陈晴光、苟尤钊)、网络零售营销(郦瞻)、网络零售客户关系管理(林慧丽、熊传光)、网络零售品牌(苟尤钊);第四篇零售业数字化转型,包括零售企业数字化转型(林慧丽)、网络零售与组织变革(林慧丽);第五篇大数据与网络零售,包括大数据在网络零售中的应用(吕琳媛)、智能时代网络零售的变革(吕琳媛)。全书由林慧丽统稿。

本书内容丰富,但课程教学课时有限。为了解决这个矛盾,在使用本书时教师可以根据实际需要对不同的内容采取不同的授课方式。例如,对于基础性内容,如第一篇、第二篇、第三篇的相关章节进行重点讲解;对于研究性内容,如第四篇的内容,可以通过组织学生进行课外调研、案例研究或撰写研究报告的方式展开教学；对于概述性内容，如第五篇的内容，可以通过实地参观或撰写综述的方式展开教学。

在编写本书的过程中，我们得到了陈德人、张宇、陈威如、盛振中等专家的指导和帮助，在此表示感谢。此外，我们还借鉴了很多参考资料，在此也对这些参考资料的作者表示感谢。由于编者水平有限，不足之处在所难免，敬请广大读者批评指正。网络零售发展的速度很快，本书中的一些内容可能会落后于产业实践，我们期待通过教学实践不断充实和完善本书的内容和体系，也恳请广大读者提出宝贵的意见或建议。

编　者

2021 年 3 月

目录

第一篇 网络零售基础

第1章 零售与零售业基础 3
- 1.1 零售概述 4
  - 1.1.1 零售的定义和特点 4
  - 1.1.2 零售业的定义和职能 5
- 1.2 零售业态 6
  - 1.2.1 零售业态的构成要素 6
  - 1.2.2 零售业态的分类及其特征 6
- 1.3 现代零售业态的演变与发展趋势 13
  - 1.3.1 零售业态的演变 13
  - 1.3.2 现代零售业的现状及其发展趋势 18
- 1.4 零售战略规划 23
  - 1.4.1 零售战略 23
  - 1.4.2 零售战略规划过程 24
- 思考题 26
- 参考文献 26
- 拓展学习 26

第2章 网络零售概述 29
- 2.1 网络零售的定义 30
- 2.2 网络零售的发展概况 30
  - 2.2.1 国外网络零售的发展概况 30
  - 2.2.2 我国网络零售的发展概况 32
- 2.3 网络零售的商业模式 34
  - 2.3.1 B2C 模式 34
  - 2.3.2 C2C 模式 39
  - 2.3.3 C2B 模式 39
  - 2.3.4 其他商业模式 40
- 2.4 网络零售业态 41
  - 2.4.1 网上旗舰店 41
  - 2.4.2 网上专卖店 41
  - 2.4.3 网上专营店 43
  - 2.4.4 网上集市 43
  - 2.4.5 社区购物中心 44
  - 2.4.6 自建平台 45
- 思考题 46
- 参考文献 46

第3章 网络零售的相关理论 49
- 3.1 零售轮理论 50
- 3.2 网络零售组合的相关理论 51
- 3.3 长尾理论 52
- 3.4 众包理论 54
- 3.5 网络零售交易成本理论 56
- 3.6 零售生命周期理论 57
- 3.7 综合化与专业化循环理论 58
- 3.8 真空地带理论 59
- 3.9 需求满足理论 60
- 思考题 61
- 参考文献 61
- 拓展学习 62

第4章 网络零售的发展环境 63
- 4.1 互联网与技术创新 64
  - 4.1.1 互联网与技术创新现状 64
  - 4.1.2 互联网给零售业带来的影响 65

4.2 零售业的商业创新与发展……66
  4.2.1 网络零售给传统零售业带来的影响……66
  4.2.2 网络零售与传统零售业融合发展……67
4.3 网络零售业的法律环境……68
  4.3.1 国外网络零售业的法律法规及政策……68
  4.3.2 我国网络零售业的法律法规及政策……71
  4.3.3 网络消费者权益保护的相关法律……73
思考题……77
参考文献……77

第二篇　网络零售生态

第5章　网络零售生态系统……81
5.1 生态系统与商业生态系统……82
  5.1.1 生态系统……82
  5.1.2 商业生态系统……82
5.2 网络零售生态系统概述……83
  5.2.1 网络零售生态系统的概念……83
  5.2.2 网络零售生态系统的优点……84
5.3 网络零售生态系统的结构与特征……84
  5.3.1 网络零售生态系统的结构……84
  5.3.2 网络零售生态系统的特征……85
5.4 网络零售生态系统与传统零售生态系统的比较……86
5.5 网络零售生态系统的种群……88
  5.5.1 网络零售生态系统种群的分类……88
  5.5.2 网络零售生态系统种群的成长模式……89
5.6 案例分析：淘宝网……92
  5.6.1 淘宝网的发展历程……92
  5.6.2 淘宝网生态系统的构成……92
  5.6.3 淘宝网生态系统各成员之间的关系……93
思考题……94
参考文献……95
拓展学习……95

第6章　网络消费者……99
6.1 网络零售环境的变化……100
  6.1.1 技术层面的变化……100
  6.1.2 社会层面的变化……101
  6.1.3 商务层面的变化……102
6.2 网络消费的发展趋势……102
  6.2.1 网络消费者的构成……102
  6.2.2 新消费者群体的分类……105
6.3 网络消费者的特征……106
  6.3.1 生活方式……106
  6.3.2 购物方式……107
  6.3.3 沟通方式……108
6.4 影响网络购物的因素……110
  6.4.1 宏观因素的影响……110
  6.4.2 微观因素的影响……110
6.5 网络购物过程……112
思考题……114
参考文献……114

第7章　网络零售平台……115
7.1 平台经济概述……116
  7.1.1 平台经济的产生……116
  7.1.2 平台经济的特征……118

7.2 互联网平台商业模式……………119
　　7.2.1 互联网平台商业模式的
　　　　　内涵…………………………119
　　7.2.2 平台经济的网络效应………119
7.3 网络零售平台的类型………………120
　　7.3.1 B2C 网络零售平台…………120
　　7.3.2 C2C 网络零售平台…………121
　　7.3.3 自建网络零售平台…………122
　　7.3.4 第三方网络零售平台………122
7.4 国外主要的网络零售平台…………124
　　7.4.1 亚马逊………………………125
　　7.4.2 ebay…………………………126
7.5 我国主要的网络零售平台…………127
　　7.5.1 天猫…………………………127
　　7.5.2 京东…………………………128
　　7.5.3 拼多多………………………129
　　7.5.4 淘宝网………………………129
　　7.5.5 苏宁易购……………………129
思考题……………………………………130
参考文献…………………………………130
拓展学习…………………………………131

第8章 网络零售商……………………135
8.1 网络零售商的定义…………………136
8.2 网络零售商的分类…………………136
　　8.2.1 专职网络零售商和兼职
　　　　　网络零售商……………………136

　　8.2.2 个人网络零售商和企业
　　　　　网络零售商……………………137
　　8.2.3 纯网络零售商和混合网络
　　　　　零售商…………………………139
8.3 网络零售商的发展历程……………141
　　8.3.1 萌芽阶段……………………142
　　8.3.2 立足阶段……………………142
　　8.3.3 崛起阶段……………………143
　　8.3.4 生态化阶段…………………143
　　8.3.5 社会化阶段…………………144
8.4 网络零售商生态系统………………145
　　8.4.1 网络零售商生态系统的
　　　　　定义和构成要素………………145
　　8.4.2 网络零售商的协作模式……146
思考题……………………………………148
参考文献…………………………………149

第9章 网络零售服务商………………151
9.1 网络零售服务商概述………………152
9.2 网络零售服务商的分类……………153
　　9.2.1 技术支持服务商……………153
　　9.2.2 内容服务商…………………154
　　9.2.3 营销推广服务商……………157
　　9.2.4 其他第三方服务商…………158
思考题……………………………………160
参考文献…………………………………161

第三篇　网络零售运营

第10章 网络零售界面设计……………165
10.1 视觉营销与网络零售………………166
　　10.1.1 视觉营销的定义……………166
　　10.1.2 视觉营销的功能……………167
　　10.1.3 视觉营销的心理学基础
　　　　　　——格式塔心理学…………169
　　10.1.4 网络零售的视觉营销
　　　　　　流程…………………………170
10.2 网络零售界面的设计原则…………171
　　10.2.1 清晰和简洁…………………171
　　10.2.2 一致和稳定…………………171
　　10.2.3 交互和可用性………………172
　　10.2.4 高效和安全…………………173
10.3 网络零售界面设计模式……………173

10.3.1 主体/细节模式·········173
10.3.2 搜索/结果模式·········174
10.3.3 表单模式·············175
10.3.4 电子表格模式·········176
10.3.5 向导模式·············177
10.4 网络零售平台界面设计·········178
10.5 网络商店设计···············182
10.5.1 网络商店首页设计·····182
10.5.2 网络商品详情页设计···189
10.5.3 商品介绍的撰写·······197
10.5.4 色彩的运用···········201
10.5.5 构图···············206
10.5.6 字体设计···········209
10.6 基于移动端的网络零售界面设计·········210
思考题·································211
参考文献·································212

第11章 网络商品·········213

11.1 网络商品的定义与特征·········214
11.1.1 网络商品的定义·······214
11.1.2 网络商品的内涵·······215
11.1.3 网络商品的特征·······217
11.2 网络商品的分类·············218
11.2.1 按照商品形态分类·····218
11.2.2 按照商品品牌形成方式分类·········220
11.2.3 按照商品内容分类·····220
11.3 网络商品的选购策略·········221
11.3.1 网络商品的选购原则与选购方法·········221
11.3.2 网络商品采购渠道·····223
11.3.3 网络商品采购渠道选择策略·············225
11.4 网络商品规划···············226
11.4.1 网络商品规划的概念···226

11.4.2 网络商品规划的方法···227
11.4.3 网络商品规划的内容···229
思考题·································231
参考文献·································232
拓展学习·································232

第12章 网络零售营销·········235

12.1 网络零售的营销传播组合·····236
12.1.1 网络广告·············236
12.1.2 网络销售促进·········237
12.1.3 网络营销公共关系·····237
12.1.4 网络直接营销·········238
12.1.5 网络人员推销·········238
12.2 基于网络商店的网络零售营销·········239
12.2.1 基于网络商店的网络广告·············239
12.2.2 基于网络商店的网络销售促进···········239
12.2.3 基于网络商店的网络营销公共关系·······241
12.3 基于网络零售平台的网络零售营销·········241
12.3.1 基于网络零售平台的网络广告·········241
12.3.2 基于网络零售平台的网络销售促进·······244
12.3.3 基于网络零售平台的网络营销公共关系···244
12.3.4 基于网络零售平台的网络人员推销·······244
12.4 基于外部网络站点的网络零售营销·········245
12.4.1 基于外部网络站点的网络广告·········245
12.4.2 基于外部网络站点的

网络销售促进……246
　　12.4.3　基于外部网络站点的
　　　　　　网络营销公共关系……246
思考题……247
参考文献……247

第13章　网络零售客户关系管理……249
13.1　客户关系管理概述……250
　　13.1.1　客户关系管理的产生与
　　　　　　发展……250
　　13.1.2　客户关系管理的概念与
　　　　　　内涵……251
　　13.1.3　客户终身价值……252
　　13.1.4　客户关系管理的主要
　　　　　　内容……253
　　13.1.5　客户满意度与客户
　　　　　　忠诚度……261
13.2　网络零售客户关系管理……262
　　13.2.1　网络消费者的消费行为
　　　　　　和消费心理……262
　　13.2.2　网络零售客户关系
　　　　　　管理的作用……266
　　13.2.3　网络零售客户关系
　　　　　　管理的特点……267
13.3　数据挖掘在客户关系管理中的
　　　应用……267
　　13.3.1　客户群体分类……269

　　13.3.2　客户盈利能力分析……270
　　13.3.3　客户获取和客户保持……271
　　13.3.4　客户满意度分析……272
　　13.3.5　客户忠诚度分析……273
思考题……274
参考文献……274

第14章　网络零售品牌……275
14.1　网络零售品牌概述……276
　　14.1.1　网络零售品牌的内涵……276
　　14.1.2　网络零售品牌的特征……276
　　14.1.3　网络零售品牌的发展
　　　　　　趋势……278
　　14.1.4　网络零售品牌与传统
　　　　　　零售品牌的差别……278
14.2　网络零售品牌的定位与传播
　　　策略……279
　　14.2.1　网络零售品牌的定位
　　　　　　策略……279
　　14.2.2　网络零售品牌的传播
　　　　　　策略……280
14.3　网络零售品牌战略……282
　　14.3.1　网络零售平台品牌
　　　　　　战略……282
　　14.3.2　网络商品品牌战略……283
思考题……284
参考文献……284

第四篇　零售业数字化转型

第15章　零售企业数字化转型……287
15.1　消费者主权崛起……288
　　15.1.1　消费者主权与零售业……288
　　15.1.2　消费者主权崛起给
　　　　　　零售业带来的变化……289
15.2　数字经济时代零售业的特点……291
　　15.2.1　数字化……291

　　15.2.2　娱乐化……292
　　15.2.3　全渠道……292
15.3　数字化和数字资产的概念……292
　　15.3.1　数字化的概念……292
　　15.3.2　零售企业的数字化
　　　　　　资产……293
15.4　零售企业的数字化转型与创新……295

15.4.1 数字化转型战略 ········ 295
15.4.2 组织变革 ········ 295
15.4.3 数字化领导力和数字化人才 ········ 296
15.4.4 业务数字化 ········ 296
15.4.5 合作网络化 ········ 297
思考题 ········ 298
参考文献 ········ 298

第16章 网络零售与组织变革 ········ 299
16.1 组织理论概述 ········ 300
16.1.1 古典组织理论 ········ 301
16.1.2 新古典组织理论 ········ 302
16.1.3 现代组织理论 ········ 302
16.1.4 组织理论的最新发展 ········ 303
16.2 科层组织与零售企业数字化转型 ········ 305
16.3 网络零售平台企业的组织变革 ········ 307
16.4 传统零售企业与组织变革 ········ 309
16.5 网络零售企业的组织变革 ········ 312
思考题 ········ 314
参考文献 ········ 314

第五篇 大数据与网络零售

第17章 大数据在网络零售中的应用 ········ 317
17.1 数据时代的来临 ········ 318
17.1.1 大数据的定义 ········ 318
17.1.2 大数据的特征 ········ 319
17.2 大数据与网络零售 ········ 320
17.3 大数据分析工具 ········ 321
17.3.1 分析工具 ········ 321
17.3.2 搜索引擎 ········ 322
17.3.3 推荐系统 ········ 324
17.3.4 影响力排名 ········ 328
17.4 大数据助力零售升级 ········ 331
思考题 ········ 333
参考文献 ········ 333

第18章 智能时代网络零售的变革 ········ 335
18.1 智能时代概述 ········ 336
18.1.1 智能时代的来临 ········ 336
18.1.2 智能时代的特征 ········ 336
18.2 人工智能与零售业 ········ 337
18.2.1 人工智能在零售业中的应用 ········ 337
18.2.2 人工智能在零售业中的价值 ········ 341
18.3 智能零售展望 ········ 343
18.3.1 个人智能助理 ········ 343
18.3.2 零售新生态 ········ 346
思考题 ········ 347
参考文献 ········ 347
拓展学习 ········ 347

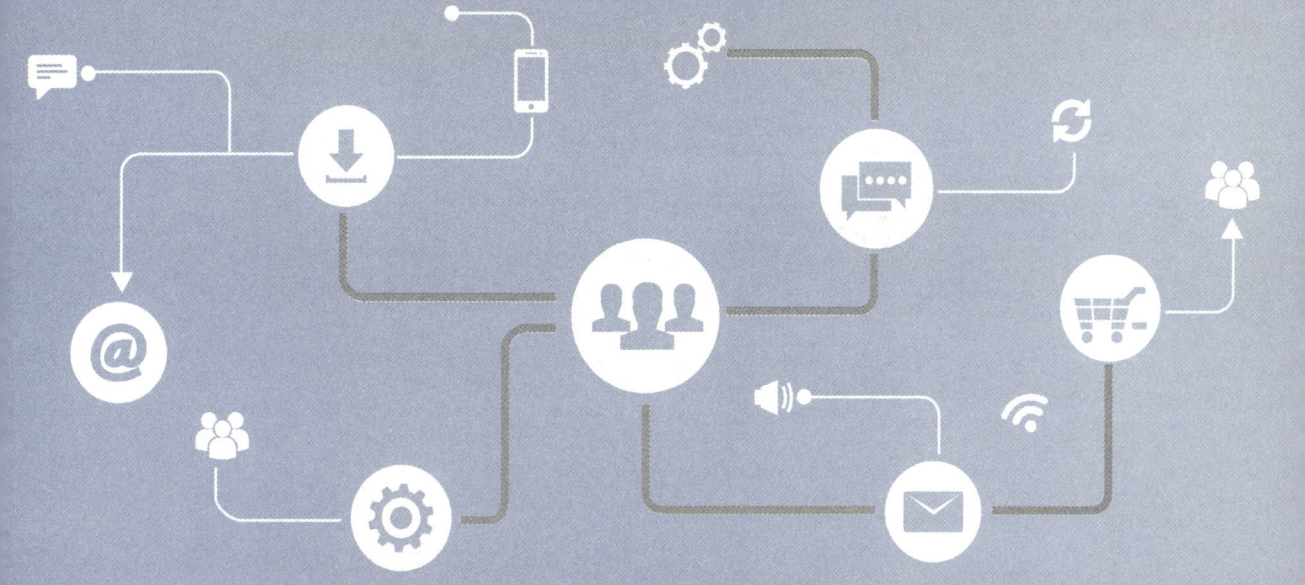

第一篇　网络零售基础

第1章

零售与零售业基础

学习目标

1. 理解和掌握零售的基本概念及特点。
2. 了解零售业态的构成要素、分类及其特征。
3. 深入了解零售业的发展历程及其发展趋势。
4. 掌握零售战略规划及相关过程。

导言

> 零售业是一个古老的行业，是一个与人们生活息息相关的行业，每个人都需要从零售业中取得所需的商品和服务。零售业伴随着人类社会经济的发展而发展，其中零售业态的演变是一个国家和地区社会发展、经济增长和技术变革的必然产物。

1.1 零售概述

1.1.1 零售的定义和特点

零售（retailing）是一种交易方式，它源于商人的基本职能，是以分散、零星的形式向最终消费者出售商品和服务的一种商业形式。作为一种最原始、最直接、最简单、最普遍的交易方式，零售是一种世界性的经济现象。理解零售的概念应把握以下几点。

1. 零售活动的基本特征是终端消费

与制造商和批发商的活动相比，零售活动有不同的对象。制造商和批发商的角色分别是生产者和转售者，他们购买商品的目的是生产加工和再出售，而零售活动的对象是最终消费者，即向个人或社会集团出售商品。作为零售客户，最终消费者购买商品的目的是自己消费。如果购买商品不是为了自己消费，而是为了生产加工或者转售，这种商业活动就不属于零售活动的范畴。除了个人之外，社会集团的非生产性购买行为也属于零售客户的购买行为。例如，某公司购买办公用品供员工使用；某单位订购鲜花供其会议室使用。因此，零售商在寻求客户时不可忽视社会集团。

2. 零售活动出售的商品包括实物商品和服务商品

零售活动出售的商品涵盖实物商品和服务商品，包括在商店中出售的实物商品和一些因出售实物商品而发生的如送货、保修等附加服务，也包括纯服务商品或以服务为主、实物为辅的商品形式，如医疗、保险、航空运输等。

3. 零售活动的场所多样化

零售活动的场所具有多样化的特点。按照有无店铺，可以将零售形式分为两大类：一是店铺销售，以坐商的形式在一定位置通过相应的店堂出售商品，包括连锁店、售货亭、前店后厂以及各种业态固定的售货场所。二是无店铺销售，即没有固定的场所用于商品销售，而是借助电话、电视、网络以及售货车、货郎担等形式，向消费者出售商品或服务。

1.1.2 零售业的定义和职能

零售业是指主要向最终消费者提供商品或服务的行业。零售业的职责就是在恰当的时间和地点，以恰当的数量和价格，用恰当的形式向有需求的消费者提供恰当的商品，它由具有不同业态的零售企业构成，担负着促进生产、繁荣市场、引导和满足消费者需求的重任。

零售业是一个古老的行业，沿街叫卖是最早的零售活动的写照。早期的零售商就是从这种行商起步的，并逐步发展为后来的坐商。零售业的每一次变革和进步，都提高了人们的生活质量，甚至引发了人们新的生活方式。

1. 零售业是一个国家或地区的基础行业

零售业处于商品流通的第一线，体现了流通产业的基本职能，是流通产业的基础，也是城市的基础产业。零售业构成了城市基本的经济功能，直接关系到城市的生存和发展。世界上存在没有工业或农业的城市，如政治中心城市、旅游城市等，但不存在没有零售业的城市。零售业是城市的基础，是世界共有的经济现象。

2. 零售业是一个国家或地区最重要的行业之一

尽管零售业在国民经济体系中处于下游位置，但随着经济的发展，尤其是当市场处于供大于求的阶段时，零售业的地位就得到了前所未有的提升。在现实生活中，零售业迅速占据了产业链的主导地位，并具有控制市场、决定生产、影响金融的作用。零售业可以通过整合采购渠道控制市场命脉，决定制造业的生产、定价等经济行为；零售业还掌握大量的现金流，进而影响金融市场的稳定。

3. 零售业是一个国家或地区的窗口行业

零售业既是国民经济的窗口，也是城市的窗口，是经济发展的晴雨表。零售业不但营造了一种生活环境，而且丰富了人们的生活内容，改变了人们的消费方式。无论是零售网点布局、业态选择、经营方式，还是服务内容和服务水平，都直接或间接地影响着广大消费者的生活质量和生活方式。

4. 零售业是一个国家或地区的主要就业渠道

零售业点多面广、市场进入门槛低，为社会提供了众多的就业机会。由于零售业对促进就业有突出作用，很多国家或地区甚至把扶持、发展零售业作为解决就业问题的一项经济政策。

1.2 零售业态

1.2.1 零售业态的构成要素

零售商针对特定的目标市场,围绕店铺选址、经营规模、商品结构、价格策略、销售方式、附加服务和店铺设施等进行决策,不同的决策组合就形成了零售业态(retail format)。零售业态即零售商店的营业形态,是指零售业为满足不同的消费需求而形成的不同的经营形态,是零售商在具体零售场所采用或实行的各种经营策略的总和。该概念包括两个方面的含义:其一,确定的目标客户;其二,具体的经营策略。

1.2.2 零售业态的分类及其特征

1. 国际通用的零售业态分类

对于零售业态的分类,各个国家和地区所采用的标准不完全一致。美国把零售业态分为百货商店、超级市场(简称超市)、折扣店、一般商品店、服装专卖店、仓储俱乐部、药店、便利店、杂货店等;日本对零售业态的分类与美国基本相同,但增加了自动售货机、邮购以及无店铺零售形态。当然,对于其中的每类零售业态,还可以进一步细分。例如,可以将超市进一步细分为食品超市和综合超市。

2. 我国零售业态的分类

20世纪末,我国零售业迎来快速发展时期,我国自2000年开始先后三次制定并修订了《零售业态分类》。

(1)2000年版《零售业态分类》

2000年,国家国内贸易局组织起草了《零售业态分类》(GB/T 18106—2000)。该标准在制定过程中借鉴和吸收了国际上相关标准的规定,广泛征求了国内专家和业界人士的意见,并充分考虑我国国情,将我国零售业态按不同特性划分为9类:百货商店、仓储商店、购物中心、家居中心、超市、大型综合超市、专业店、专卖店和便利店。

(2)2004年版《零售业态分类》

2004年,商务部组织国内有关部门对2000年版《零售业态分类》进行了修订,制定了新的国家标准《零售业态分类》(GB/T 18106—2004),并于2004年6月发布,替代了2000年版《零售业态分类》。

2004年版《零售业态分类》与2000年版《零售业态分类》的主要差异,是增加了折扣店、无店铺零售等业态,并对购物中心进行了细分。最重要的是,该标准将零售业态从总体上分为有店铺零售业态和无店铺零售业态,无店铺零售业态被我国零售业所承认。

具体来说，该标准将零售业态分为食杂店、便利店、折扣店、超市、大型超市、仓储会员店、百货商店、专业店、专卖店、家居建材商店、购物中心、厂家直销中心、电视购物、邮购、网上商店、自动售货亭、电话购物等零售业态。

（3）2021年版《零售业态分类》

为了适应近年来我国零售业的发展趋势，并借鉴发达国家对零售业态的划分方式，2021年国家标准《零售业态分类》（GB/T 18106—2021）出台。本标准与2004年版《零售业态分类》相比，主要做了如下修订：取消了食杂店业态；取消了有店铺零售业态中大型超市、家居建材商店、厂家直销中心三个独立业态，将大型超市并入超市业态；将家居建材商店并入专业店业态；将厂家直销中心并入购物中心业态，并更名为奥特莱斯型购物中心；细化了便利店业态分类；按营业面积大小和生鲜食品营业面积占比细化了超市业态分类；细化了购物中心业态；增加了集合店业态；增加了无人值守商店业态；在无店铺零售业态中，增加了流动货摊零售业态；将网上商店修改为网络零售；将电视购物修改为电视/广播零售；将自动售货亭修改为无人售货设备零售。

该标准总体上分为有店铺零售业态和无店铺零售业态两大类，分别如表1-1和表1-2所示。

表1-1 有店铺零售业态分类和基本特点

序号	业态	基本特点				
		选址	商圈与目标客户	规模	商品（经营）结构	服务功能
1	便利店	社区型便利店	位于社区周边	主要客户为社区内的常住人员，客流稳定	营业面积一般为50～199 m^2，货架为15～25组	以日常生活用品、饮料、烟酒、应急商品以及部分生鲜商品为主。根据社区档次的不同，商品结构有所不同	营业时间通常为16 h以上，可提供线上订货及多种便民服务。有些便利店提供送货上门或客户自提服务
		客流配套型便利店	位于火车站、公交站、码头、地铁站等公共交通枢纽以及景点、商业中心等人流量较为密集的区域周边	客户群体以上班族和出游人群为主	营业面积一般为50～120 m^2；货架为15～25组	以饮料、香烟、即食食品、休闲食品、报纸杂志为主，位于旅游景点的店铺销售旅游纪念品	以提供即食食品（早餐、盒饭）、手机充电、ATM取款、上网等服务为主

续表

序号	业态	基本特点				
		选址	商圈与目标客户	规模	商品（经营）结构	服务功能
1	便利店	商务型便利店：位于写字楼集中的区域及周边	客户群体以收入较高的商务人士为主	营业面积一般为 20～80 m²；货架为 10～20 组；设置就餐简易设施	以鲜食盒饭、即食食品、现冲饮料、新鲜水果、功能性饮料、蜜饯糖果、时尚小商品为主	以提供早、中、晚即食食品，以及信用卡还款、上网等服务为主。有些便利店提供线上订货服务
		加油站型便利店：加油站内	客户群体以司乘人员为主	营业面积一般为 10～120 m²；货架组数不等	以食品、饮料、香烟、应急商品、汽车养护用品为主	提供 ATM 取款等金融服务，以及洗车等汽车相关服务
2	超市	按营业面积大小分类				
		大型超市：市、区商业中心或城乡接合部，交通要道及大型居住区	辐射半径为 2 km 以上，目标客户以居民、流动客户为主	营业面积一般为 6 000 m² 及以上	各类生活用品、包装食品及生鲜食品，一次性购齐，注重自有品牌开发	通常设有面积不低于营业面积40%的停车场，营业时间为 12 h 或以上，可提供线上订货服务
		中型超市：市、区商业中心，居住区	辐射半径为 2 km 左右，以商业区目标客户、社区便民消费为主	营业面积一般为 2 000～5 999 m²	日常生活用品、包装食品及生鲜食品，单品数少于大型超市	营业时间为 12 h 或以上，可提供线上订货服务
		小型超市：市、区商业中心，居住区	辐射半径为 1 km 左右，以社区便民消费为主	营业面积一般为 200～1 999 m²	以包装食品及生鲜食品为主，提供日常生活必需品	营业时间为 12 h 或以上，通常提供便民服务，可提供线上订货服务

续表

序号	业态	基本特点				
		选址	商圈与目标客户	规模	商品（经营）结构	服务功能
2	超市	按生鲜食品营业面积占比分类				
	生鲜超市	社区周边，是大型购物中心的配套业态	辐射半径为 2 km 左右，以商业区目标客户、周边居民为主	营业面积一般为 200～6 000 m²	以生鲜食品、包装食品为主，配置必需的非食品类商品，总经营品种为 7 000～15 000	营业时间为 12 h 或以上，提供生鲜食品简单处理、加工服务，可提供线上订货服务
	综合超市	市、区商业中心，居住区	辐射半径为 5 km 左右，以商业区目标客户、周边居民为主	营业面积一般为 2 000～10 000 m²	非食品类商品单品数较多，经营品种齐全，为 15 000～30 000，满足客户日常生活用品一次购齐的需要	营业时间为 12 h 或以上，可提供线上订货服务
3	折扣店	位于居民区、交通要道等的租金相对便宜的地区	辐射半径为 2 km 左右，目标客户主要为商圈内居民	营业面积一般为 300～500 m²	商品平均价格低于市场平均水平，自有品牌占有较大的比例	用工精简，提供有限服务，有些折扣店可提供线上订货服务
4	仓储会员店	城乡接合部的交通要道	辐射半径为 5 km 以上，目标客户以中小零售店、餐饮店、集团购买和流动客户为主	营业面积一般为 5 000 m² 以上	以大众化衣、食、日用品为主，自有品牌占相当大的部分，商品通常有 4 000～12 000 种，实行低价、批量销售	设有面积相当于营业面积的停车场。有些仓储会员店可提供线上订货服务

续表

序号	业态		基本特点			
			选址	商圈与目标客户	规模	商品（经营）结构	服务功能
5	百货商店		市、区商业中心，历史形成的商业集聚地	以追求时尚和品质的客户为主	营业面积一般为10 000~50 000 m²	商品种类齐全，以服饰、鞋、箱包、化妆品、家庭用品、家用电器为主	注重服务，逐步增设餐饮、娱乐、休闲等服务项目和设施
6	购物中心	都市型购物中心	城市的核心商圈或中心商务区，街区型或封闭型建筑结构	商圈可覆盖甚至超出所在城市，满足客户购物、餐饮、商务、社交、休闲娱乐等多种需求	营业面积（不包含停车场的建筑面积）通常为50 000 m²以上	购物、餐饮、休闲和服务功能齐备，时尚、休闲、商务、社交特色较为突出	提供停车位、导购咨询、个性化休息区、手机充电、免费无线上网、ATM取款等多种便利措施
		区域型购物中心	位于城市新区，或城乡接合部的商业中心，或社区聚集区，紧邻交通主干道或城市交通节点，以封闭的独立建筑体为主	辐射半径为5 km以上，满足不同收入水平客户的一站式消费需求	营业面积（不包含停车场的建筑面积）通常为50 000 m²以上	购物、餐饮、休闲和服务功能齐备，所提供的商品和服务种类丰富	提供停车位，通常还提供导购咨询服务、个性化休息区、手机充电、免费无线上网、免费针线包、ATM取款等便利措施
		社区型购物中心	位于居民聚居区的中心或周边，交通便利。以封闭的独立建筑体为主	辐射半径不超过3 km，以满足周边居民日常生活所需为主	营业面积（不包含停车场的建筑面积）通常为10 000~50 000 m²	以家庭生活、休闲、娱乐为主，配备必要的餐饮和休闲娱乐设施，服务功能齐全	提供停车位，通常还提供休息区、手机充电、免费无线上网、免费针线包、ATM取款等便利措施

续表

序号	业态	基本特点				
		选址	商圈与目标客户	规模	商品（经营）结构	服务功能
6	购物中心 奥特莱斯型购物中心	在交通便利或远离市中心的交通主干道旁，或开设在旅游景区附近。建筑形态为街区型或封闭型建筑结构	辐射所在城市或周边城市群，目标客户为品牌拥护者	营业面积（不包含停车场的建筑面积）通常为50 000 m² 以上	以品牌商或经销商开设的零售店为主体，以销售打折商品为特色	提供停车位
7	专业店	在交通便利或远离市中心的交通主干道旁，或者市、区商业中心以及百货商店、购物中心内	目标客户以有目的选购某类商品的流动客户为主	根据商品特点而定	以销售某类商品为主，具有专业性、深度性的特点，品种丰富，选择余地大	现场售卖人员可提供专业建议。无人值守专业店，由消费者自助完成购物
8	品牌专卖店	市、区商业中心，商业街以及百货商店、购物中心内	目标客户以中高档消费者和追求时尚的年轻人为主	根据商品特点而定	以销售某一品牌系列商品为主，销售量少、质优、高毛利	注重品牌声誉，从业人员专业知识丰富，能提供专业服务。无人值守专卖店，由消费者自助完成购物
9	集合店	市、区商业中心，商业街以及百货商店、购物中心内	目标客户为品牌特定消费者	营业面积通常为300~1 500 m²	汇集多个品牌及多个品类的商品，商品之间有较强的关联性	注重品牌声誉，从业人员专业知识丰富，能够提供专业服务

续表

序号	业态	基本特点				
		选址	商圈与目标客户	规模	商品（经营）结构	服务功能
10	无人值守商店	位于大卖场周边、社区、办公楼周边、购物中心内，可以作为其他业态的补充	主要客户群体为周边消费者群体，追求快捷、方便	营业面积一般为10~25 m²	以饮料、休闲食品、应急商品为主。区域不同，商品结构也有所不同	可24 h营业

表1-2　无店铺零售业态分类和基本特点

序号	业态	基本特点			
		目标客户	商品（经营）结构	商品售卖方式	服务功能
1	网络零售	追求便捷、省时、省力	根据目标客户设定商品结构	在线交易	送货到指定地点或指定自提点
2	电视/广播零售	以电视观众、收音机听众为主	商品具有某种特点，与市场上同类商品相比，有一定的差异性	以电视、广播的形式向客户推介商品；通过电话订购	送货到指定地点
3	邮寄零售	商品目录，或报纸、杂志的阅读者	商品适于存储和运输	以商品目录、报纸、杂志的形式向客户进行商品宣传；客户事先打款，并通过邮寄或快递收到货物	邮寄或快递到指定地点
4	无人售货设备零售	以交通节点、商业区等流动客户和固定区域（如办公区、生活区）客户为主	以饮料、预包装食品和简单生活洗化用品为主，商品单品通常不超过30种	通过自动售货机、无人货架、智能货柜等设备，客户自助购买	自助服务
5	直销	不同的商品，目标客户不同	商品以某一品类或多品类为主，具有系列化的特点	销售人员直接与客户接触，销售商品	送货到指定地点或自提

续表

序号	业态	基本特点			
		目标客户	商品（经营）结构	商品售卖方式	服务功能
6	电话零售	不同的商品，目标客户不同	商品单一，以某个品类为主	通过电话完成销售	送货到指定地点
7	流动货摊零售	随机客户	商品单价较低，满足即时性、冲动性购物需求	面对面销售	立刻获得商品

1.3 现代零售业态的演变与发展趋势

1.3.1 零售业态的演变

1. 国外零售业态的演变

通过研究零售业态发展的历史，结合各种商业变革对零售业态的影响，大多数学者认为历史上出现过5次零售业态革命。零售业态每一次变革和创新、每一种新的经营方式出现，都是围绕如何使消费者降低购买成本、提高购买便利性进行的。在5次零售业态革命中，网络零售在扩大交易范围、缩短商品的空间距离、降低交易费用、提高购物的便利性方面无疑是做得最好的。

（1）第一次零售业态革命：百货商店的诞生

法国乐蓬马歇百货公司是世界商业史上第一个采用新的经营方式的百货商店。百货商店的产生标志着零售业从原始的零售业经营方式向现代零售业经营方式转变。

百货商店是指在一个建筑物内，集中若干专业的商品部并向消费者提供多种商品和服务的综合零售业态。多种商品集中交易，产生了集聚效应，标志着一个新的零售业态的产生。

1860—1920年是百货商店发展的黄金时期，相对于当时的传统零售商店来说，百货商店具有以下特点。

① 对销售方式进行根本性变革。消费者可以自由进出商店，商品销售实行"明码标价"，陈列商品以便于消费者挑选，消费者对购买的商品不满意时可以退换。

② 对经营方式进行根本性变革。百货商店按照商品类别分成不同的商品部，并由商品部来负责进货和销售。它主要以生活用品为中心，实行综合经营、大量销售。

③ 对组织和管理进行根本性变革。百货商店按照商品系列进行分部门、分层次的组织和管理，重视信誉和售后服务。它地处城市中心或交通要道，能吸引大量消费者。

百货商店是世界商业史上第一个采用新的经营方式的现代大型销售组织，是零售业态对机械化大生产和城市化进程加快的直接反映。它适应了商品流通大规模、高效率、标准化的客观趋势，符合商品交换的"自由、平等、公平、自愿"原则。因此，百货商店成为零售业态的第一次革命。

（2）第二次零售业态革命：连锁店的兴起

连锁店产生于19世纪中叶的美国，而后在欧洲和日本逐步发展起来。1859年，美国大西洋和太平洋茶叶公司（简称A&P）建立的第一家连锁店被称为世界上最早的直营连锁店。但连锁店前期发展缓慢，直到20世纪50年代至20世纪90年代，才进入高速发展期。20世纪90年代初，美国的沃尔玛在墨西哥开设了第一家美国本土以外的商店，连锁经营冲破国界，标志着连锁店进入国际化发展时期。

连锁店不仅在经营方式上有所改变，在商业制度上也有所创新。它重构了商品流程，并以连锁为架构把分散经营的商店有机地连成一体，其意义在于把社会化大生产的基本原理应用于流通领域，实现采购、配送、销售、决策等管理职能的专业化，商流、物流、信息流的集中化，管理决策和经营行为的规范化，资本运营的规模化，从而推动了商业制度的创新和改革。连锁店的最大优势是"最普通的商品、最优惠的价格、最方便的购买、最优质的服务"。

连锁店的基本特征如下。

① 标准化管理。连锁店的各个店铺使用统一的店名和标志，进行风格统一的装修，在员工着装、营业时间、广告宣传、商品价格等方面均保持一致，从而使连锁店的整体形象标准化。

② 专业化分工。连锁店总部的职能是连锁经营，而店铺的职能是销售，店铺摆脱了过去仅靠经验管理的制约，大大提高了管理水平。

③ 集中化进货。连锁店的总部实行进货集中化，以降低进货成本；各店铺则专门负责销售，以加快商品周转速度。

④ 简单化作业。连锁店的作业流程、商业活动尽可能简单，以减少经验因素对经营的影响。连锁店在各个环节的控制上都有一套特定的运作规程。

连锁店之所以被称为第二次零售业态革命，是因为它比百货商店更能显示集团的优势。例如，用广布网点的方式突破零售商圈的局限性，形象的一致性有利于积累无形资产，总店集中采购有利于降低成本等。由于这些优势，专业店、百货商店、超市等零售业态也纷纷实行连锁经营，甚至跨越国界，形成国际连锁店。

（3）第三次零售业态革命：超市

超市最早于1930年出现在美国。1930年，迈克尔·库伦以很低的租金在纽约租了一间大仓库，创办了世界上第一家超市——金库伦超市。超市的产生是生产方式的变革引起的流通方式变革。工业革命的机械化生产、流水化过程、定量化包装以及产品质量的稳定，都为自动售货创造了条件。人们的生活节奏越来越快，一站式购物能够较好地满足人们的需求，超市也因此成为一种主要的零售业态。

超市采用自主服务和集中性一次付款的销售方式，主要销售包装食品、生鲜食品和日用品，以满足消费者对生活必需品的需求。自20世纪80年代起，超市开始发生一些重要的变化：一是超市向着大型化的方向发展；二是超市的商品和服务向着多样化、综合化的方向发展；三是超市在经营业态上向着细分化的方向发展。

超市的基本特征如下。

① 商品构成以食品、服装、日用杂货等生活必需品为中心，基本上能够满足消费者一站式购物的需求。

② 开架售货、自助服务，让消费者与商品零距离接触，节省了消费者的时间。

③ 超市实施的统一结算和关联商品陈列，不仅节省了消费者选购商品和结算的时间，还减少了店铺的从业人员，从而降低了人工成本。

④ 促进了商品包装的变革，推行条形码管理，节约了管理成本。

⑤ 选址一般在居民住宅区，或者郊区，有停车场。

超市使零售向着标准化、规模化的方向发展，促进了经营管理的现代化，被视为零售业态的第三次革命。

（4）第四次零售业态革命：专卖店、仓储商店和折扣店

20世纪60年代，社会群体在收入上的差距不断扩大，消费需求、消费理念的差异化愈发明显，从而导致了消费者群体的分化。专卖店、仓储商店和折扣店等零售业态出现。专卖店满足了消费者对购买某一品牌商品的需求，而仓储商店和折扣店则将价格敏感型的消费者作为主要目标客户。

专卖店是指专门经营或授权经营某一制造商的系列品牌商品，以满足消费者选择品牌需求的零售业态。其特点是：设在繁华的商业中心、商业街或百货商店、购物中心内；商品结构以著名品牌或大众品牌为主；采取定价销售和开架面售方式；从业人员具备丰富的关于所售商品的专业知识，可以为消费者提供专业服务；讲究店面装饰。

仓储商店最早在1968年创建于荷兰，是一种将商品销售与商品存储集中于一个空间的零售业态。其特点是：规模大、投入少、价格低，大多利用闲置的仓库、厂房经营，店内极少装饰，一切以简洁自然为特色；商品以开架方式陈列，由消费者自由选购；商品种类多，以经营实用性商品为主；店内工作人员少，利用商品上的条形码进行快捷收款结算，并实现对商品进、销、存的合理控制；附设大型停车场。

折扣店以销售自有品牌和周转快的商品为主，它限定销售的商品品种，并以

有限的营业面积、简单的店铺装修、有限的服务和低廉的经营成本，向消费者提供"物有所值"的商品。其特点是：低价销售，一方面是降低企业的运营成本，节约管理费用，另一方面是加强与供货商的合作，直接从厂家进货，同时生产大量的自有品牌商品，从而实现低价销售；店面开设在社区附近，目标客户以工薪阶层、中等收入的社区居民为核心。

（5）第五次零售业态革命：网络零售

20世纪90年代，计算机网络技术得到突破性的发展，促使电子商务和虚拟市场产生。因此，网络零售是计算机网络技术在零售活动中的应用，是电子商务的基本形式，标志着一种新的零售业态产生。

网络零售对整个零售业产生了巨大的影响：网络零售市场是虚拟市场，打破了传统零售业的时空限制，网络零售商可以将目标市场扩展到全国乃至全世界；对传统零售业产生了巨大的冲击，促使传统零售商对整体营销策略进行调整；改变了零售的业务流程，以及传统的零售商和零售商、零售商和供应商、零售商和消费者之间的关系；消费者剩余增加，且足不出户便能轻松地在网上完成购物，扩大了购物范围、节约了购物时间、降低了购物成本。网络零售的独特优势，使其与传统零售业态并驾齐驱，甚至成为未来主流的零售业态。

除了以上5次零售业态革命的观点外，还有一些关于国外零售业态演变的观点。其中，中国学者李飞认为国外共爆发了10次零售业态革命，依次为百货商店、一价商店、连锁店、超市、购物中心、步行商业街、自动售货机、网上商店、全渠道商店和智能商店，如表1-3所示。

表1-3　国外的10次零售业态革命[1]

阶段	名称	主要特征
第一次	百货商店	品类增加，明码标价
第二次	一价商店	价格同一，低且稳定
第三次	连锁店	组织创新，多店发展
第四次	超市	自选购物，一次付款
第五次	购物中心	商店聚集，一次购足
第六次	步行商业街	漫步购物，老街复兴
第七次	自动售货机	机器售货，无人值守
第八次	网上商店	网上零售，线下配送

---

[1] 李飞. 零售革命[M]. 修订版. 北京：经济科学出版社，2018.

续表

阶段	名称	主要特征
第九次	全渠道商店	线上线下，融合零售
第十次	智能商店	智能服务，无人机商店

2. 我国零售业态的演变

我国零售业态的演变和经济发展密不可分，随着我国社会主义市场经济体制的建立和买方市场的形成，大量新型零售业态不断涌现，零售业迅速发展。我国零售业态的发展和变革大致经历了以下几个阶段。

（1）第一阶段（改革开放以前）：我国零售业态的主流是百货商店

改革开放以前，我国零售业态表现为单一、固化的零售业态。在这一阶段，我国实行计划经济体制，社会生产力水平低，市场化、商品化程度低，供需关系比较紧张，几乎所有商品都处于供不应求的状态。百货商店作为计划经济体制下的商品流通主渠道，主要任务是稳定物价和保障供给，而不是满足消费和促进生产，因此行业内缺乏市场竞争。此时百货商店一统天下，业态结构相对固化。

（2）第二阶段（改革开放初期至20世纪90年代中期）：大型百货商店迅猛发展，新型零售业态不断涌现

改革开放以来，我国社会环境发生了巨大的变化，工业生产蓬勃发展，商品供应日益丰富，居民收入持续增长。随着市场需求的不断增大，零售业迅速进入一个急剧变革的阶段。在这一阶段，代表着信誉的大型百货商店在数量及规模上不断扩大，仍然占据着零售业的主导地位。1984年10月以后，以城市为重点的经济体制改革全面展开，全国形成了兴建大型商厦的热潮，处于成熟期的大型百货商店超常规发展，使得粮油店、副食店、肉菜店等逐步衰弱。

与此同时，新型零售业态也纷纷涌现。20世纪80年代中后期，超市在我国出现，这种具有空间、时间和成本优势的零售业态在我国大中城市乃至中小城镇异军突起；便利店、专卖店、仓储商店等纷纷通过连锁经营方式自发整合以扩大市场规模，增强竞争优势。

（3）第三阶段（20世纪90年代后期至今）：传统百货商店出现危机，各种新型零售业态不断发展

在该阶段，我国零售业总体上呈现出新旧业态逐步分化和重组的局面。20世纪90年代后期，传统百货商店遇到了巨大挑战，全面滑坡。超市、便利店、专卖店、购物中心等新型零售业态相继出现，不断蚕食传统百货商店的市场份额。进入21世纪，我国百货商店才逐渐走出倒闭的阴影，获得新的发展。

与此同时，作为现代流通手段之一的连锁经营，成为零售商采用的主要经营

方式。连锁店从少到多，从小到大，不断发展壮大，多种业态经营的零售商大量增加，超市、便利店、专业店、专卖店、购物中心、仓储商场、无店铺销售和网络零售等发展迅速。

1.3.2 现代零售业的现状及其发展趋势

1. 现代零售业的现状

随着全球经济下行压力的不断增大，全球零售市场的增速有减缓趋势，但仍旧保持了较稳定的增长，这主要得益于中国等新兴经济体。

例如，2018年我国社会消费品零售总额为38.1万亿元，同比增长9.0%，如图1-1所示，保持平稳较快发展势头；消费连续5年成为我国经济增长第一驱动力，对经济增长贡献率达76.2%。其中，我国中高端商品和服务性消费增长较快，化妆品、家用电器、通信器材等商品销售增长速度较快，居民服务性消费支出占消费总支出的比例升至49.5%，消费新业态蓬勃发展，现代供应链、电子商务、数字消费等互相融合，网上零售额突破9万亿元，同比增长23.9%。

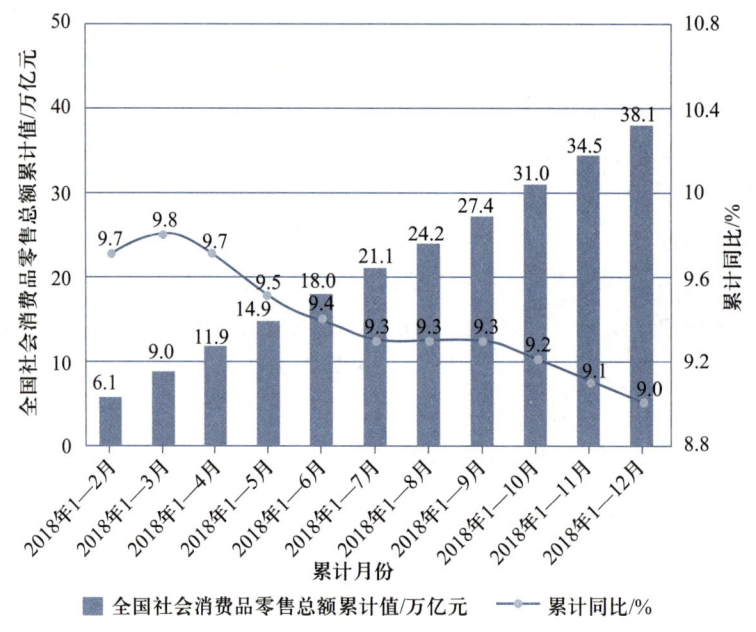

图1-1　2018年1—12月全国社会消费品零售总额统计及增长情况

（资料来源：前瞻产业研究院）

2018年，实物商品网上零售额占社会消费品零售总额的比例比上一年增长了3.4个百分点，恩格尔系数下降了0.9个百分点，人均服务性消费比例提升了1.6个百分点。这些规模和结构性指标的变化表明，流通和消费正朝着积极健康的方向发展。

2018年1—12月份,在我国限额以上单位商品零售市场中,汽车类商品的零售总额达到38 948亿元,占比达30.08%。紧随其后的是石油及制品类商品,粮油、食品类商品和服装鞋帽、针纺织品类商品,零售总额分别占全国商品零售市场的15.09%、10.64%和10.59%,如图1-2所示。

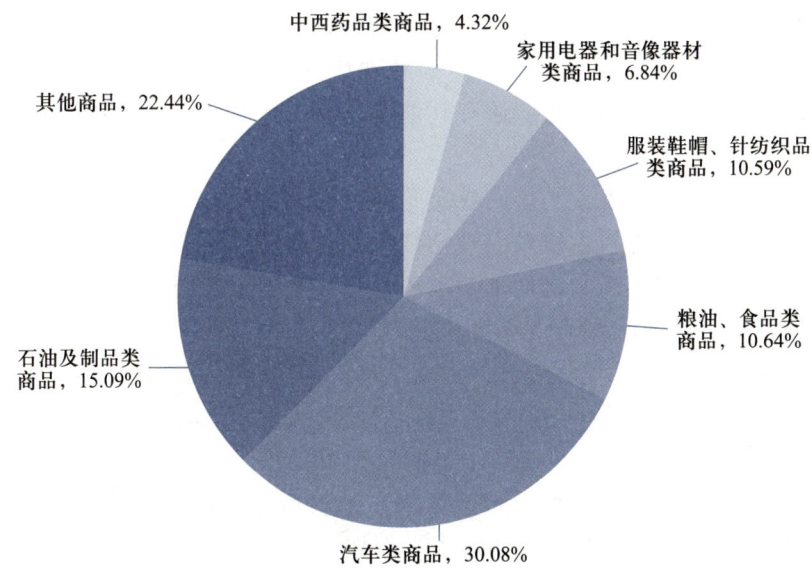

图1-2　2018年1—12月我国限额以上单位商品零售结构占比统计情况

（资料来源：前瞻产业研究院）

2018年社会消费品零售总额增速虽然有所回落,但仍处于中高速增长区间。我国消费规模稳步扩大,消费模式不断创新,消费升级趋势不变,消费对国内生产总值的贡献率进一步提高,消费结构升级还将经历较长的发展阶段。

我国拥有14亿人口的大市场,其中有4亿中等收入群体,蕴含着巨大的消费结构升级需求,消费市场潜力大、韧性强、活力足、成长性好。社会消费品零售总额将继续处于平稳较快的增长区间。

2. 现代零售业的发展趋势

纵观美国2017年的零售业发展情况,仅一年时间就有7 000多家实体店关闭,关闭的实体店数量超过了历史平均水平,实体零售业的发展状况也因此令人担忧。然而,2018年实体零售业的发展出现了转机。

由于品牌企业大力开拓和升级线下体验店,购物中心的设计理念被重构,越来越多的消费者更加注重线下购物体验等因素,因此实体零售业出现了复兴的迹象。由此可见,过去实体零售业衰败并不是因为网络零售为人们提供了更加便捷的购物方式，而是因为品牌企业没有让实体购物承载其应有的体验价值。

随着各种零售业态的涌现和电子商务的发展，我国零售市场上的商品越来越丰富，竞争越来越激烈，以商品为中心的零售模式也越来越跟不上形势的发展，传统零售业正在迅速地脱胎换骨。

（1）新零售

微视频1-1
如何理解新零售

新零售（new retailing）概念于2016年首次提出。2017年，围绕新零售概念的创业公司层出不穷，这一年被称为新零售元年。只有将线上服务、线下体验和现代物流结合在一起，才会产生新零售。对于新零售，还有其他表述方式，如"无界零售""智慧零售""新消费"等。

新零售，是个人或企业以互联网为依托，运用大数据、人工智能等先进技术以及心理学知识，对商品的生产、流通与销售过程进行升级改造，进而重塑零售业态结构与生态圈，让线上服务、线下体验与现代物流进行深度融合的零售新模式。

零售本质上是围绕消费者展开的商业活动。从这个层面来说，"新零售"是向零售本质的回归。阿里巴巴集团首席执行官张勇认为，走向新零售非常重要的标志，是要使消费者可识别、可触达、可洞察和可服务。这种前端的变革，必须建立在利用数据和技术对中端和后端进行根本性改造的基础上。新零售将从内容、形式和体验上更好地满足消费者的需求。例如，让所有的商业元素都数据化，并建立数据资产；借助大数据和互联网技术改变传统零售业的B2C供应链管理模式，建立C2B的反向驱动模式；改变传统零售业的市场营销模式，使一笔交易的成交不再是终点；能根据消费者行为数据描绘出其画像，并进行识别、洞察、触达和服务。因此，就不难理解为何发起和主导这场变革的不是传统意义上的零售商，而是互联网企业。

目前，在零售活动中，经营什么品类、什么品牌不是最重要的，如何用有特色的商品、场景、服务、体验打动消费者，已经成为关键要素。新零售能够进一步满足消费者对商品定制化、个性化和多样化的需求。

以阿里巴巴集团为例。近年来阿里巴巴集团一方面不断积累零售资源，另一方面采取自营与合营相结合的方式对供应链资源等进行新零售生态链的布局，包括零售百货（联华超市、高鑫零售等）、综合零售（苏宁易购）、家居生活（有住网、生活美学馆等）、生鲜O2O（盒马等）、外卖餐饮（饿了么等）、电子商务平台（淘宝网、聚划算等）、体验馆（HOMETIMES家时代等）、物流（菜鸟网络）、技术服务（零售通等）、女装淘品牌（茵曼等）及其他（天猫小店等），如图1-3所示。随着各个行业、各种模式的不断拓展和整合，阿里巴巴集团新零售生态链将得到进一步的延伸。

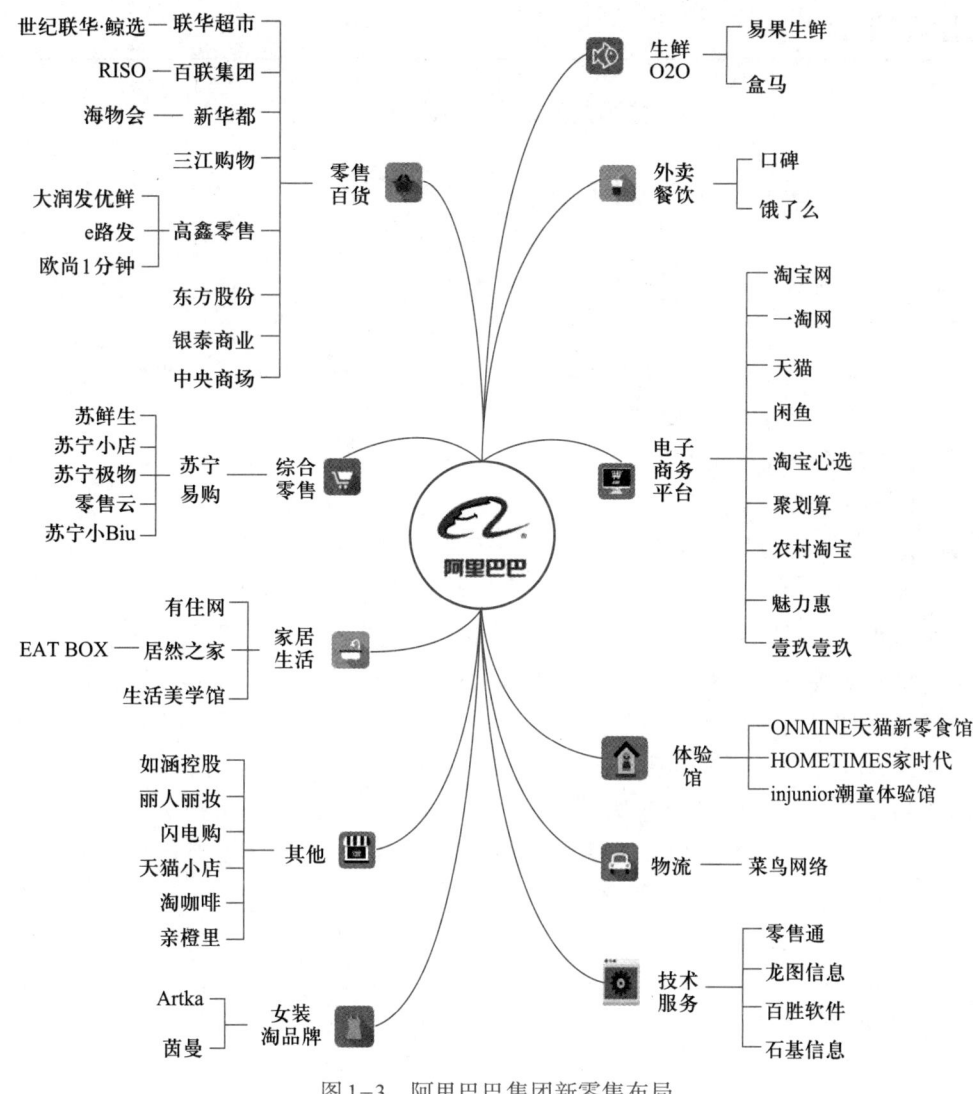

图1-3 阿里巴巴集团新零售布局

（资料来源：艾媒咨询）

科技的发展使新零售的发展更加蓬勃，越来越多的企业进入新零售行业。新零售与智能管理系统、数据管理系统、虚拟现实技术等的不断结合，使得新零售的功能越来越完善。目前新零售模式还处于发展的初期阶段，未来市场会越来越大，新零售将有巨大的发展空间。

应用案例

盒马的互联网"智"运用

1. 以大数据为导向,掌握消费需求

不管是在线上还是在线下,在盒马购物都必须下载盒马 APP,并且只能通过支付宝进行支付。这背后是盒马互联网"智"的运用,也就是对消费数据的深度挖掘和分析。

通过对线上和线下消费数据的挖掘和分析,盒马能够细致地描绘消费者画像,精确地掌握每个消费者的购买习惯,并在后台进行数据分析和处理,最后利用数据分析和处理结果向线上引流,使其能够尽可能地满足消费者的购买需求。

2. 线下体验、线上下单

盒马的线下门店可以说是以"吃"为基础展开的。在这里,不仅有半成品、成品、加盟餐饮店,更有现捞现吃的"海鲜排档"。例如,在盒马购买海鲜后,在加工柜台选择一种烹饪方式并支付一定的加工费,就可以在餐饮区享用热腾腾的海鲜大餐了。这种新鲜的销售方式无疑极大地优化了消费者体验,增加了消费者黏性,更将消费者向线上引流,当消费者不方便到线下消费时就可以通过盒马 APP 下单。这种线下线上相结合的方式大大增加了盒马的用户回头率。相关数据显示,截至 2018 年 7 月,盒马有 50% 的订单来自线上,对于其营业时间达半年以上的成熟店铺,这一比例更是达到 70%,而且线上商品转化率高达 35%,这一比例也远高于传统电子商务企业。

盒马在物流配送方面对互联网"智"的应用也毫不逊色。其线下门店拥有收货、配货、打包和配送等完整的物流体系。在门店,用户可以看到盒马自主研发的悬挂链系统。悬挂链在门店多处拥有端口,用户在手机上下单后,拣货员会在 3 min 之内完成拣货,并将货物放入端口的派送包,悬挂链会将这些货物传到快递员手中,紧接着快递员能在 20 min 之内完成送货上门。此外,在配送过程中,快递员通过互联网技术来找货找人,即用飞鱼配送 APP 对货物送达地点和快递员的位置进行实时匹配,并选择最优配送路线。这些措施都大大提高了盒马的物流效率。

(2)全渠道零售

随着移动技术的快速发展和广泛应用,2012 年下半年出现了全渠道零售(omni-channel retailing)一词。到了 2013 年,全渠道零售被越来越多地提及,更有一些企业开始进行全渠道零售实践。

所谓全渠道零售,是指企业为了满足消费者任何时候、任何地点、任何方式的购买需求，采取实体渠道、传统电子商务渠道和移动电子商务渠道整合的方式销售商品或服务，为消费者提供无差别的购买体验。

贝恩公司全球零售事业部负责人达雷尔·里格比曾指出，随着形势的演变，数字化零售正在迅速脱胎换骨，因此有必要赋予它一个新的名称——全渠道零售。这意味着零售商能通过多种渠道，包括网站、实体店、服务终端、直邮和目录、呼叫中心、社交媒体、移动设备、上门服务等与客户互动。

全渠道零售的战略重点不在于将单一渠道做到最优或最强，而是使各个渠道达到高度协同，为消费者提供无缝的购物体验；全渠道供应链上的所有库存也为所有客户共享；一个门店可以销售其他门店中的商品，线上商店可以销售线下门店和物流中心仓库中的商品。

微视频 1-2
如何理解全渠道零售

在实体店里，消费者经常会碰到商品型号不全、缺货等情况，购物体验也会因此受到影响。相关统计显示，零售商为此损失的销售额超过 17%。2011 年，阿迪达斯开始在实体店里安装数字货架，消费者可以在数字货架上选择产品，并且能够从任意角度查看产品，以获得更多的产品信息。一个阿迪达斯实体店最多只能摆放 500 双鞋，但是这个数字货架能够容纳 10 万双鞋。可以说，数字货架极大地改善了消费者的体验。

1.4 零售战略规划

1.4.1 零售战略

1. 零售战略的定义

（1）零售战略

对于零售商而言，零售战略（retail strategy）是指确定目标市场；确定拟采用的用于满足目标市场需求的方式；确定为建立持久的竞争优势而采取的计划制订方式。

（2）目标市场

目标市场（target market）是指零售商计划将其资源和零售活动组合集中于此的细分市场。

（3）零售方式

零售方式（retail format）是指零售商的零售活动组合，包括商品的性能和所提供的服务功能、定价策略、广告宣传和促销计划、店面设计和商品陈列的方式，以及选址等。

2. 零售战略的目标和使命

许多零售商都有自己明确的使命陈述。使命陈述是指对一个零售商的经营目标和经营范围的一般性描述。它界定了该零售商要考虑的目标市场和零售方式。例如，大型跨省直营餐饮品牌火锅店海底捞的使命陈述是，始终秉承服务至上、顾客至上的理念，以创新为核心，改变传统的标准化、单一化的服务，提倡个性化的特色服务，致力于为顾客提供愉悦的用餐服务。小米的使命陈述是，让每个人都能享受科技的乐趣。这一使命揭示了小米希望通过高性价比的科技产品为每个用户带来快乐。华为的使命陈述是，聚焦客户关注的挑战和压力，提供有竞争力的通信解决方案和服务，持续为客户创造最大价值。这一使命表达了华为客户至上和奋斗不停歇的精神。中国电信的使命陈述是，让客户尽情享受信息新生活。这一使命展示了中国电信以客户为本，致力于服务和改善人们生活的基本价值定位。腾讯的使命陈述则是"科技向善"，这一使命体现了腾讯相信科技能够造福人类，且人类应善用科技，避免滥用科技，杜绝恶用科技的期望。

1.4.2 零售战略规划过程

零售战略规划是零售商实施战略管理的重要内容，其过程是由一组相互关联的、有序的要素构成的，即零售商制定和实施零售战略规划的一系列步骤。通过制定战略规划，零售商可以对市场吸引力、竞争对手和自身进行分析，确定目标市场和所采用的零售方式，以建立长远的竞争优势。具体来说，零售战略规划主要包括以下步骤。

1. 环境分析

环境分析包括市场吸引力分析、竞争对手分析、自我分析三个方面，是制定战略规划的第一步。对于零售商来说，在环境分析中最关键的是确定自己独有的能力，以利用这些能力，扬长避短，抓住投资机遇。

（1）市场吸引力分析（market attraction analysis）

影响零售市场吸引力的因素主要有：市场规模和成长性；市场中的竞争程度；影响市场的环境因素，如技术、经济、法律和社会变化等。

例如，与百货商店的零售市场相比，专卖店的零售市场因发展快而极具吸引力。一般来说，在正在成长的市场中，商品的边际利润和价格都会高一些。此外，与成熟的市场相比，正在成长的市场的竞争程度并不激烈。

如果新的竞争对手没有机会进入某个零售市场，这个市场就具有很强的吸引力。而对于某个零售市场来说，当竞争对手凭借其规模取得了一定的成本优势时，零售商就不愿意再进入这个市场了。例如，小型零售商往往会避免在沃尔玛旁边开设一家经营日用品的商店，沃尔玛因为比小型零售商拥有更大的成本优势，因此能为顾客提供更加物美价廉的商品。

（2）竞争对手分析（competitor analysis）

竞争对手分析主要是对竞争对手可能制定的战略和政策，以及他们的执行能力进行分析。只有深入了解竞争对手，零售商才能制定出有效的战略规划与其展开竞争，并对竞争对手将来的行动进行预测。

（3）自我分析（self-analysis）

自我分析是指零售商对自身的优势和劣势进行分析。对自身所具备的满足消费者需求的能力，以及自身的优势和劣势进行分析，可以使零售商了解如何把握机遇，以避免来自外部环境的威胁所造成的伤害。进行自我分析时同样要与竞争对手相联系，因为一个零售商的优势和劣势是根据其竞争对手的能力来界定的。

2. 确定战略性机遇

确定战略性机遇是指确定潜在的发展机遇。在多数情况下，如果一个零售商所面临的发展机遇与其零售战略非常契合，则其往往拥有较大的竞争优势。也就是说，那些没有进入新的、不熟悉的市场，或者没有采用新的、不熟悉的零售方式，而是投身于市场渗透机遇的零售商，获得成功的可能性更大。

零售商在拓展市场时依靠的是将其具有竞争优势的零售方式应用于一个新市场的能力。在发展新的零售方式的过程中，零售商在现有客户中所拥有的声誉十分重要，即使零售商在采用新的零售方式方面并不具有优势，也可以通过将其忠诚的客户吸引到自己所采用的新的零售方式上来获得成功。

3. 评估战略性机遇

评估战略性机遇，是指评估在上一个步骤中确定的战略性机遇。零售商必须通过对这些机遇进行评估，来分析自身建立长久竞争优势以及获取长期利润的潜力。因此，零售商必须将其零售活动集中于那些能够利用自身力量获得竞争优势的战略性机遇上。例如，某公司在分销方面具有竞争优势，因此就应该考虑那些需要卓越分销能力的机遇。

4. 制定特定的目标并分配资源

对战略性机遇进行评估之后，接下来就要为每个机遇确定一系列特定目标。零售商的整体目标一般包含在其使命陈述中，特定目标则是用于实现整体目标的各个具体目标。特定目标通常包括三个部分：① 追求的业绩水平，包含用来衡量整体目标实现程度的数字指标；② 实现目标的时间表；③ 实现目标所需要的投资水平。

一般来说，业绩水平是用财务指标来衡量的，如投资收益率、销售额或利润。此外，市场份额也是一个衡量业绩水平的重要指标，与基于会计信息（在很大程度上受会计准则影响）的财务指标相比，这一指标更为客观。

5. 确定零售组合策略

确定零售组合策略，是指针对每个战略性机遇制定一种零售活动组合方案。零售活动组合包括零售商所经销的各种商品的组合、商品定价、广告和促销计划、商店设计和商品展示、销售人员为客户提供的服务以及商店选址等要素。

6. 评价业绩并做出调整

零售战略规划过程的最后一个步骤是对战略规划方案和结果进行评估，如果零售商已经实现或超越了既定目标，那么就不必对战略规划进行调整。但是如果零售商没有实现既定目标，则需要对战略规划进行调整。一般情况下，这种调整起始于对战略规划方案的反思，但这也可能需要重新对所制定的战略，甚至使命陈述进行考虑。这一步骤的结论将会导致一个新的战略规划过程的启动。

思考题

1. 为什么说网络零售的出现是零售业态的一次革命？
2. 试讲述和分析零售业态的演变过程。
3. 零售战略的定义是什么？应该如何进行零售战略规划？
4. 如何对零售业态进行分类？其各自的特征是什么？

参考文献

[1] 伯曼，埃文斯. 零售管理[M]. 吕一林，宋卓昭，译. 11版. 北京：中国人民大学出版社，2011.
[2] 李飞. 零售革命[M]. 修订版. 北京：经济科学出版社，2018.
[3] 陈海权. 零售学[M]. 广州：暨南大学出版社，2012.
[4] 曾庆均. 零售学[M]. 北京：科学出版社，2012.
[5] 蒋秀兰，蒋春艳. 零售学[M]. 北京：清华大学出版社，2013.
[6] 陈琦. 零售到新零售到底经历了什么[J]. 商业文化，2018(6)：54-56.
[7] 张凯. "电商黑马"拼多多崛起之路[J]. 知识经济（中国直销），2018(5)：80-83.
[8] 陈雨茹，曾玲玲. 盒马鲜生："智慧"新零售[J]. 中国外资，2019(11)：67.

拓展学习

零售战略实例

许多零售商在目标市场选择和零售方式创新方面有独到之处，并取得了成功。

1. 电子商务领域的黑马——拼多多

拼多多的电子商务征程从一开始便非常亮眼。2016年，拼多多获得1.1亿美元的B轮融资，创下当时电子商务企业B轮融资的新高。2016年10月10日，拼多多周年庆单日交易额超过1亿元人民币。2017年9月，拼多多用户数超过1亿，月成交总额超过10亿元人民币，日均订单数超过100万。2017年12月，拼多多用户数突破3亿大关。截至2018年12月31日，拼多多年度活跃买家数为4.185亿，较2017年同期增长71%；2018年第四季度，拼多多移动端月度活跃用户数达2.726亿，较2017年同期增长93%；2017年与2018年拼多多商品交易额（GMV）分别为1 412亿元人民币与4 716亿元人民币；2018年，拼多多平台上共有360万个活跃商户。

拼多多的崛起之路，可以大致分为三个阶段：第一个阶段为产品探索期，即2015年10月至2016年12月，在此阶段拼多多重在打磨产品，快速验证商业模式；第二个阶段为第一波增长期，即2017年1月至2017年10月，在此阶段拼多多开始在运营端发力，通过不断加持线下广告、赞助热门综艺节目等营销手段持续拉新，平台下载量稳步上升；第三个阶段为高速增长期，即2017年11月到现在，在此阶段拼多多全面走入大众视野，曾长期占据电子商务平台下载量第一的位置，而且交易量超过京东，成为一匹黑马。

拼多多的定位为"新电商开创者"。所谓新电商，即"社交+电子商务"模式，这被业界认为是拼多多迅速崛起的重要原因。"社交+电子商务"模式其实很简单：用户在看中一款商品时，可以向亲朋好友发送拼单邀请，拼单成功后便能以更低的价格买到商品。通过分享完成拼单，而借助微信的社交网络，拼单又实现了裂变。通过分享形成购物体验，就是拼多多独特的社交化电子商务思维。

除了改变线上消费模式外，拼多多线下用户的分布情况也能凸显其发展特点。有关数据显示，在拼多多的用户中，有70%为女性，有65%来自三四线城市，来自一线城市的用户仅占7.56%。与此相对应，在京东的用户中，有15.68%来自一线城市，有50.1%来自三四线城市。由此发现，深耕三四线城市，是拼多多开拓市场的方向。

中国互联网正在经历第三次人口红利。第一次人口红利源自最早接触互联网的人群，第二次人口红利则是由生活在大城市的年轻人推动的，其伴随着移动互联网从一线城市向二线城市下沉的自然过程。而第三次人口红利则源自城镇人群，主要包括二、三、四线城市的中年用户以及一线城市的老年用户。拼多多的崛起，与目标消费者群体下沉以及长尾互联网用户的迅猛发展有着密切的联系。

2. 小米的"饥饿营销"

在市场营销学中，饥饿营销是指商品提供者有意调低产量，以达到调控供求关系，制造供不应求的"假象"，使商品维持较高的售价和利润率的目的。

在"高配置+高价格"和"低配置+低价格"的市场中，小米敢于独树一帜，以"高配置+低价格"的模式，为消费者提供超高性价比的产品。作为互联网企业，小米更是充分利用互联网的优势，充分利用微博、微信等社交媒体进行宣传；并依靠强大的技术和资金支持，进行了一轮又一轮的饥饿营销。小米利用互联网这个载体，让消费者在网上预约购买手机，之后再对手机的发售量进行压缩，使得市场上出现小米货源短缺的假象，成功地让小米成为消费者抢购的对象。

第2章

网络零售概述

学习目标

1. 了解国内外网络零售的发展概况,以及网络零售的主要发展阶段。
2. 理解和掌握网络零售的主要商业模式。
3. 理解和掌握主要的网络零售业态。

导言

在我国，网络零售正处于市场转型升级、商业模式不断创新的阶段。本章将对网络零售的定义、发展概况、商业模式以及业态进行简要介绍。

2.1 网络零售的定义

网络零售（internet retailing）是指通过互联网或其他电子渠道，针对个人或家庭的需求销售商品或提供服务（Harris和Dennis，2002）。本书将网络零售定义为以互联网为渠道、针对终端消费者的电子商务活动。网络零售为零售商和消费者提供了新的交易平台和交易方式，使消费者可以打破地域的限制，在全球范围内采购商品，并大大缩短了交易时间。网络零售商能够为消费者提供丰富的商品信息，从而扩大了消费者的选择余地。

2.2 网络零售的发展概况

2.2.1 国外网络零售的发展概况

1. 美国网络零售的发展概况

美国的电子商务兴起于1995年，直到2000年，随着互联网的普及和安全性的提高，网络零售业开始大规模发展起来。最早从事网络零售的亚马逊直到2003年才首度盈利，但此后其发展极为迅速。近年来，除了亚马逊、ebay等电子商务企业外，沃尔玛等大型零售商也纷纷开展网络销售服务。

2019年，美国网络购物普及率首次突破80%，从2018年的79.6%攀升至80.5%。年龄为18~54岁的人群的网络购物普及率超过80%，其中年龄为25~34岁的人群的网络购物普及率最高，达到89.6%。市场研究机构eMarketer给出的相关数据显示，2018年美国网络零售额为5 148.4亿美元，网络购物用户数为1.904亿。需要指出的是，亚马逊Prime会员数的增长能够反映美国网络零售市场的发展。2018年，亚马逊Prime会员数较2017年增长12.2%，达到1.116亿，占美国所有网络购物用户数的58.6%。

2. 日本网络零售的发展概况

日本的现代零售业起步较早，是一个零售市场规模较大的国家。德勤发布的《2018年度全球零售商力量报告》显示，有64家亚洲零售商上榜，其中日本就有32家零售商上榜，占50%。但是日本网络零售规模以及成长率较低，2018年日本网络零售仅占其零售总额的8.6%。不过，日本网络零售市场仍未饱和，有很大的发展空间。

3. 金砖国家的网络零售发展概况

2001年，美国高盛公司首席经济师吉姆·奥尼尔首次提出"金砖四国"这一概念，特指世界新兴市场。2010年南非（South Africa）加入后，其与巴西（Brazil）、俄罗斯（Russia）、印度（India）、中国（China）的英文首字母组合成单词"BRICS"，并改称为"金砖国家"。

阿里研究院发布的《金砖国家电子商务发展报告（2018更新版）》显示，2017年金砖国家网民数超过14.5亿，占全球网民数的41.9%；网络购物用户数超过8.4亿，占全球网络购物用户数的50.8%；网络零售交易额达11 851亿美元，占全球网络零售总额的51.8%；跨境网络零售交易额达1 296亿美元，占全球跨境网络零售总额的24.5%。由此可见，互联网基础设施的完善以及智能手机的应用和普及，为金砖国家经济和社会发展带来了机遇，成为新时期金砖国家发展的新引擎。

俄罗斯网络零售增长空间大，跨境电子商务发展迅速。2017年，俄罗斯互联网普及率达到75.8%，网络购物用户数超过4 630万，网络购物使用率达42.3%，网络零售额达152亿美元，占俄罗斯零售总额的3.4%，还有相当大的增长空间。与此同时，俄罗斯跨境电子商务零售规模增长迅猛。2017年，俄罗斯跨境电子商务进口实物销售额为59亿美元，占网络零售总额的39%。在金砖国家中，俄罗斯网络购物用户的跨境电子商务使用率显著高于其他四国。跨境电子商务已经成为俄罗斯电子商务市场增长的主要驱动力之一。

印度拥有人口红利，网络零售发展潜力巨大。2017年印度网民数达4.3亿，超过美国成为仅次于中国的全球第二大互联网市场。2017年印度网络购物用户数超过1.8亿，同比增长38.1%，网民的网络购物使用率达42%。过去一段时间，印度网络零售实现了持续快速发展，2010年印度网络零售规模仅为8.7亿美元，2017年则快速增长到约223.5亿美元，年复合增长率达59%。在印度跨境网络购物成交额中，有58.4%是通过智能手机等移动终端完成的。

巴西是拉丁美洲最大的网络零售市场。2017年，巴西网络购物用户数达4 841万，网民的网络购物使用率达39.3%；网络零售额达160.5亿美元，同比增长9.5%。消费市场研究机构Euromitor的研究报告显示，巴西拥有拉丁美洲最大的跨境电子商务消费市场，2017年巴西跨境电子商务零售进口规模为27.6亿美元，同比增长15%。但近年来巴西的网络零售增速有所放缓。

南非的网络零售起步较晚但发展较快。2017年,南非网民数为3 180万,网民渗透率达58%,处于非洲领先水平;网络购物用户数为1 840万,网络购物使用率为57.9%;南非网络零售规模达27亿美元,同比增长15.3%;跨境电子商务零售额约为8.9亿美元,同比增长30.9%。

2.2.2 我国网络零售的发展概况

1. 我国网络零售的发展现状

根据中国互联网络信息中心2021年2月发布的第47次《中国互联网络发展状况统计报告》的数据,截至2020年12月,我国网民数为9.89亿,较2020年3月增长8 540万。互联网普及率达70.4%,较2020年3月提升了5.9个百分点。我国网民使用手机上网的比例为99.7%,使用台式计算机上网的比例为38.2%,可见我国网民使用手机上网的比例远超使用台式计算机上网的比例。同时,手机电子商务类APP、休闲娱乐类APP、信息获取类APP、交通沟流类APP等的使用率都在快速增长,移动互联网带动了各类手机APP的发展。

截至2020年12月,网络购物用户数达7.82亿,较2020年3月增长7 214万;与此同时,手机网络购物用户数持续增长,达到7.81亿,较2020年3月增长7 309万,手机网络购物使用率为79.2%。

国家统计局发布的相关数据显示,2020年全国网络零售额为117 601亿元,比2019年增长10.9%。网络零售市场发展持续向好,规模再创新高。

2. 我国网络零售的产业链结构

我国网络零售产业链的主体有卖家、网络零售平台和网络消费者。网络零售平台是连接产业链上下游的核心,起着承上启下的作用。此外,还有物流公司、第三方支付平台等支持产业链的参与方,由此构成了网络零售生态系统。我国网络零售产业链如图2-1所示。

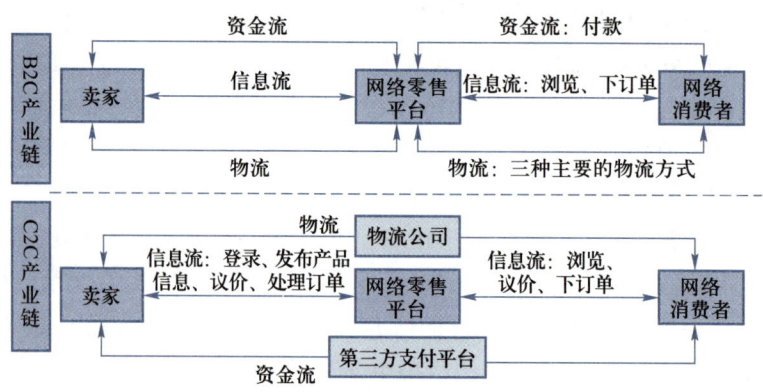

图2-1 我国网络零售产业链

（1）卖家

这里的卖家即网络零售商，包括传统供应商、中小型B类（企业）卖家和散户型C类（个人）卖家。

① 传统供应商。传统供应商的货源、信誉和商品质量建立在传统生产方式的基础上，他们主要采用传统销售渠道，对网络零售有一定的兴趣，抱着尝试的态度接触网络零售，通过自建的网站或第三方网络零售平台开展零售活动，把网络零售作为广告方式和辅助销售渠道，以带动线下销售。

② 中小型B类卖家。中小型B类卖家往往充当代理商的角色，是独立经营的个体卖家，货源稳定且具有特殊的优势，对市场信息把握得比较准确，能够及时调配自己的资源。这类卖家是网络零售平台的主要支撑力量，他们在网络商店的经营上投入很大的精力，由于不存在库存问题，因此其经营成本较低，而且销售的商品具有价格优势。经过一段时间的积累，这类卖家信誉度较高，交易量很大。

③ 散户型C类卖家。散户型C类卖家是C2C类网络零售平台的主体，由两种卖家组成，一种卖家有自己的实体店铺，经营以实体店铺为主，网络店铺只是作为补充；另一种卖家则利用业余时间经营店铺并获得利润。散户型C类卖家的素质参差不齐，他们经营店铺的时间较短且用于经营店铺的精力有限，信誉度较低，交易量较低。

随着网络零售商业模式的创新，上述三类卖家之间的界限越来越模糊。

（2）网络零售平台

网络零售平台是连接买卖双方的平台，可以直接面对网络消费者。不同类型的网络零售平台，所交易的商品、所采用的支付方式和物流方式也有所不同。网络零售平台的类型主要有以下两种。

① B2C类一站式网络零售平台。B2C类一站式网络零售平台如京东等。这类网络零售平台拥有自己的物流配送体系，售后服务较好，其主要的利润来源为价格差。

② C2C类聚合式网络零售平台。C2C类聚合式网络零售平台如淘宝网、58同城等。这类网络零售平台与第三方支付平台和第三方物流公司合作，其主要利润来源为佣金和交易费用。

（3）网络消费者

网络消费者是指通过网络购买商品或服务的最终消费者，他们购买商品或服务的目的不是用于交换，而是自己使用。

3. 我国网络零售的发展趋势

在我国，随着经济快速发展、法律法规逐步健全和国民素质不断提高，网络零售市场日益完善，网络购物群体也越来越追求品质、服务、速度和信誉保障等，而非简单地追求低价,未来B2C网络零售将会有更大的发展空间。B2C网络零售企业在原先的垂直领域取得一定的行业地位后,倾向于寻求多元化的经营方式,以减少对某个特定行业的依赖,并逐步扩大经营规模。这样的企业,如京东等,纷纷由专注细分领域转型向相关领域拓展,或者突破原先销售的品牌与商品品类。此外,一些在行业中处于领先地位的B2C网络零售企业开始自建物流配送体系,以降低资金周转周期,提高服务质量,并向产业链下游扩展。

2.3 网络零售的商业模式

网络零售是电子商务发展过程中最为活跃的领域,其商业模式不断分化,分类方法也有多种。按照传统的分类方法,可以将网络零售商业模式分为B2C模式和C2C模式两大类,但近年来,C2B模式、O2O模式等商业模式迅速发展,已经成为网络零售重要的商业模式。另外,随着网络零售市场的成熟和市场竞争程度的加剧,更多的网络零售平台开始将注意力转移到细分化的用户需求上,深入挖掘用户需求,网络零售的新型商业模式不断涌现。

2.3.1 B2C模式

B2C(business to consumer)模式,是指企业通过互联网向消费者直接销售产品或提供服务的网络零售模式。B2C网络消费者主要有以下两个特点。一是追求高性价比。随着人们收入的提高,B2C网络消费者在关注价格的同时对商品质量的要求也不断提高,因此高性价比成为他们追求的目标。二是看重品牌,B2C网络消费者往往倾向于选择知名度高的平台以及知名品牌商的商品。

可以将B2C模式细分为以下4个模式。

1. 平台运营模式

平台运营模式是最典型的B2C模式。在这种模式中,品牌商进驻网络零售平台,消费者在网络零售平台上通过搜索商品或进入目标品牌商店铺选择商品进行消费。随着网络流量红利逐渐减弱,平台运营模式的获客成本越来越高。为了突破发展瓶颈,各大网络零售平台一方面利用资源优势不断吸引知名品牌商入驻,并通过提高服务质量来满足消费者不断增长的对商品和服务的需求;另一方面不断加强对细分市场的开发,以渗透到不同类型的人群中。例如,一些网络零售平台通过吸引知名品牌商入驻、升级物流体系、发力新零售业务及垂直细分领域等来突破发展瓶颈,如图2-2所示。

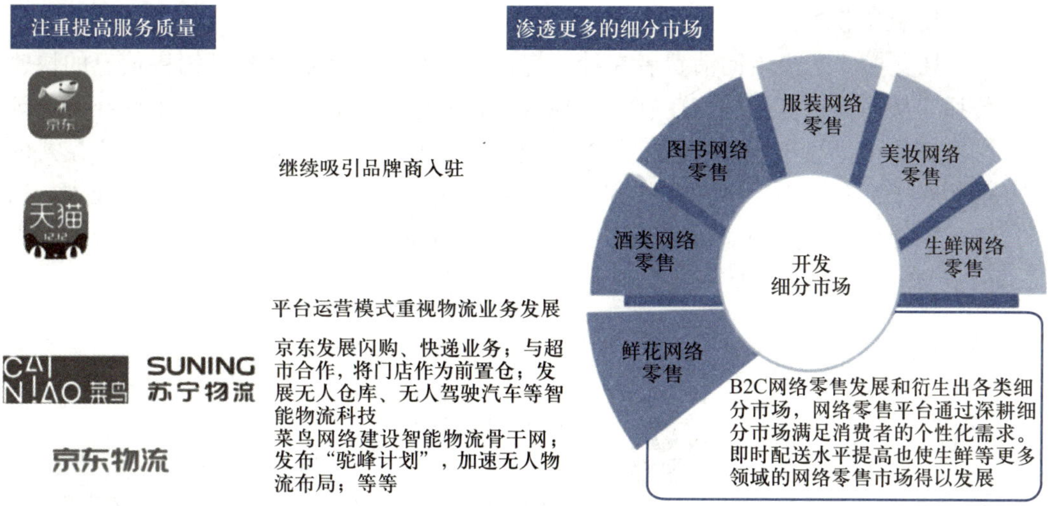

注重提高服务质量

继续吸引品牌商入驻

平台运营模式重视物流业务发展

京东发展闪购、快递业务；与超市合作，将门店作为前置仓；发展无人仓库、无人驾驶汽车等智能物流科技

菜鸟网络建设智能物流骨干网；发布"驼峰计划"，加速无人物流布局；等等

渗透更多的细分市场

服装网络零售
图书网络零售
美妆网络零售
酒类网络零售
开发细分市场
生鲜网络零售
鲜花网络零售

B2C网络零售发展和衍生出各类细分市场，网络零售平台通过深耕细分市场满足消费者的个性化需求。即时配送水平提高也使生鲜等更多领域的网络零售市场得以发展

图2-2 平台运营模式突破发展瓶颈

（资料来源：艾媒咨询）

应用案例

平台运营模式的典型案例——天猫

天猫采用平台运营模式，它以新零售为核心战略，以品牌数字化转型和消费升级为驱动力，实现组织架构的进一步优化。

① 以新零售为核心战略。天猫线上和线下之间的界限逐渐模糊，尤其在2018年"双十一"购物狂欢节中更是以线下为主战场。天猫的移动端推出了针对线下服务的重要入口——"逛商圈"，它通过 LBS（location-based service，基于位置的服务）功能将消费者精准地引流到线下门店产生交易；与商超、家居等行业合作，拓展新零售领域；利用创新的技术和数据覆盖更多的线下场景，能够与消费者进行更加深入的互动；加速对配送服务的布局，强化对新零售服务的支撑。

② 消费升级。天猫会选择那些能提供与消费结构升级相匹配的商品和体验的商家；发布交易新规则以治理刷单问题。

③ 品牌数字化转型。天猫在大数据的驱动下，帮助品牌商实现线上线下数字化运营，以更好地获取和留存用户。

天猫作为采用平台运营模式的典型网络零售平台，通过新零售业务将成本较高的线上获客渠道向线下迁移，促进场景体验的深化和平台的升级，以突破流量红利减弱后所遇到的瓶颈。

2. 社交模式

社交模式是指借助消费者在社交媒体中的社交关系实现商品销售信息的快速传播，从而促进商品销售。在这种模式中，网络零售平台或品牌商主要在微信等社交媒体中推出小程序或拼购频道，通过社交媒体进行裂变式传播。社交模式的优势在于，利用消费者之间的社交关系能够实现裂变式传播，降低获客成本；通过社交媒体，品牌商能触及更多的尚未养成网络购物习惯的消费者，刺激消费者的消费需求。微信驱动的社交模式如图2-3所示。

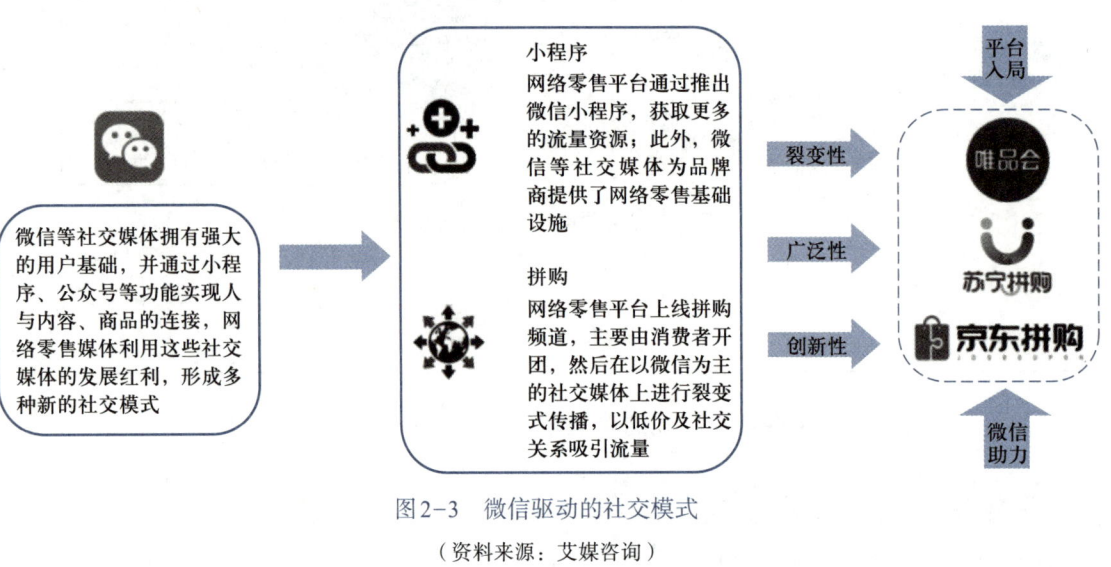

图2-3 微信驱动的社交模式

（资料来源：艾媒咨询）

应用案例

社交模式的典型案例——京东拼购

京东拼购通过服务优势、佣金优势、渠道优势来布局社交模式。

① 服务优势：京东拼购通过质量控制与物流服务等，为用户提供更好的购物体验。

② 佣金优势：京东拼购在全国范围内招商，而且只收取1%的佣金，快速拓展拼购市场。

③ 渠道优势：京东拼购围绕微信、QQ等，覆盖京东APP、微信购物入口、手机QQ购物入口、京东购物小程序、微信服务号、移动端页面六大移动端渠道，全面触达用户，更好地发挥社交模式的市场价值。

京东拼购在质量控制、正品保障方面已经积累了较好的口碑，得到了用户的信任。此外，它利用微信等社交媒体可以触达更多的用户群并激发他们的购物需求。

3. 特卖模式

特卖模式注重推荐和营销,属于刺激消费性商业模式。网络零售平台在供给端为品牌商提供连贯的库存解决方案,在需求端为消费者提供物美价廉的特卖产品。该模式紧抓主流消费者的购物需求,保持强劲的增长势头,如图2-4所示。消费者之所以选择采用特卖模式的网络零售平台,不仅是看重商品的价格折扣,更是看重商品的质量保障。可以说,特卖模式契合了主流网络消费者的消费需求,是B2C网络零售重要的发展方向之一。

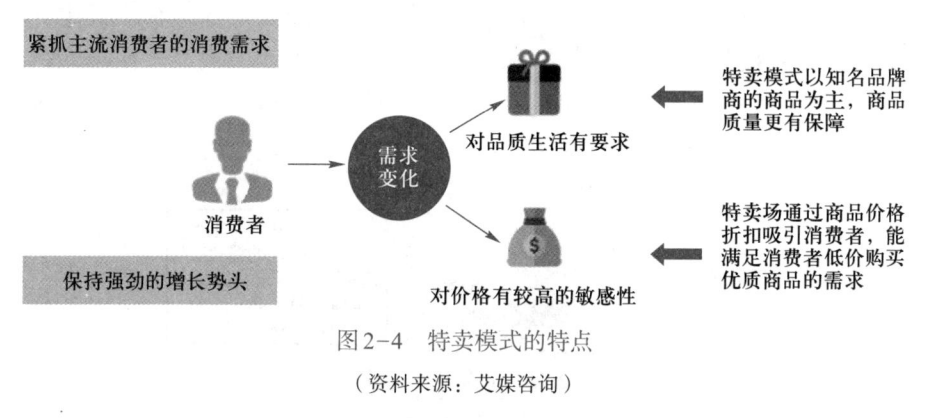

图2-4　特卖模式的特点

(资料来源:艾媒咨询)

应用案例

特卖模式的典型案例——唯品会

唯品会在"好物""不贵""玩法"三个方面持续发力,形成独特的特卖模式。

① 特卖带来"好物"。唯品会拥有规模庞大的专业"买手"团队,在多个国家和地区组建团队,其海外团队有95%以上为资深买手并接受全方位培训;具有强大的供应链支撑,截至2018年已完成10个海外办公室、15个国际货品仓(含海外仓和保税仓);拥有严格的质检体系,即使是一手货源也需要接受唯品会商品入仓和出仓的全面质检流程。

② 特卖带来"不贵"。唯品会一方面加大与国内外知名品牌商的深度合作,获得独家低价正品货源,另一方面通过自建物流、技术创新等最大限度地降低成本;限量提供特卖商品,通过"唯品快抢""最后疯抢"等方式开展限时限量特卖活动,为消费者提供大量的低价品牌商品,发挥特卖的优势和特征。

③ 特卖带来"玩法"。唯品会的唯品仓,在上游为品牌商搭建库存清理库,加速品牌商的商品和资金流转,在下游为代购群体提供物美价廉的优质品牌商

品;云品仓则属于微信生态中的"轻电商"新形态产品,它使品牌商可以利用碎片化时间将精选的商品推荐给他人,把人与人之间的社交性与商品结合起来。

唯品会在中国开创了"名牌折扣+限时抢购+正品保障"的网络零售模式,并将这种模式持续深化为"精选品牌+深度折扣+限时抢购"的正品特卖模式,以满足消费者不断变化的需求。

4. 优选模式

优选模式是消费升级背景下出现的新的网络零售模式。在这种模式中,网络零售平台直接对接品牌商,为消费者提供优质、高性价比的商品。该模式的特点是主打品质生活、线上与线下相结合,如图2-5所示。目前,许多网络零售平台都推出了优选频道,该领域的竞争也越来越激烈。

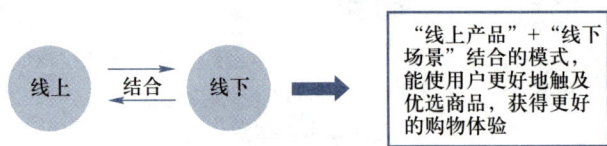

图 2-5　优选模式的特点

(资料来源:艾媒咨询)

应用案例

优选模式的典型案例——网易严选

2018年4月,网易严选发布"美好生活二次方"计划,在供应链整合、商品体系升级和生活美学延展三个方面持续发力,打造典型的优选模式。

① 供应链整合。网易严选优化供应商系统,提高供应链效率;不断加强与各个网络零售平台的合作,推出定制化商品。

② 商品体系升级。网易严选构建开放的设计生态链,与设计机构、专业院校合作,孵化更多的原创商品,形成具有系列化和场景化特点的商品。

③ 生活美学延展。网易严选向线下深入拓展,先后与大型超市、酒店、快闪店、便利店合作;推广环保商品,采用环保材料,严格要求供应商具有环保资质。

网易严选主打品质生活的理念,树立了优质正品平台的形象,因此也更容易吸引高净值客户。

2.3.2 C2C模式

C2C（consumer to consumer）模式，是指消费者与消费者之间通过互联网进行商品销售或提供服务的网络零售模式。简单地说，就是消费者提供服务或销售商品给消费者。C2C网络零售平台是为买卖双方提供一个在线交易平台，使卖方可以自行上网展示并销售商品，而买方则可以自行上网选择商品并拍下付款，或是以竞价方式在线完成交易。我国主要的C2C网络零售平台如表2-1所示。

表2-1 我国主要的C2C网络零售平台

平台	是否需要开店认证	支付工具	信用体系	沟通工具	物流方式	售后服务	是否有社区
淘宝网	需要	支付宝	卖家信用 买家信用 卖家好评 买家好评	阿里旺旺	第三方物流	先行赔付 7天无理由退货	有
闲鱼	使用淘宝网或支付宝账户登录	支付宝	信用速卖 芝麻信用 信用回收	平台内私信	第三方物流	确认收货前协议退换	有
微店	需要	微信支付	卖家信用 买家信用	平台内私信	第三方物流	7天无理由退货	有
58同城	需要	线下交易	个人验证 商家验证 邮箱和手机验证	微聊/电话联系	线下交易	客服咨询	有

2.3.3 C2B模式

近年来，C2B（consumer to business）模式这种由消费者主导的网络零售商业模式发展迅速，这种模式具有个性化营销、柔性化生产和社会化协作的供应链。

1. 个性化营销

互联网对商业的巨大改变，最先发生在营销环节。互联网提供了一个信息互动和人际互动的大平台，极大地提高了营销效率。从精准的P4P（pay for performance，为效果付费）广告，走向口碑相传的SNS（social network service，社交网络）营销，个性化营销的时代已经到来。

2. 柔性化生产

在网络零售市场，"多品种、小批量"的生产方式正在成为主流，柔性化生产开始出现。在工业时代的生产模式中，生产设备、工艺、流程、制度、理念都是为"少品种、大批量"的大规模生产而准备的，具有很大的刚性。而今天互联网上大量分散的个性化需求，正在倒逼企业在生产方式上具备更强的柔性化能力，并进一步推动整条供应链乃至整个产业柔性化，使之在响应效率、行动逻辑和思考方式上逐步适应快速多变的消费需求。

3. 社会化协作的供应链

在信息技术的支撑下，伴随着现代零售业和物流业的发展，发达国家和地区的企业经历了一场供应链重组的变革。沃尔玛与宝洁就是零售商与生产商无缝协作的典范。不过，这种供应链体系在很大程度上是一种以降低成本为导向、协作范围相对有限的线性供应链。由于供应链天然地具有社会化协作属性，因此今天这种供应链体系正面临如何"互联网化"的巨大挑战，也就是如何让供应链的各个环节在互联网上运行起来，如何基于网络化的数据共享开展社会化协作，以大幅度提升协同和决策的效率。

2.3.4 其他商业模式

网络零售的商业模式还有以下几种。

1. O2O 模式

O2O（online to offline）模式即线上到线下，是指将线上营销与线下购买结合起来，让互联网成为带动线下交易的平台。目前 O2O 模式侧重于餐饮、电影、美容、旅游、健身、租车、租房等服务性消费，但是未来它将与 B2C 网络零售融合为一体，更好地服务于消费者。

2. O2P 模式

O2P 模式包括三个方面的内容：即 platform（平台）、place（渠道/本地化）和 people（消费者）。其核心是采用互联网思维，利用渠道平台化转型机会，构建厂家、经销商、零售商、物流公司、金融机构等共同参与的本地化生态圈，推动传统产业互联网化，提升系统效率，为消费者提供更好的购物体验。

3. S2B2C 模式

在 S2B2C 中，S 表示 supplier（供应商），B 表示 business（渠道商），C 表示 customer（用户），这种网络零售模式使得供应商能够为渠道商赋能，两者共同服务于用户。在互联网时代，消费需求已从大众化阶段进入个性化阶段。个性化建立在供应商与用户持续互动的基础上。未来个性化即大众化，在个性化即大众化的消费时代，最重要的是有一张协同网络，协同网络的全局动态优化，可以实时产生按需定制的供应链，以满足任意一个节点实时的个性化需求。因此，个性化需求催生了柔性供应链，供应链平台化催生了S2B模式。S2B模式的核心就是S2B2C。在传统的B2B或B2C模式中，S、B、C之间是割裂的，S2B2C模式的最大创新就在于供应商和渠道商共同服务于用户。渠道商为用户提供服务离不开供应商的支持，但是供应商也需要通过渠道商来为用户提供服务。供应商和众多渠道商之间是紧密合作的关系，而不是简单的商务关系或管理关系。可以说，S2B2C网络零售是一个创新的网络零售模式，这个模式比传统的B2B或B2C模式要复杂得多。

2.4 网络零售业态

网络零售业态也在不断地发展和创新，目前主要有网上旗舰店、网上专卖店、网上专营店、网上集市、社区购物中心、自建平台等。

2.4.1 网上旗舰店

网上旗舰店是最具代表性的网络零售业态。网上旗舰店是展示品牌商经营规模的经营模式，对产品线的要求比较高，如果没有足够多的产品型号和种类，建立旗舰店就很难达到展示自身实力、实现品牌宣传的效果。

网上旗舰店是品牌商的官方形象店，由品牌商直接开设或进驻，也是品牌商与消费者联系的窗口。与一般的网络商店相比，网上旗舰店具有以下优势。

① 权威性。网上旗舰店可以保证商品是正品，能够有效肃清假冒伪劣商品。

② 稳定性。作为品牌商的官方形象店，网上旗舰店具有长期经营的战略愿景，一般不是短期行为，有利于品牌商树立自身形象以及维护消费者权益。

③ 可信性。网上旗舰店也承担着拓展市场、实施客户关系管理的职责，以便和消费者建立良好的关系，让他们放心购物。

④ 公开性。网上旗舰店向社会公开企业信息和商品信息，维护消费者的知情权。

⑤ 高效性。网上旗舰店通常从品牌商的生产仓库直接进货，降低了供应链的时间成本和资金成本，进而提高了工作效率，降低了商品价格。

可以说，网上旗舰店是品牌商顺应时代发展需要，以及参与市场竞争的产物，也是品牌商树立品牌的有力手段。

2.4.2 网上专卖店

网上专卖店是专门经营或授权经营某一品牌商商品的网络零售业态。网上专卖店也是品牌商品牌、形象、文化展示，以及与消费者进行交流的窗口，有利于其品牌形象进一步提升。它能突破管理瓶颈，有效贯彻和执行品牌商的企业文化及活动方针,提高其执行力。例如,在天猫上开设的回力专卖店(如图2-6所示),专门经营上海回力鞋业有限公司生产的回力鞋,其在做好回力鞋销售和服务工作的同时,也起到了宣传企业文化、品牌和形象的作用。

图2-6 回力专卖店

网上专卖店具有如下特征。

① 专一性。网上专卖店具有专心、专业、专卖的特点,提高了品牌商的终端销售能力,创造了让消费者购买品牌商的系列商品(专卖+优质商品+优质服务)的机会,提升了商品的销售量。

② 一体化。网上专卖店能够实现销售、服务一体化,可以创造稳定、忠诚的消费者群体。

③ 便捷性。网上专卖店使终端经销商和消费者能够及时获得品牌商的商品信

息，也使品牌商能够更容易地获得市场和渠道信息。

④ 高效性。消费者到网上专卖店选购商品时，品牌商有百分之百的销售机会（店内并无其他品牌商的商品），大大提高了商品成交率。

⑤ 专业性。网上专卖店的销售人员具有丰富的商品知识，能够根据所销售商品的特点，为消费者提供专业的服务。

2.4.3 网上专营店

网上专营店是以经营某类商品为主，属于专业化和深度化经营的网络零售业态。加盟店、连锁店等一般都属于网上专营店的范畴。

网上专营店具有以下特点。

① 商品专业。网上专营店经营的某类商品品种齐全，能够满足某类消费者特定的消费需求。网上专营店的这种优势是综合网络商店所不能比拟的，因此其目标消费者群体往往是有目的选购某类商品的流动消费者。

② 服务灵活。网上专营店的核心竞争力是多品种、差别化。它采用多店采购、集中采购、集中与多店采购相结合等采购方式，具有采购的自主权与灵活性，能够提供有针对性的服务。此外，导购人员能够引导消费者进行消费。

③ 规模较小。网上专营店为了避免由于规模过大而难以体现"专"的特色，通常会控制规模，明确定位和目标消费者群体。

网上专营店在网络零售业中占有重要的地位，它通过精细化经营，能够满足消费者更高层次的消费需求。

2.4.4 网上集市

网上集市是指供个体卖家入驻的网络零售平台，集市店铺是指由个体卖家在网上集市中开设的网络商店。淘宝网就是一个庞大的网上集市，淘宝网中的集市店铺数量庞大，商品种类繁多，是重要的商品集散地和消费门户。

天猫中的网络商店和淘宝网中的集市店铺的主要差别在于，天猫中的网络商店需要消费者付费购买相应的服务，而淘宝网中的集市店铺可以免费为消费者提供相应的服务，两者的具体差别如下。

① 由于评价的侧重点不同，天猫中的新店比淘宝网中的新店有优势。天猫中的新店不显示信誉，不显示注册时间，只要没有重大运营管理问题，越是新店动态评分越高。相反，淘宝网中新店的劣势比较明显，没有累积的信用是其致命缺陷，店铺注册时间等信息也显示在明显的位置，因此较难获得消费者的信任。

② 天猫中的网络商店自然流量明显大于淘宝网中的集市店铺，而且淘宝网中的集市店铺的消费者很容易被吸引到天猫中的网络商店。

2.4.5 社区购物中心

社区购物中心是指以社交化电子商务为主要经营形式的网络购物中心。所谓社交化电子商务,是指将关注、分享、沟通、讨论、互动等社交化元素应用于电子商务交易过程的经营形式。具体而言,从消费者的角度来看,社交化电子商务既体现在购物前进行的店铺选择、商品比较等环节上,也体现在购物过程中通过即时通信工具、论坛等与网络零售商进行的交流与互动上,还体现在购物后进行的评价及购物感受分享等行为上。从网络零售商的角度看,社交化电子商务通过与社交媒体的合作,完成商品营销、推广和销售的全过程。

社交化电子商务具有三个特征,一是具有导购的作用;二是具有社交化元素;三是具有"社交化传播多级返利"的机制,即通过社交网络的传播来获得收益。

应用案例

社区购物中心的典型——蘑菇街

蘑菇街——女性分享导购社区,是社区购物中心的典型案例。早期消费者在"蘑菇街"上遇到心仪的商品时,会通过链接跳转到销售商品的网站上——在绝大多数情况下,链接的终点指向淘宝网。蘑菇街主要是帮助消费者做购物决策,所以蘑菇街的任务是向消费者推荐优质商品,这些商品绝大部分来自淘宝网中的店铺。但是随着规模的扩大,蘑菇街开始招募商家在蘑菇街上开店,并逐步对购物平台进行升级。

在蘑菇街上,消费者可以分享购物的乐趣。例如,消费者可以分享自己的穿搭体验,为其他消费者提供参考。而比分享本身更重要的是,这些分享汇聚成一个可以共享的资源库,使更多的消费者在蘑菇街上关注这些商品,然后再链接到销售商品的网站上,一个社区购物中心就此形成。在蘑菇街上,商品检索和商品排序是围绕"快时尚"的概念展开的。例如,商品根据"热度"来排列。在计算"热度"时,除了要考虑"喜好"该商品的用户数外,还要考虑权重和时间等因素。

此外,蘑菇街的社区编辑还会手工对商品的排序进行调整,以创造"潮流"并引导"潮流"。社区编辑的职责不仅包括对"物"的编辑,也包括社区构建过程中对"人"的推介。例如,广受消费者欢迎的"达人"和"麻豆",都是由社区编辑在消费者的投稿中选出的。

2.4.6 自建平台

企业通过建立自己的网络零售平台，可以获得更多的商业资源，以在激烈的市场竞争中创造新的商机，开拓新的市场，这也是众多企业在新一轮市场竞争和经济转型中的发展战略。企业依托自建的网络零售平台，既可以实现内部信息交流，也可以通过网络快速获得最新的商业信息，建立网络品牌，参与市场竞争，创造经济效益。因此，着眼于长远发展的企业，在各方面条件都具备的情况下，建立一个属于自己的网络零售平台是非常必要的。

应用案例

自建平台的典型——海尔商城

海尔商城是海尔官方销售服务平台，如图2-7所示，提供全系列海尔产品，为消费者提供正品和可靠的服务。海尔商城可以为消费者提供个性化的设计方案，为其提供具有差异化的、舒适的、放心的购物体验。同时，海尔商城还可以为消费者提供在线定制服务，以满足消费者的个性化需求。在这一过程中，消费者可以参与产品的自主设计，并在设计完成后在线提交订单，订单系统会直接将消费者的个性化需求提交至生产环节，为消费者量身定做属于自己的家电。具体来说，海尔商城具有以下特点。

图2-7 海尔商城

1. 虚实融合模式

海尔商城采用的是虚实融合模式，由虚网（互联网）创造用户资源，由实网（海尔众多的线下销售服务中心）提供即买即送的产品和服务。海尔商城依靠多年积累的强大的线下营销、物流、服务资源，能够提供全国24小时免费送货、家电选购设计、送货到家、安装同步等一站式服务,在大家电网络零售服务上具有独特优势。

2. 物流配送模式

海尔商城推出了"按约送达,超时即免单""24小时限时达"等服务。消费者在标有"按约送达,超时免单"服务的区域下单即可享受该服务;消费者下单支持"24小时限时达"服务的产品,即可享受从出库时间起算24小时内送货上门的服务。

3. 消费者体验

海尔商城在消费者体验方面推出了一站式服务:在售前,海尔专业家电设计师免费上门为消费者量身定制专业家电设计方案;在售中,海尔商城推出全程在线导购;在售后,海尔商城能够做到即需即送、人货同步,为消费者排忧解难,充分体现了海尔以消费者为中心的理念。海尔商城能够做到上述几点,在于将虚网销售与现实渠道结合起来,依托海尔商城下单,通过遍布全国的专卖店迅速进行配送和安装。与传统网络零售商采用第三方物流送货相比,海尔商城利用自己独特的物流体系,不仅突破了区域限制,还将送货时间由5~7天缩短到了24小时以内,让消费者在一天之内就能够收到所购买的家电。

4. 保价服务

海尔商城销售的商品的价格,随市场价格的波动每日都会有涨价、降价和促销优惠等变化。鉴于此,海尔商城为消费者提供了价格保护政策,即在消费者成功提交订单后7天内,如果订单中的商品降价,消费者可以通过联系在线客服申请价格保护。海尔商城会在接到申请后的3个工作日内进行受理审核,并于申请后15个工作日内,将申请时与订购时商品的价格差以现金的形式返还给消费者。

思 考 题

1. 目前我国网络零售新业态主要有哪些?它们分别具有怎样的特点?
2. 谈谈你对移动网络零售的看法。
3. 谈谈你对C2B网络零售商业模式的看法。

参 考 文 献

[1] 章剑林,黄左彦. 杭州市互联网经济发展报告(2012年)[M]. 杭州:浙江大学出版社,2013.

［2］伯曼，埃文斯.零售管理［M］.吕一林，宋卓昭，译.11版.北京：中国人民大学出版社，2011.

［3］荆林波，史丹，夏杰长.中国服务业发展报告：No.9 面向"十二五"的中国服务业［M］.北京：社会科学文献出版社，2011.

［4］荆林波，梁春晓.中国电子商务服务业发展报告：No.2［M］.北京：社会科学文献出版社，2013.

［5］王宝义.中国电子商务网络零售产业演进、竞争态势及发展趋势［J］.中国流通经济，2017（4）：25-34.

第3章

网络零售的相关理论

学习目标

1. 认识网络零售相关理论的重要性,理解和掌握网络零售相关理论,并能够对这些理论做出总结。
2. 能够用网络零售的相关理论解释现实中的网络零售问题。

导言

> 学习任何一门学科都要先了解与之相关的理论。网络零售的相关理论是网络零售的基础，是学习网络零售所必须掌握的知识。了解这些理论有助于人们更好地理解网络零售产生、发展与演变的内在规律。

3.1 零售轮理论

零售轮理论（wheel of retailing theory）是早期零售业态演变理论的代表，这些理论是将零售业态的演变视为新旧业态不断交替、反复循环的过程。零售轮理论是其中最具影响力的理论，该理论被认为是对零售业态演变最权威的解释，也是最为人们所熟悉的零售组织与变革理论。该理论由美国学者麦克奈尔（McNair）于1958年提出，麦克奈尔在对零售业的发展进行了长期的实证研究后发现，零售业的业态演变存在一个循环。

零售轮理论认为，零售组织变革有着一个周期性的像车轮一样的发展趋势。新的零售组织最初都采取低成本、低毛利、低价格的经营策略。当这种策略取得成功时，必然会引起他人效仿，结果激烈的竞争会促使其不得不采取价格以外的竞争策略，如增加服务、改善店内环境等，这势必会增加其费用支出，使之转化为高费用、高价格、高毛利的零售组织。与此同时，又会有新的以低成本、低毛利、低价格为特色的零售组织问世，于是"车轮"又重新转动。各种零售业态都是由价格诉求转为商品组合诉求，再转为服务内容诉求的反复运动的结果。该理论提出以后，人们发现很多零售业态演变与零售轮理论相符的实例，也正因为如此，零售轮理论成为一个比较有说服力的解释零售业态演变的理论模型。历史上，百货商店、连锁店、超市、折扣店等零售业态当初都以低成本、低毛利、低价格为竞争手段出现在市场上，之后随着成长的需要，逐步增加商品组合或服务项目，并提高价格。网络零售的出现，在某种意义上也符合零售轮理论。

零售轮理论建立在以下4点的基础之上。

① 零售组织之间存在充分的竞争。

② 存在许多对价格敏感的消费者，他们愿意舍弃客户服务、广泛的备选商品和方便的店址，追求较低的销售价格。

③ 价格敏感型消费者的忠诚度通常为零，他们愿意转向售价更低的零售商；

威望敏感型消费者则乐于在采用高端战略的商店购物。

④ 新型零售组织通常比传统零售组织的运营成本更低。

⑤ 随着零售商沿"车轮"旋转攀升，其零售额会增长，目标市场会扩大，商店形象也会不断提升。

3.2 网络零售组合的相关理论

1. 4P理论

网络零售组合是零售商为消费者提供价值所使用的工具与技术的结合体的简称，是营销组合（marketing mix）在网络零售业的进一步发展。营销组合由哈佛大学尼尔·博登（Neil Borden）于1953年首次提出。在营销组合的理论中，以尤金尼·麦卡锡（Jerome McCarthy）于1960年提出的4P理论最著名：渠道（place）、商品（product）、价格（price）和促销（promotion）。其中，渠道是指商家为了获取利润，向消费者提供商品和服务所使用的途径（即渠道的分布）。商品不仅包含实体商品，还包括其附带的"服务"以及商家用来增值的所有方式。价格不仅包括定价，还包括价格策略的所有内容，如利润分配。促销的概念涵盖了所有把商品销售给消费者的办法，它不再是传统意义上的专业化销售，而是包括从广告印发到网页制作的所有方面。

2. 4C理论

1990年，罗伯特·劳特朋（Robert Lauterborn）提出的4C理论得到了更多的关注，它比4P理论更关注客户的需求。4C分别是客户便利（convenience for the customer）、客户价值与利益（customer value and benefit）、客户成本（cost to the customer）以及沟通与客户关系（communication and customer relationship）。

（1）客户便利

网络零售更尊重消费者对便利消费方式的选择。例如，实体选址对于网络零售商也很重要，因为不但消费者更喜欢、更信任本国或本地区的定点零售商，而且这样运费和税费都比较低。网络零售商的"选址"还包括虚拟选址以及搜索网页的便利程度，因此搜索引擎注册、网上购物中心选址以及相关链接都成为选址的必备因素。此外，便利性同样体现在网页设计的相关方面，如网站导航、网站布局以及购物车的设计等。

（2）客户价值与利益

可以将商品看作"客户价值与利益"，即消费者所需要的服务与满意度的结合体。消费者需要的不仅仅是商品本身，还需要网络零售商提供合适的解决商品相关问题的途径，并希望从中获得良好的购物体验。因此，网络零售商提供的商品说明越来越翔实，商品设计也越来越人性化，这表明零售商越来越注重消费者的价值与利益，其与消费者之间的距离正在拉近。

（3）客户成本

客户成本是指消费者为商品所支付的真实花费。消费者对于网络零售有更低的价格预期，网络零售商要为商品制定合理的价格，包括商品本身的价格、运费、税金等。

（4）沟通与客户关系

沟通不仅仅是做广告，它包括网络零售商为与消费者交流而采取的所有方式，如市场调查研究、电子邮件、数据库以及忠诚度计划等。成功的网络零售商不仅会做线下广告，如杂志广告、报纸广告、路牌广告等，还会做在线广告，如页旗广告、弹出式广告、搜索引擎广告、微博广告等。消费者购买商品的另一个重要原因是获得愉悦感，网络零售商可以营造"网页氛围"，通过添加音乐和视觉效果来吸引消费者。在交易数据完全电子化之后，网络零售商可以利用客户关系管理来提升商品的价值，利用数据挖掘来发现消费者对商品的需求，利用商务智能推荐系统来为消费者推送个性化的商品信息。

3. 7C理论

查尔斯·丹尼斯（Charles Dennis）等于2002年提出简化的7C理论，在4C理论的基础上加入计算与品类管理问题（computing and category management issue）、客户特许（customer franchise）和客户关心与服务（customer care and service）。网络零售商使用高效的计算机系统和物流系统来完成直销业务。例如，戴尔公司就凭借定制的计算机系统以及卓越的客户关心与服务策略走向成功。成功的实体零售看重商品品质，注重客户关心与服务，投入巨额资金来提高声誉，改善客户评价，以努力提高"客户特许"形象、信用以及进行品牌价值积累。正因为如此，他们创建了特色鲜明的高质量品牌，借助这些品牌，实体零售商比网络零售商拥有更高的起点。因此，网络零售商尤其要重视服务质量，为消费者提供快捷可靠的商品投递、电话咨询以及退货和退款服务，通过社区功能和即时通信工具来提高网络购物的互动性。

3.3 长尾理论

长尾理论（long tail theory）这一概念是由美国《连线》杂志主编克里斯·安德森（Chris Anderson）于2004年提出的。所谓长尾理论，是指只要商品的存储和流通的渠道足够大，需求不旺或销量不佳的"冷门商品"共同占据的市场份额，就可以和那些数量不多的"畅销商品"所占据的市场份额相匹敌，甚至更大。也就是说，企业的销售量不在于传统需求曲线上代表"畅销商品"的头部，而是那条代表"冷门商品"的经常被人遗忘的长尾，如图3-1所示。例如，一家大型书

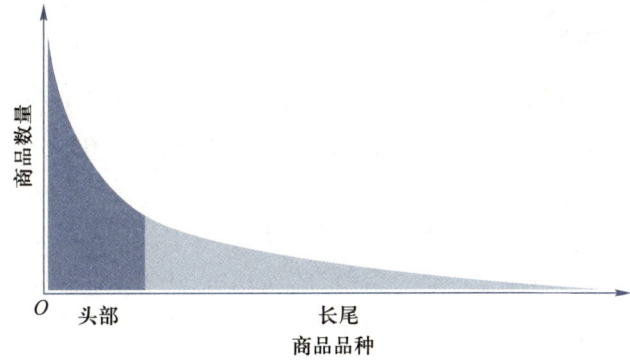

图 3-1　长尾理论

店一般可以摆放10万册图书，但在亚马逊网络书店的图书销售额中，有25%来自排在10万名以后的图书。这些"冷门"图书销售额所占的比例正在高速成长，预计未来可占整个图书销售额的一半。这意味着消费者在面对无限的选择时，真正需要的商品和获取商品的渠道都出现了重大的变化，一种新的商业模式也随之出现。简而言之，长尾所涉及的"冷门商品"几乎涵盖了所有消费者的需求，在某些消费者对一种商品有了需求之后，会有更多的消费者意识到这种需求，从而使"冷门商品"不再冷门。

克里斯·安德森说："我们一直在忍受这些最小公分母的专制统治……我们的思维被阻塞在由主流需求驱动的经济模式下。"但是在互联网的推动下，被奉为传统商业圣经的帕累托法则有了被改变的可能性。

应用案例

Google 的长尾

Google是一个典型的"长尾"公司，其发展过程就是把广告商的"长尾"商业化的过程。

数以百万计的小型企业，此前从未做过广告或者从没大规模地做过广告。它们规模小得让广告商不屑一顾，甚至连它们自己都不曾想过做广告。但Google把做广告这一门槛降下来了：一方面，做广告不再高不可攀，它是自助的、价廉的、谁都可以做的；另一方面，对成千上万的博客（blog）站点和小规模的商业网站来说，在自己的网站上放置广告已成为举手之劳的事。

Google目前有一半的广告收入来自这些小网站而不是通过在搜索结果中放置广告。数以百万计的小型企业代表着一个巨大的长尾广告市场。

3.4 众包理论

微视频 3-1
什么是众包理论

"众包"一词最早于 2006 年在美国《连线》杂志上出现,该杂志的编辑杰夫·豪(Jeff Howe)首次阐述了众包的概念:一种新的商业模式,即企业利用互联网将工作任务分配出去、发现创意或解决技术问题。具体来说,众包是指一个公司或机构把过去由员工执行的工作任务,以自由与自愿的形式外包给非特定的(而且通常是大型的)大众自愿者的做法。众包的任务通常由个人来承担,但涉及需要多人协作完成的任务,也有可能以依靠开源的个体生产的形式出现。

近年来,世界各地的人们显示出一种前所未有的社会行为:人们集合在一起,共同完成任务,有人甚至分文不取,而这些任务曾经是由某个专业领域的企业员工完成的。简单地说,"众包就是社会生产"。几乎所有的众包项目都具有两种属性:一是参与者并不是为了报酬而来的;二是他们贡献的是业余时间。专家和大众之间曾经在知识上有难以改变的差距,现在这种差距缩小了。互联网由众多节点组成,能够快速地传播消息。通过互联网,大众可以获得和专家一样多的信息。互联网将大众的力量聚合成旺盛发展、无限强大的有机体。一方面,众包以全世界的人才为基础。互联网消除了大众参与的障碍,为企业或机构提供了一个获得大量智力资源的入口。从这个意义上讲,众包是一种超级外包。另一方面,众包不太关注参与者的资格,唯一关注的是最后的产品,这是众包最大的优势。

1. 众包的特征

(1)开放式

众包是一种开放的社会化生产方式,通过众包将产品的某些研发和生产环节或步骤开放给外部资源,集合外部资源来解决特定问题或完成特定的工作任务。众包通过网络将全球资源都纳入其可利用的范围,任何感兴趣的个体和群体都能参与,从而实现全球范围内的资源优化配置。

众包不仅能够实现开放式的资源配置,还能够使人们在开放的环境中不断提升自己的价值。众包使人们能够充分利用自己的时间,并根据自己的兴趣和特长形成虚拟社区,从而获得更加广阔的发展空间。

(2)无界化

任何一个组织在运营时都会或多或少受到人、财、物等因素的限制,这些因素成为影响组织发展的瓶颈。众包是基于互联网所创造的虚拟空间产生的,借助这一虚拟空间,众包突破了时间和地域的限制,将分布于世界各地的资源整合起来,能够实现每天 24 小时、每周 7 天的不间断配置,从而实现了组织营运能力的无界化。

（3）众包架构

众包的主体包括众包平台、发包方和接包方。众包平台是连接发包方和接包方的媒介，为发包方和接包方提供虚拟交易空间和交易信息，并维护交易规范。众包平台采用虚拟化的运作方式，将发包方的工作任务发布到虚拟交易空间中，非契约性的接包方同样通过虚拟交易空间向发包方提供解决方案。发包方是某项工作任务解决方案的需求者，而接包方则是该工作任务解决方案的提供者。广义上讲，接包方可以是互联网中的任何一个人或群体，与发包方及众包平台之间没有任何契约关系。

众包的客体具体表现为某项需要完成的工作任务，如产品策划、图纸设计、程序编写等。

2. 众包的优势

（1）降低成本

众包可以减少企业的组织成本、人力成本、时间成本等。众包时企业通过互联网发布任务，因此不需要招聘专门的人员或设立专门的部门，从而节约了组织成本；接包方多以兴趣或自我实现等内在需求为主要参与动机，没有显著的收入预期，从而降低了企业的人力成本；庞大的众包参与者，使企业能够快速收集市场和用户信息，避免因产品设计和生产不合适而耗费时间，加速了产品商业化的进程，降低了企业的时间成本。

（2）丰富资源

在消费者需求日益多样化、个性化，以及市场竞争日趋激烈的背景下，企业依靠内部资源进行创新的传统封闭式发展方式，难以满足进行技术突破、保持和提升自身市场竞争力的需求；而众包将企业发展所依靠的系统由封闭式转变成开放式，企业可以吸收众多没有受到企业固有思想影响的个体的智慧，获得多样化的创新源泉。

（3）减少风险

在传统生产和消费的关系中，很难将个体需求通过直接渠道传递给企业，虽然有销售人员、客服人员反馈产品信息，但消费者的真实需求仍然很难体现在最终产品上；而通过众包，企业将消费者嵌入自己的组织架构，引导他们发布对产品和服务的评价、向他们征集创意或问题解决方案，从而更加精准地把握消费者的需求，发现和解决产品设计、生产和销售过程中的问题，提升产品质量，提高产品的市场接受度，减少产品进入市场的初期摩擦，降低企业的市场风险，消费者的身份也将逐渐转变为生产参与者。

3. 众包面临的挑战

（1）品牌与公众信任

众包作为一种新业态还处在发展初期，也面临一些技术创新上的挑战，但最大的问题并不在此,而在于树立品牌与获得公众信任上。现有的众包平台是否能形成品牌效应,将对众包的发展产生重要的影响。一旦形成品牌效应,其业务规模将呈几何数量级增长,错配、匹配效率低、数据缺乏代表性等一系列问题都将随着规模的增长迎刃而解。因此,众包平台要树立良好的品牌和形象,以突破数量瓶颈,实现规模效益。

（2）扶持政策

众包平台是一种全新的业务媒介,但现有的服务外包扶持政策相对传统,很难惠及众包等新兴业态。政府可以考虑为现有众包平台提供税收优惠、财政扶持、资金补贴等支持措施,帮助企业做大做强众包平台。众包平台的建立与维护不是免费的,需要投入必要的资金,政府可以尝试建立专项资金,一方面加强网络、通信等基础设施的建设,为众包发展创造良好的技术环境,另一方面作为协调成本,吸引发包方和接包方入驻众包平台。

众包活动也会涉及道德风险的问题,众包参与者质量不一,因此政府需要出台相应的管理细则,以解决企业和个体之间可能出现的承诺与信任冲突；同时制定政策和规范,使众包参与者能够通过众包平台自由、平等地沟通、合作和交易,为众包发展提供良好的法律环境和制度保障。

众包不仅在微观层面给企业经营模式带来了革命性的影响,也给产业发展、地区经济转型带来了积极的影响,因此众包是一个必然的发展趋势。

3.5 网络零售交易成本理论

交易成本理论是由诺贝尔经济学奖得主科斯（R. H. Coase）于1937年提出的,其根本论点在于对企业本质的解释。经济体系中企业的分工以及价格机能的运作,产生了专业分工的现象,但是使用市场价格机能的成本偏高,因而形成了企业机制,它是人类追求经济效率而形成的组织机制。

从消费者的角度看,交易成本是指在交易过程中产生的成本,它既包括直接成本,如运费、交易税、安装费用等,也包括间接成本,如收集产品信息所耗费的时间和精力、购物所耗费的时间和精力、焦虑成本等。从消费者到商场购物的过程来看,可以认为交易是指消费者进入商场、搜索商品、评价和挑选商品、付款购买、取得商品、售后服务的过程,其中的每个环节都存在成本,交易成本就是这些成本的总和。

与传统零售相比,网络零售也存在类似的成本。例如,抵达实体店铺变为进入网上店铺；到不同的实体店铺比较商品价格变为网上比价；通过触摸实物和咨询售货人员进行商品评估,变为通过看图片、视频和商品描述以及咨询其他消费者的意见进行商品评价；付款后直接拿实体商品回家,变为将商品放入虚拟购物车、在线支付后再等送货上门。与传统零售相比，网络零售能够提供定制化的产品和灵活的沟通方式，使消费者购物更便捷；同时由于商品价格信息透明，以及市场竞争加剧，许多商品的网络零售价都低于传统渠道的零售价。

有学者指出，在为消费者创造价值的过程中，网络零售商要同时考虑交易成本以及消费者对交易成本的重视程度这两个因素，只有在消费者看重交易成本且交易成本低的情况下，才能为消费者创造价值，并获得竞争优势。一味地降低交易成本是没有意义的，应对交易成本进行分解，找出其中消费者重视的交易成本并努力降低这些成本，其他交易成本可保持不变。例如，亚马逊致力于降低消费者的商品搜寻、比较、评价和体验成本，每种商品都有详细的介绍并配有其他消费者的推荐或评论，对于图书和音像类商品还提供试看试听服务；而对于多数消费者不太关心的送货成本则基本保持不变，如果消费者需要尽早收到商品，亚马逊甚至要加收快递费用。交易成本对网络零售商来说是一把双刃剑，招徕消费者与提高利润都依靠交易成本，网络零售商不可能持续地降低交易成本，而最先将交易成本降至最低的网络零售商并不一定能获得竞争优势。

交易成本不是越低就越能为消费者创造价值。交易成本随消费者的不同而有差异，单纯降低货币成本不仅会造成网络零售商利润的损失，也会由于消费者不看重交易成本而吸引不到他们的关注。实际上，不仅是交易成本，商品的价格也不是越低越好。

3.6 零售生命周期理论

零售生命周期理论（retail life cycle hypothesis）是1976年由戴维森（Davidson）、贝茨（Bates）和巴斯（Base）三人共同提出的。这一理论认为，零售业态具有和人类一样的生命现象，即存在从产生到消亡的过程，而在这一过程的各个阶段，零售业态表现出不同的特征。零售生命周期理论将零售业态从产生到消亡的过程分为创新、发展、成熟和衰退4个阶段。

1. 创新阶段

在此阶段，新型零售业态的许多特点都与传统零售业态不同，因此它具有差别优势。该理论认为，零售业态的创新是通过经营方式的革新实现的，而经营方式的革新多以基于低成本经营的低价格诉求为特征，也可以在商品组合、客户服务、销售方式、选址、店铺设计或布局、促销手段、营业时间、物流体制等方面进行革新。在创新阶段，新型零售商的投资收益率、销售增长率和市场占有率都迅速提高。

2. 发展阶段

由于新型零售商在竞争中获得优势，因此有大批模仿者开始效法，而最早进入市场的新型零售商也开始进行地区扩张。随着新业态的迅速成长,现存业态的客户大量流失,于是现存业态开始采取各种防卫手段。实际上,许多现存业态都会以积极的态度迎接新业态的挑战,并部分地借鉴新业态的经营方式,从而增加了零售市场的活力。这种异业态竞争是零售市场所独有的竞争形式。在这一阶段,新型零售商的市场占有率和投资收益率达到最高水平。

3. 成熟阶段

在此阶段,更新的零售业态进入市场,原有的业态失去朝气和生命力,扩大消费群的可能性已不大,零售商的销售额主要依赖现有客户。各个零售商虽然都在努力维持发展阶段所获得的市场占有率,但是主要零售商的市场占有率已经开始下降,利润率也开始下降,如何降低成本是各个零售商面临的主要问题。成熟期可能持续很长时间,处于此阶段的业态可以进行创新以维持中等盈利水平,从而避免被市场淘汰,如果能够成功地对经营管理的某一方面进行改良,就有可能重新回到发展阶段。例如,美国的百货商店在第二次世界大战以后就进入了成熟期,随着购物中心的发展,百货商店在购物中心中的主力店地位又得到了进一步的确立,从而又获得了一次发展机会。当然,这时的百货商店已不同于传统百货商店,它在很多方面按照购物中心的模式进行了改革。

4. 衰退阶段

消费者购买行为的变化和新零售业态的出现,使传统零售业态(原来的零售新业态)的市场占有率急剧下降,且销售额开始下降,并出现亏损,有些企业开始退出市场。这一阶段,由于整个业态的市场份额都在下降,因此企业之间的竞争趋于缓和。

零售生命周期理论解释了现有零售业态是如何发展的,以及该零售业态为什么这样发展。该理论把零售业态的发展动力归于诸多因素,如价格周期、市场环境、宏观经济波动等。但是该理论没有明确指出零售业态发展的决定性因素,即没有对零售业态为什么会演变,以及为什么会存在生命周期等问题进行明确的说明。此外,该理论也没有考虑消费者的反应及偏好对零售业态演变的影响。

3.7 综合化与专业化循环理论

综合化与专业化循环理论又称为零售手风琴假说(retail accordion hypothesis),1963年由布兰德(Brand)提出,1966年由霍兰德(Hollander)将其命名为零售手风琴假说。该理论主要是从商品组合宽度扩大与缩小的角度来解释新零售业态的产生,认为零售业态的发展按照从综合化到专业化,再从专业化到综合化的路径一直循环往复地发展,在综合化的零售业态发展到一定程度后,就会出现以专业化为主要特征的零售业态;同样,在专业化的零售业态发展到一定程度后,又会出现综合化的零售业态，零售业态的这种演变方式就像拉手风琴时风囊的宽窄不断变化一样，商品组合由宽至窄，再由窄至宽，一张一合，循环不已。

按照综合化与专业化循环理论，可以将零售业态的发展划分为5个阶段。

① 杂货店时期。杂货店虽然规模较小，但店主往往会根据消费者的需要进货，因此各种品类的商品都有，呈现出综合化的特征。

② 专业店时期。专业店在杂货店的基础上专门针对某个特定品类的商品进行交易，具备了一般专门化乃至专业化的特征。

③ 百货商店时期。百货商店克服了专业店的单一性，但其在管理方面又向着专业化管理的方向发展，呈现出较好的综合化特征。

④ 便利店时期。百货商店规模的不断扩大，但受地理范围的限制，其不可能覆盖全部区域，因此人们对零售业态的便捷性提出了新的要求，于是就出现了方便消费者购买高频次商品的便利店。

⑤ 商业街、购物中心时期。随着商品和服务的不断升级，零售商在多个层面为消费者提供更高品质的服务成为可能，以综合化、一站式、体验式消费为特征的商业街、购物中心成为流行的零售业态。

从全球零售业总的发展历程来看，20世纪60年代，零售业以综合营运为主，因此百货商店、大型综合零售商店发展较快；到20世纪70年代，零售业则进入专业化发展阶段，专业店、连锁店、超市、便利店、自助家庭用品中心等零售业态相继出现；进入20世纪80年代，大型购物中心等在世界范围内兴起；而从20世纪90年代开始零售业则向着细分化的方向发展，单品店、生活题材馆、无店铺零售、城郊大型专业店、厂家直销中心等零售业态开始兴起。

全球零售业的发展历程印证了综合化与专业化循环往复的发展规律，但这种发展不是简单意义上的重复，每一次循环都是对上一次综合化或专业化的升级，也都伴随着一次新的零售业态的出现，符合零售业态螺旋上升的发展规律。

3.8 真空地带理论

真空地带理论又称为真空地带假说（vacuum hypothesis），是由丹麦学者尼尔森（Nielsen）提出的。他认为零售业态取决于消费者的偏好，而消费者的偏好主要表现为对零售商提供的商品价格或服务的偏好，新的零售业态是在既有零售业态未能涵盖的市场真空地带中出现的，即通过消费者对零售商提供的价格、服务水平存在偏好空隙来解释新的零售业态产生。

真空地带理论，首先假设经营同类商品的各种零售业态的特性，是由店铺设施、店铺选址、商品组合、销售方式、附加服务等综合性服务及与此对应的价格水平来决定的，并认为服务水平越高，价格也就越高。同时，真空地带理论还有一组水平由高到低的服务与价格组合带,以及消费者对不同水平的服务与价格组合的偏好分布曲线。零售商提供的服务与价格水平是低服务低价格、中服务中价格、高服务高价格等组合中的一种。假定消费者希望的服务与价格水平的分布呈单峰形,希望低服务低价格和高服务高价格组合的消费者分布区域,要比希望中价格中服务的消费者分布区域狭小。既有的零售业态只能满足其中的部分需求。偏好分布曲线两端的零售业态受内部竞争的压力,被迫挤向消费者偏好集中的曲线中心,导致偏好分布曲线两端形成了"真空地带",如图3-2所示,该"真空地带"为新进入者提供了机会,即产生了新的零售业态。也就是说,低价低级店和高价高级店都有可能作为新的零售业态出现。

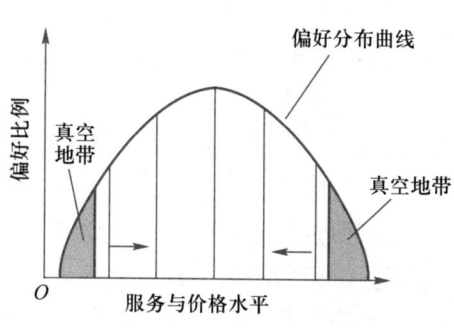

图3-2 真空地带理论

真空地带理论解释了零售轮理论无法解释的高价店也可能是新零售业态的事实,明确引进了消费者的偏好分布曲线,解释了高价格高服务的新零售业态产生的原因。但是,这种假说是以消费者偏好分布曲线存在为前提的。在实际生活中,是否真的存在消费者偏好分布曲线,是很难确定的。

3.9 需求满足理论

需求满足理论是从消费者的角度建立的,该理论认为,零售业态的发展必须与社会环境的变化相适应,只有那些以消费者为中心,能够满足和适应消费者需求变化以及社会、文化和法律环境变化的零售商才能生存下来,并成为零售业不断发展的源泉。其基础理论主要有辩证过程理论、生命周期理论、客户价值理论和马斯洛需求层次理论,其内容包括以下几点。

① 每一种零售业态都有自己的生命周期,从产生到成熟(最高点)再到衰退(下降),但其衰退后并不意味着完全消失,只是从主导零售业态中退出,在不同的经济水平下仍有所延续,只是客户对其的满意度降低,认可度降低,使得这种零售业态所获得的利润降低,以至于不能处于零售业态的主导地位。

② 新零售业态是在旧零售业态的基础上,根据需求的变化,通过对旧零售业态的扬弃产生的,它的起点比旧零售业态高,客户对它的满意度也高,利润也会相应地高,促使其迅速发展到最高点,此时在竞争中处于劣势的旧零售业态也就自然地衰退了,如此循环下去。

③ 在零售业态演变的过程中,每一种零售业态发展到成熟期所用的时间是不同的,但趋势是所用的时间在逐渐缩短;每一种零售业态达到最高点的速度也是

不同的，但趋势也是在逐渐加快。

④ 在同一经济水平和时间段上，几种零售业态可以并存，构成主辅关系。它们给客户的让渡价值是不同的，客户对其的满意度自然也有高低之分。让渡价值大、满意度高的零售业态更能受到客户的喜爱，购买行为更多，因此所获得的利润也就更高，从而成为主导零售业态；而其他零售业态相对来说利润较低，只能成为辅助零售业态。

⑤ 零售业态的发展以不断地提高客户满意度、满足其潜意识需求为目的。这具体表现为给客户的让渡价值越来越大，并逐步提高其消费层次和消费质量。新零售业态的产生就是在使客户价值最大化与客户成本最小化上做文章，围绕基本元素进行创新，而且这种创新随着客户需求层次的提高而永无止境，因而永远是有生命力的。

那么零售业态发展的演变动力到底是什么？一般认为是以满足客户的需求为最大动力，把客户让渡价值最大化作为最终目的。这种需求在不同的经济水平下会有不同的表现，所对应的零售业态的内容及形式也不同。当然利润是企业追求的最大目标，但是如果不能满足客户的需求，得不到客户的认可，就不能产生购买行为，也谈不上利润的最大化。其实两者的目的是相同的，只不过是从不同的角度去思考而已，但是带来的效果却是完全不同的。

思 考 题

1. 如何才能深刻理解网络零售的长尾理论？
2. 请列举一个能体现本章某一理论的案例。
3. 请结合案例分析企业是如何利用众包的优势的。
4. 有没有其他你认为可以应用于网络零售的理论？

参 考 文 献

[1] BROWN S.The Wheel of Retailing[J]. International Journal of Retailing, 1988(1): 16-37.
[2] 丹尼斯, 费内奇, 梅里斯. 网上零售理论与实务[M]. 姚歆, 赵敏, 译. 北京: 中国物资出版社, 2008.
[3] 安德森. 长尾理论[M]. 乔江涛, 译. 北京: 中信出版社, 2006.
[4] 黄爱白, 赵冬梅. 我国B-C网络消费者锁定问题的实证研究[J]. 经济学, 2009(1): 41-52.
[5] 谢斯, 米托. 消费者行为学: 管理视角[M]. 罗立彬, 译. 2版. 北京: 机械工业出版社, 2004.
[6] 田俊峰. 网络零售管理决策理论与方法[M]. 成都: 西南财经大学出版社, 2015.

拓展学习

美国无线T恤衫公司对众包理论的应用

众包能够将普通用户引入企业产品设计和服务平台的构建过程中,形成用户与企业之间的特殊合作关系。通过众包平台,企业将愿意提供创意的资深用户聚集在一起,形成一个连接紧密的虚拟网络社区,并将影响力向外辐射到一般用户和非用户大众。

美国无线(Threadless)T恤衫公司利用众包来完成新T恤衫的设计工作,并因为采用这种独特的经营策略而广受欢迎。通过打造一个庞大的T恤衫爱好者网络社区,公司网站每星期都会收到上百个来自业余或专业设计者的设计方案。设计者利用业余时间设计各种T恤衫,并将其上传到网络社区的论坛上,让其他用户打分。每星期都会有几件得分最高的T恤衫设计进入"准制造"环节,但最终能否量产还要看公司是否收到足够多的预订单,只有当预订单达到一定数量时,T恤衫才会正式进入生产制造环节。无线T恤衫公司每星期都会给得分最高的设计者颁发奖牌和2 000美元奖金。

无线T恤衫公司的主要业务流程,包括产品创意、设计、筛选、销售、反馈等,都交由网络社区群体来完成,这使得该公司在大幅度降低企业内部成本的同时,准确地把握了用户的需求和偏好,并根据用户的主流意见筛选设计方案,确保最终开发出的新产品会被大多数用户喜欢,让产品销售变成一件非常容易的事情,从而降低了企业的财务风险,也为企业的新产品带来持续的关注和稳定的购买力。

第 4 章

网络零售的发展环境

学习目标

1. 深入了解网络零售的发展环境。
2. 了解互联网给零售业带来的影响。
3. 了解零售业的商业创新与发展。
4. 了解国内外网络零售的立法现状。

导言

伴随着互联网的发展,人们感受到了互联网给经济带来的强大冲击,不少实体商店转战线上。本章将从互联网与技术创新、商业创新、法律环境等角度,介绍网络零售的发展环境。

4.1 互联网与技术创新

4.1.1 互联网与技术创新现状

1. 全球正在经历新一轮技术革命

目前,全球正在经历新一轮技术革命,以移动互联网、云计算、人工智能、大数据、物联网等为代表的新一代信息技术飞速发展,其社会渗透率越来越高,使得信息经济在全球范围内迅速兴起。全球范围内的信息技术持续创新和深度应用,催生出了许多新模式、新业态、新产业,也为"互联网+"的快速发展提供了条件和机遇。

2. "互联网+"时代技术创新的新机遇

在"互联网+"时代,大数据成为新的生产要素,为技术创新提供了不竭的动力。

(1)为企业技术创新提供了条件

企业技术创新需要经历三个阶段:新思路的产生与形成阶段、研究与开发阶段和产品的应用与扩散阶段。无论是在哪个阶段,企业都需要掌握大量的信息资源。而"互联网+"意味着信息获取的全球开放性、平等性和透明性。随着信息技术的不断创新,信息要素在各个行业的企业之间的流动性增强,企业处理信息的能力得到巨大提高。经济领域海量数据的积累与交换、分析与运用,极大地推动了企业技术创新,提高了企业的生产效率。

(2)集群式创新开始涌现

在"互联网+"时代,技术手段的提升、信息开放和流动的加速,带来了生产流程和组织变革,生产方式也从"工业经济"的线性控制转变为"信息经济"的实时协同,大规模协同推动的集群式创新开始涌现。通过集群式创新,企业管理突破了原有的界限,延伸到企业外部。企业将拥有更强的资源整合能力,能够将内部的资源、功能、知识、竞争优势与外界相互协同、相互利用及相互整合。

（3）为产学研协同创新提供支撑

产学研协同创新的最大障碍在于资源的限制，由于知识难以和市场对接，因此难以形成产业进而获得利润。"互联网+"意味着信息的共享、平台的开放，这些将为产学研协同创新提供支撑。第一，开放式平台能够促进知识共享与创新。开放式平台能够减少知识传递与转移过程中的损耗，一方面使企业在生产初期就可以掌握市场信息，针对市场需求拟定可行的生产策略，另一方面使企业在技术成熟并投入生产后，可以利用互联网平台进行宣传和推广。第二，开放式平台使得产学研合作模式多样化。开放式平台可以为产学研合作项目提供协调服务等，使得各方的优势得以充分发挥，最终促进产学研协同发展，不断创新。

4.1.2 互联网给零售业带来的影响

1. 互联网给人们思维方式带来的变化

互联网给人们的思维方式带来了以下变化。

① 开放。在互联网环境中，社会变得更加开放，以往的信息不对称越来越弱化，每一个社会单元，都可以从互联网中获得相同的信息；小型企业获得信息的速度，不一定会慢于大型企业。对于大型企业来讲，原先所拥有的信息资源优势也不再明显。

微视频4-1
互联网思维对于零售业的影响

② 参与。对于互联网，人人都可参与，人人都可分享，人人都可成为一个主体。从一定意义上讲，互联网中不存在科层制，只有平台与用户之分。因此，消费者与企业之间的关系呈现出明显的去中心化趋势。

③ 互动。从一定意义上说，互联网最大限度地满足了人类交往和自我实现的需求。通过互联网，各个社会单元可以充分互动，这种互动加深了社会单元之间的交往，使它们之间形成更加紧密的关系，以减少资源和信息错配，实现更高的商业价值。

④ 边界。互联网本身是无边界的，它也带来了思维的"无边界"。这对企业运作产生了巨大的影响。在"互联网+"时代，任何企业都不会再像传统企业那样拥有庞大的组织机构，低效、冗余的价值链环节将消亡，新的高效的价值链环节将兴起，组织的边界收缩。企业获得资源的成本更低、效率更高，所获得资源的质量也更优。传统的目标市场、商圈价值逐渐弱化，互联网创造了新的目标市场、新的商圈。

⑤ 零距离。互联网实现了各个社会单元之间的"零距离"，使各个社会单元之间的交流、沟通、分享和管理变得非常简单，它们彼此之间的关系也更加密切。

⑥ 生态系统。互联网打破了以往的商业规则，将许多有价值的、标价出售的

东西免费提供给用户,形成新的生态系统,进而形成新的商业模式。

⑦ 自由选择。互联网使得人们的选择空间,尤其是消费选择空间更大。

⑧ 社群。互联网使一些新的社会关系快速建立。社群成为新的社会关系,在人们的生活中起着越来越大的作用。

2. 互联网思维对零售企业的影响

① 零距离。零距离要求将以企业为中心转变为以用户为中心,由于用户的需求都是个性化的,因此要将大规模制造变成大规模定制。

② 去中心化。中心化是传统的零售模式,所有的用户都围绕一个主体进行,而在"互联网+"时代,以往的"经验供货""分渠道场景"等转变为"按需智能供货""无处不在的消费场景"等,零售企业可以直接接触用户,而无须通过第三方来建立企业和用户之间的联系,从而体现出去中心化的特征。

③ 分布式。分布式是指零售生态系统中的每一个个体都能够共享生态中的流量、用户等一系列资源,从而大大降低了获客成本,提高了商业效率。也正是商业效率的提升,带动了各个零售企业的积极性,使其能够创造更多的价值,为整个生态系统带来更多的流量和用户资源。

4.2 零售业的商业创新与发展

4.2.1 网络零售给传统零售业带来的影响

网络的普及、网民数量的激增,为网络零售提供了巨大的发展空间。网络零售给传统零售业带来的影响体现在以下几个方面。

1. 选择空间更大,购物成本更低

对于消费者来说,网络购物比传统购物更加方便、快捷。一方面,网络零售平台使得信息流通性更强,消费者的选择空间大,他们能够更加方便地"货比三家",从而购买到满意的商品。另一方面,商品挑选、下单、支付等流程均通过网络进行,消费者足不出户便可以完成多种商品的"一站式"购买,大大节省了时间和精力。

2. 打破时间、空间、物流等方面存在的制约因素

网络零售塑造了一个真正意义上的全球市场,打破了时间、空间和流通等对零售业的制约。例如,实体零售店并不能保证商品样样齐全,对于遇到消费者需要的商品断货的情况,往往难以及时解决;然而通过网络零售平台,消费者往往能够迅速找到目前有货的商家并购买所需的商品。此外,对于消费者来说,传统零售企业由于营业时间的限制,无法不间断地为消费者提供服务,但网络零售却突破了这一点,可以做到不间断营业。

3. 降低了运营成本，商品价格更优惠

与传统零售业的生产商—批发商（多级）—零售商—消费者的营销渠道相比，网络零售的生产商（网络销售商）—消费者的营销渠道，减少了分销中间环节并节约了分销时间，使商品的购买成本也更低。此外，网络零售企业在店铺租金、人员工资等方面的付出远低于传统零售企业，运营成本显著降低。商品购买成本和运营成本的降低，使得网络零售企业在与传统零售企业竞争时拥有更大的价格竞争空间。近年来，网络零售企业由单纯的价格竞争转向服务竞争，通过商品展示页面的优化、售后服务水平的提升等，增加消费者的网络购物意愿。

4. 大数据支撑精准营销和大规模个性化定制服务

大型网络零售平台不断对相关信息进行整合，形成了一个包含消费者特征、购物行为、商家营销行为、行业整体情况等多种数据的数据库。网络零售平台一方面通过信息搜索服务，根据消费者的消费习惯对其进行个性化商品推荐；另一方面通过用户群体信息挖掘服务，为商家提供丰富的用户行为数据和商品交易数据，使其了解用户的消费行为和消费习惯，更好地支撑精准营销和大规模个性化定制服务。

4.2.2 网络零售与传统零售业融合发展

1. 传统零售企业依托现有的网络零售平台向线上发展

在我国，中小型零售企业所占的比例较大，它们一方面缺乏自建平台的能力，另一方面即使自己创建了网上平台，也由于知名度不高而无法在短期内吸引大量消费者。因此，它们一般会入驻现有的网络零售平台，如天猫、京东等，以在较短的时间内实现网上销售。

2. 零售业向着全渠道的方向发展

网络零售企业需要拓展线下销售渠道，而传统零售企业则需要拓展线上销售渠道。网络零售企业可以借助传统零售企业的线下资源，而传统零售企业则可以使用网络零售企业的线上平台拓宽自己的经营空间。传统零售企业与网络零售企业展开全渠道的深度合作，一方面可以突破线下渠道的时空限制，实现品牌的线上拓展；另一方面可以借鉴网络零售企业具有活力的营销策略，及时分析消费者需求，优化线下渠道，提高服务质量，改善消费者的购物体验。只有传统零售和网络零售融合发展、线上渠道和线下渠道相结合，零售业才能顺应经济发展的趋势，找到新的发展方向。

4.3 网络零售业的法律环境

4.3.1 国外网络零售业的法律法规及政策

网络零售业的法律环境与电子商务领域的法律法规及政策密切相关。

1. 联合国有关电子商务的法律法规及政策

20世纪90年代初,互联网商业化和社会化的发展,从根本上改变了传统产业结构和运营模式。在商业界积极探索和运用这种新经济模式的同时,国际组织和一些国家也开始积极地探索规范经济运行的法律体系,以为新经济模式的运行提供安全有序的法律环境。而这些立法努力是以联合国为先导的。

1996年6月,联合国国际贸易法委员会通过了《联合国国际贸易法委员会电子商务示范法》(简称《电子商务示范法》)。它是在众多国际法律专家多次集体讨论后制定的,旨在向各国政府提供电子商务立法的原则和框架,尤其是开创性地对以数据电文为基础的电子合同的订立和效力等做出了规范,成为各国制定本国电子商务法规的"示范文本"。

为了贯彻实施《电子商务示范法》,1999年,联合国国际贸易法委员会电子商务工作组颁布了《联合国电子签名统一规则(草案)》,旨在解决妨碍电子交易形式推广的基础性问题——电子签字及其安全性、可靠性、真实性问题。之后,它在广泛吸取一些国家已经生效或正在起草的立法文件的经验的基础上,于2001年发布了《联合国国际贸易法委员会电子签名示范法》(简称《电子签名示范法》)。

2002年,联合国国际贸易法委员会提出了《联合国国际合同使用电子通信公约》草案。草案起草小组认为,独立的公约可以提升国际电子商务法律的确定性和可预见性水平。该公约旨在寻求各国立法关于电子合同缔结规则的统一,以消除国家电子交易法律的不确定性。该公约于2005年在联合国大会上正式通过。2006年7月6日,在联合国国际贸易法委员会第39届年会上,中国政府签署了《联合国国际合同使用电子通信公约》。

2. 欧盟有关电子商务的法律及政策

欧盟颁布一系列重要法律文件,都是为了保障和促进欧盟内部电子商务的发展。欧洲议会和欧盟理事会于1999年12月13日通过了《关于电子签名的共同体框架的第1999/93/EC号指令》(简称《电子签名指令》),2000年6月8日又通过了《关于共同体内部市场的信息社会服务,尤其是电子商务的若干法律方面的第2000/31/EC号指令》(简称《电子商务指令》)。这两部法律文件协调与规范了电子商务立法的基本内容,构成了欧盟国家电子商务立法的核心和基础。其中,《电子商务指令》更是全面地规范了开放电子商务市场、电子交易、电子商务服务提供者的责任等关键问题。欧盟成员国在自2000年5月起的18个月内,将《电子商务指令》制定成为本国法律。欧盟指令与一般的国家法不完全相同，它们具有地区性国际条约的性质。欧盟电子商务立法的主要内容如下：由于欧盟各成员国的法律存在很大的差异，为此欧盟意图建立一个清晰的和概况性的法律框架，以协调欧盟统一市场内部有关电子商务的法律问题。考虑到电子商务所具有的全球性，欧盟还愿意与其他国家和地区（尤其是申请加入欧盟的国家、发展中国家以及欧盟的其他贸易伙伴）加强合作，共同探索全球电子商务的法律规则。

欧盟电子商务相关法律协调的范围只包括在线信息、在线广告、在线购物、在线签约等通过计算机网络进行的经贸活动，不涉及安全、标识、产品责任、货物运输和配送等线下活动。欧盟要求成员国保障信息社会服务在联盟统一市场内自由流通，且不得要求信息社会服务提供者在提供服务之前经过事先授权或履行其他具有同等效果的要求。电子商务跨国界流通的性质使法律适用成为一个难点。欧盟虽然不主张建立任何新的冲突法规则或管辖权规则，但是认为依照原有规则适用的法律成员国不应限制提供信息社会服务的自由。欧盟的法律规定，为了保证法律适用的确定性，信息社会服务应当受服务提供者所在国法律的管辖。服务提供者所在国是指在一段时间内实际从事经济活动的固定机构的所在国，如公司总部所在国或者主要营业机构所在国。一个公司通过互联网网站提供服务的所在地不是指支持网站运行的技术所在地或者网站可以被访问的地点，而是指网站从事经济活动的地点。例如，一个公司不论将其网站服务器设在哪个国家，也不论其网站能够在多少个国家被访问，只要其主要营业机构设在欧盟某个成员国内，就要受该国法律的管辖。如果某个信息社会服务提供者为了规避欧盟某个成员国的法律，故意选择将营业机构设在另一个成员国内，那么前一个成员国有权对设立在他国但其全部或大部分活动是在本国实施的服务提供者适用本国法律，以制裁该服务提供者规避本国法律的行为。

商业性宣传对于信息社会服务获得融资支持，以及发展广泛的新型免费服务意义重大。为了保护消费者权益，保障公平竞争，商业性宣传（包括价格打折、促销优惠、促销竞争或游戏）必须符合多个透明性要求，让服务接受者有充分的选择自由。通过电子邮件擅自发送商业性宣传材料，类似于擅自向别人的邮箱里塞广告宣传品，但其危害更大，因为不仅邮件接收者在下载这些无用信息时还要支付网络费和通信费，还可能干扰网络的正常运行，造成网络阻塞或者通信速度缓慢。因此，欧盟要求在任何情况下，对于擅自发送的商业性宣传材料都必须明确标明，并且不应导致邮件接收者通信费用增加。

欧盟要求成员国保证其法律系统允许合同以电子形式缔结，保证适用于合同过程的法律规则不给电子形式的合同制造障碍，也不应仅仅因为这些合同采用电子形式就剥夺其有效性和约束力。欧盟还要求成员国承认电子签名具有与亲笔签名同样的效力。

欧盟还要求成员国不能给服务提供者施加一般性的监控义务，因为服务提供者没有能力保证通过其计算机系统的信息的合法性。欧盟法律还规定，服务提供者在作为纯粹的信息传输管道时或者在进行信息缓存时，享受责任豁免，即不因其传输或者存储的信息含有违法内容而承担法律责任。这是因为在上述情况下，服务提供者对信息的传输和存储是技术性的、自动的和暂时的，服务提供者并不知道被传输或存储信息的内容，也不对被传输或存储的信息内容做任何修改。但是，服务提供者故意与其服务接受者合谋从事违法活动，则不属于责任限制之列。

欧盟是在电子商务税收问题上主张税收的代表。1997年4月，欧盟委员会发布了《欧洲电子商务动议》，支持电子商务税收中性原则，认为通过修改现行税收原则来适应电子商务发展，与开征新税和附加税相比是更佳的选择。

1997年7月，在德国波恩召开的欧洲电信部长级会议通过了支持电子商务的宣言——《波恩部长级会议宣言》，主张政府尽量减少不必要的限制，帮助企业自主发展以促进因特网商业竞争、扩大因特网商业应用。这些文件初步阐明了欧盟为电子商务的发展创建"清晰与中性的税收环境"的基本政策原则。

1998年，欧盟委员会提出建议，所有通过因特网购买商品及接受服务的欧洲消费者都必须缴纳增值税，即使是向国外订货商订货的情况也不例外。电子商务活动必须履行纳税的义务，否则将导致不公平竞争。欧盟委员会在1998年6月发表了《关于保护增值税收入和促进电子商务发展的报告》，并与美国就免征电子商务（在因特网上销售数字化产品）关税问题达成一致。但欧盟也迫使美国同意把通过因特网销售的数字化产品视为销售劳务征收间接税（增值税），并坚持在欧盟成员国内对电子交易征收增值税（现行税种）以保护其成员国利益。1999年欧盟委员会公布了网上交易的税收准则，包括以下几点：不开征新税和附加税，努力使现行税种，特别是增值税更适应网上交易的发展，在增值税上，对电子转播视同劳务，确保税收中性原则；欧盟以外的国家和地区以联机形式提供给欧盟境内个人的无形资产，如音乐、音像或软件等，须在欧盟征税；减小网上交易税收执行难度，加强网上交易管理和执行力度，确保税款的有效征收。已对电子商务征税的国家基本上采取拓展现行税制的做法，将电子商务纳入现行税制的征税范围，并未开征新税（如比特税、托宾税等）。欧盟委员会于1999年宣布，如果电子商务企业未在欧盟登记，即便消费者从这些企业的网站或服务器下载数字音乐，也需要征收增值税，这是为了确保欧盟企业的权益。

2000年6月7日，欧盟委员会发布了新的电子商务增值税方案，该方案规定对在欧盟境外通过因特网向欧盟境内没有进行增值税纳税登记的消费者销售货物或提供应税劳务，销售额在10万欧元以上的企业，要在欧盟境内进行增值税纳税登记，并对其征收增值税。

2001年12月31日，欧盟各国财政部长会议达成协议，决定对通过因特网向欧盟消费者销售数字产品的欧盟以外地区的供应商征收增值税，税率依欧洲各国现行增值税率而定。这些数字产品包括软件、音乐、视频产品和教育产品等。欧盟对电子商务征收增值税的法令在2003年7月1日正式生效，开创了对电子商务征税的先河。

2017年12月，欧盟发布了《电子商务增值税条例》，该条例旨在简化增值税征收流程。为了保障该条例顺利实施，2019年欧盟发布了《电子商务增值税改革实施条例》。

总之，从全球电子商务立法的角度看，欧盟的电子商务立法无论是在立法思想、立法内容上，还是在立法技术上都是很先进的。

3. 美国有关电子商务的法律及政策

美国为了使电子商务在法律的保护和规范下健康发展，早在20世纪90年代中期就开始了有关电子商务的立法准备工作。美国犹他州于1995年颁布了《犹他州数字签名法》，这是世界上最早的关于电子签名的立法。它以"技术特定化"为基础，即规定只有采用某种电子技术的数字签名才具有法律效力。1996年，美国财政部发布了《全球电子商务选择性的税收政策》，其要旨是：① 对电子商务征税要做到中性，不能扭曲或阻碍电子商务的发展；② 各国运用国际税收原则要一致；③ 不对电子商务开征新消费税或增值税。1997年，美国发布了《全球电子商务政策框架》，号召各国政府尽可能地鼓励和帮助企业发展因特网商业应用，建议将因特网宣布为免税区。1998年10月，美国通过了《因特网免税法案》。1999年7月，美国发布了《统一计算机信息交易法》，为美国网上计算机信息交易提供了基本的法律规范，也为世界各国电子商务立法起到了借鉴作用。2000年6月30日，美国发布了《关于全球和国内商业中的电子签名法》，旨在确保以电子形式签订的合同的有效性和法律效力，促进在国际贸易和本国中使用电子记录及电子签名。

4.3.2 我国网络零售业的法律法规及政策

我国网络零售业经历了从无到有的发展过程。在网络零售业的发展过程中，我国政府发布的相关法律和政策起到至关重要的作用。

1.《中华人民共和国民法典》

2020年5月28日，第十三届全国人民代表大会第三次会议表决通过了《中华人民共和国民法典》（以下简称《民法典》），自2021年1月1日起施行。《民法典》在我国法律体系中居于基础性地位，是市场经济的基本法。《民法典》为了适应电子商务和数字经济的发展，完善了电子合同的订立、履行规则。例如，《民法典》规定了采用数据电文形式订立的合同的成立时间和地点。《民法典》第四百七十一条规定，当事人订立合同，可以采取要约、承诺方式或者其他方式；第四百九十一条规定，当事人一方通过互联网等信息网络发布的商品或者服务信息符合要约条件的，对方选择该商品或者服务并提交订单成功时合同成立，但是当事人另有约定的除外；第四百九十二条规定，采用数据电文形式订立合同的，收件人的主营业地为合同成立的地点；没有主营业地的，其住所地为合同成立的地点。当事人另有约定的，按照其约定。

此外，《民法典》还对商品交付时间做了如下规定：通过互联网等信息网络订立的电子合同的标的为交付商品并采用快递物流方式交付的，收货人的签收时间为交付时间。电子合同的标的为提供服务的，生成的电子凭证或者实物凭证中载明的时间为提供服务时间；前述凭证没有载明时间或者载明时间与实际提供服务时间不一致的，以实际提供服务的时间为准。电子合同的标的物为采用在线传输方式交付的，合同标的物进入对方当事人指定的特定系统且能够检索识别的时间为交付时间。

2.《中华人民共和国电子签名法》

2004年8月28日，第十届全国人民代表大会常务委员会第十一次会议表决通过《中华人民共和国电子签名法》（以下简称《电子签名法》），2005年4月1日起施行。《电子签名法》首次确立了数据电文的法律效力，赋予可靠的电子签名与手写签名或盖章同等的法律效力，并明确了电子认证服务的市场准入制度。该法共五章三十六条，是我国电子商务发展的一座里程碑，它的颁布和实施改善了我国电子商务的法制环境，有力地促进了安全可信的电子交易环境的建立，极大地推动了我国电子商务的发展。《电子签名法》的最新版本为2019年4月23日第十三届全国人民代表大会常务委员会第十次会议修正的版本。

3.《中华人民共和国电子商务法》

电子商务法是指调整平等主体之间通过电子行为设立、变更和消灭财产关系和人身关系的法律规范的总称；是政府调整企业和个人以数据电文为交易手段，通过信息网络产生的，因交易形式引起的各种商事交易关系，以及与这种商事交易关系密切相关的社会关系、政府管理关系的法律规范的总称。2013年12月27日，全国人民代表大会常务委员会正式启动了《中华人民共和国电子商务法》（以下简称《电子商务法》）的立法进程。2018年8月31日，第十三届全国人民代表大会常务委员会第五次会议表决通过《电子商务法》，自2019年1月1日起施行。《电子商务法》的施行，意味着我国电子商务行业进入了有法可依的时代，为规范电子商务行业的发展迈出了重要一步。

4. 各部委制定的部分相关法律及政策

2005年10月26日，中国人民银行发布了《电子支付指引（第一号）》，旨在规范电子支付业务，防范支付风险，保证资金安全，维护银行及其客户在电子支付活动中的合法权益，促进电子支付业务健康发展。

2007年3月6日，商务部发布了《关于网上交易的指导意见（暂行）》，旨在推动网上交易健康发展，逐步规范网上交易行为，帮助和鼓励各网上交易参与方开展网上交易，警惕和防范交易风险。

2009年2月28日，《电子认证服务管理办法》作为工业和信息化部令第1号公布（2005年2月8日发布的《电子认证服务管理办法》同时废止），后根据2015年4月29日工业和信息化部令第29号修订。《电子认证服务管理办法》以电子认证服务机构为主线，重点围绕电子认证服务机构的设立、电子认证服务行为的规范、对电子认证服务提供者实施监督管理等内容做出明确的、具体的规定。其主要包括电子认证服务许可证的发放和管理、电子认证服务行为规范、暂停或者终止电子认证服务的处置、电子签名认证证书的内容及安全保障措施、监督管理和对违法行为的处罚等内容。

2009年4月2日，商务部公布《电子商务模式规范》和《网络交易服务规范》。

2010年6月14日，中国人民银行发布了《非金融机构支付服务管理办法》，是专门针对第三方支付的管理办法，旨在规范发展迅猛的第三方支付行业。为配合《非金融机构支付服务管理办法》的实施，2010年12月1日中国人民银行制定了《非金融机构支付服务管理办法实施细则》，并于2020年11月12日对该实施细则进行了修正。

2021年3月15日，国家市场监督管理总局发布了《网络交易监督管理办法》，该办法包括总则、网络交易经营者、监督管理、法律责任和附则5章，明确了网络交易监督管理坚持鼓励创新、包容审慎、严守底线、线上线下一体化监管原则，提出了推动完善多元参与、有效协同、规范有序的网络交易市场治理体系，是对《电子商务法》等现有法律的细化和落实。该办法对网络经营主体登记、网络交易新业态监管、平台经营者主体责任、消费者权益保护、个人信息保护等问题做出了明确规定。其中，针对网络经营主体登记问题，对《电子商务法》规定的"便民劳务活动"和"零星小额交易活动"两类免于登记情形进行了具体界定。针对网络交易新业态监管问题，对当前"社交化电子商务""直播带货"等网络交易活动中的经营者定位进行了明确规定。针对压实平台经营者主体责任问题，规定网络交易平台不得干涉平台内经营者的自主经营，不得通过各种手段禁止或者限制平台内经营者自主选择多平台经营、自主选择快递物流等交易辅助服务提供者等。

4.3.3 网络消费者权益保护的相关法律

通过法律构建可靠的网络消费环境，树立消费者的信心，已经成为各国立法者的共识。从目前的一些法律法规来看，对于网络消费者权益的保护主要是从增强经营者的责任义务，以及赋予消费者在履行和解除合同过程中的特殊权利两个方面进行规定的：一方面，经营者必须尽到合理的信息披露义务，确保消费者能够获知有关的交易条件；另一方面，消费者在法定期限内享有无条件解除合同的权利,以解决网络消费不能真实接触商品的弊端。

1.《关于电子商务中消费者保护指南的建议》

经济合作与发展组织于1999年发布了《关于电子商务中消费者保护指南的建议》(以下简称《指南》)。《指南》从确保消费者信任的角度,构筑了一个庞大的消费者权益保护体系,确立了电子商务经营者应当遵循的行为准则;为政府评估其网络消费者权益保护法提供指南;为消费者提供网络购物的有用建议。《指南》还从7个方面提出了保护网络消费者权益的指导性建议。

(1)透明、有效的信息保护

《指南》提出,网络消费者应该享有不低于在其他商业形式中享有的透明的和有效的信息保护水平。《指南》要求政府、经营者、消费者及其代表应共同努力,以达到这样的保护水平,并决定在电子商务环境中哪些变化是必须采取的。

(2)公平原则约束下的商业、广告及销售行为

《指南》指出,在电子商务中经营者应该对消费者的权益予以应有的关注,并应根据商业、广告及销售的公平原则采取行动;经营者不应有任何虚假陈述和疏忽,以及可能导致欺骗、误导、欺诈或不公平的行为;经营者在向消费者销售、推销商品和服务时,不应存在可能导致损害消费者权益的不合理行为;不论何时,经营者都应以清晰的、明显的、准确的、易获得的方式表达自身或者其所提供的商品或服务的信息;经营者在设计与消费者交易有关的政策或行为时,应遵守承诺;经营者应考虑电子商务的全球性,只要有可能,应考虑其目标市场规则的多样性特征;经营者不应利用电子商务的特质隐瞒其真实身份或地址,或者不遵循消费者保护水平或执行机制;经营者不应使用不平等的合同条款;广告制作、市场营销应能确认是代表哪一个经营者的利益,否则就具有欺骗性;经营者做出某种声明后,应当在合理的时间内保证任何明示或默示声明的兑现;经营者应采用有效和易用的程序,以使消费者能对是否愿意接受未经请求的商业电子邮件进行选择;如果消费者已经表明不愿意接受未经请求的商业电子邮件,这种选择必须得到尊重;在许多国家和地区,未经请求的商业电子邮件受到法律特殊规定或自律性规范的约束;经营者应当对面向儿童、老年人、严重疾病患者及其他没有能力完全理解他们所面对的信息的人所做的广告及营销给予特殊的注意。

(3)在线信息披露

《指南》从经营者自身信息、商品或服务的信息、交易信息三个方面列出了网络经营者应当披露的信息。

① 经营者自身信息。应当至少包括以下信息:身份信息、通信信息、争议解决信息、法律服务信息等。

② 商品或服务的信息。商家对所提供的商品、服务的描述应当是正确的,足以使消费者做出是否完成交易的决定,并使消费者能保留此类信息。

③ 交易信息。应当包括以下信息：经营者所收取的全部费用明细；交货或履行条款；支付条款、条件与方式；购买的限制、限度或条件；正确使用方法的提示；售后服务信息；撤回、撤销、归还、调换、取消、退款方面的详细规定；担保与保证；等等。

（4）确认过程

消费者应当能够在决定购买之前确认其想购买的商品或服务，确认并纠正任何错误订单，表达有依据的和明确的购买意愿，并保留完整和准确的交易记录。消费者还应该能够在缔结成交前取消交易。

（5）支付

消费者应当得到易用的、安全的支付体制并被告知该体制给予的安全水平。未经授权或欺诈性使用付款体系的消费者责任应当受到限制；退款机制是增强消费者信心的有力工具，应当鼓励在电子商务环境中发展和使用该机制。

（6）争议解决和救济

《指南》特别指出，寻求不会给消费者带来不合理费用或负担的非诉讼纠纷解决方式、内部解决机制、自律机制，要求经营者、消费者共同努力来继续使用和发展公平、有效、透明的自律性规范及其他政策和程序，处理消费者的申诉，尤其是要注意跨境交易中的消费者权益保护。

（7）隐私

《指南》提出，经营者与消费者的交易行为应该遵循经济合作与发展组织发布的《关于保护隐私和个人信息跨境传播的指导原则》所提出的保护隐私原则，同时应考虑其发布的《在全球网络上保护个人隐私宣言》，为消费者提供合适的、有效的保护。

2. 我国网络消费者权益保护的相关法律

（1）《中华人民共和国消费者权益保护法》

2013年10月25日，第十二届全国人民代表大会常务委员会第五次会议通过对《中华人民共和国消费者权益保护法》的第二次修订。自2014年3月15日起施行。其中与网络消费者权益保护相关的条款有以下几个。

该法第二十五条规定，经营者采用网络、电视、电话、邮购等方式销售商品，消费者有权自收到商品之日起七日内退货，且无须说明理由，但下列商品除外：消费者定做的；鲜活易腐的；在线下载或者消费者拆封的音像制品、计算机软件等数字化商品；交付的报纸、期刊。

该法第二十八条规定，采用网络、电视、电话、邮购等方式提供商品或者服务的经营者，以及提供证券、保险、银行等金融服务的经营者，应当向消费者提供经营地址、联系方式、商品或者服务的数量和质量、价款或者费用、履行期限和方式、安全注意事项和风险警示、售后服务、民事责任等信息。

该法第四十四条规定，消费者通过网络交易平台购买商品或者接受服务，其合法权益受到损害的，可以向销售者或者服务者要求赔偿。网络交易平台提供者不能提供销售者或者服务者的真实名称、地址和有效联系方式的，消费者也可以向网络交易平台提供者要求赔偿；网络交易平台提供者做出更有利于消费者的承诺的，应当履行承诺。网络交易平台提供者赔偿后，有权向销售者或者服务者追偿。网络交易平台提供者明知或者应知销售者或者服务者利用其平台侵害消费者合法权益，未采取必要措施的，依法与该销售者或者服务者承担连带责任。

（2）《网络交易监督管理办法》

2021年3月15日，国家市场监督管理总局发布了《网络交易监督管理办法》（以下简称《办法》），自2021年5月1日起施行。《办法》制定了一系列规范交易行为、压实平台经营者主体责任、保障消费者权益的制度规则，对完善网络交易监管制度体系、净化网络交易空间、维护公平竞争的网络交易秩序、营造安全放心的网络消费环境具有重要的意义。《办法》中与网络消费者权益保护有关的条款主要有以下几个。

① 针对消费者权益保护问题。《办法》第十七条规定，网络交易经营者以直接捆绑或者提供多种可选项方式向消费者搭售商品或者服务的，应当以显著方式提醒消费者注意。提供多种可选项方式的，不得将搭售商品或者服务的任何选项设定为消费者默认同意，不得将消费者以往交易中选择的选项在后续独立交易中设定为消费者默认选择。第十八条规定，网络交易经营者采取自动展期、自动续费等方式提供服务的，应当在消费者接受服务前和自动展期、自动续费等日期前五日，以显著方式提请消费者注意，由消费者自主选择；在服务期间内，应当为消费者提供显著、简便的随时取消或者变更的选项，并不得收取不合理费用。

② 针对个人信息保护问题。《办法》第十三条规定，网络交易经营者收集、使用消费者个人信息，应当遵循合法、正当、必要的原则，明示收集、使用信息的目的、方式和范围，并经消费者同意。网络交易经营者收集、使用消费者个人信息，应当公开其收集、使用规则，不得违反法律、法规的规定和双方的约定收集、使用信息。网络交易经营者不得采用一次概括授权、默认授权、与其他授权捆绑、停止安装使用等方式，强迫或者变相强迫消费者同意收集、使用与经营活动无直接关系的信息。收集、使用个人生物特征、医疗健康、金融账户、个人行踪等敏感信息的，应当逐项取得消费者同意。网络交易经营者及其工作人员应当对收集的个人信息严格保密，除依法配合监管执法活动外，未经被收集者授权同意，不得向包括关联方在内的任何第三方提供。

③ 针对欺骗、误导消费者的行为。《办法》第十四条规定，网络交易经营者不得以下列方式，进行虚假或者引人误解的商业宣传，欺骗、误导消费者：虚构交易、编造用户评价；采用误导性展示等方式，将好评前置、差评后置，或者不

显著区分不同商品或者服务的评价等；采用谎称现货、虚构预订、虚假抢购等方式进行虚假营销；虚构点击量、关注度等流量数据，以及虚构点赞、打赏等交易互动数据。网络交易经营者不得实施混淆行为，引人误认为是他人商品、服务或者与他人存在特定联系。

思 考 题

1. 了解关于电子商务税收的几种主要观点。
2. 收集资料，谈谈关于网络消费者权益保护的立法现状。
3. 《网络交易监督管理办法》产生了怎样的影响？谈谈你的看法。
4. 查找相关资料，深入研究《中华人民共和国电子商务法》，阐述如何才能促进我国电子商务发展。

参 考 文 献

[1] 鲍跃忠. 互联网思维新环境零售企业的创新、发展、变革之路［J］. 时代经贸，2017（11）：18-25.

[2] 倪蕾，孙雪霞，陆家豪. 互联网环境下传统零售业的商业模式整合战略研究［J］. 现代营销，2017（11）：217-218.

[3] 高富平，尹腊梅. 电子商务法律基础［M］. 北京：北京师范大学出版社，2011.

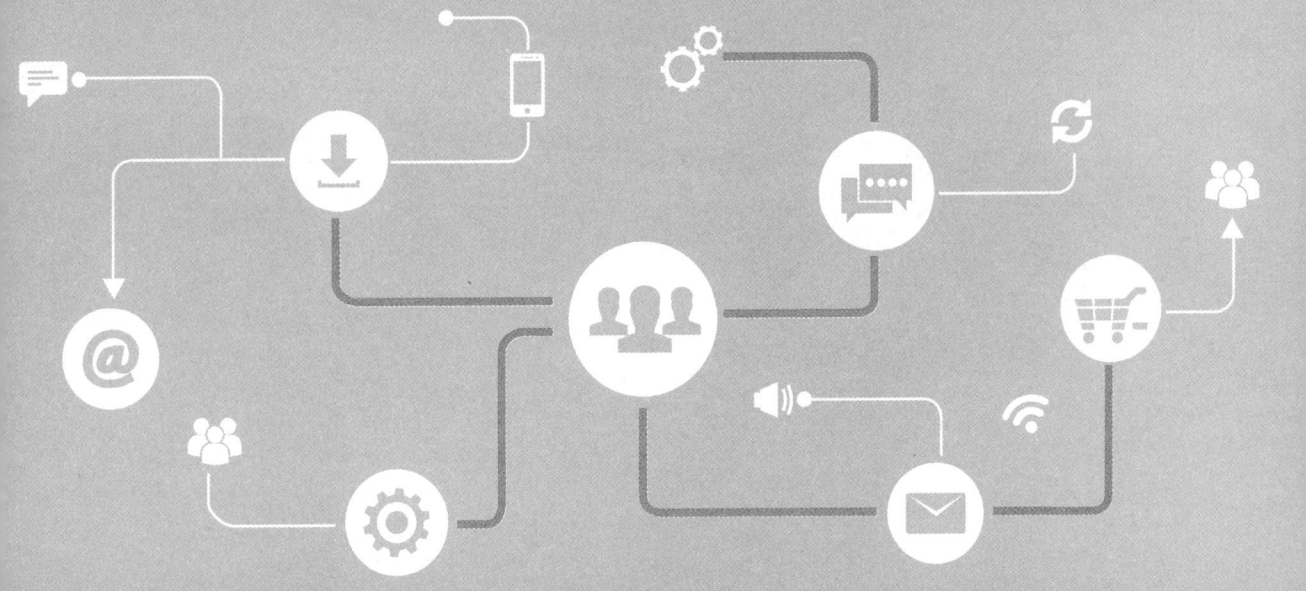

第二篇　网络零售生态

第5章

网络零售生态系统

学习目标

1. 了解商业生态系统。
2. 了解网络零售生态系统的结构和特征。
3. 了解和掌握网络零售生态系统种群间的关系。

第5章 网络零售生态系统

导言

由于网络零售是一门新兴的学科,因此对于网络零售生态系统目前还没有一个明确的定义,本章将通过梳理生态系统与商业生态系统的概念,借鉴相关研究成果,阐释网络零售生态系统的概念。

5.1 生态系统与商业生态系统

5.1.1 生态系统

1935年,英国生态学家坦斯利受丹麦植物学家瓦尔明的影响,明确提出了生态系统的概念,即在一定的空间和时间范围内,各种生物之间以及生物群落与其无机环境之间,通过能量流动和物质循环相互作用而形成的一个统一整体。随着对生态系统及社会组织结构认知的不断深入,人们发现人类社会的组织、运转与生物学意义上的生态系统极为类似,随之"生态系统"这一概念被扩展到社会科学领域。

5.1.2 商业生态系统

1993年,美国著名经济学家穆尔在《哈佛商业评论》上发表了《捕食者与被捕食者:竞争的新生态学》。穆尔在这篇文章中首次提出了"商业生态系统",并明确商业生态系统是以组织和个人(商业世界中的有机体)之间的相互作用为基础的经济联合体,它是由核心企业、扩展企业以及共同进化的相关社会组织及环境因素构成的动态系统。随着信息技术的发展,人们对"互联网+商业"模式的研究不断深入,商业生态系统不断演化,除了传统零售生态系统外,还包括电子商务生态系统、网商生态系统和网络零售生态系统,如图5-1所示。本章主要介绍网络零售生态系统。

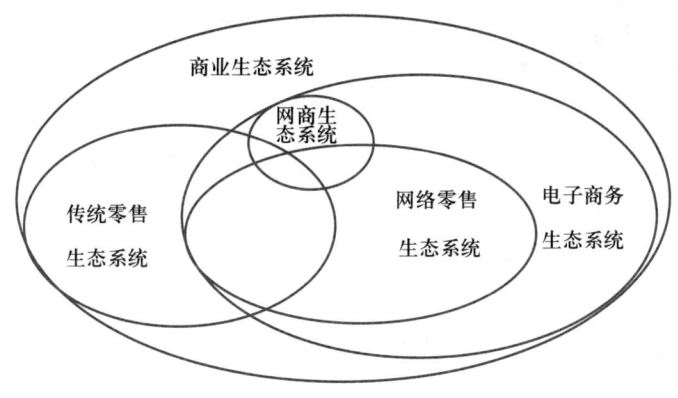

图 5-1　商业生态系统

5.2　网络零售生态系统概述

5.2.1　网络零售生态系统的概念

网络零售生态系统的概念来源于电子商务生态系统，可以说是网商生态系统、传统零售生态系统和电子商务生态系统融合的结果，是对商业生态系统的补充，使得商业生态系统更加完善。网络零售生态系统是电子商务生态系统的主体部分，而电子商务生态系统又包含于商业生态系统中。网络零售生态系统是围绕网络零售活动展开的。目前，对于网络零售生态系统，不同的学者给出了不同的定义。

李永发（2013）认为，网络零售生态系统是围绕网络零售这一核心活动和过程聚集起来的由一系列关系密切的个人、企业和组织以及环境因子形成的一个有机的生态系统。雷兵（2017）借鉴商业及产业生态系统的相关理论，认为网络零售生态系统是指在互联网、在线支付、物流快递等新型商业基础设施环境中，以在线交易为中心，涉及供应商、零售商、消费者、电子商务交易网站、物流配送企业、金融机构、网络零售服务外包企业以及其他利益相关者之间的相互作用的经济联合体。盛振中（2009）以淘宝网为例，认为淘宝网生态系统 $=F\{$生物物种（成员），非生物生态因子$\}$。其中，生物物种包括电子商务平台种群、卖家种群、买家种群、供应商种群、物流服务商种群、软件服务商种群、金融机构种群等；非生物生态因子包括政策与法律法规生态因子、经济生态因子、社会生态因子、技术生态因子等。陈德人等（2011）认为，我国网络零售产业链由三个主体，即卖家、网络零售平台和买家组成，在产业链之外还存在大量的支持性组织，如物流公司、金融机构、电信服务商等，他们共同构成了网络零售的生态系统。

结合商业生态系统和电子商务生态系统以及产业生态系统的相关理论，本书认为网络零售的本质还是零售，网络零售生态系统就是指网络零售商、网络零售服务商通过网络零售平台协同做好网络零售活动，为消费者提供更好的、更有效的和更便捷的商品与服务，且在这一过程中创造价值、传递价值并实现各自价值诉求而形成的一个有机的生态系统。

5.2.2 网络零售生态系统的优点

1. 网络零售生态系统突破了传统零售模式的局限

传统零售生态系统在进行跨地区跨行业的整合与协调时往往会受到很多限制。网络零售生态系统则具有广泛性、多元性的特点，它能突破传统区域和行业的限制，使有联系的组织之间形成战略同盟关系，共同面对市场竞争，这就使得在网络零售生态系统中企业不再是单独的个体，而可以与其他组织进行合作，从而具有更强的竞争能力。

2. 网络零售生态系统能够自我调节和自我完善

系统形成的最主要目的就是通过内部各成员之间的合作实现整体效益的最大化。与传统零售生态系统相比，网络零售生态系统具有更强的自我调节和自我完善功能。作为系统成员，每个企业都更注重整体性和协同性，与其他成员互利共赢。在制定战略时，应协调各个企业之间的关系，不断优化网络零售生态系统，使各个企业能够利用自身的竞争力和优化的生态系统去获取更多的利益。

3. 网络零售生态系统在管理理念上具有创新性

在"互联网+"时代，网络零售生态系统不仅是一种实施网络零售战略的途径，也是一种管理思想的创新。传统零售的管理思想是静态的，在面对不断变化的市场环境时存在很大的局限性，而网络零售生态系统具有动态性和系统性，可以从新的角度帮助企业制定战略规划。同时，网络零售生态系统也促使信息流转和反馈的速度加快，使得企业能更快速地了解市场变化并及时做出反应，这是传统零售生态系统所不能做到的。

5.3 网络零售生态系统的结构与特征

5.3.1 网络零售生态系统的结构

类似于自然生态系统，网络零售生态系统是建立在生物种群（网络零售平台、网络消费者、网络零售商、网络零售服务商、物流公司、电信服务商、金融机构、第三方支付平台等）和非生物生态因子（政策与法律法规、经济、社会文化、技术等）之间相互作用基础上的动态系统。网络零售生态系统的结构如图5-2所示。

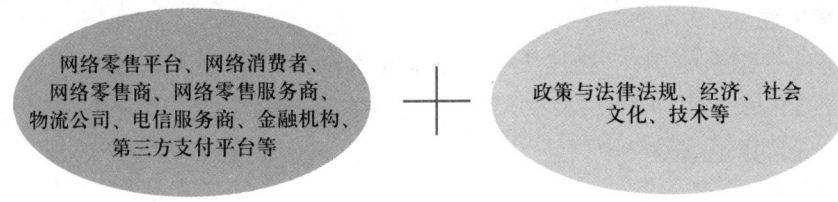

图 5-2　网络零售生态系统的结构

5.3.2　网络零售生态系统的特征

美籍奥地利生物学家贝塔朗菲认为，一个系统有三个基本原则：一是整体性，系统内部各部分之间有着密切的联系，应该分工协作，以实现整个系统的进步；二是模型化；三是最优化。Power 和 Jerjian（2001）指出整合的电子商务就构成了商业生态系统，并强调"网络"的重要性。在这个定义中，电子商务生态系统与自然生态系统具有相似的特征，互联网相当于自然生态系统的栖息地，而各类电子商务网站就相当于自然生态系统中的有机物，网址则是企业在互联网中"居住地"的表现形式。张志安、束开荣（2016）指出，微信平台是一个复杂的异质网络，该网络中各个节点间存在一定的关系，且其具有"无标度"特征和一定的生态特性。同样，网络零售生态系统作为电子商务生态系统的主体部分，也具有与自然生态系统、商业生态系统、电子商务生态系统类似的属性，因此可以借鉴这些生态系统的生态特性来研究网络零售生态系统的特征。

1. 动态性

网络零售生态系统具有动态性。一方面网络零售生态系统内部各成员会不断地进行更新，另一方面也会有外部的力量持续参与系统的发展。这些内生力量和外生力量都意味着网络零售生态系统具有动态变化的特点，其构成要素不断更新，最终实现网络零售各参与方的共同发展和整个系统的完善。

2. 多样性

网络零售生态系统的多样性既表现为其内部构成要素的多样性，又表现为其外部环境的多样性。一方面，网络零售生态系统是由一系列密切相关的企业和组织构成的，这些企业和组织类型不同、所具有的功能不同，所扮演的角色也不同。另一方面，由于系统所处的市场环境是变幻莫测的，所以系统的外部环境也具有多样性。

3. 开放性

一个系统只有具有开放性，才能不断吸收优秀成员，自由地与外界进行信息交换，从而具有强大的自我调节和自我修复功能。开放性使网络零售生态系统的各个成员能够在最大范围内与相关企业建立战略合作伙伴关系，形成良性循环，达到资源优化配置和有效利用的目的。

4. 竞争性

在自然生态系统中,"物竞天择,适者生存"就充分强调了竞争的理念。同样,在激烈的市场竞争中,网络零售生态系统的各个成员也必须通过技术创新等方式不断保持竞争优势。

5. 协同性

网络零售生态系统各成员之间是相互依赖、共同生存的关系,为了更加灵活地应对来自内部和外部的挑战,实现自身和整体利益的最大化,他们只有相互协调、相互补充,才能实现共同发展。

5.4 网络零售生态系统与传统零售生态系统的比较

网络零售生态系统与传统零售生态系统是两种不同的系统,以下从6个方面对两者进行比较。

1. 各成员之间关系的比较

微视频5-1
网络零售生态系统与传统零售生态系统的区别

传统零售生态系统的主要成员分为供应商、零售商、消费者三类,各成员之间的互动较少。供应商与消费者之间难以直接接触,只能通过零售商传递信息,使需求和供给难以达到平衡。另外,传统零售生态系统的各个成员分布在各个区域,所以他们之间的直接互动较少,难以形成共赢局面。而网络零售生态系统的主要成员可以分为卖家和买家两类。各个卖家之间既可以是竞争关系,也可以是合作关系。即便是竞争关系,各卖家彼此之间的竞争也都是良性竞争。同时,出售商品的卖家也可以成为购买商品的买家,这使得网络零售更加多样化。另外,买家与卖家之间的信息沟通即时化,让交易过程更加透明。

2. 购物环境的比较

传统零售生态系统的主体是传统零售商,他们拥有实体店铺,在一定的营业时间内通过有效的营业手段来吸引消费者,但是消费者购物会受到时间和空间等的限制。例如,传统零售商一般都有固定的营业时间,消费者必须在其营业时间内购买商品。再如,传统零售商有固定的营业场所,消费者前去购物往往还要借助一定的交通工具,这些因素会影响消费者的购物体验。网络零售生态系统利用网络零售平台,借助物流体系使零售活动突破了时间与空间的限制,卖家可以向不同地域的买家销售商品,买家则可以随时随地购买商品,而且网络商品种类繁多,买家可以货比三家,快速完成交易。

3. 运行规则的比较

网络零售生态系统和传统零售生态系统的运行规则是不同的。网络零售生态系统利用网络零售平台的服务协议和规则来约束网络零售商,并维持系统运行。例如,网络零售商利用淘宝网进行交易,就要遵守淘宝平台服务协议和淘宝平台规则。淘宝平台服务协议和淘宝平台规则明确了网络零售商与淘宝网之间的关系,淘宝网上的一切交易活动都是基于该协议和规则展开的。淘宝平台服务协议包括账户注册与使用、平台服务及规范、用户信息的保护及授权、用户违约及处理等。淘宝平台规则涉及市场管理与违规处理、行业管理、营销活动、消费者权益保护及争议处理、信用及经营保障、特色市场、内容市场和生态角色等规则。正是这些规则与协议,让网络零售商逐步形成了其在新业态中的行为方式,使得网络零售生态系统能够有序运行。

传统零售生态系统的运行规则要简单得多。例如,就商品交易而言,传统零售生态系统中的商品交易一般采用在现场钱货两讫的方式进行,交易规则相对简单。

4. 运行成本的比较

传统零售商的经营策略一般为薄利多销,但在交易的过程中难免会遇到成本高的问题。传统零售商在仓库、店铺、物业及店内运营人员等方面都需要投入较大的资金,这使得其成本较高。而网络零售商只是在网络零售平台上建立虚拟店铺,并通过网络发布商品和服务信息,宣传企业品牌,投入较小的成本就可以直接接触到广大消费者群体,并完成线上交易。因此,网络零售商销售的商品的价格通常比传统零售商销售的商品价格低,商品销售量也比传统零售商的商品销售量高。

5. 营销手段的比较

传统零售商通常按照消费者逛店购物习惯来摆放商品。例如,将销售量大、品牌知名度高的商品以及促销商品摆放在显眼的位置和消费者容易拿到的货架上。此外,传统零售商还利用海报、广告以及店铺环境的设计来吸引消费者进店选购商品,并通过销售人员与消费者面对面交流,推介商品,提高购买率。

网络零售商通常用文字、图片、视频等形式展示商品,消费者可以按照关键字、类别、价格区间等条件搜索所需的商品。此外,网络零售商还为消费者提供了多种购物决策支持,包括热销商品排行榜、对商品进行多角度展示、对商品进行多维度(如价格、品牌、型号等)排序、个性化商品推荐、相关商品推荐、商品比价、用户评论、口碑等。此外,网络零售商还利用门户网站广告、搜索引擎、与社交网站合作等来吸引大量的消费者,并利用消费者的行为数据向其推荐商品,提高网络购物的成交率。

6. 人才结构的比较

传统零售商需要有丰富线下零售经验的从业人员,以及大量的店内运营人员;而网络零售商则需要大量的信息技术人才、有网络营销经验的从业人员,以及大量的仓储物流人员。

5.5 网络零售生态系统的种群

种群（population）是指在一定时间内占据一定空间的同种生物的所有个体。在现代生物进化理论中，种群是生物进化的基本单位，种群内的个体通过不定向变异和自然选择不断进化。利用生态系统理论分析网络零售生态系统的种群现象可以发现，一系列关系密切的企业超越地理位置的限制，以互联网作为竞争和沟通平台，通过价值依托、加盟等形式进行优势互补和资源共享，将实体经济和虚拟经济融合起来，构成了有机的生态系统——网络零售生态系统。在网络零售生态系统中，各类网络零售种群各司其职，形成了完整的价值网络；物质、资金和信息通过这个价值网络流动，使得网络零售生态系统成为一个多侧面、多层次、多要素的错综复杂的系统。本节主要介绍网络零售生态系统种群的分类，并分析网络零售种群的成长模式。

5.5.1 网络零售生态系统种群的分类

在网络零售生态系统中，政策与法律法规、经济、社会文化、技术等环境是网络零售种群生存的宏观环境，这样的宏观环境促进了网络零售种群的产生、发展，并形成了网络消费者基础环境、网络零售人才基础环境、政策与法律法规基础环境以及网络零售应用基础环境。在这些基础环境的影响下，可以将网络零售种群按其功能定位分为领导种群、关键种群、支持种群和寄生种群。这些种群在功能上相互依托，构成了网络零售种群的概念模型，如图5-3所示。下面对这4类

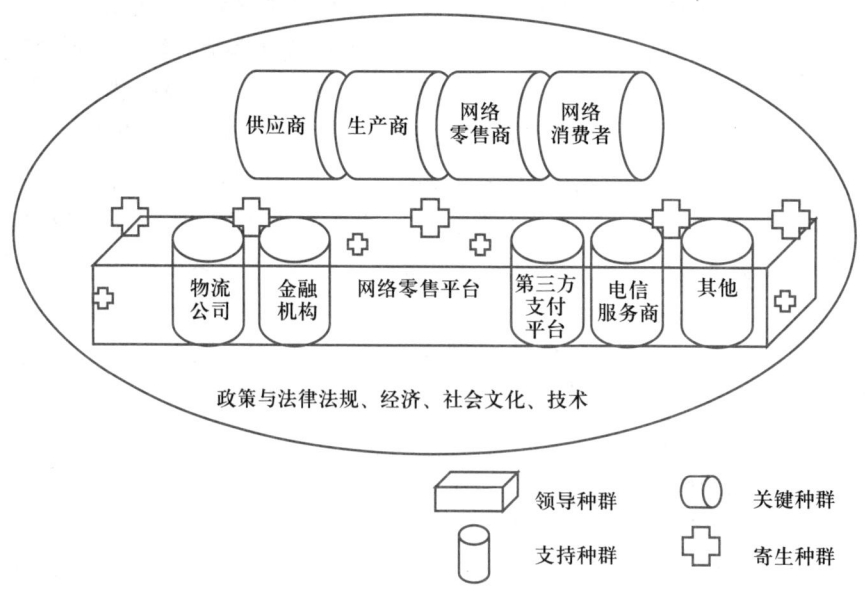

图5-3 网络零售种群的概念模型

网络零售种群进行简单的介绍。

1. 领导种群

领导种群即网络零售生态系统的领导者，他们通过整合和协调资源的平台，创建和壮大系统，引导系统进行价值创造、价值获取、价值分析和协同进化。在网络零售生态系统中，首先是一个或几个核心网络零售平台在超大规模的空间内相互协调，将资源集中起来，甚至将网络消费者也融合进来，形成一个共同进化的生态体系。其中，核心网络零售平台是指在生态系统中占据中枢位置，为系统提供共享资源，并能够找到行之有效的方法去创造价值，且与其他成员分享价值的企业。核心网络零售平台对整个系统来说是至关重要的，其战略可以归为两点，一个是创造价值，另一个是分享价值。

例如，阿里巴巴集团拥有淘宝网、天猫、全球速卖通、阿里巴巴国际交易市场、1688、阿里妈妈、阿里云、支付宝、菜鸟网络等子公司，创造了一个能为网络零售生态系统中其他成员提供发挥能力、创造价值的平台。通过该平台，阿里巴巴集团将绝大部分价值创造的空间留给了网络零售生态系统中的主要成员——网络零售商。可以说，阿里巴巴集团作为网络零售生态系统的领导种群，在有效创造价值的同时，与系统中的其他成员分享价值。

2. 关键种群

在自然生态系统中，关键种群是这样一类物种，即在群落中生物量较低却起着结构性作用，如果把他们从现有的生态系统中移除，生态系统中的其他一些物种有可能会随之灭绝，某些生态功能或生态过程也会受到十分明显的影响。在网络零售生态系统中，关键种群即网络零售交易主体，包括网络消费者、网络零售商、生产商、供应商等，是网络零售生态系统其他种群所共同服务的"客户"。

3. 支持种群

支持种群即网络零售要顺利实现所必须依附的组织，包括物流公司、金融机构、电信服务商等，这些种群并不依赖网络零售生态系统生存，但其可以从优化的网络零售生态系统中获得更大的利益。

4. 寄生种群

寄生种群是为网络零售商提供增值服务的组织，如网络营销服务商、软件服务商、咨询服务商等，这些物种寄生于网络零售生态系统之上，改善了网络零售的生态环境，与网络零售生态系统共存亡。

5.5.2 网络零售生态系统种群的成长模式

网络零售种群生态系统中的领导种群、关键种群、支持种群和寄生种群，通过彼此之间的自动协调、竞争、合作、寄生等方式成长，不断增强网络零售种群生态系统的稳定性和进化功能。下面介绍几类网络零售种群之间存在的互惠共生、偏利共生、竞争和寄生共生这几种成长模式。

1. 互惠共生成长模式

互惠是指网络零售生态系统中不同种群或同一种群内企业之间的互利合作关系，彼此合作，能够降低成本，获取利润。互惠共生以不同种群或同一种群内的企业之间的分工与合作为基础，能够产生新的价值，即这种分工与合作能够带来更加高效的物流、信息流和价值增值活动。根据价值链上下游之间是纵向联系还是横向联系，可以将互惠共生成长模式分为纵向互补共生成长模式和横向合作共生成长模式。

（1）纵向互补共生成长模式

这种成长模式是指网络零售生态系统中不同种群或同一种群内的企业之间基于价值链、供应链之间的纵向联系而产生专业化分工协作关系。它们遵循专业化分工与协作的原则，只从事价值链中某一环节的工作，通过签约与其他企业进行协作生产，从而形成紧密的共生关系。纵向互补共生的形式主要有模块化生产及资源网络互补。模块化生产是纵向互补共生的重要形式，是指企业在满足产品可分解和遵循系统设计的前提下，采用模块化生产方式，使得系统中的每个企业都是标准零部件制造或软件设计的专业化企业。资源网络互补是互补共生的另一种重要形式，是指运用共生原理，对不同行业的企业进行匹配，使网络零售生态系统内的上下游企业之间形成"资源—产品或服务"或"资源—产品或服务—副产品—产品或服务"网络，即上游企业生产的产品或副产品可以作为原材料直接被下游企业利用，使资源得到充分利用，从而形成一个开放的产业资源价值网，在充分利用资源的同时实现网络零售种群内资源的增值效应。

（2）横向合作共生成长模式

这种成长模式是指网络零售生态系统中不同种群或同一种群内的企业之间基于价值链之间的横向联系而产生的专业化协作共生关系。它们之间优势互补，协同创新，依靠网络零售平台加强与其他企业的联系，从而构成区域创新网络，实现网络零售种群的技术创新、产品研发，有效提升系统的技术创新能力。横向合作共生通过资源整合、互助合作、创新提升，能够实现合作企业间的资源共享和优势互补，有效解决单一企业在技术、人才、信息或管理能力等方面存在的不足，从而缩短企业成长周期，降低企业创新发展的成本和风险。在一个网络零售生态系统中，网络零售商基于网络零售平台根据领导种群制定的规则进行分类营销或者整合营销，并利用同一平台上的信息资源、营销渠道以及监督平台，联合开拓市场、开发产品、制定价格、构建渠道、传播信息、促进销售，为实现各自的营销目标，通过协议、契约等方式结成营销联盟。

2. 偏利共生成长模式

偏利共生是一种比较特殊的共生关系，偏利共生产生的价值并不是由合作企业平等共享，而是由主导性企业获得大部分或者全部价值。在偏利共生成长模式中，主导性企业的生产、经营、销售行为具有外部性，使得其上下游企业在这种外部性的影响下获得发展。偏利共生的形式主要有生产配套、营销配套等。

（1）生产配套成长模式

生产配套又称为贴牌生产，是指一个企业根据另一个企业的要求，为其生产产品并贴上对方的商标。"互联网+"时代的生产配套与传统的生产配套在交易渠道以及交易模式方面有所不同，前者主要通过网络进行营销、下单以及组织生产，其中委托方拥有自己的品牌、技术或市场，而被委托方则具有规模生产和低成本的优势，不过两者都更具有灵活性，交易成本也大大降低。生产配套是生产企业快速发展的重要途径，在与品牌企业合作的过程中，它们不仅获得了原始的资本积累，也积累了技术、管理及市场经验。

（2）营销配套成长模式

营销配套是指以某大型贸易企业为核心，制造企业为其提供产品，由该大型贸易企业专门负责营销。在"互联网+"时代，这种专业化的分工更加细致，使得贸易企业与制造企业聚集在一起，两者之间的关系也更加紧密，相互促进，共同发展。

3. 竞争共生成长模式

在网络零售生态系统中，企业之间的竞争更加激烈。企业为了各自的生存和发展，在生产要素市场对稀缺资源展开竞争，或在产品市场对市场占有率展开竞争。持续的竞争成为企业发展的动力，促使企业不断降低成本，提高产品质量，开发差异化产品。但是，无论是降低成本，还是提高产品质量，都需要生产工艺和生产技能的改进，开发差异化产品更需要创新性的知识。因此，竞争促使企业主动加强与系统中不同种群或同一种群其他企业的知识交流，使企业不断提高对市场环境的适应性和寻求、利用知识的能力。而网络零售平台则提供了便利的、多元化的信息交流渠道，使企业之间可以互相交流经验，从而大大促进了知识流动。

4. 寄生成长模式

寄生成长模式是指企业利用网络零售生态系统中的基础设施、品牌、技术、信息、市场等优势，依附网络零售平台实现跨越式发展。寄生主要有品牌寄生和技术溢出寄生。

（1）品牌寄生

在网络零售生态系统中，基于众多企业品牌可以形成系统品牌。系统品牌可以提高网络零售生态系统的吸引力。然而网络零售种群中还存在大量的中小型企业，这些企业的资金实力有限，难以花费巨额资金进行营销，但共享系统品牌，可以使其节省创立品牌所需的巨额投入，分享系统品牌所带来的市场利益。

（2）技术溢出寄生

在网络零售生态系统中，技术溢出寄生主要发生在寄生种群与寄生种群所依附的主体企业之间。寄生种群（如软件服务商）在为客户企业提供某种网络技术服务使其价值增值的过程中获得利润，这类企业极具技术创新性，其技术创新活动，可以降低其他企业的技术开发成本，从而使系统总的收益得以增加。

综上所述可以发现，网络零售生态系统种群的成长并没有一个统一的模式，由于所处的外部环境和内部条件的差异，不同的企业会选择适合自身实际状况的成长模式，即便是同一个企业在其成长的不同阶段，也会选择不同的成长模式。

5.6 案例分析：淘宝网

淘宝网在快速的发展过程中，与其用户和合作伙伴一起，形成了一个蓬勃发展的网络零售生态系统。

5.6.1 淘宝网的发展历程

淘宝网由阿里巴巴集团于2003年5月创立。目前其业务包括C2C和B2C两大部分。从商业生态的视角来看，淘宝网的发展历程可以分为以下三个阶段。

1. 自然生长阶段

在这一阶段，淘宝网根据用户的需求陆续推出了相应的产品和服务。例如，为了促进交易能够更加安全和便捷，淘宝网推出了网络支付工具——支付宝。

2. 有生态意识的阶段

随着交易量的快速增长和用户规模的不断扩大，用户的需求日益多样化。为了更好地满足用户需求，淘宝网开始有意识地引入合作伙伴，共同为用户提供服务。例如，针对网络零售的特点，淘宝网与中国邮政合作，推出了"e邮宝"物流服务。

3. 有意识的生态建设阶段

随着阿里巴巴集团在2007年年末将集团战略确定为"建设电子商务基础设施，培育开放、协同、繁荣的电子商务生态系统"，作为阿里巴巴集团的子公司，淘宝网也相应地形成了生态化发展的战略，开始有意识地构建网络零售生态系统。

5.6.2 淘宝网生态系统的构成

根据穆尔对商业生态系统构成的分析，结合淘宝网的实际发展状况，可以发现淘宝网生态系统由淘宝网内部生态系统及其外部环境构成，如图5-4所示。

1. 核心层

核心层包括领导种群和关键种群。领导层主要包括淘宝网。此外，阿里巴巴集团的其他子公司与淘宝网之间联系密切，它们分别提供与网络零售相关的支付、广告、搜索、物流等服务，并通过不同方式集成到淘宝网上，以为淘宝网的卖家

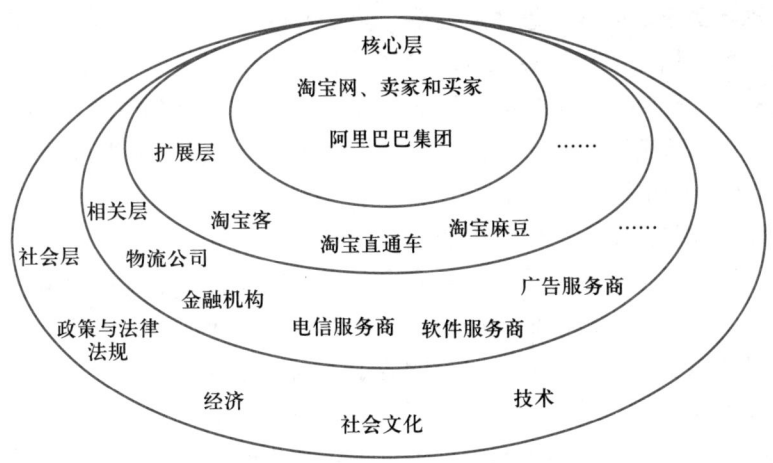

图 5-4 淘宝网生态系统及其外部环境的构成

和买家提供服务,因此它们也属于领导种群的组成部分。关键种群主要包括卖家和买家,因为卖家和买家是网络零售的主体。

2. 扩展层

扩展层主要包括寄生种群,即那些为卖家提供增值服务的组织,如淘宝客、淘宝麻豆、淘宝直通车等。它们改善了网络零售的交易环境,与网络零售生态系统共存亡,对于促进网络交易顺利完成发挥着重要的作用。

3. 相关层

相关层主要包括支持种群,主要是与网络零售交易相关的物流公司、金融机构、电信服务商等,它们在特定条件下与相关的交易主体产生联系。这些组织并非依靠淘宝网生存,但它们可以从淘宝网生态系统中获取更大的利益。

4. 社会层

淘宝网生态系统的外部环境,包括政策与法律法规、经济、社会文化、技术等环境。

5.6.3 淘宝网生态系统各成员之间的关系

1. 淘宝网与卖家、买家之间是互惠共生关系

在整个网络零售生态系统中,淘宝网发挥着平台的作用,一是为卖家、买家提供信息管理、互动交流服务;二是集成了网络零售所需的相关功能,如支付、物流、软件支持、保险等;三是制定了交易规则。淘宝网功能的增强和服务水平的提升,有利于卖家和买家更好地进行网络交易。反过来,卖家、买家规模的增长和商业能力的提升,也能促进淘宝网繁荣发展。可以说,淘宝网和卖家、买家之间相互促进,协同发展。

2. 买家与卖家之间是互惠共生关系

买家与卖家相互依存。买家规模的增长、购买能力的提高，将促进卖家的发展。反过来，卖家商品品类的增加、服务水平的提高，也将增加对买家的吸引力。同时，买家和卖家遵循共同的交易规则，并通过相互评价，构建起网络信用体系，改善了网络购物的整体环境。

3. 卖家之间是竞争共生成长关系

卖家之间主要是竞争关系，但同时也存在共生关系。不同的卖家各自努力从货源、服务、营销等方面形成自己的竞争优势，以快速成长，与其他卖家形成竞争关系。但是卖家之间并非只是单纯的竞争关系，竞争关系促使卖家主动加强与淘宝网中其他成员的知识交流，如卖家间分享经验、联合促销，或者形成提供服务和接受服务的关系等。淘宝网提供了更加多元化的信息交流渠道，卖家之间进行知识交流，共享经验，大大促进了知识和信息的流动。

4. 买家之间逐渐形成互惠关系

通常情况下，买家之间没有直接联系，互不影响，保持相对独立。但是随着买家规模的扩大，以及网络购物开始成为主流的消费方式，买家之间的关系也开始呈现出多元化的发展趋势。随着商品评价、链接分享等功能的出现，一个买家对商品的评论也会影响其他买家的购物体验。与此同时，团购和拼单功能的兴起，也拉近了买家与买家之间的关系，使他们之间形成了互惠关系。

5. 扩展层中的主体与淘宝网之间是互惠共生关系

扩展层中的主体，主要是把相关增值服务集成到淘宝网上，以为卖家和买家提供更好的服务。淘宝网通过集成这些服务提升了服务水平，增加了对卖家和买家的吸引力。随着扩展层中的主体种类日益丰富，以及与淘宝网的关系日益密切，他们与淘宝网正在共同形成一个完善的网络零售服务体系。

6. 相关层与淘宝网之间存在多样化的、复杂的关系

相关层中的物流公司、金融机构、电信服务商等，与淘宝网之间存在着松散的、多样化的、复杂的关系，支撑淘宝网更好地发展。

思 考 题

1. 试分析和总结网络零售生态系统中领导种群、关键种群、支持种群和寄生种群的特点。
2. 试述网络零售生态系统的意义。
3. 分享一个网络零售生态系统案例。

参考文献

[1] MOORE J F. Predators and Prey: A New Ecology of Competition[J]. Harvard Business Review, 1993 (3): 75-87.

[2] 李永发. 中国网络零售生态系统的扩容[J]. 贵阳学院学报（自然科学版），2013（4）：44-51.

[3] 雷兵. 网络零售生态系统种群成长的系统动力学分析[J]. 管理评论，2017（6）：152-164.

[4] 盛振中. 淘宝网生态系统中种群成长研究[C]//李琪，陈德人，梁春晓，等. 第二届网商及电子商务生态学术研讨会论文集. 杭州：浙江大学出版社，2009：93-97.

[5] 陈德人，林慧丽. 网络零售[M]. 2版. 北京：清华大学出版社，2015.

[6] 张志安，束开荣. 微信舆论研究：关系网络与生态特征[J]. 新闻记者，2016（6）：29-37.

拓展学习

传统零售生态系统、电子商务生态系统和网商生态系统

1. 传统零售生态系统

传统零售生态系统是商业生态系统的一个子系统，其结构如图5-5所示。传统零售生态系统主要分为两个部分，一个部分是供应商、零售商和消费者，另一个部分是环境主体，如仓储、物流、政府、制度（法律体系、信用体系）等。在传统零售生态系统中，零售商具有主导能力，对其他企业具有较大的影响力，其致力于促进整个系统健康有效地运转。零售商作为中间商，在供应商与消费者之间搭起桥梁，将商品在流动中的需求与供给结合起来，其经营的主要目标就是利润的最大化。由于供应商与消费者之间一般不直接进行交流和买卖，因此供应商难以在第一时间满足消费者个性化的消费需求。而零售商则可以为消费者提供商品，并为供应商提供消费者信息。政府等相关部门在整个环节中起到监督、协调

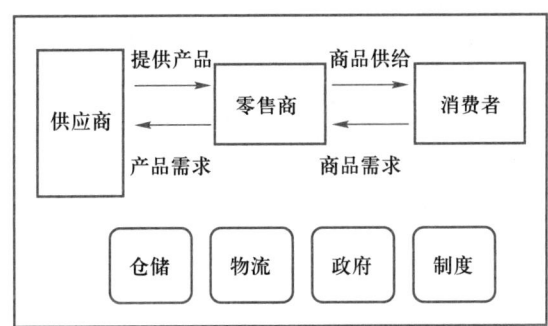

图5-5 传统零售生态系统的结构

的作用，保证交易顺利进行，保护消费者的合法权益。供应商、零售商、消费者三者的行为均受政府等相关部门的制约。

2. 电子商务生态系统

电子商务生态系统源于商业生态系统，可以理解为其是商业生态系统的一个子系统。电子商务生态系统是基于电子商务平台，在联系密切的一系列企业和组织相互影响、相互作用下形成的一个庞大的、复杂的有机经济联合体，其结构如图 5-6 所示。电子商务生态系统与传统零售生态系统不同。在这个系统中，各个成员不能只着眼于自身的利益，而要将自己融于整个系统之中，成员之间要本着协同与共生的理念，各司其职，共享资源，并能根据环境的变化实时调整策略，实现共同发展。姜锦虎和王刊良（2008）认为，在线经济的商业模式，是以费用较低的网络交易来替代费用较高的市场交易，同时买卖双方是不受时空、地域限制的，网络中的竞争模式与工业经济中的层次化的"命令—控制"模式不同，它更像一张关系网，具有包容性和自组织性。胡岚岚等人（2009）认为，电子商务生态系统是指电子商务活动中的一系列联系密切的企业和组织将互联网作为竞争和沟通的平台，从而突破地理位置的限制形成了优势互补和资源共享的价值网络，其中领导种群、关键种群、支持种群和寄生种群4类物种各司其职、相互作用。

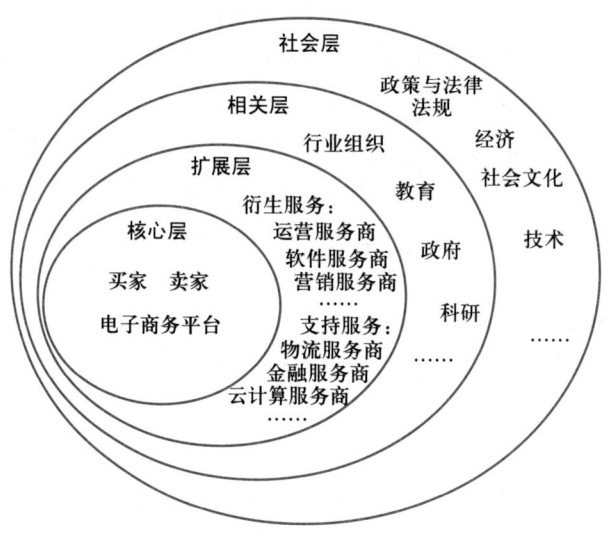

图 5-6　电子商务生态系统的结构

3. 网商生态系统

网商生态系统与传统零售生态系统不同。网商生态系统的发展，冲击并改变着传统零售生态系统。网商生态系统与传统零售生态系统的融合将弥补电子商务生态系统存在的不足，使得电子商务环境更加完善，也使得电子商务生态系统更加健康地发展。张茂敏和陈禹（2009）认为，网商生态系统是以电子商务为中心，各种类型的网商之间以及网商与外部环境之间相互作用而形成的整体，其结构如图5-7所示，其核心是价值共享和共同进化。龚秀芳（2011）指出，网商生态系统分为网商主体和网商所处的环境主体两个部分。网商主体根据在交易中扮演的角色可以分为卖家和买家，卖家可以分为企业卖家和个人卖家，企业卖家又可以按照在供应链中扮演的角色继续细分成供应商、生产商、中间商（分为代理商和经销商，或者批发商和零售商）。网商所处的环境主体主要指的是电子商务环境，可以分为平台提供商、交易服务商、基础服务商三类，同时也泛指网商生存的政治与法律法规、经济、社会文化、技术等环境。

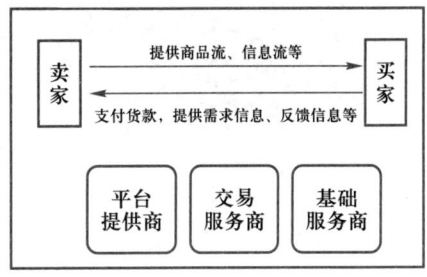

图5-7　网商生态系统的结构

第6章

网络消费者

学习目标

1. 了解当前网络零售环境的变化。
2. 了解网络消费的发展趋势。
3. 掌握网络消费者的特征。
4. 熟悉影响网络消费者购物的因素。

导言

在人均国内生产总值（GDP）、人口年龄结构、消费心理、消费习惯等多种因素的共同作用下，消费者的需求不断升级，消费趋势发生了翻天覆地的变化，消费不再只属于个别群体，不分男女老少、打破年龄和性别界限的"全民消费"时代已经来临。

"90后""00后"等逐渐成为消费市场的主力军，"单身族""银发族"等新的消费者群体在我国消费市场快速崛起。这些新的消费者群体追求个性化的产品与服务，智能化、精准化等新的消费趋势也应运而生，网络购物已经从一种消费行为发展为众多网民的生活方式。消费者的消费需求从原来的追求量转向成追求质，消费者的消费特征也表现出由购买"大众商品"到购买"小众商品"的转变，消费的个性化程度不断提升。特别是随着大数据、云计算、人工智能等新一代信息技术的发展和应用，以消费者为核心的全渠道服务模式、实时在线生活方式、线上与线下打通的沟通方式应运而生，使得消费者的个性化需求能够得到全面、精准的满足。

6.1 网络零售环境的变化

从B2C模式到C2B模式，再到线上线下融合的O2O模式，以及近年来兴起的新零售，我国的网络零售生态系统已经发展成为一个涵盖信息技术、在线交易、物流配送、网上支付等多领域协同发展的完整的生态系统。这一生态系统在技术、商务和社会三个层面发生着翻天覆地的变化，如图6-1所示，重塑了网络消费者的消费环境。

6.1.1 技术层面的变化

作为网络零售生态系统的底层支撑，以"云、网、端"为代表的新信息基础设施正在形成，如图6-2所示。其中，"云"是指云计算、大数据基础设施；"网"不仅包括原来的"互联网"，还包括"物联网"领域；"端"则是用户直接接触的个人计算机、移动设备、可穿戴设备、传感器，乃至移动应用程序，是数据的来源，也是获得服务的界面。新信息基础设施正叠加于原有的农业基础设施（如土地、水利等）、工业基础设施（如交通、能源等）之上，发挥的作用也越来越重

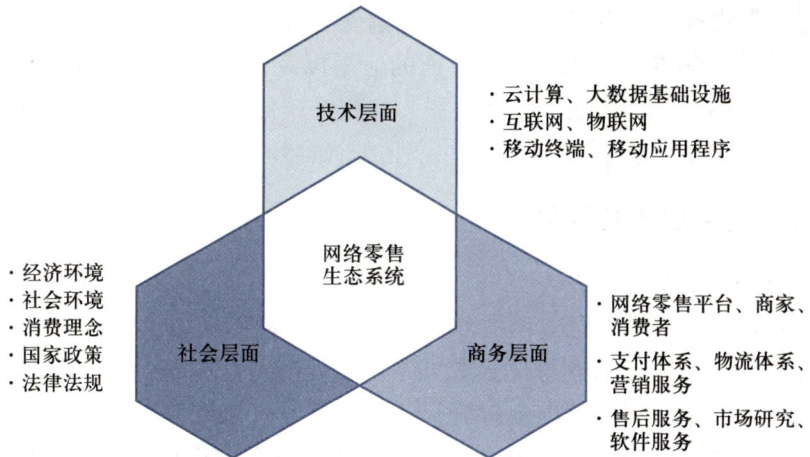

图 6-1　我国网络零售生态系统在技术、商务、社会三个层面的变化

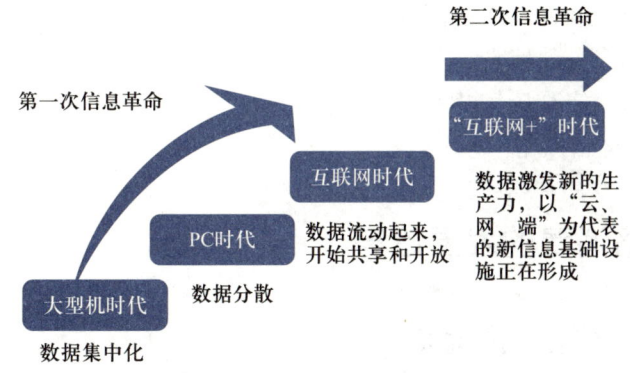

图 6-2　新信息基础设施正在形成

要,为"互联网+"时代网络零售商发展实时营销和精准营销提供了重要的技术支撑。新信息基础设施提供了巨大的市场机会,其通过数据采集、海量数据快速处理、个性化商品推荐增加消费者的购买行为,通过社交网络增强商品推荐力度,提高购买转化率,在基于位置的服务的应用支撑下实现实时购买、高效配送,从而促进网络零售生态系统各个种群协同发展。

6.1.2　社会层面的变化

在社会层面,以往以产品、品牌为中心的零售营销模式已经发生变化,社交、社群等正在成为影响零售营销的关键因素。零售业态快速演变,并且具备了更多的社交属性和社交功能。在互联网环境中,社群已经成为影响消费者消费的主要要素。只有围绕目标消费者,打造超强生活场景,构建更多的知识产权(IP)属性，通过社群提高消费者黏性，逐步放大消费者价值，才能产生更广泛、更有效的传播。此外，随着大数据、人工智能的应用以及政策与法律法规体系的完善，网络零售诚信体系日趋完善。网络造假、知识产权侵犯、隐私泄露等社会问题有所缓解，消费者的信心得到提升，网络零售的社会环境得到了极大的改善。

6.1.3 商务层面的变化

随着新一代信息技术的发展和应用，我国消费者的品牌认知渠道日趋丰富，购物路径也凸显全渠道特色。国内外零售商及品牌商的数万个门店以移动终端为载体，对接阿里巴巴、京东等的大数据平台，变身"数字化门店""智慧门店"，实现了电子化运营。它们可以分析消费者的消费习惯和购物需求，将不同的商品精准推送给到店消费者，以提升运营效率。消费者在门店中可以感受体感互动、AR（增强现实）体验、现场扫码加购物车、HTML5页面分享、多元支付等功能。通过智能解决方案，零售商可以完成全渠道布局，打通线上和线下业务，包括门店自提、线下扫码购、门店智能导购等，使消费者的体验得到提升；将消费者与商家直接连接起来，消费者购买商品时可以通过移动终端自助结账，也可以选择自提或物流配送；实现店铺货品、价格、仓储、配送、结算等的线上线下完全融合，大大提高了运营效率。

6.2 网络消费的发展趋势

6.2.1 网络消费者的构成

网络零售凭借传统零售无可比拟的优势被越来越多的消费者所认可，网络消费者已经以网络购物为中心形成了一种新的生活方式。中国互联网络信息中心第47次《中国互联网络发展状况统计报告》显示，截至2020年12月，中国网络消费者群体的具体构成如下。[1]

1. 性别结构

网络购物不再是女性的专利，男性消费者在网络零售市场中占据更大的比例。截至2020年12月，中国网民男女比例为51.0∶49.0，与整体人口中男女比例基本一致。中国网民性别结构如图6-3所示。

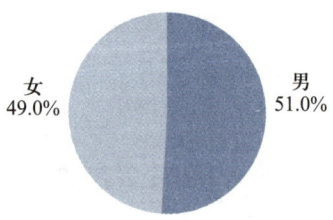

图6-3　中国网民性别结构

---

[1] 资料来源：第47次《中国互联网络发展状况统计报告》。

2. 年龄结构

我国网民以青年和中老年群体为主。截至2020年12月，20～49岁网民群体占网民整体的57.1%，其中30～39岁网民群体占比最高，达20.5%；50岁及以上网民群体占比由2020年3月的16.9%提升至26.3%，互联网进一步向中老年群体渗透。我国网民年龄结构如图6-4所示。

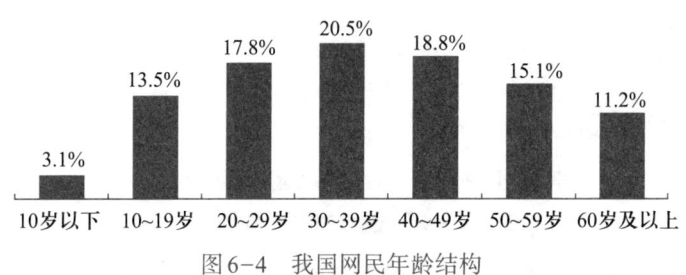

图6-4　我国网民年龄结构

3. 学历结构

我国网民以中等教育水平的群体为主。截至2020年12月，初中、高中/中专/技校学历的网民群体占比分别为40.3%、20.6%；受过大学专科、大学本科及以上教育的网民群体占比分别为10.5%、9.3%。我国网民学历结构如图6-5所示。

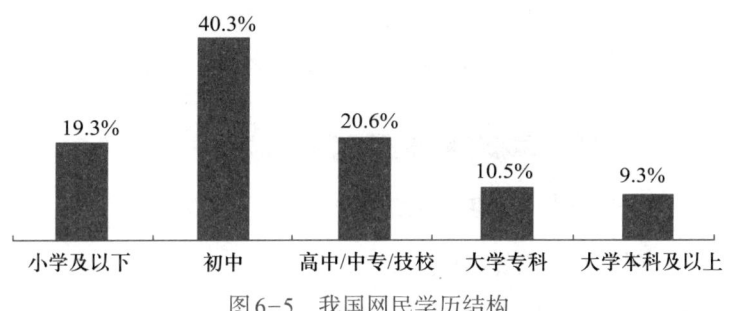

图6-5　我国网民学历结构

4. 职业结构

截至2020年12月，在我国网民群体中，学生最多，占比为21.0%；其次是个体户/自由职业者，占比为16.9%；企业/公司的管理人员和一般人员占比共计11.0%。我国网民职业结构保持稳定。我国网民职业结构如图6-6所示。

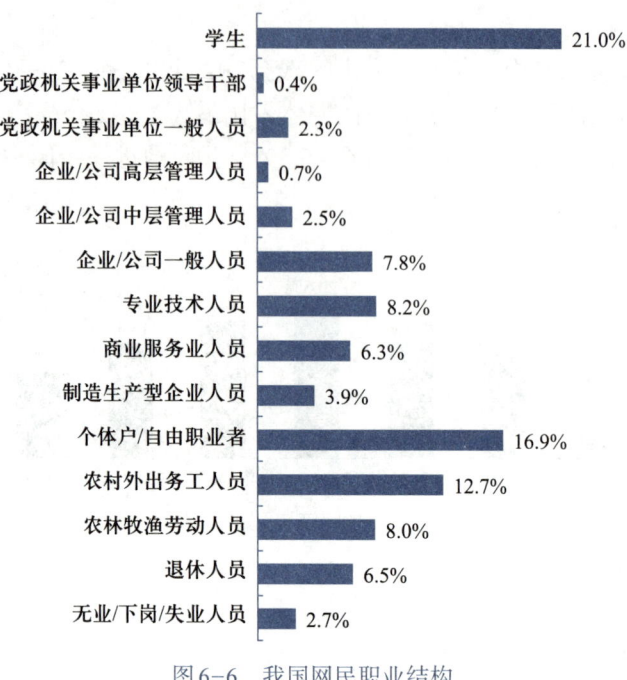

图 6-6　我国网民职业结构

5. 收入结构

截至 2020 年 12 月,无收入及月收入在 500 元以下的网民群体占比为 20.4%;月收入在 2 001～5 000 元的网民群体合计占比接近三分之一,为 32.6%;月收入在 5 000 元以上的网民群体占比为 29.3%。我国网民个人月收入结构如图 6-7 所示。

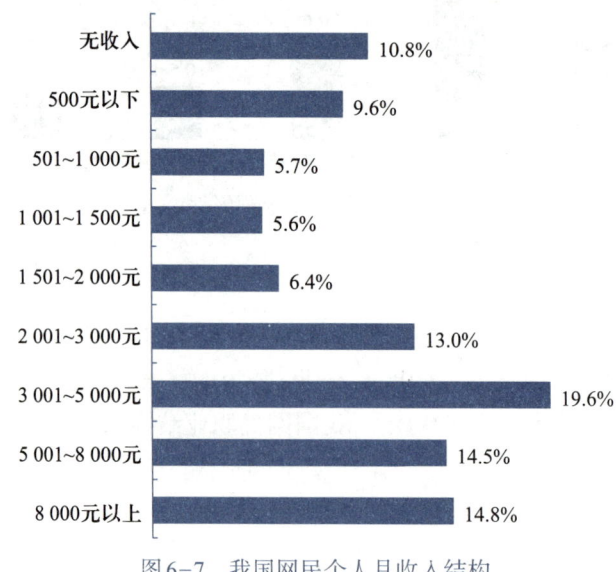

图 6-7　我国网民个人月收入结构

6.2.2 新消费者群体的分类

在万物互联的时代,以人口结构或收入结构等传统方式来划分消费者群体已经不能洞察消费者的消费行为和需求。零售商只有顺应变化,深入把握不同消费者的需求,重新思考应对新形势和新消费者群体的策略,才能在市场竞争中立于不败之地。

随着消费者的需求和偏好不断趋于个性化、精细化,包括"单身族""银发族"在内的新消费者群体不断涌现。例如,全民消费催生出了"都市潮流男士"和"活跃的银发老年人"等消费者群体;注重体验和感受,紧跟潮流风尚造就了"体验至上者"和"渴望成为大师者"等消费者群体;在数字化浪潮下,诞生了"虚拟社交"消费者群体等。这些新的消费者群体有截然不同的需求,他们渴望个性化的产品与服务。

(1)潮经济

潮经济是以年轻一代为核心的潮流趋势及其衍生的经济模式。"90后""00后"是互联网时代的原住民,由于技术红利,他们有更高的信息对称性和更强的比价能力,实现自我价值的意识也更加强烈,愿意为自己喜好的产品花费更多的钱。此外,随着经济的发展、生活水平的提高,他们在衣食住行等方面的品牌意识也在增强。这些都成为潮经济在我国快速发展的动力。

(2)银色经济

银色经济是指专为老年人设计和生产产品,并提供各种专门的社会服务。随着人口结构的变化,面对人口老龄化和人们对健康长寿的需求,银色经济应运而生。过去十年间,一方面我国老年人口的收入明显增加,另一方面老年人更加关注生活的质量,即追求一种更健康、更有品质的生活,其消费结构已经从生存型向文化休闲型转变。

(3)体验经济

体验经济是指从生活与情境出发,以服务作为舞台,以商品作为道具来使消费者融入其中并为其提供价值的经济形态。互联网的迅速发展和深入应用让越来越多的中国消费者与全球接轨。体验式消费成为一种潮流。体验经济强调个性化,以及感官性、延伸性、参与性等。例如,消费者不再满足于走访熟悉的文化和地理环境,以及常规的旅游线路,而更愿意追求标新立异、充满异域风情的远途异国游和能带来身体与精神上多重满足的极限运动。

企业只有深入了解每一个细分的消费者群体,充分考虑他们的独特需求,才能准确定位产品和服务,并根据多样化的价格、细分的场景和差异化的功能判断其增长潜力,制定适合自己的战略决策。

6.3 网络消费者的特征

随着经济的发展和社会文化的变迁，消费者的自我认同、价值观以及生活和消费习惯都发生了巨大的变化，呈现出不同于以往的特征。企业只有洞察这些特征和变化，紧跟消费趋势，才能发现更多新的增长点和潜在商机。

6.3.1 生活方式

网络消费者的生活方式可以概括为以下几个关键词："网络氧气""人设自由""乐活绿动"和"玩物立志"。

1．"网络氧气"

年轻一代是在网络环境中长大的，网络是他们生活中必不可少的一部分。"网络氧气"概念的出现，意味着越来越多的消费者渴望网络，其购物、娱乐、交友、信息获取等都在网络上完成。

2．"人设自由"

过去，在我国消费者的消费行为往往被限定在不同的群体中。人们的社会身份和自我认同相对固化，很少有人超越"既定"的消费范畴去消费。例如，时装、护肤品或化妆品等产品属于女性专属的消费范畴；旅行、时尚则是只有年轻人才会考虑的消费项目。而如今，随着我国社会的发展、文化的多元化，人们的心态也越来越包容，消费行为也悄然发生着改变："放飞自我""我的青春我做主"等广告词反映出了人们向往做自己，敢于彰显自己的喜好，突破原有刻板印象和既定消费范畴的趋势。人们不再由于突破既定范畴消费而觉得难堪，而将突破自我视为一种潮流。

3．"玩物立志"

兴趣爱好可以促使消费者重复购买或长期使用某些商品，从而形成特定的消费习惯和偏好。在经济和互联网都不发达的年代，我国消费者接触潮流风尚的机会较少，投放在兴趣爱好上的时间和花费也不多，因此兴趣和爱好在人们生活中的重要性偏低，种类也较为单一，往往限于读书、音乐、棋牌等成本较低的活动。而随着社会的发展、物质的极大丰富以及人们对生活质量要求的提高，兴趣和爱好成为很多消费者陶冶情操和享受生活不可或缺的部分。而高度发达的媒体、极易获得的信息、众多的网络社群和兴趣小组、便捷的网络购物和配送服务，为人们发展兴趣和爱好提供了方便。

4．"乐活绿动"

绿色消费观的核心理念是"健康、快乐、品质、环保、可持续"，倡导消费者在与自然协调发展的基础上，以健康和可持续的方式生活和消费。我国消费者的生活质量、素质和环保意识不断提高，绿色、健康、可持续的消费观念已深入人心。

6.3.2 购物方式

1. 多渠道

越来越多的零售商采用多渠道销售，即通过多种零售形式将商品卖给消费者。多渠道销售可以使零售商接触不同的消费者群体，并使成本得到分摊，使供应商的来源多样化。与之相对应，消费者往往也采用多渠道购物的方式。

2. 目标导向

网络消费者在购物时的目的性很强，他们喜欢网络环境，而且通常是抱着明确的目标去某个或某类网络零售商的店铺购买商品。

3. 自主服务

网络消费者的自主服务意识较强，总是希望能自主地参与购物的全过程，包括登录网站、访问网上店铺、选购商品、下订单、支付货款、追踪物流等。对于传统零售来说，好的自主服务设计应该包括拥有完善的店面设计、醒目明了的标志、形象的视觉展示以及有效的商品信息传递途径。而好的自主服务设计会被很容易地复制到网络零售中来。

4. 个性化与定制化

个性化是营造网络零售氛围的关键因素。一些服装零售商提供的"虚拟壁橱"有助于提高其网站的个性化，通过"样式生成"功能为消费者提供试穿服务；提供的"虚拟模特"功能使消费者可以在线创建自己的三维模型，达到试穿的效果；将消费者的服装尺码和已购买商品的信息保存在数据库中，消费者下次登录时可以再次查看相关信息，使得其购物经历个性化，同时也节省了选购商品的时间。

许多网络零售商都在其经营过程中增加了定制化因素。在实际运作层面，可以将定制化定义为网络零售商能够识别出一个消费者，然后从商品、服务和购物体验等方面为其量体裁衣。定制化之所以能够影响网络消费者的满意度，是因为它既能够通过精准地把握消费者的需求，为其提供高品质的服务，又能够在消费者和商品之间建立一种更直接的联系，使消费者更加高效地选购商品。

定制化还提倡个性化商品设计，消费者可以参与商品设计，从而将个人的需求融入商品，使得商品更加符合消费者的个性化需求，极大地提高了消费者的满意度。需要指出的是，一些小众商品在网络上享有溢价，也就是说，消费者愿意向网络零售商支付更高的价格购买这些小众商品，以避免到实体店寻找小众商品的麻烦。由此可以看到，随着网络零售市场的发展，消费者日益成熟，在购买商品时不仅关注价格，也关注其个性化需求的满足程度。

6.3.3 沟通方式

商业不是孤立的，商业行为也从来都是嵌在社会关系和社会网络之中的。换句话说，经济人其实最终都是社会人。网络消费者是一个个活生生的人。网络能够给有相似经历的人提供聚集的机会，这种聚集不受时间和空间的限制，并形成有意义的社交关系。

在互联网环境中，消费者有了更多的发言权，他们更加愿意相信其他消费者的声音，常常通过社交媒体、搜索引擎等提出问题，寻求答案，使沟通方式更加扁平化。

在进行网络购物时，消费者更愿意相信朋友或熟人在社交媒体上推荐的商品，或意见领袖对商品的评价，这些基于信任传播的信息往往对消费者的购物决策有更大的影响。在这一过程中，消费者已经或多或少地参与到商品的营销环节中，成为商品口碑的传播者，甚至创造者。

此外，搜索引擎改变了消费者的消费行为和消费模式。相关调查显示，有超过70%的网络消费者在购买商品前会通过搜索引擎搜索商品信息。根据图6-8可知，与传统营销中消费者行为模式（AIDMA模型）相比，搜索是互联网影响下消费者行为模式（AISAS模型）中的瓶颈因素。有没有搜索结果、搜索结果好不好会直接影响消费者的购物行为，并会通过分享不断扩散。

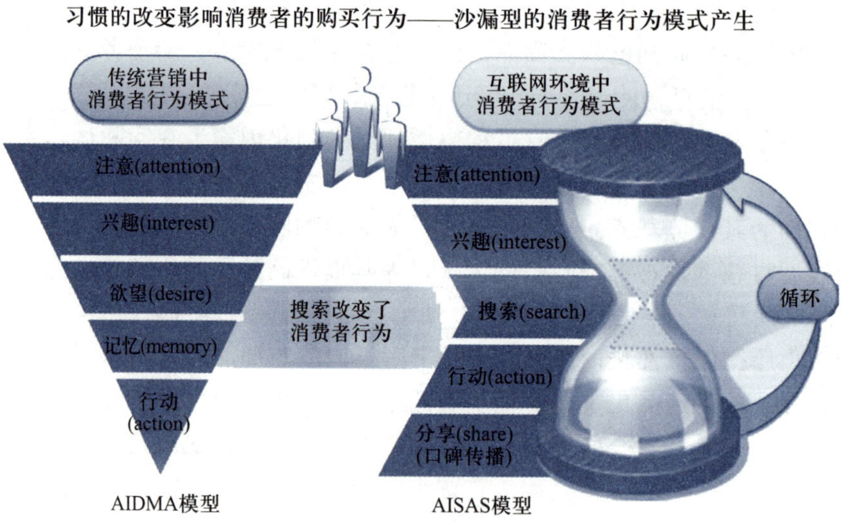

图6-8 AIDMA模型和AISAS模型

应用案例

海尔的大数据营销

2012年，海尔推出了帝樽空调，因其外形由方到圆的颠覆性创新，而受到人们的关注。此外，帝樽空调有很多特点，如健康，能够去除$PM_{2.5}$；舒适，能够三维立体送风；智能调温，能够风随人动，已被数以万计的用户选购。为了精准地预测潜在用户以及为用户及时地提供个性化的服务方案，2013年4月，海尔通过SCRM（社会化客户关系管理）会员大数据平台，提取了海尔帝樽空调用户数据，与中国邮政的名址数据库进行匹配，建立了look-alike模型。

这个模型可以将已经购买帝樽空调的几万名用户所在的小区分成几类，并分别打上标签；再把这些标签映射到中国邮政的名址数据库，找到具有相似特点的所有小区。这类小区在北京就有60余个，其中就包含北京A小区。

然而，住在北京A小区的业主有很多，谁更关注"健康"，谁在乎"舒适"，或者谁更偏爱"智能"呢？海尔SCRM会员大数据平台与旅游、健康类杂志合作，不仅可以为北京地区的杂志订阅用户提供购买帝樽空调的优惠，实现双赢，还可以通过用户订阅的杂志类型来判断其特点，并以此来进行精确营销。

通过这种方法，海尔找到了陈先生，一个订阅旅游杂志的北京A小区业主。显然，他是对环境、大自然感兴趣的消费者。海尔SCRM会员大数据平台由此预测，陈先生极有可能对帝樽空调去除$PM_{2.5}$的特点感兴趣。几天后，陈先生收到了海尔投递的一封直邮单页，除了送去公益环保知识之外，还重点介绍了帝樽空调去除$PM_{2.5}$的特点。

某一天，陈先生带着收到的直邮单页，到现场体验海尔帝樽空调后，付款购买了一台。成交后，陈先生登录海尔官方网站，自主注册为海尔梦享$^+$会员。显然，通过海尔的精准营销，陈先生享受到了个性化服务。到这里，故事还未结束。海尔不是把成交看成销售的结束，而是看成互动的开始。

过了几天，通过陈先生留下的手机号码，海尔对陈先生进行了回访，告知他不仅可以通过购买获得会员的"消费积分"，还可以通过互动获得会员的"创新积分"。在回访中，陈先生透露出购买彩电的计划。

当天，陈先生关注了海尔官方微博。相应地，海尔SCRM会员大数据平台获取了陈先生在微博上的公开数据，并且利用智能语义分析工具，从其微博中不断出现的"格隆"（格隆是厄瓜多尔的一位足球运动员）推测陈先生是一名足球爱好者，因此他应该经常看电视体育节目，也应该看重画面的流畅度。很快，海尔SCRM会员大数据平台将海尔智能电视高速画面无拖尾的特点精准地推送给了陈先生。

又过了几天，陈先生再次购买了一台海尔彩色电视机。作为用户，他说："海尔的这种精准服务信息正是我所需要的。"由此可以看到，海尔SCRM会员大数据平台分析数据的目的是：预测用户需求，优化用户体验，如帮助陈先生省下四处寻找满意的空调和彩电的时间。海尔有一个营销理念：用户参与才是真正的营销。事实上，海尔SCRM会员大数据平台与陈先生的互动不只是精准营销，而是让用户参与进来，与用户分享有价值的信息。

参考资料：大数据应用案例——海尔大数据营销的真实故事，搜狐网。

6.4 影响网络购物的因素

6.4.1 宏观因素的影响

1. 文化因素的影响

微视频6-1
小镇青年

文化是人类欲望和行为的最基本的决定因素。人们在成长过程中所处的家庭环境、社区环境、宗教环境和社会环境，以及所处的社会阶层会使其形成一套包括价值、爱好和行为在内的整体观念。了解消费者的文化背景对于研究他们的购买行为有着重要的作用。

文化是人们观察商品的"透镜"。一种文化既决定了商品销售的优先顺序，也决定了商品是否能够畅销。随着互联网的发展，出现了独具特色的网络社群和网络文化。例如，网络上有很多由有共同兴趣或爱好的人群形成的虚拟社区、聊天室等，这些虚拟社区、聊天室的成员往往具有相同的网络价值，并且遵循相同的网络行为准则。

2. 社会因素的影响

在万物互联的时代，作为社会中的一员，消费者的决策也会受到其他社会成员的影响。社会成员往往属于不同的社会阶层（圈子），同一社会阶层的人往往有着共同的价值观、生活方式、思维方式和生活目标。很多时候，消费者购买的不是商品，而是一种身份认同，消费者希望购买与自我价值相匹配的商品，通过消费来进行自我提升。

6.4.2 微观因素的影响

在传统零售中，消费者选择零售商时，主要考虑的因素有自己的居住地、零售商店铺的地理位置和交通状况、购物环境的舒适度、零售商的售后服务质量、零售商的信誉以及商品促销情况等。而在网络零售中,网络消费者选择网络零售商时主要考虑的因素则包括购物的便利性、商品品质、商品价格、物流服务质量,以及安全可靠性等。

1. 购物的便利性

网络消费者是这样定义购物的便利性的：便捷的导航、有效的链接、功能强大的搜索引擎,使网络消费者可以快速找到所需的商品。为了满足网络消费者对购物便利性的要求,越来越多的网络零售商提供了一站式服务。例如,C2C网络零售商汇集了各类卖家,商品种类丰富,为网络消费者提供了更大的商品选择空间；B2C网络零售商也从单一产品线向多元化产品线拓展,使网络消费者在一个购物网站上就能满足其购物需求。

2. 商品品质

商品品质是商品内在品质和外在形态的综合,它是影响网络消费者购买的主要因素。由于在网络购物过程中,网络消费者在做出购买决策之前接触不到商品,可能会购买到品质差的商品,因此网络零售商要能有效地保障商品品质。为此网络零售商在选品时就要严格把控商品品质,对于所有商品都要能追溯来源,保证正品,以从根源上解决品质问题,避免品质差的商品流入市场。

3. 商品价格

网络零售之所以具有生命力,一个重要原因是其销售的商品价格普遍低廉。一方面,消费者对于互联网有一个低价的心理预期,网上交易作为新兴市场,可以减少传统零售中的中间费用和一些额外的信息费用,从而减少了商品的销售成本,这也是互联网商业应用具有巨大发展潜力的原因所在。

4. 物流服务质量

物流服务质量是指满足消费者物流要求的能力水平。在网络零售中,个性化的消费需求需要物流体系的快速响应。改善的物流配送方式、多元化的"最后一公里"配送方式,提高了物流体系的响应速度。此外,可以利用互联网、大数据等信息技术,实现物流体系的智能化和自动化,提升物流效率,降低物流成本,提高物流服务质量,推动零售业的转型升级。

5. 安全可靠性

在网络零售中,由于商品交易的时空发生了分离,因此消费者对安全可靠性的要求更高。网络零售的安全可靠性既包括互联网本身的安全可靠性,也包括资金的安全可靠性、信息传输的安全可靠性,以及个人隐私信息不被泄露,因此必须在网络购物的各个环节加强安全措施和控制措施,让消费者能够放心购物,建立对网络购物的信心。

6.5 网络购物过程

网络购物是消费者通过网络发生的购买和使用商品的活动,它是消费需求、购买动机、购买行为和购后使用感受的综合与统一。网络消费者的购物过程可以分为需求确定、信息收集、比较选择、购买决策和购后评价5个阶段,如图6-9所示。

图6-9 网络消费者的购物过程

图6-9表示的只是一般情况下网络消费者购物所经历的阶段。需要指出的是,网络消费者在某些情况下,尤其在低度介入的情况下,可能会跳过或颠倒其中的某些阶段。同时,出于各方面的考虑,网络消费者在购物过程的任何一个阶段都有可能放弃购买,提前终止购买过程。

1. 需求确定

消费者的购物行为始于其对某种需求的确定,即消费者意识到一种需求,并且有一种满足该需求的冲动。网络消费者面对的是网络零售平台,因此有较大的比较和选择空间,而且可以对商品的各个属性进行综合考虑与权衡,从而更理性地确定自己的购物需求。随着新的消费观产生,网络消费者购物不再以价格作为唯一考量因素,而是从品牌、品质、服务、价格等多方面进行综合考虑。商品购买的必要性以及能否与个人需求相匹配,成为影响网络消费者购物的关键因素。

2. 信息收集

大部分网络消费者搜索到目标商品后,除了关注商品本身的属性外,还会浏览用户评论等与商品相关的信息。用户评论可以反映出其他用户对商品的评价,避免网络消费者选购的失误,是影响网络消费者购买决策的重要因素。

3. 比较选择

网络消费者要使消费需求与自己的购买能力相匹配,就要对来自各种渠道的信息进行选择、比较和分析,然后从中选出最符合自己要求的商品。网络零售商要提供关于商品的丰富而有效的信息,包括商品描述、商品图片及音视频信息,以方便网络消费者选择商品,并促使其购买商品。

4. 购买决策

网络信息的透明性减少了网络购物过程中的信息不对称现象,网络消费者可以通过商品网页、搜索引擎、虚拟社区等获得大量关于商品的信息,这使得网络消费者购物更加理性,购买决策受外界因素的影响更小,购买速度更快。网络消费者的购买行为开始从"非专家型购买"转向"专家型购买",从感性转向理性,从而降低了交易风险,加速了购买决策。在网络消费者购买决策转变的过程中,他们对自己的购买行为更有信心,也更强调商品的性价比,不过对商品品牌的忠诚度有所降低。

5. 购后评价

在网络购物中,网络消费者对网络零售商的评价信息包含实际商品与描述商品是否相符、网络零售平台是否能实现商品的快速搜索、沟通过程中网络零售商的态度是否友好、物流速度是否快等。网络零售商对网络消费者的评价信息包含网络消费者能否及时付款、沟通过程中网络消费者的态度是否友好等。声誉是在商品交易过程中形成的买卖双方的一种依赖关系,体现为赢得交易对方信任的能力。在网络购物过程中,交易双方通过网络消费者声誉评价机制来对买卖双方进行评价。而网络消费者声誉评价机制主要受对商品的感知、对服务质量的感知、交易安全性、物流服务质量等因素的影响。

应用案例

亚马逊独具特色的书评

亚马逊在书评上下了很大的功夫,可以说书评形成了其一大特色。亚马逊的书评主要来自图书的作者、出版社编辑和读者,他们从不同的角度,以不同的方式来撰写书评,从多个角度提供了对一本书的分析和评价。为了保证书评的质量,亚马逊对撰写书评提出了具体的要求,无论是作者、出版社编辑还是读者,在撰写书评时都要遵循这些要求。这些要求包括以下内容:一是对书评的内容做出了规定。例如,对适宜与不适宜的内容罗列得非常详尽,并特别声明:任何违反规定的书评将不予在网站中刊登。二是对作者书评、出版社编辑书评、读者书评分别提出了不同的要求和规定。例如,作者书评只能由作者本人或有权威的代表来撰写,主要内容有图书精华部分的介绍、写作初衷、作者背景等。出版社编辑撰写的书评主要内容包括对作者的评价、图书内容简介、对图书的评价三个方面。

需要指出的是,知名度较高和信誉度较好的出版社编辑的书评,对于读者来说具有较大的参考价值。而读者书评较为自由,撰写者可以署名或留下电子邮件地址以便交流,也可以采用匿名的形式。读者书评有两种形式,一种形式称为"一句话推荐",另一种形式是针对单本图书的内容进行评价。虽然读者书评在水平上参差不齐,但根据评价内容的相似性及对同一本图书的评价数量,可以大致看出该图书受欢迎的程度,因此也可以作为其他读者购买时的一个参考依据。

参考资料:杨坚争. 电子商务网站典型案例评析 [M]. 3 版. 西安:西安电子科技大学出版社,2010.

思 考 题

1. 网络消费者的特征有哪些?
2. 影响网络购物的因素有哪些?
3. 网络零售商如何理解网络消费者并能与其进行有效的沟通?
4. 作为一名网络消费者,你是如何搜索到想要的商品的?

参 考 文 献

[1] 韩小红,赵杰,刘小红,等. 网络消费行为 [M]. 西安:西安交通大学出版社,2008.

[2] 斯特劳斯,弗罗斯特. 网络营销 [M]. 时启亮,陈育君,译. 7 版. 北京:中国人民大学出版社,2015.

[3] 伯曼,埃文斯. 零售管理 [M]. 吕一林,宋卓昭,译. 11 版. 北京:中国人民大学出版社,2011.

第7章

网络零售平台

学习目标

1. 了解平台经济产生的背景和特点。
2. 理解互联网平台商业模式及其运行的内在机理。
3. 了解国内外主流网络零售平台的商业模式和竞争优势。

导言

2015年7月,国务院印发《关于积极推进"互联网+"行动的指导意见》,越来越多的互联网平台企业加入互联网经济发展的大潮,形成独具特色的互联网平台经济模式。规模庞大的用户群体在该模式下各取所需,使传统的供需活动和市场交易能够以更低的成本完成,经济活动的时空范围扩大,实体经济与虚拟经济相统一,极大地提升了市场活动的整体效率。

7.1 平台经济概述

7.1.1 平台经济的产生

1998年,随着美国商务部发布报告《浮现中的数字经济》,数字经济1.0的大幕就此揭开。在数字经济1.0时代,跨国公司借助信息技术(information technology,IT)走上了巅峰。

经过20多年的技术进步、应用渗透、商业创新和生态演化,数字经济的发展正在迈入以互联网平台为载体、以数据为驱动力的数字经济2.0时代。平台化、数据化、普惠化是数字经济2.0的核心特征。在数字经济2.0时代,基于数据技术(data technology,DT)产生了一个新经济系统——平台经济。它是基于数字技术,由数据驱动、平台支撑,并由高度协同的经济活动单元构成的经济系统。平台经济中的平台、消费者、服务商之间形成了网状协同关系。例如,淘宝网及其拥有的数亿消费者和上千万在线商家,共同构成了一个活跃的零售生态系统。

在平台经济中,平台企业不仅仅是纯互联网企业。例如,苹果公司的移动应用平台吸引了数十万应用程序(APP)开发者加入其生态系统,开发了大量的手机APP,用户下载量达千亿次,是其获得手机行业高市场份额的决定性因素。而工业设备、汽车、医疗等行业的大型企业也都以机器互联为突破口构建自己的平台。平台化将是跨国公司重要的发展方向。截至2017年7月,全球十大平台企业的总市值已经超过十大传统跨国公司,如图7-1所示。

平台经济涵盖电子商务类、网络约车类、文娱类、社交类、搜索类、工具类、门户类、互联网金融类、共享类、服务类、技术支持类、物流类等类型的企业,如图7-2所示。未来平台经济将会延伸至更多的领域,并加速向传统经济渗透。

平台企业				跨国公司			
名称	国家	市值/亿美元	成立时间	名称	国家	市值/亿美元	成立时间
苹果	美国	7 808	1976年	伯克希尔·哈撒韦	美国	4 341	1956年
谷歌	美国	6 491	1998年	强生	美国	3 596	1886年
微软	美国	5 619	1975年	埃克森美孚	美国	3 322	1882年
Facebook	美国	4 841	2004年	摩根大通	美国	3 277	1799年
亚马逊	美国	4 721	1994年	富国银行	美国	2 697	1852年
阿里巴巴	中国	3 946	1999年	雀巢	瑞士	2 623	1867年
腾讯	中国	3 811	1998年	沃尔玛	美国	2 455	1962年
Priceline	美国	997	1998年	美国电话电报公司	美国	2 394	1877年
百度	中国	784	2000年	宝洁	美国	2 325	1837年
Netflix	美国	781	1997年	美国通用电气公司	美国	2 233	1892年

图7-1 全球十大平台企业的总市值已超过跨国公司（截至2017年7月）[1]

电子商务类
包括B2B、B2C、C2C等类型，如敦煌网、亚马逊、微商等

搜索类
提供搜索引擎、推送等服务，如百度、今日头条、360搜索等

共享类
包括闲置物品、房产等的共享，如闲鱼、小猪短租、爱彼迎等

技术支持类
包括云计算、数据中心、运营支持等，如阿里云、亚马逊云服务等

网络约车类
提供拼车、打车、租车等服务，如滴滴出行、优步等

物流类
主要是指物流平台，如菜鸟网络、传化物流、卡行天下、货车帮等

文娱类
提供网络游戏、电影、音乐、文学等资源，如优酷、Mtime时光网等

工具类
提供浏览、翻译、统计、下载等服务，如UC、有道、友盟+等

社交类
包括社交、直播、博客等平台，如微信、斗鱼、知乎等

门户类
提供综合、生活、个人等资讯，如新浪、58同城等

服务类
提供健康、体育、咨询、旅行、教育、法律、招聘等服务，如春雨医生、途牛、百动、部落网、智联招聘等

互联网金融类
包括电子支付、P2P网络借贷、基金、众筹等类型，如余额宝、人人贷、众筹网、陆金所等

图7-2 平台经济的范围[2]

---

[1][2] 资料来源：阿里研究院，德勤研究. 平台经济协同治理三大议题[R]，2017.

7.1.2 平台经济的特征

1. 生态性

互联网平台聚合了众多卖家、买家以及其他电子商务服务商,形成了充满活力的商业生态圈。互联网平台是平台经济的核心,各参与者之间频繁互动,良性竞争,使得创新层出不穷。一个互利共生、开放协同的平台生态系统,能够帮助参与者更有效地配置资源,体现出"利他"与"分享"的价值,最大限度地实现多方共赢。这种协同效应的爆发力不仅会影响平台经济生态系统,也会深刻地改变实体经济,使得整个商业繁荣发展。

2. 开放性

与传统企业相对封闭的管理与服务相比,互联网平台在营销推广、商务交易、信息互动、沟通协作、数据分析等方面提供了开放性服务,使得参与者能够不分时间和地域地进行大规模协作,极大地提升了参与者的商业能力,在促进商业竞争的同时推动了创新创业。不同互联网平台之间的协作,采用对等开放、无缝连接的方式,融合了云计算服务、物流服务、支付服务及相关服务,降低了参与者的交易成本,提高了商业效率。此外,平台经济有开放的产权结构与互动关系,如企业向社会开放,决策向员工开放,数据向公众开放,平台向合作伙伴开放等。

3. 共赢性

互联网平台提供了成本极低的信息撮合机制,人们通过互联网平台,能够高效地分享全天候、全地域的信息,使得商品和服务种类不断增加,涉及的地域也越来越多。平台经济深刻地影响着经济发展的方方面面,如社会环境(制度、法律、规则等)、网络基础设施、生产及生活服务体系、企业/个体等,并为具有合作共赢性质的服务、产品、人才、制度等提供接入机会。

4. 普惠性

互联网平台显著地降低了各方的沟通成本,支撑了大规模协作的运行,面向全社会开放,从而极大地激发了经济活力。互联网平台为全社会提供了无处不在、随需随取、极其丰富、成本极低的商业服务。互联网平台拥有的强大的商业基础设施能力能够为所有参与者共享,从而降低了企业的经营成本,让中小型企业与拥有雄厚资金的大型企业站在了同一条起跑线上。基于数字技术,这种商业基础设施能力的共享范围将更广,地区之间的差距越来越小。通过接入基于互联网平台的大规模社会化协作网络,不同地域均可找到自己在经济发展上的比较优势和突破口;中小型企业也可以更好地满足消费者的需求。

7.2 互联网平台商业模式

平台经济是"互联网+"时代最有竞争力的商业模式。在平台经济中,互联网平台、消费者、服务商之间形成了网状的协作关系。

7.2.1 互联网平台商业模式的内涵

商业模式的本质,是企业用来创造和获取价值的内在逻辑。

有学者认为,平台商业模式是连接两个(或更多)特定群体,为他们提供互动机制,且满足所有群体的需求,并巧妙地从中盈利的商业模式。平台商业模式的精髓,在于打造一个完善的、成长潜力巨大的生态圈。它拥有独树一帜的规范和机制,能够有效地激励多个群体之间的互动,达成平台企业的愿景。

互联网平台是平台经济产生的新物种,一般由一个或者少数几个企业构成,是平台经济生态系统的基础,为消费者、服务商提供信息、交易、物流等基础设施。海量的消费者和服务商是平台经济的主体,他们通过平台进行连接,完成信息交换、需求匹配、资金收付、货物交付等经济活动。平台经济的参与者是自发、自主、快速聚散的柔性共同体,没有占绝对主导地位的一方,其结构呈网状。互联网平台中的企业能够互相影响、协同治理、相互合作,为创造更大的价值打下基础。

7.2.2 平台经济的网络效应

在平台生态系统中,一旦一个群体由于需求增加而壮大,对另一个群体的需求就会随之增长,如此一来,一个良性的循环机制便建立了。基于这个良性机制,平台中的各个群体会相互促进,不断增长。这便是网络效应——通过建立使用者之间的关系网络,达到价值激增的目的。网络效应在互联网平台商业模式中发挥着极大的作用,而互联网平台商业模式也需要利用网络效应持续增加竞争力。

对于平台经济而言,互联网平台的规模与效率一般是成正比的,即互联网平台规模越大,越有利于提高资源配置效率,其原因就是前面所讨论的网络效应。在平台经济中,当市场为双边(或多边)市场时,在市场的一边群体中,存在同边网络效应;在市场的双边群体之间存在跨边网络效应。所谓同边网络效应,是指平台一边的用户越多,平台对该边用户的价值就越大。例如,如果某个应用软件的使用者越多,那么其对所有使用者的价值就越大。所谓跨边网络效应,是指平台一边的用户越多,平台对另一边用户的价值就越大。例如,一个网络零售平台上的买家数量越多,其对卖家的价值就越大;同样,卖家数量越多,平台对买家的价值也越大。

微视频7-1
平台经济体的网络效应

梅特卡夫定律（Metcalfe's law）对平台的网络效应做出了较好的描述。该定律指出，网络的价值等于网络节点数的平方，随着网络使用者数量的增加，网络价值呈指数级增加。因此，平台规模越大，整体资源配置效率就越高。

7.3 网络零售平台的类型

网络零售平台可以按照多种方法进行分类，例如，按照商业模式，可以分为B2C网络零售平台和C2C网络零售平台等；按照建设主体，可以分为自建网络零售平台和第三方网络零售平台等。

7.3.1 B2C网络零售平台

B2C网络零售是指网络零售商对最终消费者的网络零售。B2C网络零售平台主要有综合商城（即商品丰富的传统商城电子商务化）、百货商店（拥有自己的库存）、垂直商店（可以满足某种特定的需求）、复合品牌店（多个传统品牌商复合在一起）、服务型商店（无形商品的交易）、导购引擎型商店（使消费者可以趣味购物，便利购物）、定制型商店（可以提供个性化服务，满足消费者的个性化需求）等。B2C网络零售平台的盈利主要来自服务费、会员费、推广费等。

按照盈利模式，可以将我国主流的B2C网络零售平台分为第三方网络零售平台和自营网络零售平台两大类。

天猫以其成功的运营、较高的知名度与众多的用户，当之无愧地成为第三方网络零售平台的典型代表。它以收取服务费的方式为众多网络零售商搭建起集聚式平台，并通过严格的审核、有效的制度保障，来实现对商家的管理与自身信誉的保障。

自营网络零售平台的主要收入来源是商品进销的差价，其经营的商品往往具有单一性、专业性的特点，因而这类网络零售平台对市场判断准确，反应灵敏。不过，以京东为代表的自营网络零售平台经过多年的经营和发展，已从以往经营单一商品品类逐步转型为综合网络零售平台。

自营网络零售平台与第三方网络零售平台相比，更注重对商品流的管理（如图7-3所示），商品流是整个自营网络零售平台价值网的基础，而第三方网络零售平台则更加注重对信息流和资金流的管理，如图7-4所示。

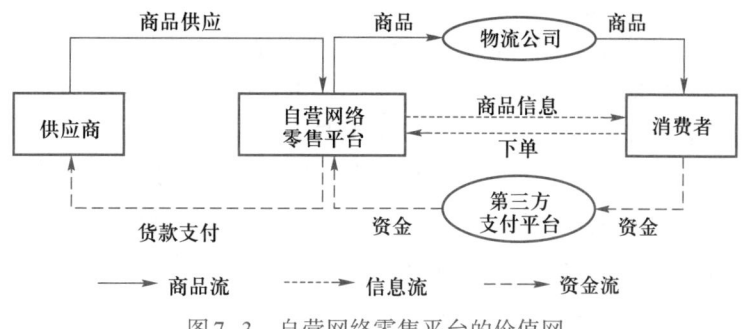

图 7-3 自营网络零售平台的价值网

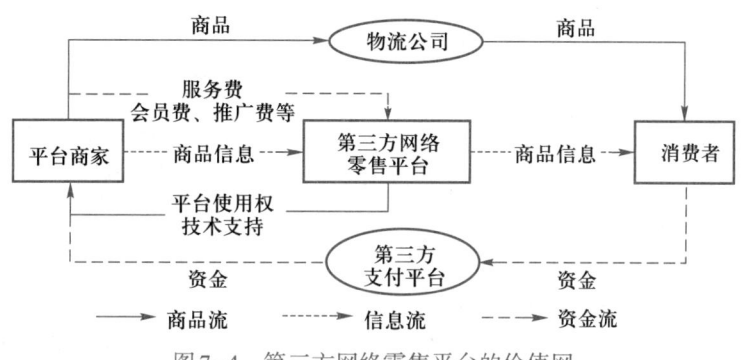

图 7-4 第三方网络零售平台的价值网

7.3.2 C2C 网络零售平台

C2C 是个体卖家对最终消费者的网络零售。C2C 网络零售平台的一般运作流程是：首先，卖方将欲卖的商品在平台上进行登记，买方通过平台获得相关商品的信息；其次，买方在检查了卖方的信用度后选择欲购买的商品，买卖双方通过平台完成信息记录、收付款交易等；最后，卖方通过平台的物流配送体系将商品送至买方。

C2C 网络零售平台通过为买卖双方进行商品交易活动提供平台来达到盈利的目的，因此其盈利主要来自会员费、交易提成、广告费、搜索排名竞价、支付环节收费等。

一是会员费。C2C 网络零售平台为卖家提供特定的会员权利和服务，如为卖家提供网上店铺出租、商品信息推送等服务，并通过会员续费留住老客户。

二是交易提成。C2C 网络零售平台在为买卖双方提供平台服务的同时，从买卖双方的交易额中按照一定的比例收取提成，以保障平台的良性运转。

三是广告费。广告费是 C2C 网络零售平台的主要盈利来源，卖家通过支付一定的广告费用，获得在平台上相应位置发布广告的服务；平台则根据流量确定广告位价格并向卖家出售。

四是搜索排名竞价。因为消费者会通过搜索来寻找商品，所以商品信息在搜索结果中的排名会极大地影响消费者的选择。由于搜索排名能够带来更多的利益，因此卖家通常会向C2C网络零售平台出价来购买搜索排名。

五是支付环节收费。C2C网络零售平台可以通过提供支付中介服务获得利益。例如，淘宝网以支付宝作为支付工具，让买家先支付货款到支付宝，在买家确认收货后货款才会进入卖家账户，以确保买卖双方支付顺利进行。C2C网络零售平台会根据成交额收取一定的手续费。

7.3.3 自建网络零售平台

自建网络零售平台不仅是企业销售产品的平台，也是企业业务转型、提供售后服务的平台。企业拥有自己的网络零售平台，有助于建立品牌、营销和推广产品等。但是，中小型企业普遍存在知名度较低的问题。在这种情况下，企业如果自己建立网络零售平台，为了提高平台的影响力，确保访问量以及交易额，就要投入大量的资金加强宣传。

此外，如果企业自建网络零售平台，在平台管理、策划以及维护等方面也需要投入大量的资金，并需要有专业的管理及技术人员，这些都会增加中小型企业的运营难度。当然，一些大型企业在自建网络零售平台方面做出了积极的尝试并取得了成功，如海尔商城、戴尔官方商城等。

对于一个企业来说，要开展网络零售，是选择自建平台，还是选择第三方平台，要根据具体情况具体分析。如果该企业是中小型企业或是初创企业，选择流量大、运营稳定的第三方网络零售平台比较合适。如果该企业拥有成熟的品牌和稳定的消费者群体，就可以选择自建平台。

7.3.4 第三方网络零售平台

第三方网络零售平台是我国网络零售平台的主要形式。

1. 第三方网络零售平台的功能

第三方网络零售平台是由第三方企业提供的、为交易双方在网上开展零售活动提供服务的网络零售平台，是一个买卖双方聚集并进行交易的虚拟市场。

第三方网络零售平台具有以下功能：一是为网上交易的双方提供信息服务。买方或卖方只要在平台上注册就可以发布自己的采购信息或产品出售信息；二是提供附加信息服务，如为买卖双方提供网上交易的沟通渠道和即时通信工具；三是提供与交易配套的服务，如支付、物流配送等服务；四是具有客户关系管理功能，能够为网络零售商提供网上交易管理服务，包括商业合同、交易记录、用户资料等信息的托管服务。

2. 第三方网络零售平台的选择原则

每个第三方网络零售平台都有自己的优势和特点，网络零售商在哪个第三方网络零售平台上开设网络商店，要结合自身的情况来确定。总的来说，第三方网络零售平台的选择原则有以下几个。

（1）平台的综合指标

平台的综合指标主要包括平台设计、收费项目、支付工具、即时通信工具、信用评价机制、物流等方面的指标，综合指标的高低主要反映在平台流量上。综合指标越高的平台，流量就越高。

（2）在线销售的商品特点

在开设网络商店之前，网络零售商要对自己在线销售的商品及消费者群体有一个明确的定位，因为在线销售的商品的特点要与平台的特点相吻合。例如，如果销售的商品物美价廉，面对的消费者群体比较年轻，就可以选择淘宝网作为第三方网络零售平台。而如果销售的商品是品牌商品，面对的消费者群体比较成熟且购买力强，则可以选择天猫作为第三方网络零售平台。

（3）平台的特性

在网络购物环境中，消费者的交易对象是网络零售商，但交互对象却是网络零售商所入驻的平台，不论是信息搜索还是网络购物，消费者都要与平台进行交互，消费者的绝大多数行为，甚至全部行为都是在与平台交互的过程中完成的。因此，平台的特性对消费者的购物体验和购物满意度都会产生较大的影响。平台操作的方便性、稳定性等因素也是影响网络零售商入驻平台开店的重要因素。如果选择的平台操作方便、性能稳定，则可以使网络零售商将注意力集中在商品销售与营销策略的制定上。如果选择的平台操作不方便、性能不稳定，则网络零售商发布商品信息、销售商品、与用户沟通、发货等都会受到影响，甚至会造成数据丢失，不仅会影响店铺经营效率和经营业绩，还会造成不可估量和难以挽回的损失。

（4）用户口碑

第三方网络零售平台的用户口碑关系到网络消费者的购物信心，口碑好就会聚集人气，平台的流量就大，有利于提高在该平台上运营的网络商店的客流量。

（5）平台的管理水平

第三方网络零售平台管理水平的高低，直接关系到网络零售商与消费者的利益能否得到最大限度的保障、对纠纷能否及时进行协调和处理、资金是否安全、网络零售诚信体系是否健全等。

（6）平台的物流服务质量

物流服务质量可以分为服务人员的沟通质量、订单释放量、信息质量、订货过程质量、订单准确率、货品完好程度、货品质量、误差处理质量和及时性等方面。

在网络购物环境中，大多数网络零售商没有自己的物流服务体系，为了提高核心竞争力，他们往往将物流服务外包，这样物流服务质量的好坏就取决于第三方物流服务商，其自身不能有效地控制物流服务的质量。因此，平台对物流服务质量的控制能力，是网络零售商选择平台时重点考虑的因素。

（7）平台的发展潜力

第三方网络零售平台商未来的发展情况会对网络零售商的发展带来较大的影响。网络零售商，尤其是中小网络零售商在选择第三方网络零售平台时要注重平台的发展潜力，具体可以从文化、管理、制度、员工等方面来考察。

（8）平台的线上线下融合能力

第三方网络零售平台实体化趋势明显，未来网络零售与传统零售将深度融合。第三方网络零售平台实体化包含两个方面，即线下传统零售向线上拓展和线上零售向线下传统零售延伸。究其原因，一方面网络零售平台发展遭遇瓶颈，先前快速增长的网络零售份额已经透支了部分市场利润空间，另一方面单纯的网络零售存在一定的缺陷，如消费者的消费体验受限、难以满足消费者的消费需求、服务质量不高等。在这种情况下，线上线下融合已成为发展的趋势。各大第三方网络零售平台纷纷布局线下实体店。例如，阿里巴巴集团控股银泰商业集团，入股苏宁易购；天猫国际打造跨境O2O体验中心；京东投资永辉超市；亚马逊布局线下实体书店；茵曼等线上品牌纷纷开始在线下寻找新的发展机会。

7.4 国外主要的网络零售平台

随着网民规模的扩大，网络购物已经成为人们日常生活的一部分。为了抢占市场，全球网络零售平台如雨后春笋般出现。仅在法国，2018年便涌现出了21 800个新网络零售网站。不过，纵览全球网络零售市场，亚马逊、ebay等网络零售平台仍然占有较大的市场份额。

美国最大的网络零售平台是亚马逊。在2017年美国网络零售销售额中，亚马逊占据了43.5%的市场份额，位居第一，而位居第二的ebay市场份额仅占6.8%。2018年，亚马逊的净销售额达2 329亿美元，同比增长近31%；ebay的净销售额达107.46亿美元，同比增长8%。

尽管大型国际网络零售平台在国际网络零售市场中占据着较大的份额，但很多国家和地区都有本土的网络零售平台，这些本土的网络零售平台凭借其本土化和差异化经营策略，在市场中仍然占有一席之地。

比较典型的是日本。在2017年日本网络零售平台的排名中，位居第一的是日本本土网络零售平台乐天市场（Rakuten）。对日本乐天市场和亚马逊进行比较可以发现，在消费者群体方面，前者以女性消费者居多，后者以男性消费者居多；

在入驻条件方面，亚马逊允许海外企业入驻，而乐天市场却只允许日本本土企业或者个人注册，或者实行海外企业邀请制；在商品方面，亚马逊的优势商品是电器及其配件，乐天市场的优势商品则是食品以及服装类商品。

韩国的网络零售市场上，形成了Gmarket、Auction和11Street三足鼎立的局面。Gmarket作为韩国最大的网络零售平台，2017年客户满意度指数为77%，品牌竞争力指数为76%。Auction是韩国最早的网络零售平台，但后来Auction与Gmarket都被ebay收购了。11Street则是韩国SK集团旗下的网络零售平台，其在2017年的交易额达84亿美元。2018年，韩国SK集团将11Street分离出来独立运营，并为其注入4.4亿美元资金，力争将其打造成为"韩国亚马逊"。

在德国，市场份额位居第一的网络零售平台仍然是亚马逊，但市场份额位居第二、第三的网络零售平台则为本土网络零售平台Otto和Zalando。Otto成立于1949年，早期是一家传统的邮购公司，后来成功转型为以德国市场为重点的跨境网络零售平台，并成为少数几个能在欧洲市场上与亚马逊竞争的网络零售平台之一。2018年，Otto在线营业收入达77亿欧元，同比增长4.5%；其中，大部分收入仍然来自德国卖家。德国网络零售平台Zalando成立于2008年，以销售服装和鞋类商品为主。2018年，Zalando的销售额同比增长20%，达到53.88亿欧元。

7.4.1 亚马逊

1994年，贝索斯创建了亚马逊。目前亚马逊的客户群体已遍布世界的各个角落，其中包括数以亿计的消费者、卖家、内容创作者、开发人员以及企业等。亚马逊从在线销售图书开始，经过多年的经营，现在已经成为全球商品品种最多的网络零售平台。

亚马逊的核心业务包括Marketplace、Prime会员服务、AWS和FBA等业务。

2001年，亚马逊开始大规模推广第三方开放平台（Marketplace）。"以客户为中心"的理念，对贝索斯在亚马逊发展早期做出对第三方卖家开放亚马逊平台的决策产生了决定性影响。在这一决策讨论的过程中，尽管亚马逊内部有很多反对的声音，但是贝索斯最终还是决定开放平台。他认为，引入第三方卖家，才是对客户最好的方式。他说："如果有一个商品，它的价格或者品质比我们卖的商品更好，那么我希望客户在亚马逊上也能轻易地买到，而不是还要很费劲地去其他地方寻找。哪怕这样会暂时影响我们的利润，但长期来看，客户的利益就是我们的利益"。事实证明贝索斯的决策是正确的，到了2017年第二季度，亚马逊平台第三方卖家销售额占比首次超过亚马逊本身的销售额，达到51%。

2005年，亚马逊推出Prime会员服务。Prime会员目前每年只需要支付99美元，在会员有效期内享受无限次亚马逊海外购商品满额免费配送服务或国内订单商品免费配送服务，免费观看亚马逊影片，低价享受付费在线音乐服务，存储海量照片，提前30 min获取闪购资讯，以及无限次免费阅读kindle电子书等。在美国市场获得成功之后，亚马逊相继在德国、英国、日本、印度、中国等推出Prime会员服务，但各地Prime会员服务的内容略有不同。截至2018年4月，亚马逊Prime会员人数已超过1亿。

AWS（Amazon Web Services，亚马逊网络服务）即亚马逊云服务业务，于2006年推出。AWS提供了可靠、可扩展且费用合理的云计算服务，用户免费加入，只需按使用量付费。最初AWS的使用者是创业公司，它们即时、按需使用云存储服务和云计算服务，极大地提高了运营的效率。像Pinterest、Dropbox、爱彼迎等都在使用AWS，亚马逊为这些创业公司提供了大量的资源。后来大型企业，包括通用电气、西门子、流媒体服务商Netflix，也加入了AWS用户的行列，它们将一部分系统直接建立在AWS上。可以说，AWS是目前世界上规模最大的云服务供应商。

为了帮助第三方卖家更好地销售商品，亚马逊从2007年开始向第三方卖家提供物流服务（fulfillment by Amazon，FBA），第三方卖家可以把自己的货物寄存在亚马逊的物流中心中。客户下单后，整个取货和货物配送过程全部由亚马逊完成，这样卖家只需要向亚马逊交一笔服务费，就可以将精力集中在店铺经营上了。

亚马逊的上述业务并不是相互独立的，而是形成了协作共生的关系，即所谓的"飞轮"效应。Prime会员服务，极大地提高了亚马逊会员的购买频次和购买金额，进而提高了客户忠诚度。Marketplace允许第三方卖家在亚马逊上销售商品，这就使得客户可以选择的商品种类大大增加了。当客户可以选择的商品种类增加时，Prime会员的权益就会更多，体验就会更好，购买Prime会员服务的用户也会增加。当亚马逊的客户越来越多时，更多的第三方卖家就愿意入驻亚马逊。

任何卖家和第三方企业，都可以把自己的系统放在AWS上，这样其不仅能够在亚马逊上销售商品，还能够使用亚马逊FBA提供的物流服务，也能够在AWS上运行自己的信息系统。

亚马逊的各个业务之间相互推动，就像咬合的齿轮一样互相带动。要使齿轮从静止转动起来需要花费较大的力气（亚马逊的很多业务早期确实有一个艰难的爬坡期），但是一旦转动起来，齿轮就会越转越快，最终势不可当。

7.4.2　ebay

ebay是一个线上拍卖及购物网站，由皮埃尔·奥米迪亚（Pierre Omidyar）于1995年9月在美国加利福尼亚州圣荷西创办。截至2019年年中，ebay有1.82亿活跃用户，有包括美国、加拿大、英国、澳大利亚、法国、德国等在内的超过40个国家和地区的卖家。

ebay的盈利来源主要有刊登费、成交费、资料费、广告费等。目前，ebay向卖家收取商品刊登费，以商品最低成交价为计费单位，费用金额不等；此外还在每次交易成功后根据商品成交金额按照一定的比例收取成交费，如果没有成交将不收取成交费。根据卖家上传图片等资料的多少还向卖家收取一定的资料费。如果卖家需要在ebay上做广告以提高交易量，则要向ebay支付广告费。不过，随着行业竞争加剧、流量红利减退，ebay早期的先发优势已逐渐减弱。随着网络零售产业链日益完善，ebay欠缺物流等基础设施的短板日益凸显，在与亚马逊的竞争中逐渐落伍。

7.5 我国主要的网络零售平台

我国主要的网络零售平台有天猫、京东、拼多多、淘宝网和苏宁易购等。

7.5.1 天猫

天猫是阿里巴巴集团旗下的第三方网络零售平台。2018年，天猫把成为消费升级主引擎、品牌数字化转型主阵地、阿里巴巴集团新零售的主力军作为自己的使命，并形成了天猫事业群、天猫超市事业群与天猫进出口事业部三大板块。其中，天猫事业群致力于把天猫建设成为帮助品牌商实现数字化转型，以及线上线下融合经营的主阵地；天猫超市事业群整合原有的天猫超市和淘鲜达业务，并和阿里巴巴生态系统中的超市等紧密合作，形成线上线下融合的超市新零售模式；天猫进出口事业部则是阿里巴巴集团实现全球买、全球卖的战略基础。

1. 帮助品牌商实现数字化转型

天猫不仅帮助品牌商在线上获得高速发展，还帮助品牌商不断探索线下的数字化转型，形成线上线下融合的新零售模式。目前，天猫已经与众多品牌商在线下打造了超过20万家新零售智慧门店和超过100个智慧商圈。例如，男装品牌GXG与天猫合作的新零售体验店，聚合了天猫的各类新零售技术。例如"百搭魔镜"，只要消费者站在镜子前面，它就能通过人工智能技术识别其面容、身形，为其推荐最适合的穿戴搭配，并通过镜子显示试穿效果。天猫最新的零售系统，可以将店铺动线（即消费者在店面布局、产品展示等因素的影响下在店面内行走的轨迹）、消费者拿起商品的时长、犹豫是否购买衣服的时间等实时数据化，为品牌商的零售决策提供参考。总之，天猫通过数字化手段，发挥数据的优势，帮助品牌商实现从"货场人"到"人货场"的重构，最终大幅度提升了经营效率。

2. 形成超市新零售模式

天猫超市事业群由原有的天猫超市与淘鲜达业务整合而成，并且与大润发、欧尚、三江购物等阿里巴巴生态系统中的超市合作，推进超市新零售模式。

原有的天猫超市经过多年的发展，已经成为囊括生鲜、食品酒水、美妆、家庭清洁、个人护理、家用电器等商品品类的一站式日用品采购中心，覆盖全国大部分地区和主要城市，能够实现用户当天下单，商品次日送达。2017年7月，天猫超市在北京、上海、杭州等21个城市开通"一小时达"服务，以水果、休闲食品、乳品饮料、肉禽蛋等生鲜商品为主，订单增长迅猛。在这21个城市中，天猫超市铺设了近400个前置仓，并与当地的便利店合作，基本覆盖了这21个城市主城区的消费人群。2018年11月，天猫超市"一小时达"接入了饿了么配送，因而可以覆盖更多的区域，为更多的消费者提供服务。

未来，天猫超市事业群会继续深入推进新零售模式在超市业态的落地，利用技术和数据提供线上线下一体化的服务，随时随地满足消费者的需求。此外，其新零售能力还会不断对外输出，为更多的超市提供服务。

3. 实现全球买、全球卖

天猫进出口事业部包括天猫国际与天猫出海两大业务。截至2021年6月，天猫国际平台上已经引入来自87个国家和地区的2.9万个海外品牌商。此外，天猫国际还上线了20多个国家和地区馆。菜鸟网络已经在国内10个口岸建设了面积超过百万平方米的保税仓，200余个全球服务跨境仓库和300余条跨境专线，能够实现快速通关。

天猫出海于2017年创立。在创立不到一年的时间里，天猫出海就同14万个天猫商家和上百万个淘宝网商家一起，将超过12亿种商品和服务带给全球的200多个国家和地区。未来，天猫还会与海外网络零售平台一起，帮助商家把商品卖给全球消费者。

7.5.2　京东

京东于2004年正式涉足网络零售领域。2017年，京东对零售发展趋势做出的判断是无界零售。即在"场景无限、货物无边、人企无间"的无界零售图景中，京东将自身的大量资源、技术和服务能力模块化，并通过这些模块对外提供服务，以开放、共生、互生、再生的理念进行产业布局，积极向"零售+零售基础设施服务商"转型。

截至2019年12月，京东拥有3.62亿个活跃用户，第三方商家超过27万个，其销售的商品已达到全品类覆盖，其中消费电子产品、3C产品、家用电器等商品的年交易额突破千亿元大关。从2019年起，京东全面发力本地生活服务，在汽车后市场、门店服务、租房购房服务等多个领域加速布局，致力于为消费者搭建起一个包含汽车、房产、旅行、投资、本地生活等相关实物品类及虚拟服务的平台，提供从线上到线下、覆盖消费者各方面需求的优质生活服务。

面对无界零售，京东积极推进线上线下融合模式。例如，京东旗下的生鲜超市7FRESH一直致力于打造全球生鲜供应链，并不断强化原产地的直接采购能力，通过线上线下相结合为消费者带来最佳的购物体验。目前7FRESH的生鲜品类覆盖水产品、水果、蔬菜、肉禽蛋等，可以为消费者提供来自超过50个国家和地区的生鲜产品。再如，京东新通路推出创新型智能门店——京东便利店，为品牌商打造了透明可控、精准高效的销售"新通路"，为门店提供正品货源和京东的品牌、模式及管理，让优质商品和服务直达零售终端。

7.5.3 拼多多

拼多多成立于2015年9月。在国内网络零售行业格局基本确定的情况下，拼多多依托微信生态和低价拼团模式在下沉市场迅速崛起。2019年，拼多多以10 066亿元成交额、5.852亿活跃买家数，成为国内仅次于阿里巴巴和京东的第三大网络零售平台。

目前，我国企业生产与社会需求之间存在一定的错位，中小型制造企业面临结构性调整，出现了高端收入人群的消费需求满足不了、低端产能过剩的问题。

拼多多创始人认为，拼多多的重点是改造供应链，使得上游能做批量定制化生产。这实际上就是推动上游产业链的供给侧改革，为供应链赋能。

驱动拼多多运行的是C2M（customer to manufacturer，用户直连制造商）商业模式。C2M的核心是柔性化生产，它一边连着用户，另一边连着制造商，按照不同地区、不同用户群体多样化的订单需求进行生产。C2M去掉了产品流通中的所有加价环节，从而使用户能以最低的价格购买到高品质的产品。

2018年，拼多多推出"新品牌计划"。"新品牌计划"是聚焦我国中小微制造企业成长的系统性平台，让过去存在于流通和营销环节的价值回归制造业本身。从2018年12月开始，拼多多将扶持1 000家覆盖各行业的工厂品牌，帮助其开拓内销渠道，有效触达消费者，以最低的成本培育品牌。

7.5.4 淘宝网

淘宝网是我国最大的网络零售平台，目前拥有超过7亿注册用户，每天有超过1亿访客。随着规模的扩大和用户数量的增加，淘宝网也从单一的C2C网上集市变成了具有C2C、团购、分销、拍卖等多种模式的综合网络零售商圈。

淘宝网不仅是网络零售平台，也是消费者的交流社区和创意商品的聚集地。淘宝网在很大程度上改变了传统的生产方式，也改变了人们的生活消费方式。崇尚时尚和个性、擅于交流、诚信、理性，成为以淘宝网活跃用户为代表的"淘一代"的重要特征。

7.5.5 苏宁易购

苏宁易购是一家O2O智慧零售商，借助互联网、物联网、大数据等技术，持续推进智慧零售和线上线下融合战略，进行全品类经营、全渠道运营、全球化拓展，开放物流云、数据云和金融云，通过门店端、PC端、移动端和家庭端的四端协同，为消费者提供无处不在的一站式服务体验。截至2020年，苏宁易购线下连锁网络覆盖海内外，拥有苏宁易购广场、苏宁易购云店、苏鲜生、苏宁红孩子、苏宁极物、苏宁易购汽车超市、苏宁易购直营店、苏宁小店等各类创新互联网门店和网点超过1万家，在国内线下连锁行业中稳居前列；苏宁易购线上通过自营、开放和跨平台运营，跻身我国B2C市场前列。

苏宁物流是一家自营零售物流企业，是我国首批从事仓储、运输、配送等供应链全流程服务的企业，致力于打造高效的消费品仓储服务和智慧物流服务平台。目前，苏宁物流拥有高标准的自建仓库群。截至2018年年底，苏宁物流及天天快递拥有仓储及相关配套面积达950万平方米，拥有快递网点27 444个，配送网络覆盖全国351个地级城市、2 858个区县城市；面向2 000多个合作伙伴全面开放物流云服务，以技术和服务驱动，提供供应链解决方案，从效率、体验、管控、创新4个维度提升客户服务能力，协助客户聚焦核心竞争力，快速实现转型升级。

思 考 题

1. 互联网平台的商业模式有哪些？
2. 如何理解平台经济的网络效应？
3. 国外主要的网络零售平台有哪些？它们的商业模式各有什么特点？
4. 企业如何选择第三方网络零售平台？

参 考 文 献

[1] 黄纯纯. 网络产业组织理论的历史、发展和局限[J]. 经济研究，2011(4)：147-160.

[2] 曲振涛，周正，周方召. 网络外部性下的电子商务平台竞争与规制：基于双边市场理论的研究[J]. 中国工业经济，2010(4)：120-129.

[3] 陈威如，余卓轩. 平台战略：正在席卷全球的商业模式革命[M]. 北京：中信出版社，2013.

[4] 李小玲，任星耀，郑煦. 电子商务平台企业的卖家竞争管理与平台绩效：基于VAR模型的动态分析[J]. 南开管理评论，2014(5)：73-82.

[5] 曾雄. 互联网电商平台的反垄断问题分析 基于欧盟对亚马逊MFN条款的处理[J]. 互联网天地，2018(12)：39-46.

[6] 张凯. 海外电商市场图鉴[J]. 知识经济，2019(20)：56-60.

[7] 莫塞德, 约翰逊. 平台垄断: 主导21世纪经济的力量 [M]. 杨菲, 译. 北京: 机械工业出版社, 2018.

拓展学习

网络零售平台的协同治理

随着互联网, 特别是移动互联网的发展, 社会治理模式正在从单向管理转向双向互动, 从线下转向线上线下融合, 从单纯的政府监管转向更加注重社会协同治理。这说明"协同治理"是平台经济治理最基本的方式。需要构建一种去中心化、多利益相关方共同参与的治理机制, 引入更多的参与者, 这些参与者各有分工, 各司其职。

1. 国家相关政策法规

为了推动平台经济发展, 发挥互联网、电子商务平台对经济社会的带动作用, 我国出台了一系列支持政策, 如表7-1所示。由此可以看到, 我国正在为平台经济的发展营造良好的政策环境。

表7-1 我国已发布的支持平台经济发展的相关文件

文件	相关内容
《国务院关于积极推进"互联网+"行动的指导意见》国发〔2015〕40号	营造开放包容的发展环境, 将互联网作为生产生活要素共享的重要平台, 最大限度优化资源配置, 加快形成以开放、共享为特征的经济社会运行新模式
《国务院关于加快构建大众创业万众创新支撑平台的指导意见》国发〔2015〕53号	当前, 全球共享经济快速增长, 基于互联网等方式的创业创新蓬勃兴起, 众创、众包、众扶、众筹等大众创业万众创新支撑平台快速发展。鼓励各类电子商务平台为小微企业和创业者提供支撑, 降低创业门槛
《国务院关于大力发展电子商务加快培育经济新动力的意见》国发〔2015〕24号	电子商务与其他产业深度融合, 成为促进创业、稳定就业、改善民生服务的重要平台, 对工业化、信息化、城镇化、农业现代化同步发展起到关键性作用
《国务院办公厅关于推动实体零售创新转型的意见》国办发〔2016〕78号	大力发展平台经济, 以流通创新基地为基础, 培育一批为中小型企业和创业者提供专业化服务的平台载体, 提高协同创新能力

续表

文件	相关内容
《国务院办公厅关于促进平台经济规范健康发展的指导意见》国办发〔2019〕38号	围绕更大激发市场活力,聚焦平台经济发展面临的突出问题,加大政策引导、支持和保障力度,落实和完善包容审慎监管要求,推动建立健全适应平台经济发展特点的新型监管机制,着力营造公平竞争市场环境

此外,2019年施行的《中华人民共和国电子商务法》对第三方平台的责任与义务也做出了明确的规定,具体见其第二十七条到四十六条的相关内容。

2. 网络零售平台的自律

网络零售平台上的网络零售商由于网络交易的虚拟性,表现出一些机会主义行为,如发布虚假信息、夸大宣传、销售假货等。消费者是基于对平台的信任才选择平台上的商品和服务的,因此网络零售商的机会主义行为无疑会降低消费者对平台的信任度。因此,网络零售平台要加强对网络零售商机会主义行为的治理。

网络零售平台需要建立相应的治理机制,包括设计平台的交易规则和构建信用制度。例如,建立信用评价系统,记录和展示网络零售商以往的交易信息。消费者可以通过查看网络零售商历史交易信息,来判断网络零售商的信用。由于网络会加速信息的传播,不诚信的记录如果进入信用评价系统就会被广为传播,因此网络零售商会重视每一次交易行为的诚信。

应用案例

淘宝网对多元化交易的管理体系

网络零售平台在多年经营中积累的一系列有效的治理措施,是来自一线的实战经验,是企业在早期时既无法律指引,又没有相关政策保障的情况下一步步摸索出的宝贵经验,是治理创新的典型。

下面以淘宝平台规则为例进行介绍。淘宝网在多年的发展中形成了一套完整的规则,基本上涵盖了淘宝网上从注册到交易完成可能遇到的所有问题,而且十分个性化,如个性化网络术语(如拍下、绑定、限制社区功能等)的解释;个性化和人性化的处罚措施,如扣分、屏蔽店铺、限制交易等。

这些规则与法律强制措施不同,它紧密结合了淘宝网上交易的特点,以限制性措施为主,并且很少涉及主体的实体权利,主要是对其能够享受的平台服务进行限制,而这些限制之所以有效,是因为这些限制会影响其实际交易。

除此之外，淘宝平台规则还对一些特殊物品的交易，如书刊、彩票、旅游等进行了详尽的规定。关于上述的处罚措施和特殊物品交易的规定都十分具体，所以具有较强的操作性，对于解决实际问题十分有效。

为了打造一个良好的网络零售生态系统，淘宝网在治理结构的多样性方面做出了很多探索和努力，逐步形成了包括宣传教育、主动打击、权利人投诉、权利人合作、配合政府部门、利用系统和规则控制的多样性治理结构。

3. 公平竞争的市场环境

网络零售平台的垄断与传统企业的垄断有所不同。

第一，网络零售平台的发展并不是因为掌握更多的工厂，而是因为它们连接了越来越多的用户。换句话说，网络零售平台要获得优势并不在于它们拥有什么，而在于它们如何通过连接用户创造价值。

第二，传统企业能够获得垄断地位，主要是因为它们是基于供给方的规模经济而建立的，这使得它们能够随着企业的成长而减少成本。网络零售平台能够主导市场，是因为它们的网络越大，就能将越多的价值传递给用户。

垄断企业往往被视为市场力量失败的产物——供给方和需求方的力量无法控制一个企业的市场支配力，因此它得以找到一种办法获得异常大的市场份额。

对网络零售平台而言，网络效应具有自我强化的正反馈和自生长机制，一旦超过某个临界点，平台的用户数、交易额就会如滚雪球般持续增长，从而出现强者愈强的局面。同样地，网络效应也具有负反馈机制，如果网络零售平台的用户数减少，低于某个临界点，其用户数、交易额将越来越少，最终将导致网络零售平台失败。

网络零售平台具有外部网络性特征，其规模越大就越具有社会价值，在一定程度上具有自然垄断趋势，因此对网络零售平台的反垄断政策应有别于传统工业经济。

短期内，平台垄断会给消费者带来福利。但是从长期看，如果垄断者无法创造新的价值，开始排挤潜在的新的竞争对手，垄断的负面影响就开始显露出来。

4. 数据治理

数据治理是指充分运用大数据、云计算、人工智能等先进技术，实现治理手段的智能化。例如，在城市交通治理方面，运用交通实时大数据分析车流量，可以减少拥堵。对于购物平台所面临的打假、信用炒作，以及海量商品、海量卖家和买家、适时交易、碎片化交易等问题，利用传统的商业监管方式已无法应对，而利用图像识别技术、先进算法、大数据分析等方法，可以较好地发现问题、解决问题。

第8章

网络零售商

学习目标

1. 了解我国网络零售商的发展历程,理解推动网络零售商群体发展的主要因素。
2. 掌握网络零售商的定义、分类和特点。
3. 了解网络零售商生态系统。

导言

> 随着电子商务的快速发展，网络零售商的规模急剧扩大，其边界也不断被拓展，越来越多的个人和企业加入网络零售商的行列。作为网络零售生态系统的重要主体，网络零售商的健康发展是商业生态健康发展的基础之一。

8.1 网络零售商的定义

在介绍网络零售商的定义之前，需要先了解网商的定义。网商的定义随着互联网和电子商务的发展而不断扩展。

网商最初是指持续运用电子商务方式从事商务活动的个人，包括企业负责人、商人、个体经营者和业务操作者。按照商业模式，可以将网商分为以下7类人群：B2B外贸网商、B2B内贸网商、B2C企业零售网商、C2C个人零售网商、互联网支付网商、中小站长网商和生活服务网商。后来，网商的定义从个人进一步扩展到企业，即从自然人扩展到法人。扩展后的网商定义为，持续运用电子商务方式从事商务活动的个人和企业，其中个人包括企业负责人、商人、个体经营者和业务操作者。网商定义的扩展既是对网商群体发展的反映，也是对网商内涵理解的进一步深化。随着技术的发展，网商又被赋予了更丰富的内涵。

新的网商定义是指能够快速适应"互联网+"时代的商业变革环境，并能够有效选择和运用各类电子商务及互联网工具，在数据管理、社会化协作、组织变革、产品创新、客户服务、品牌营销等方面持续进化，进而将其转化为商业竞争优势的企业或个人。

网络零售商是网商的主要组成部分。网络零售商主要是指在互联网上把商品卖给网络消费者的进行小额商品交易的商业机构和商人，包括个人网商和企业网商，但不包括仅提供服务而不销售商品的第三方网络零售平台。

8.2 网络零售商的分类

8.2.1 专职网络零售商和兼职网络零售商

网络零售商主要来自两个渠道：第一，传统意义上的商人。他们本来就是商人，只是现在把业务放到互联网上或者通过互联网进行业务活动。第二，他们本身不是商人，只是利用业余时间在互联网上或者通过互联网销售商品，成为兼职的网络零售商。他们甚至不需要去开设网络商店，就可以完成整个交易过程。按照网络零售商的来源，可以相应地将网络零售商分为专职网络零售商和兼职网络零售商。

8.2.2 个人网络零售商和企业网络零售商

按照经营主体，可以将网络零售商分为个人网络零售商和企业网络零售商。

1. 个人网络零售商

个人网络零售商是指持续运用网络零售方式从事商务活动的个人。个人网络零售商可能是一般网民，也可能是关注互联网的个体经营者。

个人网络零售商的发展路径如图8-1所示。

随着电子商务的普及，越来越多的人将网络零售作为自己的创业选择。网络零售具有费用小、风险低、人员组织简单等特征，这一创业机会使得很多人迅速成为个人网络零售商，他们为了谋生或兴趣而在互联网上销售商品。

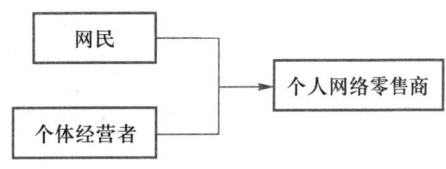

图8-1 个人网络零售商的发展路径

2. 企业网络零售商

企业网络零售商是指持续运用网络零售方式从事商务活动的企业。中小型企业一般会选择天猫、京东等第三方B2C网络零售平台进行交易，大型企业一般选择自建网络零售平台，除此之外还会入驻第三方网络零售平台进行交易。企业网络零售商主要由传统零售商发展而来，也有一部分是由个人网络零售商扩大规模发展而来的。企业网络零售商的发展路径如图8-2所示。

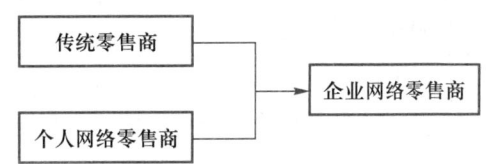

图8-2 企业网络零售商的发展路径

（1）传统零售商发展为企业网络零售商

面对网络零售的迅速崛起，传统零售商面临较大的发展困境。为了借助互联网改善经营手段和拓展经营渠道，加快转型创新，很多传统零售商发展成为企业网络零售商。企业网络零售商利用互联网找到了一个新的营销平台和业务突破口，成功地实现了转型。它们依靠敏锐的商业嗅觉寻求商机，并将传统业务和新兴的网络零售相结合，突破了原有的商业模式和营销模式。

（2）个人网络零售商发展为企业网络零售商

随着网络零售市场的不断发展，一些个人网络零售商的交易规模迅速增长，他们开始雇佣一些人员负责客服、网店美工、仓库管理等业务，逐步形成了企业化运作，并注册了营业执照，从而转化为企业网络零售商。

个人网络零售商可以利用多种途径实现快速发展，成功向企业网络零售商转型。表8-1总结了淘宝网卖家快速发展的途径。

表8-1　淘宝网卖家快速发展的途径[1]

发展途径	特点	适合的网店类型
专业化，尽可能多地增加产品种类	能够提供某一大类产品，如母婴用品、化妆品、小首饰、家居、保健品等的一站式购物服务	适合销售专业性较强的产品，且具有足够专业能力的网店
	能够根据消费者的特点提供多元化的商品，拓宽商品的种类和深度	适合拥有稳定消费者群体，并了解消费者特点的网店
打造网店或产品品牌	拥有自己的产品商标，自己参与设计或生产产品，形成产品的差异性	适合拥有独特产品设计和生产技术，了解产品及消费者需求的网店
	通过提供良好的服务或进行宣传，使网店成为知名品牌	适合服务能力较强，并且已经积累了一定知名度和美誉度的网店
寻找代理或向外批发	找到合适的线上或线下的卖家代理销售产品，以全面提升产品的销售量	适合拥有自己的产品品牌，希望扩大品牌影响力的网店
	低于零售价向线上和线下的卖家批发产品	适合拥有货源优势，希望提高销售量、降低库存的网店
向供应链下游拓展	建立自己的工厂或合作建立工厂，生产网店销售的产品	适合所拥有的品牌已具有一定的影响力，且消费者群体稳定的网店
在线下开设实体店	开设自己的线下实体店，线上展示销售的产品，同时也提升品牌在线下的知名度	适合已经在线上有一定知名度，同时产品的利润较高，可以支撑线下门店的网店
引入风险投资	获得合作伙伴或下游供应商的投资，共同做大做强网店	适合具有较强的经营能力，能快速实现投资方的投资收益的网店

3. 个人网络零售商与企业网络零售商的区别

个人网络零售商与企业网络零售商的主要区别如表8-2所示。

---

[1] 资料来源：卢向华. 个人网络创业的转型及其约束研究：以淘宝网网络卖家为例[C]// 李琪，陈德人，梁春晓. 第二届网商及电子商务生态学术研讨会论文集. 杭州：浙江大学出版社，2009：18-23.

表 8-2　个人网络零售商与企业网络零售商的主要区别

比较项目	个人网络零售商	企业网络零售商
来源	网民或个体经营者	传统零售商或个人网络零售商
使用平台	淘宝网等C2C网络零售平台或社交媒体	B2C网络零售平台或自建网络零售平台
商业模式	C2C商业模式	B2C商业模式
主要客户	个人消费者	个人消费者或企业消费者
相对优势	网络操作技能	商业运作技能

8.2.3　纯网络零售商和混合网络零售商

广义上的网络零售商，一方面包括收入全部来自网络零售业务的企业，另一方面包括收入既来自网络零售业务也来自传统零售业务的企业。

1. 纯网络零售商

纯网络零售商，是指在网络零售产生后建立的只在互联网上开展零售业务的企业。纯网络零售商的信息流完全在互联网上流动，而且它们一般可以跳过分销商，直接从生产商进货，然后销售给消费者。因为去掉了销售过程中的多级分销商，因此能够实现较低的销售价格。

随着新零售的发展，越来越多的纯网络零售商开始尝试向线下延伸，茵曼是其中积极的探索者。

微视频 8-1
纯网络零售商和混合网络零售商

应用案例

茵曼的线下延伸之路

从 2008 年起，淘品牌伴随着淘宝网的发展而快速成长，在此过程中，茵曼、韩都衣舍、裂帛等一批线上服装品牌也随之兴起。然而，梳理 2010 年之后线上服装品牌的发展历程不难发现，这些线上服装品牌在快速崛起的同时，也加快了"洗牌"的进程。一方面，线上竞争越来越激烈，线上获客越来越难，互联网流量红利即将消失；线上服装品牌线上引流的成本很高，线上成本与线下成本已基本持平。另一方面，一些传统线下品牌纷纷"触网"，在线上的影响力逐渐增大。

2008年茵曼创立时，只有20 m²的仓库。从2010年到2013年间，茵曼的销售业绩从7 000万元增长到11.2亿元。而茵曼也一直在打造"个性品牌"，主打棉麻风格女装，并逐渐探索出多品牌战略，涉及的领域也从女装过渡到"慢生活"生态圈，如跨品类开发了"茵曼Home"品牌，将产品扩展至家居用品和小件家具，深耕"慢生活"的品牌主张。

2015年，茵曼宣布正式启动线下门店招商计划。截至2018年7月，茵曼已在北京、上海、深圳、武汉、成都等172个城市开设了超过500家线下门店。线下门店不仅是茵曼拓展市场的重要渠道，还充当着社群运营的平台，其主要功能是加强与消费者的联系。在茵曼的线下体验店里，除了统一品牌形象外，还融入了社群理念，一店一社群，各个线下门店的店主可以自主创意，举办各种社群活动。

茵曼创始人方建华曾强调，茵曼+新零售模式围绕场景、边界、社群、效率4个核心要素展开。其中，"场景"即打造"茵曼+"，涵盖由衣服延伸的全品类商品，围绕慢生活理念打造与消费者互动的空间。"边界"是指新零售模式中消费者、商品和利益之间的边界，要打破三者之间的边界，使其从相互隔绝到交互融合。"社群"是指通过社群内容的输出，吸引有共同兴趣和爱好的消费者，并充分利用新技术、新渠道，重新定义消费者与消费者之间、消费者与品牌之间的关系。"效率"就是提高扩大市场份额的速度，通过完善的培训体系、细致的店铺管理指导、完善的货品管理体系，以及强大的数据收集和分析能力，帮助合伙人运营好线下门店。

2. 混合网络零售商

混合网络零售商，是指那些既开设网店，又开设传统实体店的企业，多指传统零售商在保持其传统零售业务的同时，也通过互联网销售其产品或服务。

与纯网络零售商相比，具备一定规模和实力的传统零售商往往具有以下几个方面的优势：与供应商的相对稳定的关系、商品管理能力、售后服务能力、品牌影响力和客户资源等。如果传统零售商的这些优势能够在其开展网络零售业务时发挥作用，那么传统零售商就会发展为混合网络零售商，其传统零售业务和网络零售业务可以相互促进，协同发展。如果传统零售商原有的优势在发展网络零售业务过程中无法发挥作用，那么就会因资源配置分散，而难以实现传统零售业务和网络零售业务的协同发展。

应用案例

银泰商业集团和新零售

与很多传统零售商一样,银泰商业集团最初想自力更生完成与互联网生态的对接。2010年3月,银泰商业集团在浙江成立了浙江银泰电子商务公司,同年10月,银泰网正式上线。2012年和2013年,银泰网销售额在银泰商业集团总销售额中所占的比例逐年上升。

2013年10月,银泰商业集团与天猫达成O2O战略合作,进行传统百货业和网络零售的融合。2014年,阿里巴巴集团以53.7亿港元对银泰商业集团进行战略投资,双方整合优势资源,推动实体商业与互联网经济的双向融合。具体来说,阿里巴巴集团和银泰商业集团全面打通了会员体系、支付体系和商品体系。在此基础上,双方构建了一套线上线下融合的商业基础设施体系,使线上线下的商品交易、会员营销及会员服务无缝连通。

例如,银泰百货的所有门店都部署了云POS机,喵街银泰APP账号也与淘宝网账号绑定,两者的会员实现互通,商品库存则实现统一管理,线上线下"一盘货",同款同价。这样,在银泰百货的门店晚上停止营业后,消费者还可以通过喵街银泰APP下订单。这个不受制于时间和空间的"场",开始改变消费者对百货商店的认知和消费习惯,使银泰百货"全域卖货"成为可能。

传统百货业在进行数字化转型时通常会遇到以下问题:一是技术基础薄弱;二是对商品进行数字化会涉及与供应商的博弈;三是一个略有规模的百货商店的商品单品数量就高达百万级别,消费者和商品数字化的复杂度极高。为了解决上述问题,实现数字化转型,银泰商业集团与阿里巴巴集团共同组建了一支超过200人的技术团队。

截至2019年9月,银泰商业集团旗下银泰百货的数字化会员数已突破1 000万,而且还以每个月100万的速度增长。在完成了数字化会员的积累后,银泰百货在数据和技术的支持下,让货品去找人,从原来的"人找货"模式,逐步转变为"货找人"模式。其会员客单价已提高了2.1倍,会员交易所占的比例提高了81%,会员复购率提高了283%。

8.3 网络零售商的发展历程

在我国,随着网络零售的发展,网络零售商经历了萌芽、立足、崛起、生态化和社会化5个阶段,每个阶段的网络零售商都呈现出不同的特征。

8.3.1 萌芽阶段

网络零售商的萌芽大概出现在2004年前后,当时在淘宝网和易趣网上聚集了很多专职卖家和兼职卖家。该阶段网络零售商的主要特征如下。

1. 网络零售商数量增长迅速,以个人网络零售商为主

截至2004年6月,淘宝网有86万注册会员,易趣网有注册会员550万,当时我国近1亿网民中有600多万人开始网上创业,出现了一批网络零售商。这些网络零售商多由网民发展而来,能够熟练运用电子商务工具开展网络零售活动,但在经营初期多属于业余性质,盲目性较大。

2. 家庭是网络零售运营的主要载体

在这一阶段很多网店以半虚拟店铺的形式存在,为了节约资金和最大限度地利用生产要素,家庭成为仓库和办公的重要场所。

3. 隐性员工大量存在,家庭成员是隐性员工的重要组成部分

在这一阶段,网店较少雇佣家庭成员之外的人员作为员工,其主要员工为不拿薪资的家庭成员,可以将其视为隐性员工。

8.3.2 立足阶段

2005—2006年,网络零售商进入一个具有自我强化特征的成长阶段,其规模迅速扩大。该阶段网络零售商的主要特征如下。

1. 个人网络零售商依然是主力军

在这一阶段,网络零售商主要还是个人网络零售商,部分网络零售商由兼职转变为专职,一些网络零售商甚至以团队的形式出现,开始招聘员工和组建团队,根据团队运作对各项工作进行分工,但这部分网络零售商所占的比例很小。

2. 销售额快速攀升,市场份额与交易额增长迅速

到2005年年底,我国C2C网络零售市场总交易额达139.24亿元,增幅显著;2006年我国C2C网络零售市场交易额达230亿元。

3. 网络零售商的发展呈现出区域化、集群化态势

大部分网络零售商分布在上海、北京、广东、浙江等电子商务配套基础设施较好的区域。成功的网络零售商具有极强的带动作用,加上商人之间的口口相传,因此容易形成网络零售商集群。

4. 网络零售的商品种类较少,集中在新、奇、特商品和非主流商品

新、奇、特和非主流商品由于在传统市场上比较少见,加上这一阶段网络购买群体基本上为年轻人,所以这些商品的成交率较高。

在这一阶段,很多个人网络零售商从个人网店起家,以开展C2C网络零售业务为主,后来逐渐发展到雇佣多人来负责网店业务,逐步进入中小网络零售商的行列，转变为企业网络零售商，开始开展B2C网络零售业务。

8.3.3 崛起阶段

2007年，网络零售商进入快速增长阶段。该阶段网络零售商发展的主要特征如下。

1. 网络零售交易额持续增长，商品数量和种类迅速攀升

2007年上半年，淘宝网交易额突破157亿元，已接近其2006年全年的交易额；网络零售商品的范围继续扩大，淘宝网每天在线销售的商品数接近7 500万，比2006年同期增长了100%。

2. 专业化趋势明显，组织雏形出现

尽管很多网店以家庭为单位进行经营，但专职个人网络零售商的规模显著增大，小部分网络零售商开始招聘员工，拥有2～5名客服人员的网络零售商逐渐增多。部分经营状况良好的网络零售商开始租赁办公场所，成立工作室，有的甚至正式成立公司，开始规范化经营。

3. 管理的重要性凸显

随着经营规模持续扩大，网络零售业务的管理难度增加，管理的复杂性和重要性凸显，给网络零售商带来了巨大的挑战。部分网络零售商开始有意识、有针对性地学习相关管理知识，但是经验管理依然占据主导地位。

4. 网络零售商类型多样化

2007年，企业网络零售商的数量有所增加，仅淘宝网品牌商城在2007年上半年审批通过的企业就有近2 000家。宝洁、苹果等国际品牌以及李宁、美特斯邦威等新兴品牌通过网络进行销售，甚至连北京同仁堂等曾经远离网络的老字号也纷纷"触网"。

5. 网络零售商分布的区域不断扩大

随着网络零售的不断发展，网络零售商所在的区域开始由经济发达地区向经济欠发达地区扩展。

8.3.4 生态化阶段

2008年，网络零售商进入生态化阶段，获得了长足的发展。该阶段网络零售商发展的主要特征如下。

1. 网络零售商规模不断扩大，区域集中现象明显

在这一阶段，网络零售商规模越来越大，其所在的区域也越来越集中。北京、上海、广州、杭州等地是网络零售商最为集中的地区。

2. 网络零售商多元化格局开始出现

网络零售商从同质化走向异质化，其在规模、需求、利益、发展方向等方面持续分化，多元化发展格局开始出现。

3. 网络零售商之间的大规模协作开始出现

网络零售商逐渐从线上走向线下，出现了网络零售商联盟。网络零售商之间出现了知识分享、组织协作、资金联保等层面上的大规模协作。

4. 战略选择成为关键

绝大多数网络零售商都存在战略选择问题，部分网络零售商顺利地经过了前几个发展阶段，却在生态化阶段"倒"了下来，其主要问题在于战略选择不当。因此，对于网络零售商而言，生态化阶段也是一个关键的分水岭，是否能实现持续发展就要看这个阶段的战略选择了。

8.3.5 社会化阶段

2009年以后，网络零售商的发展呈现出了社会化的显著趋势。在这一阶段，对于网络零售商而言，诚信、透明化、责任、全球化是其发展的前提，网络商品、网络规则是其发展的支柱。随着越来越多的网络零售商的发展迈入新台阶，网络零售商与社会经济系统的融合进一步扩大，并不断地改变着传统商业社会的制度和规则。当社会经济系统中融入了大量的网络零售商及相关群体时，就形成了"网络零售商—生态—新商业社会"的正反馈良性循环。与此同时，网络零售商的边界也在不断扩大，具体表现在以下几个方面。

一是业务范围的拓展。随着我国主要城市网络购物渗透率接近饱和，网络零售城镇化布局成为网络零售商发展的重点，小城市、乡镇等地区成为网络零售"渠道下沉"的主战场。

二是跨境电子商务的快速发展。近年来，我国跨境电子商务零售出口规模增长迅猛，很多国外消费者开始通过互联网大量购买我国商品，"买全球、卖全球"的时代即将到来。

三是经营模式的扩展。目前，商业模式创新与技术创新之间的联系越来越紧密，各种服务模式不断涌现，网络零售不仅能够为客户创造价值，也能够为产品价值链各环节上的产品和服务提供者创造价值。

此外，随着消费结构的持续升级，以及互联网对消费模式的重塑，消费市场已呈现出个性化、多元化的发展趋势。面对个性化、多元化的消费需求和激烈的市场竞争，网络零售商在商品、服务、营销、商业模式等方面进行着多样化创新实践。其中眼光敏锐的先行者积极探索，初步摸索出了行之有效的策略，如用多样的标准化商品满足消费者的个性化需求；将标准化商品与个性化服务相结合；将商品模块化与消费者自助服务相结合；根据消费者的个性化需求为其提供量身定制的服务等。在这一阶段，网络零售商的创新点主要有以消费者为中心、基于专业知识形成核心竞争力，以及广泛协作，整合资源。

8.4 网络零售商生态系统

8.4.1 网络零售商生态系统的定义和构成要素

1. 网络零售商生态系统的定义

网络零售商生态系统是网络零售生态系统的子系统。网络零售商之间相互交换信息和资源，乃至进行交易，伴随着竞争和淘汰，网络零售商努力适应周围环境，从而形成了一个不断完善、以互联网为基础的商业生态系统——网络零售商生态系统。网络零售商生态系统是指以网络零售为中心，各种类型的网络零售商之间以及网络零售商与外部环境之间相互作用而形成的统一整体，其核心是价值共享和共同进化。

网络零售商基于网络零售平台，通过集成和整合各种商业服务，超越地理位置的限制，将互联网作为竞争和沟通的平台，通过多种形式进行优势互补和资源共享。与商业生态系统类似，网络零售商群体构建了一个生机勃勃的生态系统，实现了网络零售商之间的大规模协作，共同提升竞争力和运行效率。

2. 网络零售商生态系统的构成要素

有学者认为，网络零售商生态系统包括5个要素：第一个要素是信息基础设施，中小网络零售商难以自己进行信息化建设，但可以通过共享基础平台、网络环境或社会服务体系，经济性地使用这一要素；第二个要素是网络零售商，网络零售商的数量需要不断增大；第三个要素是信息资源，信息资源的透明化，可以降低交易费用；第四个要素是资本，分为社会资本和知识资本两种，其中社会资本包括关系和信任，知识资本具有知识的外延性和共享性；第五个要素是制度，网络零售商群体非常重视非正式制度和阳光化的商业文化，以降低缔约费用。

在网络零售商生态系统形成的初期，网络零售商之间是孤立的。但随着竞争的日益激烈，网络零售商被淘汰的风险越来越大，这就迫使网络零售商之间的合作愈发紧密，逐渐形成了一个个利益驱动的网络零售商联盟。所谓网络零售商联盟，是指在网络零售商生态系统演化过程中，为了适应环境的变化、应对竞争者，网络零售商自愿结成紧密联盟，这种联盟一般包括网络零售商的供应商、客户、投资商和渠道商。在网络零售商联盟中，网络零售商之间是共生的关系：有共同的愿景，相互信任，遵守规则，密切沟通和协作，分享利益，共担风险，而互联网的开放性、全球性、虚拟性为网络零售商结盟提供了便利的条件；互联网的实时性和敏捷性，又提高了网络零售商联盟间沟通和反应的效率。网络零售商联盟的形成使资源能够得到合理配置，并且降低了成本，提高了创新能力和信息获取能力。整合而成的网络零售商联盟，产生了"一加一大于二"的效果，联盟中的网络零售商自然要比单个网络零售商更有竞争力，网络零售商之间的竞争也因此转变成网络零售商联盟之间的竞争。

网络零售商联盟呈现出合理化、复杂化、生态化的格局，最终形成一个商业氛围浓厚、商业服务种类繁多、产业链和价值链联动的商业生态系统。

8.4.2 网络零售商的协作模式

在网络零售生态系统中，随着网络"物种"日益丰富，关键种群成员间的资源争夺日趋激烈，自组织集群和自我服务现象日益明显，成员的增长速度趋缓，但物种的复杂度明显增加，网络零售商从同质化走向异质化，他们之间开始进行大规模协作。

网络零售商群体打破了以规范化、逻辑化等为特征的传统商业规则，互联网技术让商业元素的流通速度加快，灵活性提高，大量网络零售商通过协作获得了更好的商业回报。这种协作大致可以分为以下几个层次：第一，经验和知识层面的持续分享与共同学习；第二，临时或长期存在的虚拟产业集群；第三，在资本层面上产生的企业间的深度合作，如中小型企业通过网络联保获取贷款。网络零售商之间大规模、日益深入的联系和协作，推动着网络零售商群体不断壮大。

网络零售商的协作模式分为以下几种。

1. 知识分享

对于个人网络零售商，虽然他们能够熟练使用电子商务工具，但是缺乏专业的商业知识和经验，同时他们又有很强的交流意愿，所以网络零售平台提供的商业实践和交流机会对他们来说很重要。

分享是网络零售的核心价值，形成了商业合作的新基础。网络零售商生态系统本身，就是一个开放的分享商业资源的系统。网络零售商之间的经验交流与相互学习，正在成为新商业文明下具有重要意义的行为。

互联网时代引发了学习模式的新革命，知识获取和经验积累有了更加开放的渠道。过去由于主要依靠书本传授知识和在实际操作中培养技能，网络零售商学习和掌握商业知识的进程缓慢。现在通过网络论坛等虚拟社区，各种隐性知识在网络零售商群体内流动。很多网络零售商都表示，创业之初从这些虚拟社区中获得了自己所需的指导和帮助。隐性知识的分享、互动、传播、积累、提升和创新，使得网络零售平台具有极强的创造力和竞争力。

应用案例

商　盟

随着网络零售的发展，各地区、各行业的网络零售商自发形成了众多网络零售商联盟，即商盟。在组织形态上，商盟作为网络零售商这一新商帮的自发组织，得到了快速发展。例如，淘宝网卖家就形成了很多相对紧密的商盟。这些商盟的发展，促使网络零售商群体内部建立起一种积极、深入的联系。那些在商盟中表现活跃、积极分享经商心得的网络零售商，往往可以得到更多的发展机会。这正是商盟良性发展的一个标志。

除此之外，通过商盟，单个网络零售商可以更好地融入网络零售商群体，与其他网络零售商建立起有效的沟通渠道。这样，网络零售商不仅可以获得归属感和认同感，还可以收获乐趣、知识、利益与友谊。此外，商盟还经常组织聚会交流、联合促销等活动，许多商盟还提供商业培训、项目中介、营销推广、咨询策划等专业服务。

2. 虚拟产业集群

网络零售商呈现出集群化发展的趋势。大量中小型企业和创业者，借助网络零售平台实现大规模生态聚合，从而大幅度地降低企业之间的协同成本，并创造出一个竞争力足以与大型企业相比拟但灵活性却更胜一等的商业生态集群。在这样的协同模式下，商业的进入成本和创新成本显著降低。无数中小交易者（如中小零售商和个人等）因此能够面对全球市场，无数的中小规模网络零售业务（如个性化网络零售业务）因此也成为现实，商业的自由度得到了最大限度的扩展，个体的能量也有了充分施展的舞台。

网络零售加速了企业和消费者之间的信息交流，重塑了不同地区、不同规模的企业间的关系，原有的产业链和价值链也正在围绕互联网重构。例如，在传统的产业集群内，上下游企业、配套企业之间往往由于地处同一区域而相互合作，因此产生了规模效应。而在互联网环境中，地域之间的界限被打破，信息的流动和传输呈现多渠道、全方位的特点，基于互联网的虚拟产业集群正在产生，它们能够做到快速反应、协同作业，通过降低企业间的协调成本来实现利益共享。

一个企业的力量毕竟有限，难以实现资源配置的最优化，也难以获取最大化利润。随着网络零售的发展，一部分网络零售商开始形成利益共同体，并构建了不完整的产业链。例如，某贸易企业利用网络零售平台获得订单，并找到合作加工企业，这样就形成了一个基于互联网的、相对稳定的合作链。再如，当一个网络零售商对某种产品的需求量较小，不足以让生产商开工时，他会通过网络零售平台联合有同样需求的网络零售商，共同向生产商下订单，从而降低了产品的采购成本。

应用案例

手工船模联盟

司先生专门经营船模生意，于2005年进入阿里巴巴社区。2005年下半年，经常有客户向其询问是否有其他材质的船模，于是他决定在互联网上筹建一个联盟，将自己接不了的订单，交给有生产能力的企业去做。

2006年10月，一个关于手工船模生产企业的小联盟开始形成，参加的有位于上海、河北、山东、海南等地的5家企业。该联盟采用"集中接单、分头生产"的方式，发挥各自所长。司先生主要承担对外接单的任务，然后将订单分配给有相应生产能力的联盟成员。加入联盟的企业必须满足三个条件：第一，企业是阿里巴巴诚信通会员；第二，只有模型生产企业才能加入；第三，企业要具有一定的生产能力。

船模行业有着明显的周期性，在订单多时企业可能会遇到产能不足的问题；在订单少时，企业的运营成本居高不下。大部分船模生产企业规模不大，很难有效地应对订单时多时少的情况。联盟建立后，联盟成员可以通过信息共享、资源共享和经验共享灵活应对订单的变化，并打造共同的品牌，形成独特的竞争优势，实现共赢。

参考资料：陈亮. 网商十年：新商业文明序曲［M］. 北京：机械工业出版社，2010.

3. 深度协作

除了知识分享、形成虚拟产业集群外，网络零售商之间在资本层面上也产生了深度合作，其中最典型的是网络零售商通过网络联保获得贷款。这种自组织所产生的动力，具有内生性和持续性，使网络零售商之间形成有序的生态运行机制。

思 考 题

1. 个人网络零售商和企业网络零售商之间的区别与联系是什么？
2. 推动网络零售商群体不断发展的因素有哪些？
3. 在新零售背景下，网络零售商呈现出哪些发展趋势？

参 考 文 献

[1] 陈亮. 网商十年: 新商业文明序曲[M]. 北京: 机械工业出版社, 2010.

[2] 宋斐, 高晓虎, 盛振中. 网商十年赢天下: 最佳实践版[M]. 北京: 中信出版社, 2009.

[3] 王有为, 徐云杰, 彭志伟, 等. 社会资本、网络口碑和网商绩效: 基于面板数据的实证研究[J]. 研究与发展管理, 2010(5): 31-38.

[4] 胡桂兰, 朱永跃. 网络经济下"网商"创业发展阶段研究: 基于淘宝网的调查分析[J]. 江苏大学学报(社会科学版), 2010(1): 84-88.

[5] 卿菁. 网商胜任力模型的构建与测评研究[D]. 武汉: 武汉理工大学, 2010.

[6] 叶秀敏, 陈禹. 网商生态系统的自组织和他组织[J]. 系统工程学报, 2005(2): 148-152.

[7] 金祥荣, 陈文轩. 从"竞食"到"协同": 我国电商发展模式变迁的动力分析[J]. 浙江社会科学, 2018(3): 23-34.

第9章

网络零售服务商

学习目标

1. 理解网络零售服务商存在的意义与价值。
2. 认识并明确网络零售服务商在网络零售中的地位。
3. 了解网络零售服务商的分类。

导言

> 在网络零售生态系统中,除了消费者和网络零售商之外,还有网络零售服务商,其一般不与消费者接触,只服务于网络零售商,为网络零售商提供各种各样的支持与服务。网络零售商的发展离不开网络零售服务商,网络零售平台上成千上万个网络零售商的背后是无数网络零售服务商在为其提供各种各样的服务,从店铺运营到客户管理,从品牌包装到售后服务,网络零售服务商对网络零售商的影响是方方面面的,离开了这些网络零售服务商,很多网络零售商就无法生存。

9.1 网络零售服务商概述

所谓网络零售服务商,是指一部分专业的企业,凭借多年网络营销和品牌打造经验,以网络零售商的需求为出发点,结合现阶段发展状况为其提供网络零售整体解决方案。

网络零售服务商是互联网时代的产物。网络零售服务商以网络零售商为服务主体,通过专业的"问、闻、望、切"式的诊断分析系统,找出其营销体系和营销方式中存在的问题,并提供适合其发展的网络零售整体解决方案,同时用培训、指导、组织、策划、改善、托管、优化等手段,让网络零售商能够通过网络进行品牌推广、产品销售和渠道建设,从而获得持续的经济效益。

随着网络零售的发展,网络零售服务商不断增加,其服务的领域覆盖软件、营销、物流、运营外包等环节,服务模式也不断推陈出新。同时,网络零售服务商之间也初步建立起多样化的生态关系。网络零售服务商作为一个独立的群体开始崛起,成为网络零售生态系统的重要组成部分。一大批优秀网络零售服务商的出现,表明网络零售服务业正在成为我国经济增长的新动力。

从商业生态的视角来看,众多专业的网络零售服务商进入网络零售生态系统,在为网络零售商创造价值的同时也带来了丰富的信息、知识和客户等资源,有力地促进了网络零售整体服务水平的提升和服务领域的扩展,也有利于网络零售生态系统中的物种走向多样化,以及物种之间的生态关系不断深化,最终促进整个网络零售生态系统的繁荣和持续发展。

9.2 网络零售服务商的分类

网络零售生态系统中有多个物种，每个物种都有多个不同类型的单元，需要多种类型的服务，而每种类型的服务都有相应的服务商来运营，下面主要介绍技术支持服务商、内容服务商、营销推广服务商以及其他第三方服务商。

微视频 9-1
网络零售服务商的分类

9.2.1 技术支持服务商

随着数字经济的发展，云计算、大数据、人工智能等信息技术已成为现代商业的基础，加上消费者的需求越来越个性化、专业化，千篇一律的服务早已不能满足千人千面的需求，越来越多的企业开始需要大数据技术的支持，特别是网络零售商，其面对巨大的用户数据和交易记录，需要进行大量的数据分析。因此，云计算、大数据等服务逐渐发展成熟，成为网络零售发展必不可少的技术支持。下面以阿里云的云计算服务为例进行介绍。

阿里云创立于2009年，是全球领先的云计算及人工智能科技公司，为众多国家和地区的企业、政府机构及开发者提供服务。云计算作为网络零售基础设施中的关键部分，能够为网络零售的发展提供源源不断的动力。2017年8月，阿里云付费云计算用户数量首次超过100万，成为亚洲首家达到百万级用户规模的云计算企业。2018年，阿里云在亚太地区云计算市场的排名位列第一，市场份额达到19.6%。阿里巴巴集团发布的财报显示，2020财年，阿里云收入突破400亿元，6年增长31倍。

阿里云致力于以在线公共服务的方式，提供安全、可靠的计算和数据处理能力，让计算和人工智能成为普惠科技。据统计，阿里云在全球21个区域部署了上百个数据中心，通过底层统一的飞天操作系统，为客户提供全球独有的混合云体验。阿里云官网界面如图9-1所示。未来，阿里云还将继续加大投入，通过规模

图 9-1 阿里云官网界面

效益持续降低云计算服务价格，为客户进一步节省成本。

9.2.2 内容服务商

1. 图文服务

图文服务是指为网络零售商提供文字、图片、视频等素材以及素材编辑的服务。网络零售离不开图文服务，它们能给消费者以直观的感受，帮助消费者在最短的时间内了解网上销售的商品。因此，图文服务对于网络零售商来说是至关重要的，很多网络零售商都需要图文服务商的支持。下面以站酷为例进行介绍。

2006年8月创立于北京的站酷，是综合性"设计师社区"，也是图文服务商的一个代表。站酷深耕设计领域10多年，聚集了1 000余万设计师、摄影师、插画师、艺术家、创意人，在设计创意群体中具有一定的影响力与号召力。让更多的创意成为社会进步的动力，是站酷的理念。

站酷在创立之初，以"让设计更有价值"为自身使命，10多年来一直致力于打造以原创设计为核心的"站酷原创版权生态体系"。站酷既致力于促进设计师之间的交流与互动，也为设计师与企业搭建互相促进的桥梁，帮助优秀企业与优秀设计人才更好地对接。目前，站酷除了设计网站之外，还打造了一站式正版视觉内容交易平台——站酷海洛、艺术设计在线教育平台——站酷学习、知识产权服务平台——站酷知产。站酷的这一系列生态布局，为处于学习、展示、交流、就业、交易、创业各个环节的设计创意从业者提供了优质的专业服务，为设计师和企业的发展提供了高效的版权解决方案和立体的视觉服务。站酷官网界面如图9-2所示。

图9-2　站酷官网界面

2. 短视频服务

网络零售的短视频服务有三种形式，第一种是网络零售商为了展示自己的商品，通过短视频服务商制作相关短视频，供网络消费者观看、快速了解商品信息，以方便消费者购买商品。第二种是网络零售商为借助短视频社区或平台宣传推广自己的商品、促进销售而寻求合作的短视频服务；第三种是网络零售商在短视频社区或平台创建品牌账号，由短视频服务商提供该账号的日常运营与管理等服务。

短视频是一种互联网内容传播方式，一般是指在互联网上传播的时长约几分钟的视频，如微录（vlog）。2012年，快手从纯粹的应用工具转型为短视频社区，标志着短视频行业的兴起；2014年，美图推出短视频社区美拍；2016年，抖音上线；2017年，字节跳动以10亿美元收购了北美音乐短视频社交媒体Musica.ly，将之与抖音合并，使抖音用户有了爆发式增长。随着短视频的迅速发展，越来越多的用户、专业内容制作者及平台型媒体加入短视频竞争行列，2018年迎来短视频爆发元年。

随着移动终端的普及和网络带宽的提高，短视频行业快速发展，微博、秒拍、快手、字节跳动纷纷入局短视频行业，并募集一批优秀的用户生成内容（user-generated content，UGC）制作团队入驻，短平快的大流量传播内容也逐渐获得各大平台、消费者和资本的青睐。短视频行业的飞速发展和用户的爆发式增长，使得越来越多的人开始关注这个领域，短视频网络零售应运而生，并基于短视频内容特点和交互特点形成了"边看边买"、自建商城、内容衍生品变现等运营模式和路径。

字节跳动成立于2012年，是最早将人工智能应用于移动互联网场景的科技企业之一，旗下拥有抖音、西瓜视频、多闪等短视频平台与社区。其中，抖音是其最具代表性的短视频APP。

石山视频是石山（北京）科技有限公司旗下基于云计算技术的企业级视频云（又称为视频托管）平台，可以实现网络视频跨终端播放。石山视频通过云计算的软件即服务（SaaS）模式提供视频上传、视频云转码、视频云管理、VND（虚拟网络磁盘系统）分发、视频发布和视频播放等功能。

3. 直播服务

传统意义上的直播是指广播电视节目的后期合成与播出同时进行的播出方式。按照播出场合，可以将其分为电视现场直播和播音室或演播室直播等形式。其中，电视现场直播是在现场随着事件的发生与发展同步制作和播出电视节目的方式，是能够充分体现广播电视媒介传播优势的播出方式。而目前人们所提到的直播多指网络直播，参照以上概念，可以将网络直播定义为在现场随着事件的发生与发展同步制作和发布信息，具有双向流通过程的网络信息发布方式。其形式可以分为现场直播、演播室访谈式直播、文字图片直播、音视频直播,以及由第三方提供信源的直播。网络直播可以让用户在同一时间通过不同的互联网交流平台观看各类视频,成为一种新的社交方式。

因为直播受到广大用户的欢迎,网络零售也开始使用直播销售商品。直播能够带来巨大的流量,因此通过直播恰当地推广商品通常可以提升商品的销量。于是,很多网络零售商都在直播方面加大了投入,或者通过直播宣传自己的产品,或者在直播平台以及直播间投放广告,以通过这种新的网络零售方式获取更大的利益,而这些都需要直播服务商提供的技术支持。

(1)腾讯云直播服务

腾讯云有着深厚的基础架构,并且有多年提供海量互联网服务的经验。腾讯在云端完成重要部署,为开发者及企业提供云服务、云数据、云运营等一站式服务方案。为了完善直播服务,腾讯云还专门成立了云直播(live video broadcasting,LVB),它依托腾讯多年的音视频技术平台,以及全球海量加速节点和领先的人工智能技术,为用户提供专业、稳定的直播推流、转码、分发及播放服务,全面满足超低延迟、超高画质、超大并发访问量的要求。腾讯云直播官网界面如图9-3所示。

图9-3 腾讯云直播官网界面

(2)阿里云视频直播服务

阿里云视频直播(ApsaraVideo for live)是基于领先的内容接入与分发网络和大规模分布式实时视频处理技术打造的音视频直播平台,它能够提供易接入、低延迟、高并发、高清晰度、流畅的音视频直播服务。阿里云视频直播在全球有2 500多个直播节点,超过120 TB的带宽储备,分布在70多个国家和地区,多直播中心部署,服务于全球用户,具有全球化、高性能、多终端、数据化和行业化的优势。阿里云视频直播流程如图9-4所示。

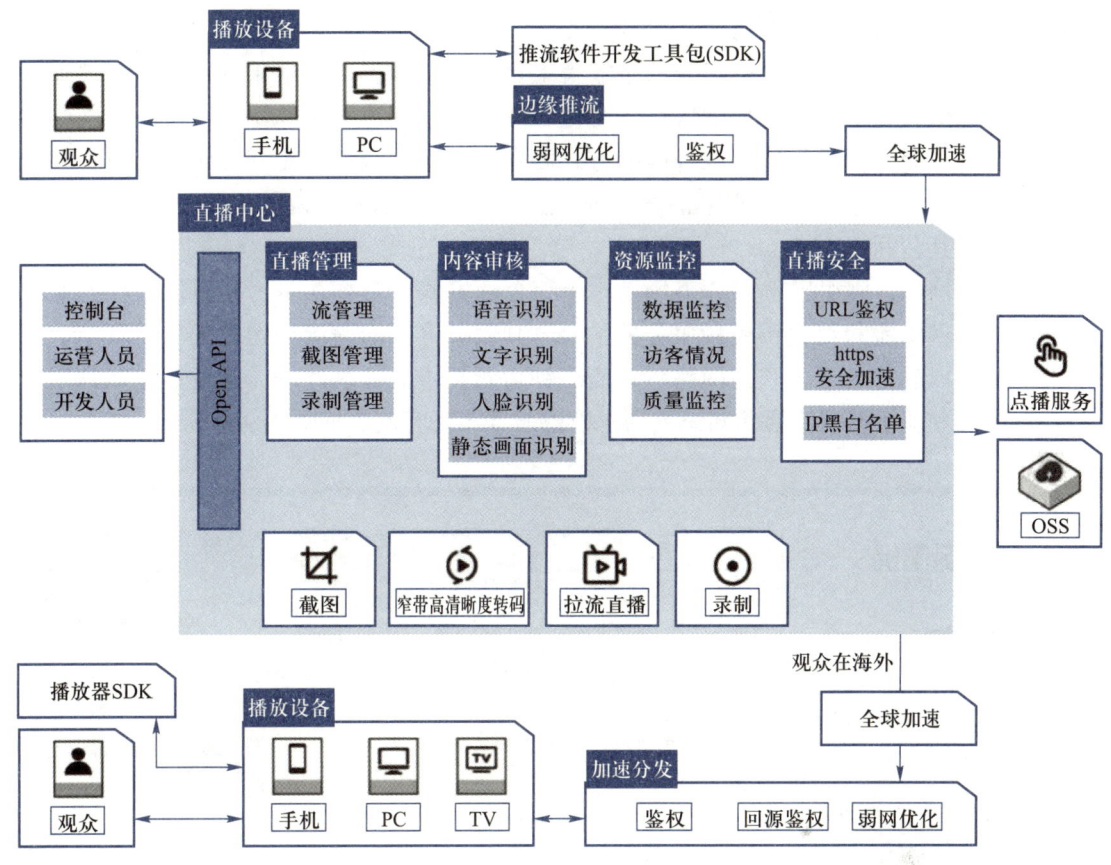

图9-4 阿里云视频直播流程图

9.2.3 营销推广服务商

1. 推广引流服务商

推广引流服务商一般是指以互联网为平台，在深入分析企业现状、产品特点和行业特征的基础上，为企业量身定制个性化的、高性价比的推广引流方案，全面负责方案实施，对网络营销效果进行跟踪监控，并定期为企业提供效果分析报告，让企业真正通过推广营销盈利的服务商。

例如，盘石创建了综合中文互联网广告服务平台——盘石网站联盟，拥有国内知名门户网站、垂直网站等优质互联网广告资源，通过强大的多重数字媒体定向技术帮助企业快速锁定目标人群，以更低的成本找到更多的客户，最终提升企业的品牌价值和产品销售额。盘石网站联盟提供在线自助管理系统，致力于为企业打造全面的互联网广告解决方案，并为企业的互联网广告提供第三方效果分析服务，使企业的互联网广告传播得更广泛、更有针对性；而且企业可以根据实际情况灵活控制整个广告的投放过程，以达到最优的广告投放效果。

2. 店铺运营服务商

店铺运营服务商是指为网络零售平台上的店铺提供包括采购、销售、渠道布局、信息化建设、培训、售后、交易管理、财务统计、品牌管理等服务的网络零售服务商。网络零售商以合同的方式委托店铺运营服务商为其提供部分或全部网络零售运营服务。店铺运营服务商通过专业的运营服务，降低委托方的运营成本，提高其利润。

例如，阿里巴巴服务市场是一个综合商家服务市场，是为阿里巴巴生态系统中的网络零售商提供各种服务的平台，其服务内容涵盖店铺运营的各个环节，并主要以软件的形式来为网络零售商店铺运营提供服务。此外，它还提供店铺运营技巧和新手开店流程等知识。阿里巴巴服务市场官网界面如图9-5所示。

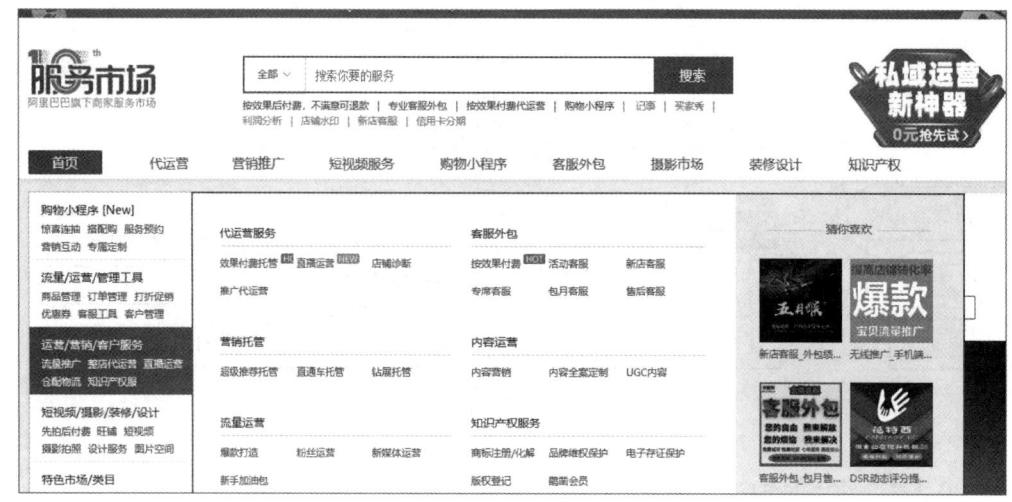

图9-5　阿里巴巴服务市场官网界面

阿里巴巴服务市场提供订单管理、商品管理、流量推广、客户管理、直播运营等各类服务，为网络零售商的店铺运营提供一站式解决方案。

9.2.4　其他第三方服务商

1. 知识产权服务商

知识产权服务商是指为网络零售商提供知识产权服务的服务商。知识产权服务是一种既包含法律服务，又包含专业技术服务的特殊服务，它是指对专利、商标、版权、著作权、软件、集成电路布图设计等的代理、转让、登记、鉴定、评估、认证、咨询、检索等活动。知识产权服务的专业化是促进企业创新的一个重要因素。企业通过与知识产权服务商合作,可以比较全面地掌握相关领域的知识产权信息,制定合理的知识产权战略,并在权利受到侵害时获得及时和有效的保护。

永新知识产权是网络零售知识产权服务商的代表之一,起源于1987年成立的永新专利商标代理有限公司,该公司是国务院指定的最早的四家涉外专利和商标代理机构之一。作为我国领先的知识产权法律服务机构,永新知识产权的主要办事机构位于北京、上海、深圳和香港,并在旧金山、东京、慕尼黑设有联络处。自成立以来,永新知识产权与70多个国家和地区的律师事务所及知识产权代理机构保持着良好的合作关系。

目前,永新知识产权每年处理专利申请8 000多件,转达及答复审查意见通知书13 000多件;商标案件10 000多件;知识产权诉讼400多件。永新知识产权官网界面如图9-6所示。

图9-6 永新知识产权官网界面

2. 金融服务商

金融服务商是指为网络零售商提供金融服务的服务商。金融服务是金融机构运用货币交易手段融通有价物品,向金融活动参与者和客户提供的共同受益、获得满足的活动。根据世界贸易组织的相关文件可知,金融服务商提供的服务包括保险及其相关服务,以及所有银行和其他金融服务(保险除外)。

广义上的金融服务,是指整个金融业发挥多种功能以促进经济与社会的发展。狭义上的金融服务,是指金融机构通过开展业务活动为客户提供包括融资投资、储蓄、信贷、结算、证券买卖、商业保险和金融信息咨询等多方面的服务。增强金融服务意识,提高金融服务水平,对于推进我国现代金融制度建设,改进金融机构经营管理,增强金融业竞争力,更好地促进经济和社会发展,具有十分重要的意义。

3. 综合服务商

综合服务商是指为网络零售商提供综合服务的服务商。这种服务商类似于一个网络集市，为各类网络零售商提供全面的、个性化的服务。

下面以猪八戒为例进行介绍，猪八戒创立于2006年，是一个服务中小微企业的人才共享平台。猪八戒开创性地为人才与企业搭建起双边市场，通过线上线下资源整合与大数据服务，实现人才与企业的无缝对接。随着社会的多元化发展，自由职业者越来越多，不少人通过互联网在家办公已不是新鲜事，猪八戒恰好迎合了大众的这种生活方式。目前，猪八戒已经成为全国最大的众包服务交易平台，其服务交易品类涵盖工商税收、知识产权、品牌设计、IT/软件、营销推广、科技服务、金融服务、工程建筑等多种行业，为企业、公共机构和个人提供定制化的解决方案，将创意、智慧、技能转化为商业价值和社会价值。

猪八戒通过"猪八戒网"平台+"天蓬网"平台+"Zwork"社区构建双平台+社区模式，线上线下联运，高效对接服务交易市场上的人才与企业，帮助人才突破时空限制。同时，猪八戒通过整合平台专业人才资源，打造了八戒严选企业管家，用真人管家帮助企业解决发展难题，提高工作效率，降低用人成本。从个人到企业，从个性化到综合化，猪八戒作为新型综合服务商代表，受到了越来越多人的喜欢，相信以后会有更多此类综合服务商出现。猪八戒官网界面如图9-7所示。

图9-7 猪八戒官网界面

思 考 题

1. 网络零售服务商存在的意义是什么？
2. 作为第三方企业，网络零售服务商生存的关键是什么？
3. 如果你是网络零售商，你觉得哪一种网络零售服务商最重要？为什么？

4. 除了本章提到的网络零售服务商外,你觉得是否还需要其他类型的网络零售服务商?

参 考 文 献

[1] 陈菲. 服务外包动因机制分析及发展趋势预测:美国服务外包的验证[J]. 中国工业经济,2005(6):67-73.

[2] 刘华文. 服务外包竞争战略:基于中国跨国公司的研究[J]. 广东商学院学报,2006(2):18-22.

[3] 王姝. 网商平台众包模式的协同创新研究[D]. 杭州:浙江大学,2012.

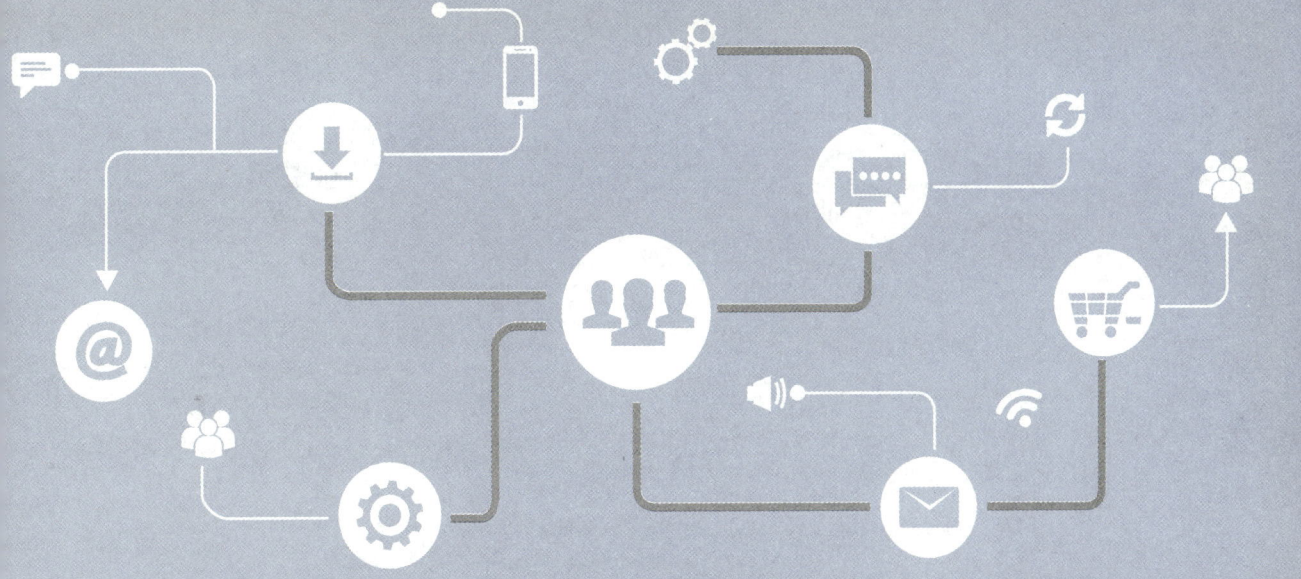

第三篇 网络零售运营

第10章

网络零售界面设计

学习目标

1. 理解视觉营销的定义和要素。
2. 掌握网络零售界面设计的基本原则。
3. 掌握网络商店设计的基本步骤,包括网络商店首页设计、网络商品详情页设计、撰写商品介绍等。
4. 掌握基于移动端的网络零售界面设计方法。

导言

> 对于网络零售商而言,要能够快速吸引消费者的注意力,并引导消费者了解更多的商品信息直至达成交易,就需要对网络零售界面进行科学和有效的设计。

10.1 视觉营销与网络零售

10.1.1 视觉营销的定义

微视频10-1
视觉营销的定义

美国零售联合会对视觉营销的定义如下:视觉营销(visual merchandising,VM)是为了达成营销目标而存在的,将展示技术和视觉呈现技术与对商品营销的透彻认识相结合,与采购部门共同努力将商品提供给市场并加以展示和销售的方法。

Wedel和Pieters认为,视觉营销是指企业为了向消费者提供理想且有用的信息和体验而对商业性和非商业性视觉标志或符号进行的策略性应用,其核心内容是对视觉传播行为进行真实而有效的设计。

视觉营销涉及的范围较广,商业实践中的商标设计、产品设计、广告设计、网页设计、卖场设计等都属于视觉营销的范畴。视觉营销之所以无处不在,是因为它与人们的重要感官——眼睛密切相关。眼睛是人类重要的信息接收器官,一个正常人每天从外部接收的信息中有80%~90%是通过视觉获得的[1]。

视觉营销的重要性不言而喻,然而企业在实践中经常面临一系列挑战:① 如何判断自己的视觉营销活动是否吸引了消费者的注意力?② 视觉营销活动中的哪一部分信息在吸引消费者注意力方面最有效?③ 消费者实际注意的信息是否与企业预期的信息一致?④ 视觉营销对消费者注意力的作用是否会进一步影响他们的购买行为?⑤ 如果视觉营销活动未达到预期的效果,企业应该如何改进?

视觉营销是一种新的市场营销手段,最早应用于服装卖场,通过对服装商品的陈列和形象化展示,对消费者的视觉造成强烈冲击,以此向消费者传达商品信

---

[1] 刘建堤. 视觉营销理论建构及其核心技术研究[J]. 中南财经大学学报, 2008(5): 109-113.

息、服务理念和品牌文化,达到促进商品销售、树立品牌形象的目的。目前,视觉营销应用广泛,企业利用标志、色彩、图形、广告、店堂、橱窗、陈列等一系列要素进行视觉展现。

在网络零售中,视觉营销的主要实现手段是色彩、图形、文字、视频、直播等,利用视觉营销,可以传达商品的性能与优势,最终促进商品销售。

网络零售平台和网络商店一般通过页面的布局设计、色彩运用、文字设计、多媒体运用等来进行有效的视觉传达设计,以提高自己的流量和流量转化率,进而提高销售额。

① 布局设计。进行多样的布局设计,以及对页面空间和页面元素进行精心规划和组织,可以营造出宽敞、整洁的视觉空间,消除有限的屏幕空间给消费者带来的局促感和不适感,以进一步吸引消费者的注意力。

② 色彩运用。页面的色彩运用,是网络零售平台和网络商店给人的第一印象,决定着其整体氛围。合理运用色彩不仅会提高网络零售平台和网络商店的视觉吸引力,还会提升其艺术性。

③ 文字设计。文字设计可以给消费者传递信息,表达特定的情感。

④ 多媒体运用。多媒体如视频、动画等的运用,可以使信息的表达和情感的传递更加生动和活泼,更能吸引消费者。

网络零售与传统零售的最大区别就是消费者对商品的感知。在传统零售中,消费者面对的是看得见、摸得着的商品。而在网络零售中,消费者只是通过网络零售平台和网络商店页面上的文字、图片和视频来了解商家和产品。因此,网络零售平台和网络商店页面的视觉传达设计是影响消费者网络购物的重要因素,其视觉效果的好坏直接影响消费者对该商品,甚至该品牌形象的认同感和信任感。

10.1.2 视觉营销的功能

网络零售视觉营销的根本目的,在于塑造网络零售平台和网络商店的品牌形象,并有效地促进销售。其功能主要有以下几个。

1. 引起消费者注意,促成商品交易

视觉在人类的所有感觉中占主导地位,也是影响消费者行为的重要因素。布局协调美观、画面清新自然、人性化十足的网络零售界面设计,会吸引消费者浏览、点击,是交易达成的良好开端。图10-1所示的是中国李宁天猫旗舰店首页页面,其整体上具有很强的视觉冲击力。它通过一组轮换画面生动地展示了所销售的新商品,醒目而自然,能够有效地引起消费者的兴趣,激发他们的购买欲望,促使他们购买商品。

图 10-1　网络零售界面视觉效果示例

2. 为网络零售平台和网络商店树立良好的形象

视觉营销在网络零售平台设计、网络商店和网络商品展示中的运用，有助于在消费者心目中树立起良好的平台形象、网络商店形象或网络商品形象，达到传播品牌文化的目的。

3. 进行商品外形二次设计，提高商品吸引力

图 10-2 所示的是一个商品外形二次设计的示例。某网络商店通过摆放方式设计对所销售的皮鞋和皮带进行了外形的二次设计。对于皮鞋的摆放，可以看到在图 10-2 左上角的图片中，皮鞋鞋头上的花朵造型与皮鞋的摆放形状浑然一体，此时商品的外形已经由单只皮鞋变为由多只皮鞋组成的花形，使皮鞋鞋头的花朵造型和缤纷的色彩成为视觉中心；还可以利用斜边构图来重新设计商品外形，从而形成皮鞋正面与侧面、鞋头与后跟在距离远近上的对比，这样的摆放突出了主题，使该网络商店推出的这些皮鞋更富有吸引力。

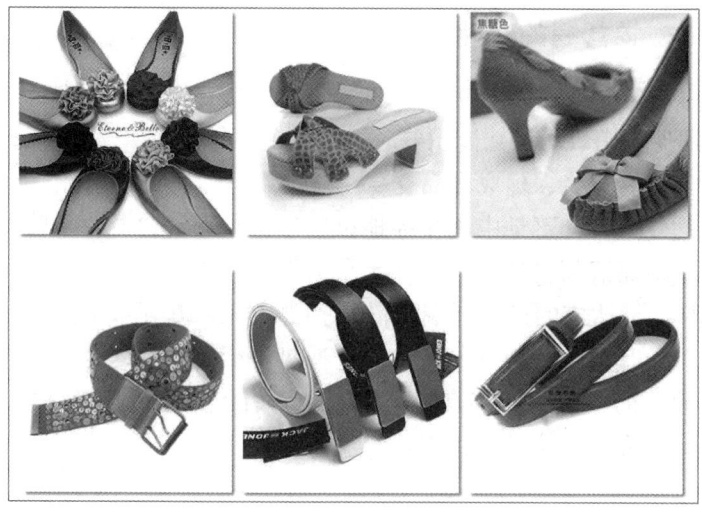

图 10-2　商品外形二次设计示例

对于皮带而言，由于皮带是条状商品，因此在有限的画面里，很难对它做全景式呈现。而将皮带卷起来摆放可以有效地解决这个问题。例如，可以对其进行自然的盘卷，以呈现时尚气质和随性的美感；也可以对其进行标准的盘卷，以体现出陈列的秩序和简洁的商务风格；还可以呈现其卷起来再松开的瞬间形态，以通过其展示的张力来突出跳动的韵律和活力。

4. 增加用户黏性，提高客单价

网络零售商在进行视觉营销的同时可以再做好关联营销，即在打造一款商品的同时关联营销其他商品，这样不仅能带动其商品的整体销量，还能增加用户黏性，提高客单价。

5. 加强沟通，避免交易纠纷

由于网络交易的虚拟性，网络零售商与消费者之间的沟通难以做到准确、全面。准确的商品描述和清晰的商品图片，就是网络零售商对消费者关于商品的承诺。这样也可以最大限度地避免因商品信息不充分而造成的消费者对商品的误判，进而避免很多交易纠纷。

6. 提升用户体验，优化服务质量

用户体验是指目标群体在使用某种产品或服务时建立起来的主观感受。网络零售界面的用户体验因素包括：① 视觉感官体验，如页面能否在 5 s 之内打开，页面布局是否重点突出，商品陈列布局是否合理，页面色彩是否协调、统一，视频展示是否突出了商品的优点等；② 界面交互体验，指界面是否符合用户的习惯或是否具有便利性，如按钮的设置是否明确和清晰，是否在页面的合适位置设置了搜索栏，是否进行了路径优化，以便于消费者返回首页或者目标页面；③ 情感因素体验，指消费者对网络商店的心理接受程度和认可程度，如分类和命名是否符合消费者的习惯，分类层级是否合适，对信息的描述是否图文并茂；④ 浏览习惯体验，表现为消费者能否被网络商店所展示的商品吸引；⑤ 信任体验，指网络商店的可信度、品牌强度的心理反馈，如有无详细的企业情况介绍、服务保障、联系方式、友情链接等信息。

10.1.3 视觉营销的心理学基础——格式塔心理学

格式塔心理学又称为完形心理学，20世纪初诞生于德国。它是客观物体外部形状与人的知觉经验的统一。简单来说，人们所感知到的"形状"是在"形状"本身的基础上经过人的知觉系统感知的结果。人们的大脑会主动对视觉刺激物进行建构，并形成整体风格大于局部之和的效果。对于网络商店来说，其页面设计的整体风格取决于页面视觉元素的设计。当消费者浏览网络商店页面时，其知觉系统对页面中文字、图形、视频等元素的感知，会受到以下几个格式塔心理学原理的影响。

1. 图底关系原理

鲁道夫·阿恩海姆在所著的《艺术与视知觉》一书中提到,第一个对图底关系进行系统研究的人是丹麦心理学家埃德加·鲁宾。而在人们的日常生活中,对于图底关系的认识是由多次经历与经验造成的。对于网络商店页面中的图和底,面积较大的、处于稳定状态的、不规则的部分一般作为底;面积较小的、处于不稳定状态的、对称的部分则一般作为图。对图和底的划分主要依据以下两个方面,一是设计师本身的意图,二是受众的知觉辨别能力。为了使受众能快速地掌握某些信息,就要将有效图形或信息在背景中突出出来,以达到预期效果。而对有效部分的突出,可以通过增强图与底之间的颜色对比、强化商品图样的轮廓线、改变字体的大小或颜色、设置对消费者起指引作用的导航等来实现。例如,对于"立即购买"按钮,使用有跳跃感的颜色或加粗字体等方式来呈现。需要注意的是,在突出图的同时一方面不能忽略底(背景)的重要性,因为底是确定整个网络商店页面基调的重要因素;另一方面要保持这两者之间的协调,只有网络商店页面视觉元素与背景协调一致,才能使消费者在一个愉悦的环境中购物。

2. 相似性、接近性和连续性原理

在网络商店的页面中,相似的图形、接近的色彩或者连续的文字等视觉元素会使整个页面看上去统一、完整。当某类视觉元素具有共同点时,它们就会使受众产生一种视觉归类倾向。在网络商店的页面中,对于图形来说,类似图形的组合排列,或者把某个图形复制若干份,组成一组复合图形,形成一个新的图形,都能引起消费者的注意。对于色彩来说,同色系颜色的应用会使整个页面更加和谐。对于文字来说,一致的版式和特定的字体会让页面更加统一。

3. 完整和闭合倾向原理

在看一个无法辨认完整轮廓的事物时,人们的视知觉会自主地对其进行完形,使之形成一个完整或趋向闭合的图形。对于网络商店的页面,完整和闭合倾向原理体现在板块布局的设计、装饰图案的设计或其他局部设计上。其中,在板块布局设计方面,应该避免选择不规则或扭曲的样式,以使消费者一目了然,而避免给消费者带来视觉上的紧张感和压迫感。

10.1.4 网络零售的视觉营销流程

网络零售的视觉营销流程就是制定营销策略,然后执行相应的策略以实现预定营销目标的过程,其流程如表10-1所示。

表 10-1　网络零售的视觉营销流程

阶段	流程	具体内容
策划阶段	制定店铺营销策略	包括市场调研、市场细分、目标选定、市场定位和4P营销策略等
准备阶段	编制视觉识别规范	涉及店铺标志、标准色彩、标准字体、标准快递包装和售后服务卡等
	拍摄或收集图片素材	确定拍摄风格，拍摄或收集商品全图、商品细节图、背景图片等
实施阶段	网络商店页面设计	包括页面布局、首页设计、商品详情页设计、活动页设计、图片切片、图片上传等
	对反馈数据的跟踪分析和综合挖掘	对店铺运营数据、竞争对手经营状况等进行跟踪分析和综合挖掘，动态调整视觉效果

10.2　网络零售界面的设计原则

网络零售界面设计并没有统一的标准，不同网络零售平台有着不同的设计目标。尽管各个网络零售平台的设计目标不同，但它们的最终目标只有一个，就是增加销售机会。因此，在设计网络零售界面时需要遵守以下原则。

10.2.1　清晰和简洁

网络零售界面清晰和简洁，主次分明，布局合理，可以避免消费者对其产生模糊认识，并帮助消费者快速找到所需的商品。其中，帮助消费者快速找到所需的商品可以通过以下4种方式实现：搜索、分类导航、促销和个性化推荐。因此，网络零售界面设计一般要考虑搜索、分类导航、促销、个性化推荐等要素。尤其是在设计分类导航时，要对商品进行正确分类，并能够根据不同的属性科学地展示商品。

10.2.2　一致和稳定

人们如果长期浏览和关注某个页面，就会对页面的某些元素和特征形成一种偏好，这种偏好会使人们形成一定的行为习惯。因此，要使网络零售界面设计保持一致和稳定，就不能总是求新求异。

同样，消费者长期在某个网络零售平台上购物，也会对这个平台特有的氛围产生一种偏好，还会形成一些行为习惯，如每天习惯性地去浏览该平台首页，或者关注其上的网络商店的促销及新品推荐信息等。

在浏览网络零售平台或其上的网络商店页面时，消费者通常会按照一定的路径浏览，如先从左向右浏览，然后从上向下浏览。这样网络零售商在进行视觉营销时，就需要将自己销售的商品突出显示在消费者的浏览路径中，以吸引消费者的注意力。此外，网络零售商还要尽可能地引导消费者按照自己设计的视觉路径浏览，这种视觉路径设计就称为视觉动线设计。视觉动线是指人眼在浏览画面时，眼动仪所记录的视觉移动方向及路径。视觉动线决定了画面焦点，以及画面重点元素的摆放位置与顺序。在视觉动线设计中，动线的布局设计是非常重要的内容。动线的布局是保证视觉呈现效果的基石。例如，在设计网络零售界面时，有意识地设计动线的布局可以防止消费者出现审美疲劳，延长其在页面上的停留时间，降低跳失率，提高商品曝光度。常见的视觉动线布局有"Z"字形、"W"字形等。例如，图10-3所示的就是安踏春季户外系列页面的"Z"字形视觉动线布局。网络零售商可以自行设置视觉动线，让消费者按照事先设置好的视觉路径浏览相关信息，最终达到视觉营销的目的。

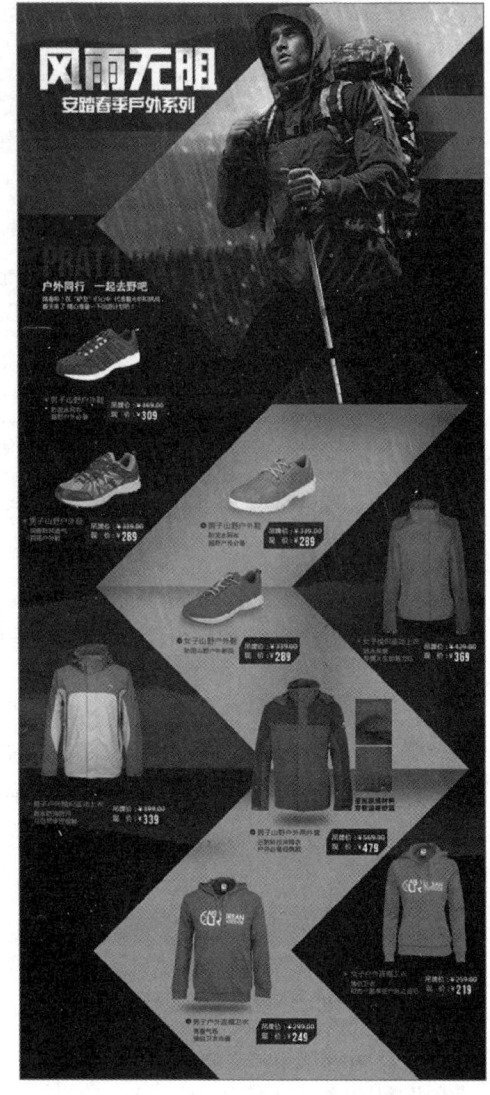

图10-3 "Z"字形视觉动线布局示例

10.2.3 交互和可用性

在网络零售中，交互设计就是关注以人为本的用户需求，让网络零售界面易懂、易用，具有亲和力，用户体验良好的一种设计。交互设计致力于了解目标用户的需求和期望，并基于用户与产品的交互行为，去了解用户作为"人"本身的心理感受和行为特点。进行界面和行为的交互设计，可以使产品与用户之间形成一种有机联系。简单地说，交互设计就是企业以目标用户为导向，去理解他们希望看到的、想要看到的事物，然后结合自身的商业目的、技术及实力，给予目标用户可用性强的产品和服务。例如，在网络零售界面中，可以进行以下交互设计，提高可用性。

① 按钮的设置。按钮必须明确和清晰，方便消费者了解按钮的位置，知道在页面上点击哪些地方可以继续浏览页面或跳转到另一个页面。

② 对点击的强调。对于一些主推商品或者需要消费者关注的页面，可以通过设置动态效果等方式，吸引消费者点击其入口按钮，提升页面的入口点击率。

③ 在线客服的设置。网络零售商要保持客服在线，以及时回答消费者对商品的咨询。可以说，客服在线状态和响应率会对其商品销售产生很大的影响。

④ 搜索栏的设置。在页面的合理位置上设置搜索栏，方便消费者通过搜索关键词查找商品。此外，还可以在搜索栏中设置默认关键词，以增加对主推商品的搜索频率。

⑤ 路径优化。路径优化的目的是使消费者不管浏览到哪个页面，都能方便地返回首页或者目标页面，以减少消费者找到目标商品的点击次数。优化路径在为消费者提供便利的同时，也增加了网络零售商的商品销售机会。

10.2.4　高效和安全

对于网络零售而言，高效和安全是十分重要的。其中，高效是指通过网络零售界面设计提高交易效率，包括消费者的购物效率和商品转化率等。例如，提高页面打开速度，让消费者能够快速获得重要信息，缩短购物时间。再如，利用个性化推荐技术有针对性地推荐相关商品，提高商品转化率。

安全性则是指要保证系统硬件安全、软件安全、运行安全、管理安全及交易安全，为网络零售活动提供安全保障。

10.3　网络零售界面设计模式

常见的网络零售界面设计模式有主体/细节模式、搜索/结果模式、表单模式、电子表格模式和向导模式等。下面分别对这些模式进行介绍，在面对不同的需求时，可以选择不同的网络零售界面设计模式。

10.3.1　主体/细节模式

主体是页面中最重要的元素。主体往往由下一级内容的标题、内容提要、内容摘编的超链接构成。主体借助超链接，可以利用一个页面高度概括几个页面所表达的内容。细节是对主体相关内容的具体描述和信息展示。由于人们的阅读习惯是从上至下、由左至右，所以主体和细节的分布也按照这个规律分为横向布局和纵向布局两种，如图10-4所示。如果主体不仅包含的信息多而且对于用户来说很重要，那么就应该选择横向布局。淘宝网首页就采用了主体/细节模式，如图10-5所示。

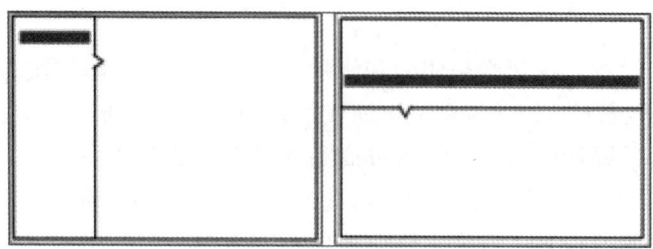

图10-4　主体/细节模式布局图（左：纵向布局，右：横向布局）

图10-5　主体/细节模式横向布局示例

10.3.2　搜索/结果模式

搜索/结果模式可以使消费者通过搜索快速查找到所需的商品，如图10-6所示。采用搜索/结果模式的界面，有的设计得比较简单，有的设计得比较复杂。一些网络零售界面采取了搜索栏+分类目录的方式，使消费者在查找出初步结果之后，可以进一步细化查找条件，直至找到所需的商品，图10-7所示的是搜索/结果模式示例。

图 10-6　搜索/结果模式

图 10-7　搜索/结果模式示例

10.3.3　表单模式

表单模式以行和列的形式收集和显示内容，主要用于消费者提交信息。表单模式有多种呈现方式，简单的表单适用于低复杂性和有限输入的情况，易于实现，且能给消费者以直观的体验，如图 10-8 所示。复杂的表单允许消费者一次与多个表单进行交互，同时处理大量的信息，如图 10-9 所示。

图 10-8　简单表单模式

图 10-9　复杂表单模式

10.3.4　电子表格模式

电子表格模式方便消费者快速浏览和编辑大量信息，如图 10-10 所示，它具有基本的表格编辑功能，如分类，隐藏/显示栏目，重列栏目，分组，全局撤销/重做，增加/插入/删除，导入和导出等。例如，淘宝网购物车使用的就是电子表格模式，可以让用户对已选商品进行快速编辑（如增加/减少商品数量，删除商品等），如图 10-11 所示。

10.3 网络零售界面设计模式

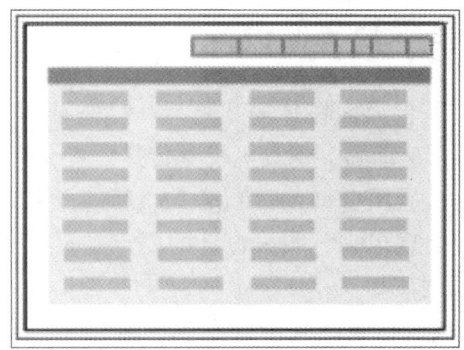

图 10-10 电子表格模式

图 10-11 淘宝网购物车采用电子表格模式

10.3.5 向导模式

向导模式如图 10-12 所示，对于复杂的或是不常见的流程，使用向导模式可以有效地进行导航。例如，京东使用向导模式引导不熟悉流程的消费者完成购物操作，如图 10-13 所示。

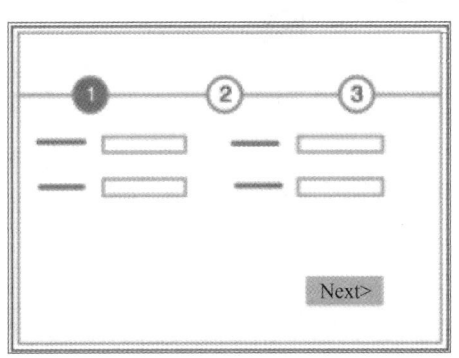

图 10-12 向导模式

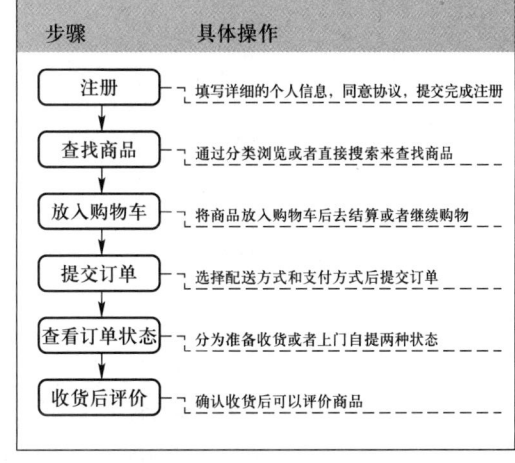

图 10-13 向导模式示例

10.4 网络零售平台界面设计

在确定了网络零售平台界面设计模式之后，就需要对其页面进行版式设计，即对于文字、图形、色彩、动画、视频等视觉传达要素，根据特定的内容和主题，在页面所限定的范围中，运用造型元素和形式原理进行视觉的关联与配置，从而将设计意图以视觉形式表现出来。版式设计的要点是页面简洁、主题明确、重点突出、技术合理、浏览快捷。

确定版式设计后，就要依据版式设计准备各种素材，如文字、图片、视频等，然后利用HTML（超文本标记语言，由浏览器进行解析）、CSS（串联样式表，可以实现页面风格的统一）、JavaScript（开发Web页面的脚本语言，实现页面的动态显示效果和交互功能）等客户端开发技术，设计并制作首页及二、三级页面。首页是网络零售平台的形象页面，其设计对整个网络零售平台来说至关重要。首页包括页头、页中和页脚三个模块。页头包括网络零售平台名称、标志（logo）、页旗（banner）、导航栏等部分。页中包括商品推荐、广告、搜索框、友情链接等部分。页脚包括版权信息与联系方式等。

下面以一个简单的首页页面设计为例（以PhotoShop为设计工具）介绍版式设计的基本方法。

1. 设置页面外框

创建一个页面文件，设置其高度和宽度。用选框工具选择页面中心区域后再进行反选操作，即可选择边框。设置边框前景颜色，效果如图10-14所示。

图10-14　页面边框效果

2. 设置页面内框

利用反选命令,选中页面中心区域,设置其前景颜色,并对其进行描边操作;然后设置页面中心区域上部高度为300像素的区域(作为页头)的颜色。得到的页面内框效果如图10-15所示。

图10-15　页面内框效果

3. 创建搜索框和导航栏

在页面上方使用圆角矩形工具创建一个圆角矩形,并对其样式进行设置。在其中输入文字:首页、收藏、邮箱、问题和联系我们。

用同样的步骤创建一个搜索框和一个导航栏,其效果如图10-16所示。

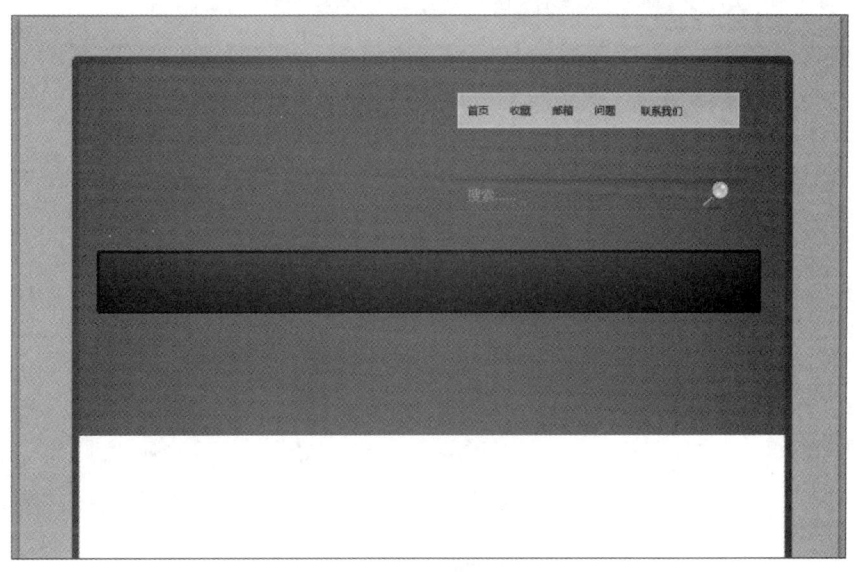

图10-16　搜索框与导航栏效果

4. 设置页头部分

在导航栏中输入商品类目名称。预留页面页头左上角位置为标志图标,导航栏下面的灰色区域为推荐商品的广告位,即页旗栏目,如图10-17所示。

图10-17　页头部分效果

5. 设置页中部分

在页头下部添加要推荐的商品图片,并使用圆角矩形工具创建一些按钮,在按钮中添加相应的文字,其效果如图10-18所示。

图10-18　页中部分的效果

接下来开始设置左侧分类栏，其效果如图10-19所示。

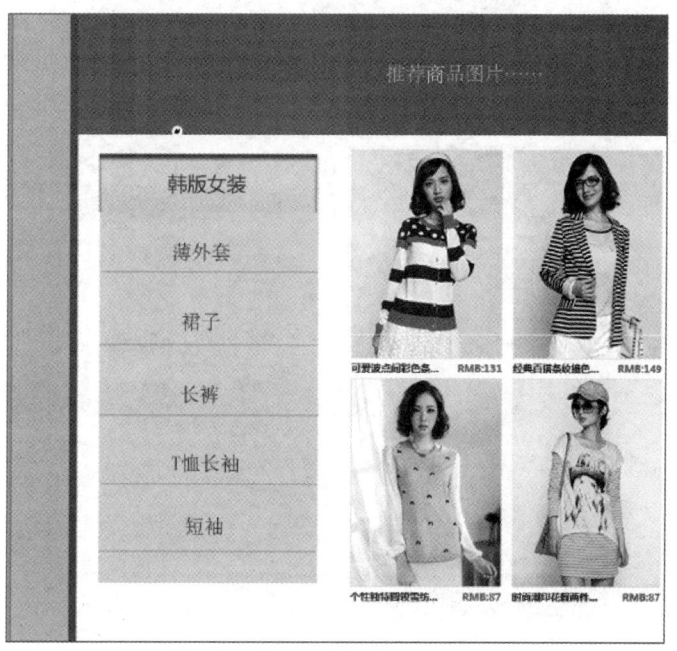

图10-19　页中部分左侧分类栏效果

6. 设置页脚部分

创建简单的页脚，其效果如图10-20所示。

图10-20　页脚部分效果

至此，一个简单的首页页面已经设计完成，其整体效果如图10-21所示。当然，这只是一个大致的框架，没有涉及用户注册、登录等页面；而且页面设计好之后还要对其进行切片，生成HTML文件，经过超链接编辑、数据库连接等步骤才能发布，供用户浏览。

图 10-21 页面整体效果

10.5 网络商店设计

10.5.1 网络商店首页设计

网络商店首页相当于实体商店的门面,其展示效果直接影响所销售商品的价值呈现。在设计网络商店首页之前,首先要明确网络商店首页的功能、框架和设计思路。

1. 网络商店首页的功能

设计合理的网络商店首页会增加消费者的页面停留时间、对网络商店的访问深度和点击率等,从而提升运营绩效。网络商店首页的功能主要包括以下几个。

(1)传达品牌形象

网络零售商往往通过首页把自己网络商店的风格、品牌理念、文化以及品牌价值准确地传达给消费者,引起消费者的兴趣,赢得消费者的信任,从而激发消费者的购买欲望。

(2)传递活动信息

网络零售商可以通过其网络商店的首页把自己的活动信息传递给消费者。在让消费者了解活动信息的同时，通过良好的创意设计引起消费者的情感共鸣，进而提升网络商品的转化率。

（3）进行流量疏导

网络商店的流量非常大，需要对首页的流量进行合理的疏导，帮助消费者快速地找到目标商品，让主推的商品获得更多的流量。网络商店首页上的相关页面入口、分类导航、商品陈列、搜索等都是流量疏导的方式。

2. 网络商店首页的框架

网络商店首页往往由多个模块组合而成，首页的框架主要包括以下几个模块。

（1）店招

店招，即商店的招牌，一般包含三类信息：品牌定位、商品定位和店铺竞争优势。

店招一般出现在网络商店每个页面的上方，消费者进入网络商店后首先看到的就是店招。店招所呈现的品牌形象会对消费者是否选择继续浏览商品产生一定的影响。图10-22所示的就是半墨天猫旗舰店的店招示例。

图10-22　店招示例

（2）通栏

通栏的位置一般在店招的下面，一般包括所有分类、信用评价、会员制度、品牌故事等部分。

（3）导航栏

导航栏的作用是帮助消费者快速找到目标商品，同时也便于网络零售商管理网络商店中的商品。导航栏有三种形式：一是页头中的通栏导航栏；二是左侧分类栏中的纵向导航栏；三是内容区中的横向导航栏。不管是哪种形式，导航栏中分类的数量都不宜过多；关于促销类、应季类商品的导航栏要靠前；要从用户的角度做多维度的分类，避免出现没有商品的分类。如图10-23所示的是华为天猫旗舰店的导航栏示例。

（4）焦点图

首页上的焦点图通常会以轮播的方式呈现，焦点图一般为1~5张，其内容通常以商品的营销推广为主。焦点图示例如图10-24所示的是华为天猫旗舰店的焦点图示例。

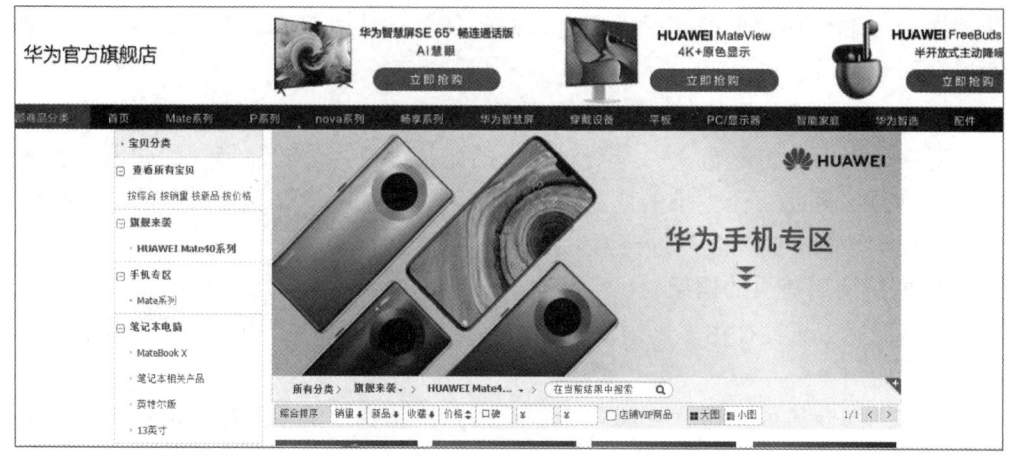

图 10-23　导航栏示例

图 10-24　焦点图示例

（5）商品陈列

网络零售商可以根据自己的偏好和网络商店的风格陈列商品。图10-25所示的是百草味天猫旗舰店的商品陈列示例。

陈列是陈设排列设计的简称，一般用在商品展示中。陈列是一种综合性艺术，它集广告性、艺术性、思想性、真实性于一体，是消费者最能直接感受到的时尚艺术。它通过不同的表达方式，将网络商店中的商品更加美观地呈现给消费者，旨在激发消费者的购买欲望。

为此，应该根据消费者的心理特征，运用商品陈列艺术，使商品陈列做到醒目、便利、美观、实用。具体可以采用以下方式进行商品陈列。

图 10-25　商品陈列示例

① 醒目陈列。商品陈列应该做到醒目突出，以便迅速引起消费者的注意。此外，要使商品陈列有量感。所谓量感，是指陈列的商品数量要充足，能给消费者以丰富、丰满的印象，图 10-26 所示的是新农哥天猫旗舰店的醒目陈列示例。量感可以使消费者产生有充分挑选余地的心理感受，从而激发其购买欲望。

图 10-26　醒目陈列示例

② 裸露陈列。好的商品陈列应该为消费者查看和选购商品提供便利。对于一些商品来说，如果仅仅呈现商品包装，还不足以让消费者了解商品。因此，对于这些商品应该采取裸露陈列的方式陈列，允许消费者查看商品外表及内部细节，

以减少消费者的顾虑，从而做出购买决策。裸露陈列示例如图10-27所示。

图10-27　裸露陈列示例

③ 关联陈列。一些商品和商品之间在使用上具有关联性，如衬衫和领带、西裤和皮带等。为了激发消费者潜在的购买需求，方便其购买相关商品，可以使用关联陈列方式，将具有相关性的商品相邻摆放。如图10-28所示，将中通竿和相关配件相邻陈列，可以挖掘消费者的潜在需求，促进商品销售。

不管采用何种方式陈列，都需要做到重点明确、形式统一、显而易见、关联有序、对比鲜明。在实际进行商品陈列设计时，通常会综合运用多种方式。

（6）在线客服

网络零售商可以根据网络零售商店的风格设计个性化的在线客服模块，并根据需要调整在线客服的数量，如图10-29所示。

（7）搜索框

搜索框是具有搜索网络商店内商品功能的模块，图10-30所示的是搜索框示例。

（8）页脚

页脚的主要作用是引导消费者浏览其他商品，降低页面跳失率，增加网络商店的收藏量等，如图10-31所示。

3．网络商店首页的设计思路

根据网络商店的运营需求，可以把网络商店的首页分成三类：常规首页、活动首页和品牌宣传型首页。接下来分别讲解每一类首页的设计思路。

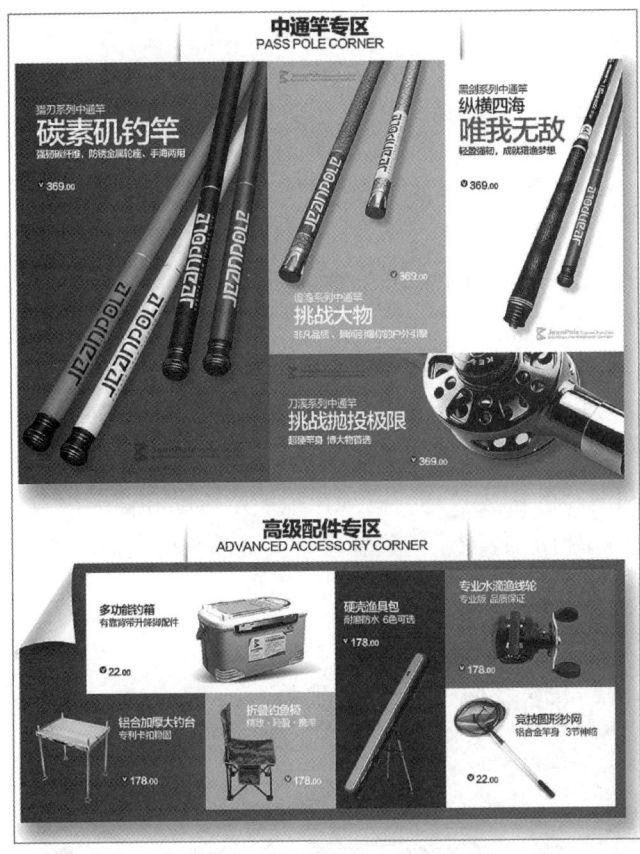

图10-28 关联陈列示例

图10-29 在线客服模块示例

图10-30 搜索框示例

图10-31 设置了导航栏和在线客服的页脚

（1）常规首页的设计思路

常规首页是在网络商店没有活动的情况下，根据运营需求设计的网络商店首页。其设计思路是以方便消费者购物为目标，提升消费者购物体验。在设计常规首页时，需要注意以下几点。

① 以流量疏导为导向。在对常规首页做流量疏导时，需要根据网络商店的运营需求，将其流量按照一定的比例或优先级引导到相关的页面上。在正常情况下，需要将流量大的页面入口以更显眼的方式呈现。

② 合理设置分类导航。通过合理的分类导航，把流量精准地引导至目标商品或者目标页面。

③ 提升消费者购物体验。常规首页中用于提升消费者购物体验的模块主要有分类导航栏、在线客服、店内搜索框和游戏等。

（2）活动首页的设计思路

活动首页以促进成交为导向，利用活动入口和商品陈列技巧把流量引导至目标页面。利用活动入口引导消费者至目标页面，是一种常用的活动首页设计方式。而商品陈列技巧是利用艺术方法和图片的摆放技巧，有规律地展示活动和商品内容，方便消费者参与活动和购买商品。图10-32所示的是新农哥天猫旗舰店的商品陈列技巧示例。

图10-32　商品陈列技巧示例

另外，活动首页的流量根据网络商店的商品结构分配，一般会将促销商品、主推商品以更加突出的方式呈现。

（3）品牌宣传型首页的设计思路

对于网络零售商而言，品牌的成长离不开知名度。首页是网络商店流量比较集中的页面，利用首页提升品牌的知名度是一种常用的方法，具体实施时需要注意以下几点。

① 品牌展示导向。网络零售商在利用网络商店首页宣传品牌时，通常会在相关文字中加入有关品牌文化、理念等的信息；并通过呈现品牌的名称、标志等信息，让消费者在浏览页面时加深对品牌的印象。

② 广告凸显品牌。网络零售商在首页呈现广告时可以融入并使用品牌企业视觉识别系统中的部分内容。企业视觉识别系统规范了企业品牌名称、企业品牌标

志、企业品牌标准字体、企业标准色、企业象征图形和造型等,是品牌在传播时的形象规范。

③ 品牌元素呈现技巧。品牌元素不仅仅包括字体、图形、色彩等,从品牌的视觉表现来看,还包括品牌诉求、品牌文化底蕴等。例如,对于色彩这种元素,每一种色彩都有其独特的语言。色彩与季节有关:春天,一般使用接近大自然的颜色,表示生机勃勃;夏天,一般使用冷色调表示清凉和宁静;秋天,一般使用黄色、橙色表示丰收、成熟等;冬天,一般使用暖色调表示温暖。色彩也与商品分类有关,如用蓝色表示电子产品,用绿色表示保健用品,用橙色表示安全用品等。

10.5.2 网络商品详情页设计

网络商品详情页不仅仅是介绍商品的页面,也是商品交易达成的关键页面,其重要性不言而喻。下面介绍网络商品详情页的功能、设计思路、需要注意的问题和内容设置。

1. 网络商品详情页的功能

网络商品详情页对于网络零售而言非常重要,其主要功能有以下几点。

① 传递商品信息。准确、详细地介绍商品的信息,挖掘商品的亮点,激发消费者的购物欲望。

② 提升转化率。网络商品详情页如果能满足消费者的需求,打动消费者,就能把消费者由访问客户和潜在购买客户转化为购买客户。

③ 增加消费者页面停留时间。丰富、生动的内容可以让消费者享受浏览和购物的乐趣,增加页面停留时间。

④ 提高客单价:设计合理的网络商品详情页,可以挖掘消费者的潜在需求,并促使其产生关联购买行为,有利于提高客单价。

2. 网络商品详情页的设计思路

根据运营情况,可以将网络商店中的商品分为新品、促销商品、热卖商品、常规商品等。对于不同的商品,网络商品详情页呈现的重点是不一样的。下面介绍这4种网络商品详情页的设计思路。

(1) 新品详情页的设计思路

在设计新品详情页时需要考虑以下因素。

① 突出商品的差异化特色。对于商品在价格、款式、文化、服务、品质或渠道等方面的突出优势,要充分提炼出来,形成与竞争对手不同的差异化特色。

② 强调商品的品牌和品质,打消消费者的顾虑。

③ 运用各种营销方式,为商品积累一定的基础销售量。

(2) 促销商品详情页的设计思路

在设计促销商品详情页时需要考虑以下因素。

① 突出促销活动力度。

② 强调高性价比，让消费者觉得物超所值。

（3）热卖商品详情页的设计思路

热卖商品指的是网络商店中销售情况较好的商品。在设计其详情页时要突出商品的热销程度以及商品的优势，向消费者传递一种商品被大众认同的信息，减少消费者的购买顾虑。

（4）常规商品详情页的设计思路

在设计常规商品详情页时要明确商品定位，突出商品的功能、特性和优势，并确立设计风格。

3. 网络商品详情页设计需要注意的问题

网络商品详情页的设计不仅仅是为了呈现某种视觉效果，而是为了引导消费者，打动消费者，促进他们购买商品。在设计商品详情页时需要注意以下问题。

（1）要有清晰的逻辑顺序

从消费者的角度来看，他们需要通过网络商品详情页了解商品的全部信息，尤其是商品是否符合自己的需要，因此网络商品详情页有清晰的逻辑顺序就变得格外重要。可以基于消费者对商品的认知规律去设计网络商品详情页，使其内容连贯，条理清晰，让消费者可以很便捷地找到所需要的内容。

（2）商品展示图的尺寸不宜过大

网络商品详情页中的商品展示图是消费者进入该页面后的第一个关注点，有人认为商品展示图的尺寸应该尽可能地大，让消费者对商品的基本情况一目了然。但是商品展示图并不是越大越好，与商品相关的文字信息对于消费者而言也很重要，两者的大小比例要协调，以避免消费者在视觉上产生不适。此外，商品展示图尺寸大小适当，可以保证消费者快速打开图片。

（3）页面不宜过长

网络商品详情页的页面长度要适当。页面过长不仅会导致页面加载速度变慢，也会让消费者产生视觉疲劳，注意力分散，甚至失去了阅读的耐心，导致跳失率提高。

（4）满足消费者的比价心理

根据消费心理学可知，消费者购买商品时所追求的价格便宜，大多基于个人感受，可能并不是真正的价格便宜，而是自己感觉便宜。折扣或优惠额度的显示能够使消费者心理产生微妙的变化。例如，先呈现原价和折扣价，让两者形成对比，再显示折扣，这样重复表达能够加深消费者对商品优惠力度的感受。

4. 网络商品详情页的内容设置

可以把网络商品详情页分成13个模块，具体如下。

（1）商品基本信息

商品基本信息主要包括商品的相关属性、结构、功效、商品参数、尺码、材质、颜色、上市时间、适用场景、设计特点等。不同商品的基本信息不同，商品基本信息示例如图10-33所示。

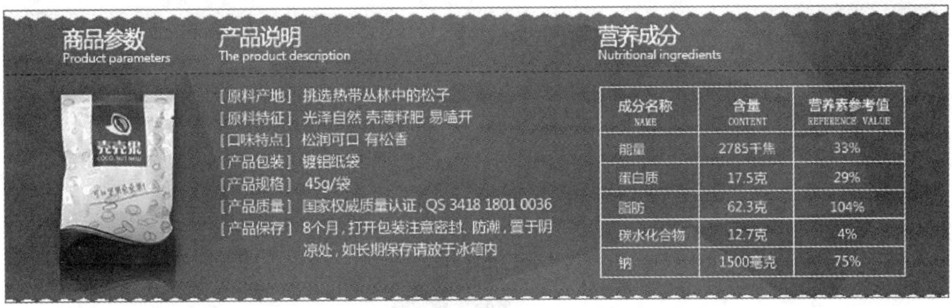

图10-33　商品基本信息示例

（2）商品整体展示

要从整体展示商品时，需要注意以下几点：要充分展示商品的亮点；尽量使用场景图去挖掘消费者的潜在需求；要为消费者营造拥有商品后的感觉。商品整体展示示例如图10-34所示。

图10-34　商品整体展示示例

（3）商品细节展示

要对商品的细节进行展示，以将商品各方面的信息呈现给消费者。商品细节展示如图10-35所示。

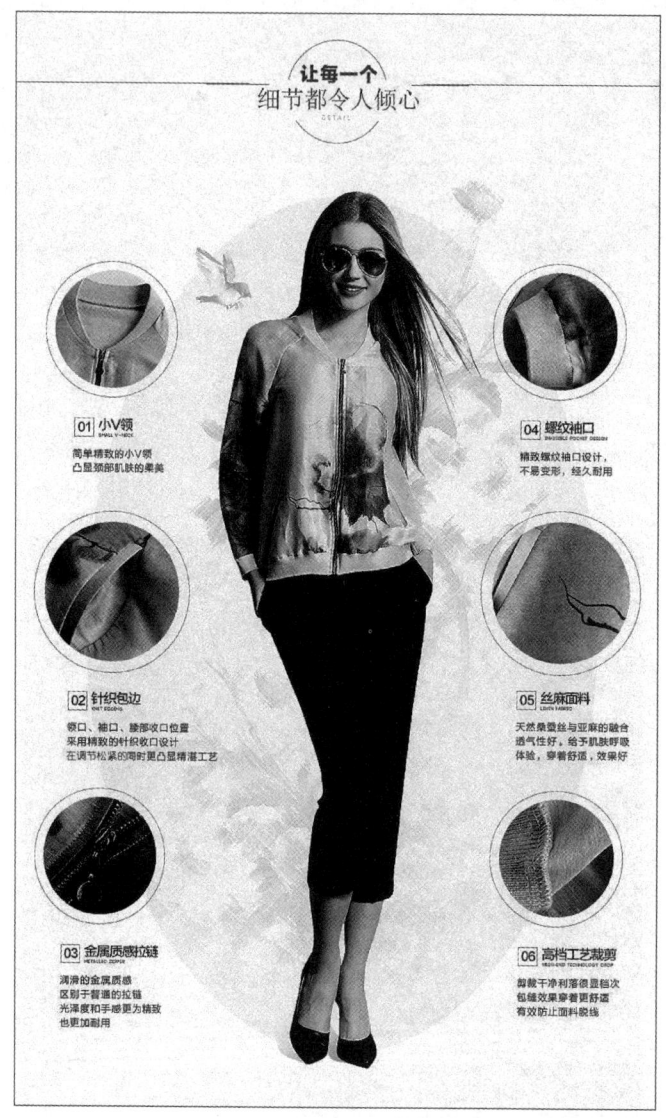

图10-35　商品细节展示示例

（4）商品亮点展示

在展示商品时，要凸显商品的差异化特色，以及吸引消费者购买的亮点。可以通过强烈的视觉效果将商品的亮点呈现给消费者，如图10-36所示。

图 10-36　商品亮点展示示例

（5）商品对比

有时为了体现商品的品质和优点，会在网络商品详情页中做商品的对比说明。需要注意的是，不要出现其他商品的品牌信息，以避免引起纠纷，如图 10-37 所示。

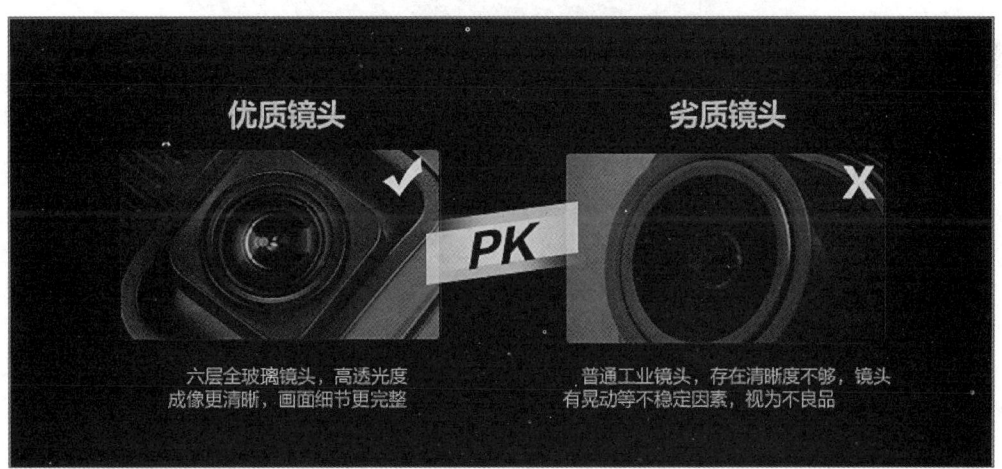

图 10-37　商品对比示例

（6）生产流程

有时要展示商品的生产流程，以赢得消费者对商品的信任，如图 10-38 所示。

图 10-38 生产流程示例

(7) 资质证书

可以通过展示权威的资质证书，包括海关报关单、进口发票、质检报告、认证证书等来呈现商品的专业性。

(8) 实力展示

可以通过在商品详情页上展示工厂规模、产地、生产环境、工艺、仓储、门店等信息，来展示品牌商或网络零售商的实力。图 10-39 所示的是胡姬花天猫旗舰店上的相关示例。

图 10-39 品牌商实力展示示例

(9) 品牌文化

品牌文化包括品牌故事、品牌成长历程、品牌愿景、公益活动等。图 10-40 所示的是张小泉天猫旗舰店上的相关示例。

图 10-40　商品详情页中的品牌文化呈现示例

（10）承诺

常见的承诺有 7 天无理由退换货、24 小时发货、假一赔三、正品保障等。

（11）包装展示

包装展示通常有三种，第一种是商品的外包装；第二种是物流的外包装，它对于易碎、液态、不防震的商品而言尤为重要，如图 10-41 所示；第三种是商品的礼盒包装。

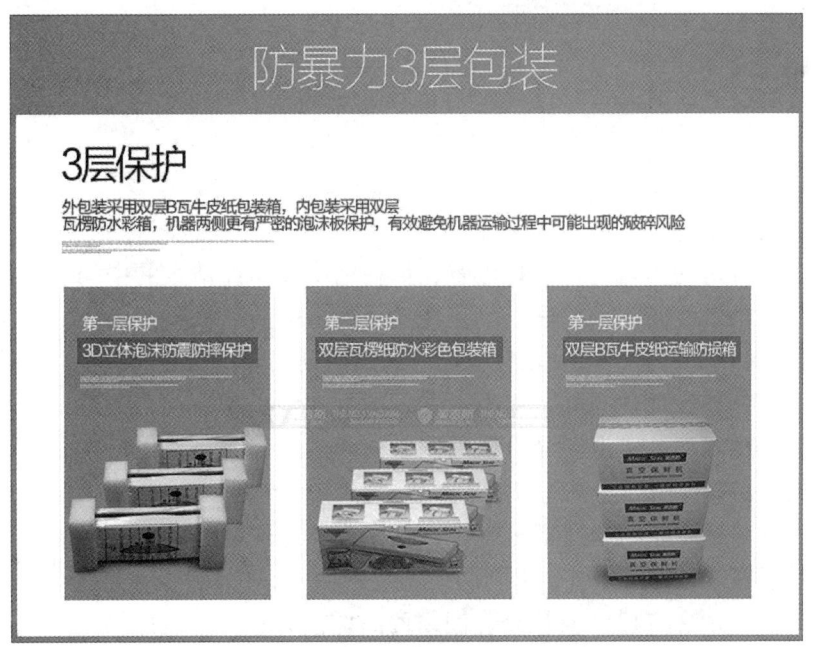

图 10-41　商品的物流外包装示例

（12）常规问答资料

常规问答资料一般是对消费者经常提出的问题的回答，并以一个问题一个答案的方式呈现出来，如图10-42所示。该模块可以使消费者快速获得相关问题的答案，提升静默下单转化率。

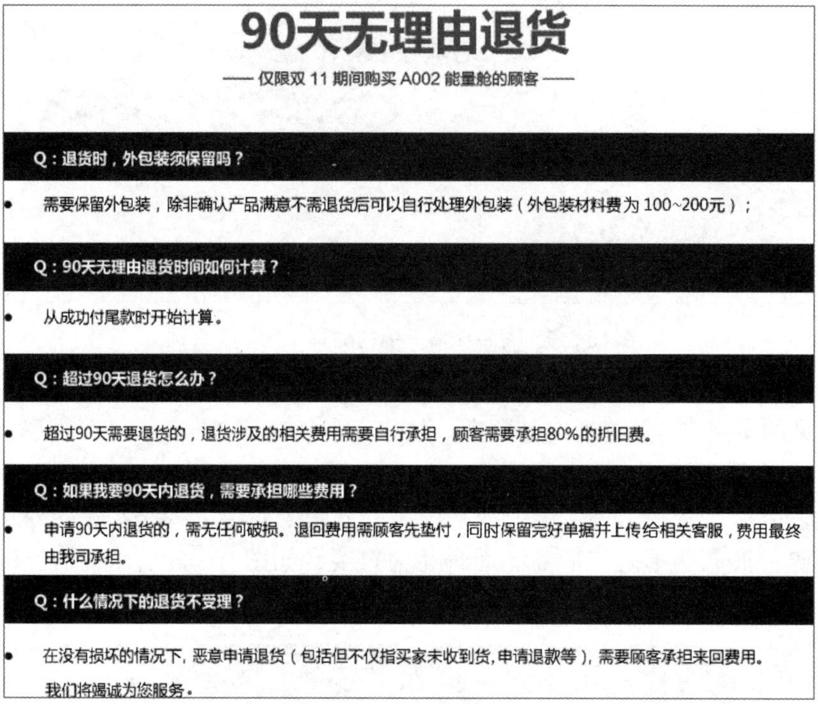
90天无理由退货

—— 仅限双11期间购买A002能量舱的顾客 ——

Q：退货时，外包装须保留吗？

- 需要保留外包装，除非确认产品满意不需退货后可以自行处理外包装（外包装材料费为100~200元）；

Q：90天无理由退货时间如何计算？

- 从成功付尾款时开始计算。

Q：超过90天退货怎么办？

- 超过90天需要退货的，退货涉及的相关费用需要自行承担，顾客需要承担80%的折旧费。

Q：如果我要90天内退货，需要承担哪些费用？

- 申请90天内退货的，需无任何破损。退回费用需顾客先垫付，同时保留完好单据并上传给相关客服，费用最终由我司承担。

Q：什么情况下的退货不受理？

- 在没有损坏的情况下，恶意申请退货（包括但不仅指买家未收到货，申请退款等），需要顾客承担来回费用。

我们将竭诚为您服务。

图10-42　商品详情页中常规问答资料示例

（13）关联销售

关联销售是提升客单价的重要方式。在做关联销售时，需要注意以下两点：一是要选择合适的关联销售呈现位置，如在网络商品详情页的中间位置放置相搭配的商品或辅助性商品做关联；二是要选择合适的商品做关联销售。做关联销售的商品通常有4类：第一类是活动商品，通过活动引导消费者购买商品；第二类是相搭配的商品或辅助性商品，引发消费者的潜在购买需求；第三类是同等价位的相似商品；第四类是主推商品，根据网络商店的运营需要让主推商品有更高的曝光度。关联销售示例如图10-43所示。

对关联销售商品的选择不是一次性就完成的，网络零售商需要对关联销售商品的实际销售情况进行分析，以判断关联效果。

除了上面介绍的13个模块外，网络商品详情页有时还包括尺寸对照表、使用说明、买家秀等模块，网络零售商可以根据所属的行业和商品特点决定是否使用。

图 10-43 关联销售示例

10.5.3 商品介绍的撰写

一般按照FABE模式撰写商品介绍。FABE模式是指通过介绍商品的特征和优点,阐述商品给消费者带来的利益,并提出令消费者信服的证据,达到商品销售的目的。FABE模式具有很强的可操作性,它通过以下4个要素处理消费者关心的问题,以顺利地实现商品销售。

(1)特征

F代表特征(feature),即商品最基本的属性,以及它是如何满足人们的各种需要的。可以从商品名称、型号、材质、规格、功能等方面去挖掘这个商品的内在属性,找到其不同于其他商品的地方。

(2)优点

A代表由商品的特征产生的优点(advantage),即商品的特征究竟发挥了什么功能。商品的优点是让消费者购买商品的理由;还可以进行同类商品比较,列出这个商品的比较优势或者独特的地方。

（3）利益

B代表商品的优点能给消费者带来的利益（benefit）。利益推销已成为推销的主流理念，一切以消费者利益为中心，通过强调消费者得到的利益激发其购买欲望。

（4）证据

E代表证据（evidence），包括质检报告、认证证书、报刊文章、照片等，通过现场演示、相关证明文件、品牌效应等来印证关于商品的一系列介绍。所有作为证据的材料都要具有客观性、权威性、可靠性和可验证性。

FABE模式对撰写商品介绍很有启发。在撰写商品介绍时，应该体现商品的特征、优点、利益乃至证据这4个要素。

商品介绍一般由以下几个部分构成。

（1）基本信息

这部分内容一般包括名称、型号、材质、规格、功能等商品的基本信息以及生产加工工艺等有利于商品销售的信息。除了用文字的方式说明以外，还可以用图文结合的方式来说明，如图10-44和图10-45所示，以使页面更加美观和专业，从而加深消费者的印象。

图10-44　海尔洗衣机商品说明图片示例1

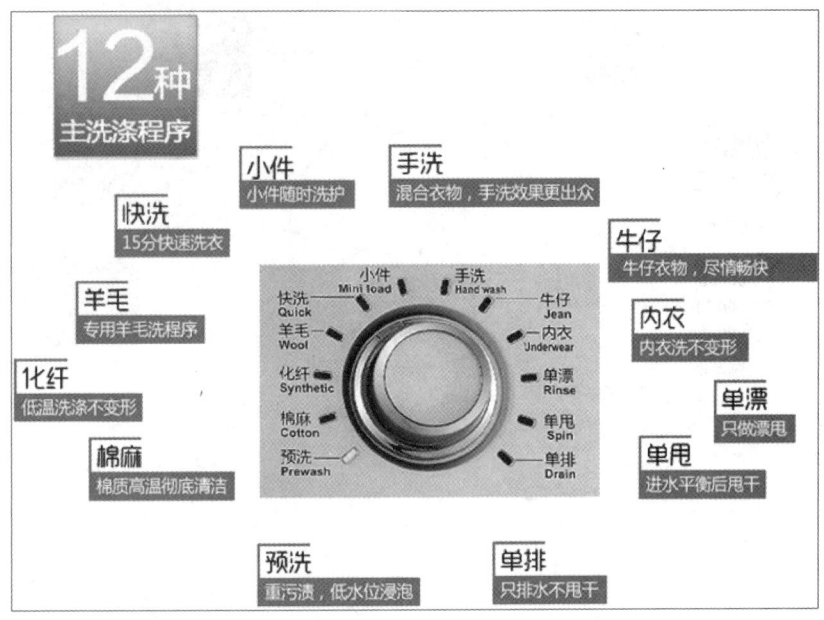

图10-45 海尔洗衣机商品说明图片示例2

（2）交易说明

交易说明可以用“买家必读”“购物须知”等方式来体现，相当于交易双方的协议。如果在交易过程中出现纠纷，交易说明可以作为纠纷处理的依据。图10-46所示的是海尔的签收验货说明示例，它使消费者在购买商品之前就能了解相关情况，一旦发生争议，即可以根据该说明来进行处理。

签收验货说明

大家电海尔安排售后服务商带货配送入户并安装到位，在安装之后可进行调试试机，如有异常可以现场提出，售后师傅会现场调试解决，或者及时拨打24小时售后服务电话4006-999-999。

店铺的数码、电脑、净水器产品由快递配送上门，收到宝贝务必先检查外包装是否完好无损，如有问题可直接拒签或及时联系在线客服。

图10-46 海尔洗衣机商品签收验货说明示例

（3）配送说明

配送说明是关于物流配送周期、工作流程和物流费用等的说明。为消费者提供配送说明，是优质服务的一种体现。海尔的配送说明示例如图10-47所示。

（4）服务保障

服务保障包括质量承诺、品质保证、售后维修、会员优惠等信息，这些信息既可以增强消费者的安全感，也可以用返利的方式来增加消费者的黏性。

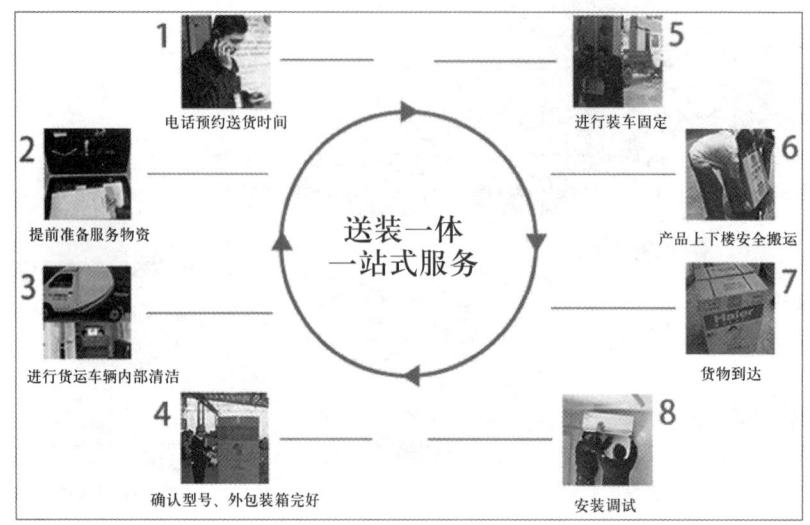

图 10-47　海尔的配送说明示例

（5）其他信息

除了上述信息之外，在商品介绍中，还可以加入促销活动介绍、品牌文化介绍等内容。此外，也可以进一步展示商品的细节（如图10-48所示），提供常见问

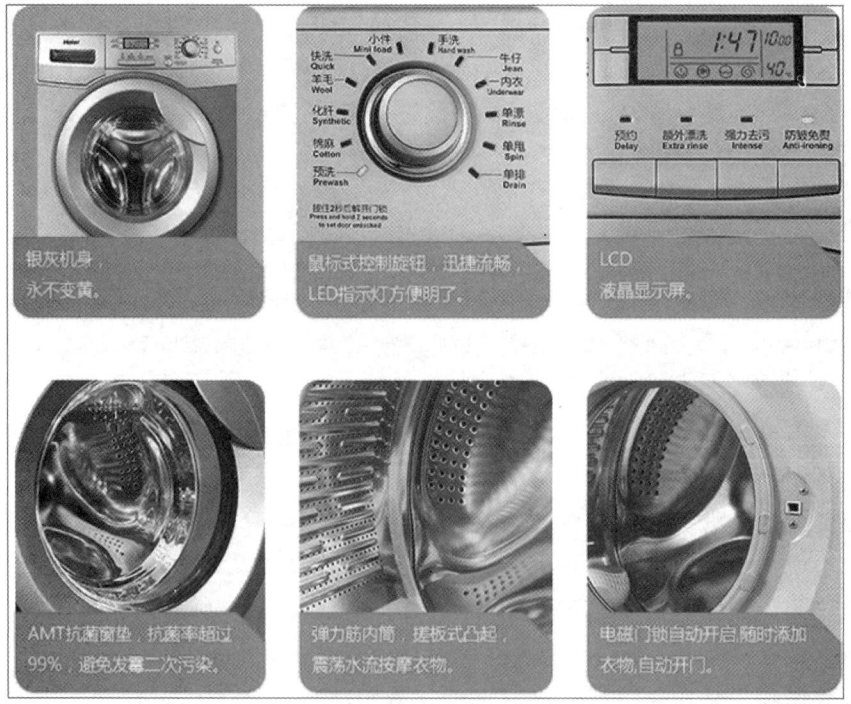

图 10-48　海尔洗衣机细节图示例

题、保养知识、使用方法、使用评价、联系方式等方面的信息，以使消费者更加全面地认识商品，消除消费者的顾虑，增强他们的购买意愿。

10.5.4 色彩的运用

色彩在视觉传达中起着非常重要的作用。打开一个网络零售界面，消费者首先看到的是色彩。每种色彩都有自己的语言，运用适合的色彩不仅能突出品牌和商品的优点，还能充分表达网络商店的风格。例如，红色代表活跃、热情、勇敢等，橙色代表富饶、积极等，黄色代表希望、光明等，绿色代表自然、和平，蓝色代表理性、冷静等，黑色代表神秘、严肃等。色彩可以用色调、饱和度及明度这三个特性来描述。人眼看到的任一彩色光都是这三个特性的综合效果。

下面介绍色彩的基本概念。

（1）色调

色调（hue）是由光波波长的不同而定义的不同色彩的特征，是指色彩的相貌，如红色、橙色、黄色、绿色、蓝色、紫色等，如图10-49所示。色调是色彩的首要特征，是区别各种不同色彩的最准确的标准。事实上，黑色、白色、灰色以外的任何颜色都有色调的属性。

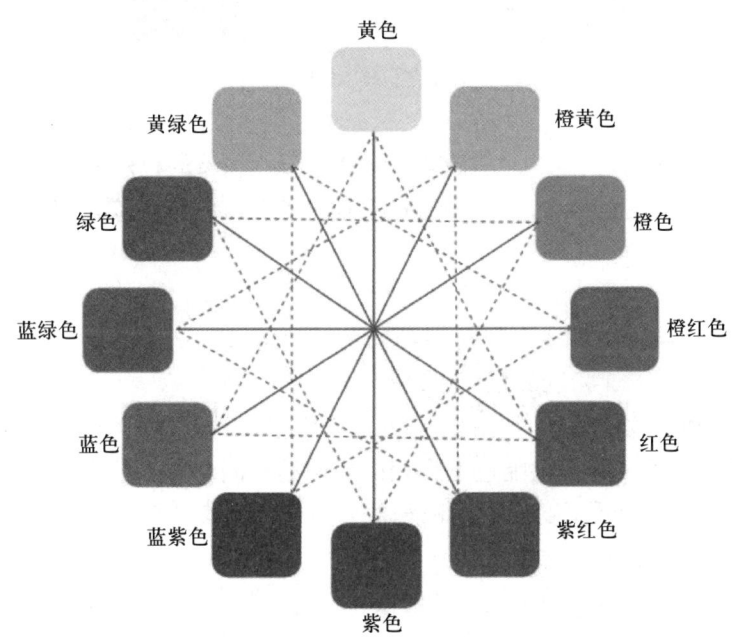

图10-49 色调图

（2）饱和度

饱和度（saturation）是指色彩的纯净程度，即饱和程度，光波成分越单纯，色调纯度越高，饱和度就越高；反之，饱和度就越低。纯度高的色彩显得比较华丽，纯度低的色彩给人一种柔和、雅致的感觉。饱和度对比如图10-50所示。

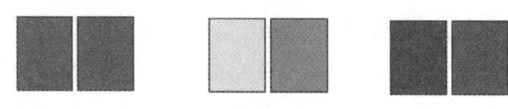

图10-50　饱和度对比

（3）明度

明度（value）是指色彩的深浅、明暗变化，也称为色彩亮度。明度高的色彩会给人一种轻松、明快的感觉，明度低的色彩则会给人一种沉着、稳重的感觉。白色是明度最高的颜色，黑色是明度最低的颜色。色彩的明度变化会影响其饱和度。例如，红色加入黑色后不仅明度会降低，饱和度也会降低。明度对比如图10-51所示。

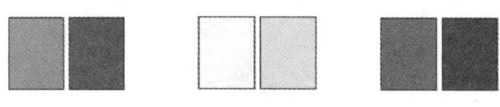

图10-51　明度对比

对于视觉传播而言，色彩搭配非常重要。巧妙和谐的色彩搭配会令人赏心悦目，进而激发消费者的购买欲望。那么，丰富多彩的色彩应该如何搭配呢？色彩搭配的常见方式有以下几种。

（1）由色调差形成的配色方式

这是一种由某种色调支配、统一画面的配色方式。如果不是同一种色调，相邻的类似色也可以形成相近的配色效果。

根据主色和副色之间色调差的不同，可以将这种配色方式分为以下几类。

① 同类色配色。同类色配色是将相同色调的不同色彩搭配在一起形成的配色关系，是同种色调不同明度或不同饱和度的对比。同类色配色能够使画面给人一致的感觉。同类色配色示例如图10-52所示。

② 类似色配色。类似色配色是将色调图中相邻或接近的两个或两个以上的色调搭配在一起形成的配色关系，其特征在于不同色调之间有微妙的差异，不会产生呆滞感。类似色配色示例如图10-53所示。

10.5 网络商店设计 **203**

图 10-52　同类色配色示例

图 10-53　类似色配色示例

③ 互补色配色。互补色配色是将色调图中相距较远的两个或两个以上的色调搭配在一起形成的配色关系。互补色因色彩的特征差异，能造成鲜明的视觉对比。例如，将红色与绿色、蓝色与橙色等对比色进行搭配，可以使人产生强烈的心理感受。互补色配色示例如图10-54所示。

图10-54　互补色配色示例

（2）明度对比配色方式

明度对比是指色彩的明暗程度对比，物体表面的明度会受到其背景明度的影响，使人产生不同的明度感受。明度对比要尽可能地接近人的实际生活场景，使色彩更趋于真实化和生活化，避免给人一种生硬的感觉。明度对比配色示例如图10-55所示。

图10-55　明度对比配色示例

① 明亮色调配色。明亮色调配色能够营造欢乐的气氛，特别适合呈现糖果类商品、卡通类商品的画面配色，如图10-56所示。

图10-56　明亮色调配色示例

② 柔和色调配色。柔和的色彩饱和度低，可以营造放松和平静的氛围，使画面显得明快、温暖。柔和色调配色示例如图10-57所示。

图10-57　柔和色调配色示例

③ 暗色调配色。常用的暗色调有紫色、黑色、灰色等，一般用于表现个性和叛逆的情感，如图10-58所示。

图10-58　暗色调配色示例

总之，在进行网络零售界面设计时，要根据设计对象和设计目的的不同，合理进行色彩搭配，需要注意的是，进行色彩搭配时主色尽量不超过三种，以免画面色彩纷杂，影响视觉传播效果，不利于加深消费者对品牌的印象和认知。

10.5.5　构图

构图是指在设计时，根据题材和主题思想的要求，把要表现的形象适当地组织起来，构成一个协调、完整的画面。常见的构图方式有以下几种。

1. 视觉均衡构图

视觉均衡构图的关键是选好均衡点。均衡点是从艺术效果来看的。例如，只要位置恰当，小的物体可以与大的物体相均衡，远的物体也可以与近的物体相均衡。视觉均衡的画面，可以给人一种宁静和平稳的感觉，如图10-59所示。

2. 对角线构图

对角线构图，是指把主体安排在对角线上，利用画面对角线来从整体上统一画面元素，同时也使陪衬体可以与主体发生直接关系。这种构图的特点是富有动感，主体突出，能够表现纵深的效果，如图10-60所示。

图 10-59　视觉均衡构图示例

3. 特写式构图

特写式构图是指将主体以特写的形式放大，使其以局部布满画面，这种构图具有紧凑、细腻、微观等特点，如图 10-61 所示。

图 10-60　对角线构图示例

图 10-61　特写式构图示例

4. 三角形构图

三角形构图是指以三个视觉中心为景物的主要位置，有时是以三点成面的几何构成来安排景物，形成一个稳定的三角形。这种三角形可以是正三角形，也可以是斜三角形或倒三角形，其中斜三角形比较常用，使用起来也比较灵活。三角形构图具有安定、均衡但不失灵活的特点，如图10-62所示。

图10-62　三角形构图示例

5. 黄金分割构图

黄金分割又称为黄金律，即将整体画面一分为二，其中较大部分与较小部分之比等于整体与较大部分之比，等于1∶0.618或1.618∶1，即长段为全段乘以0.618。0.618被公认为最具有审美意义的比例数字，黄金分割具有严格的比例性、艺术性和谐性。遵循这一规则的构图具有和谐之美，如图10-63所示。

图10-63　黄金分割构图示例

6. 画面中心构图

画面中心构图把要表达的主体元素放在画面中心，给人一种稳定、庄重的感觉。不过这种构图容易使画面显得呆板，所以要注意在一些细节上进行点缀设计，使得画面有所变化。

7. 九宫格构图

九宫格构图又称为井字构图，实际上是黄金分割构图的一种形式。九宫格构图就是在画面上横向、纵向各画两条与边平行、等分的直线，将画面分成9个相等的方块，用中心块4个角上任意一点的位置来安排主体的位置。实际上，这4个角上的点都符合黄金分割律，是表现画面美感和张力的绝佳位置，如图10-64所示。当然在实际运用中还要考虑平衡、对比等因素。

图10-64　九宫格构图示例

10.5.6　字体设计

字体设计是视觉传达的重要组成部分，对画面空间结构、节奏和韵律等都有很重要的影响。字体种类繁多，可以根据设计的需要选择合适的字体。

从商业设计的角度，可以把字体分为宋体、黑体、书法体和创意体4种类型。

1. 宋体

宋体一般是横细竖粗，多用作报纸、杂志等的正文字体，因此又称为印刷体。但在商业设计中，宋体一般只会出现在标题中，较少用在正文中。

2. 黑体

黑体是机器印刷术发展的产物，其具有均匀的笔画宽度和平滑的笔画弧度，给人一种稳定的感觉，常用于标题、导语和标志中。

3. 书法体

书法体包括行书、隶书、草书、楷书、篆书等字体，在传统风格的设计中运用得非常广。书法体一般不用于时尚设计。

4. 创意体

创意体如华文彩云、汉仪雪峰体等。创意体形式多变，造型与风格多种多样，常用于针对特定人群或特定用途的创意设计。

上述字体各有自己的风格与特点，可以根据设计的需要，选择一种或多种字体。需要说明的是，无论选择何种字体，都要力求文字效果具有整体统一的视觉表现，并强调文字的可识别性和易读性，不会因为过度设计而导致其可读性不强。

10.6 基于移动端的网络零售界面设计

在移动互联时代，如何进行基于移动端的网络零售界面设计？网络零售界面在移动端上的呈现方式与PC端截然不同。基于移动端的网络零售不仅仅要实现传统PC端用户的迁移，更重要的是要创建基于移动端的消费场景。因此，基于移动端的网络零售界面设计可以沿用PC端网络零售界面的设计风格和视觉识别系统，但是页面布局和图片设计必须要针对移动端的特点重新进行设计。

1. 移动购物消费者的行为分析

了解移动购物消费者的行为习惯，可以更好地提升他们的购物体验。

（1）购物时间特征

移动购物消费者主要利用碎片化时间购物，所以在设计基于移动端的网络零售界面时，一定要注意如何让消费者在较短的时间内快速获得自己感兴趣的内容。基于移动端的网络商店的页面结构要最大限度地扁平化，商品分类一定要清晰、合理，跳转按钮要醒目，不能让消费者因为找不到所需要的内容而流失。

（2）年龄特征

移动购物消费者主要是年龄为19～35岁的中青年人群，该群体有其特有的消费观念和消费方式，网络零售商要对他们的特征进行分析，以使界面设计能够给他们带来愉快的购物体验。

（3）主要购物习惯及行为特征

移动购物消费者一般对新技术的接受能力强，容易受社群的影响。在碎片化时间"闲逛"是其选择移动购物的主要原因之一，但"闲逛"的过程往往会伴随着购买行为，这是移动购物消费者的一个天然特征。

2. 基于移动端的网络商店首页设计

基于移动端的网络商店首页必须适应移动设备屏幕比较小的情况。因为移动设备的屏幕比较小，因此在设计首页时要注意控制页面长度，优化页面图片。由于移动购物消费者使用碎片化时间访问页面，因此页面要有趣味性、互动性，页面表达要准确、清晰，这样才能将消费者在碎片化时的"闲逛"行为转化为购物行为。

基于移动端的网络商店首页主要包括店招、二维码、商品、分类、活动、优惠券等模块。首页长度一般以6屏为佳，并要控制模块数量。此外，在设计首页时还要注意以下几点。

① 要突出网络商店的定位、理念和主营商品。
② 要具有互动性、趣味性和专业性。
③ 色彩搭配要协调统一、主次分明、逐层递进。
④ 如果有PC端网络商店，则两者的设计风格和设计元素要统一。

3. 基于移动端的网络商店活动页设计

好的活动页设计，可以加深消费者对基于移动端的网络商店的印象，延长消费者浏览页面的时间，并促使其进一步浏览其他页面。

活动页可以分为三类：第一类是推广某种商品的活动页，专为一种商品而设计；第二类是针对某个推广活动的活动页，如促销时设计的独立活动页；第三类是用于商品关联推荐的活动页。

在设计活动页时，要注意以下两点：一是在布局方面，要先确定活动主题和设计风格，再据此设计页面布局；二是在选择素材时要充分考虑移动端的特点，尽可能给予消费者流畅、快捷、高效的购物体验。

4. 基于移动端的网络商店商品详情页设计

基于移动端的网络商店商品详情页，与基于PC端的网络商店商品详情页的主要区别如下。

① 场景。由于消费者具有碎片化购物的特点，因此基于移动端的网络商店商品详情页上要展现更多的场景，以让消费者更加快捷地认知和理解商品。
② 尺寸。要考虑移动设备屏幕的尺寸，让消费者能够在有限的空间中获得比较充分的信息。
③ 图片。对于在PC上观看的图片，适合将其设计成页旗。但对于在移动设备上观看的图片，则适合将其设计成竖幅，而且要尽可能减少图片上不必要的元素，这样有助于消费者将注意力集中到重点内容上。

思 考 题

1. 你知道的网络零售平台有哪些？其采用的界面设计模式有哪些？
2. 用PhotoShop设计一个简单的网络零售平台首页。
3. 如果你要建设一个网络商店，如何对其进行设计？并说明原因。
4. 在设计基于移动端的网络商店首页时要注意哪些问题？
5. 在设计基于移动端的网络商店商品详情页时要注意哪些问题？

参 考 文 献

[1] 刘建堤. 视觉营销：基础理论与营销策略[M]. 武汉：武汉大学出版社，2013.
[2] 摩根. 视觉营销：零售店橱窗与店内陈列[M]. 陈望，译. 北京：中国纺织出版社，2009.
[3] 淘宝大学. 网店美工[M]. 北京：电子工业出版社，2011.
[4] 阿里巴巴商学院. 网店美工[M]. 2版. 北京：电子工业出版社，2019.
[5] 淘宝大学. 网店视觉营销[M]. 北京：电子工业出版社，2013.
[6] 阿恩海姆. 艺术与视知觉[M]. 滕守尧，朱疆源，译. 成都：四川人民出版社，1998.
[7] 禹杭，谢毅，陈香兰. 视觉营销眼动研究：回顾与展望[J]. 外国经济与管理，2018（12）：98-108.

第11章

网络商品

学习目标

1. 理解网络商品的定义与特征。
2. 了解网络商品的分类。
3. 掌握网络商品的选购策略。
4. 熟悉目前网络商品规划的方法。

导言

> 选品即选择商品,"七分在选品,三分靠运营",选品的重要性不言而喻。但选品不是简单地凭眼力拼运气,而是需要遵循一些基本的原则和方法,并采取一定的策略。本章将在介绍网络商品定义与特征的基础上,提出网络商品的选购策略与规划方法。

11.1 网络商品的定义与特征

网络商品是网络经济发展的特定产物,它以互联网为依托,打破了商品仅在有形市场流通与消费的旧格局,开拓了不受时间、地域限制的新型交易模式,使得现代商品经济中商品与消费者之间的联系更加紧密。

11.1.1 网络商品的定义

商品是用于交换的劳动产品,传统商品以其有形的物质属性来满足人们的消费需求。在互联网出现之前,传统商品的交换是在有形的市场中由生产商与消费者面对面进行的。随着互联网的发展与普及,电子商务在全球飞速发展,大大扩展了商品的交易范围,开辟出全新的生产与交易平台。于是,区别于传统商品的新的商品形态——网络商品应运而生。

网络商品是新的商品形态,对于网络商品的概念,目前尚未形成统一的定义。人们从不同的角度,给出了不同的网络商品定义。

1. 从企业交易角度的定义

所谓网络商品,是指在互联网上购买或通过网上信息进行实体交易的商品。狭义的网络商品仅指通过网络零售渠道交易的消费品。而广义的网络商品,除了狭义网络商品所指的消费品外,还包括企业间销售的工业品、原材料,因此又可以称为企业间网络商品。

由于网络零售渠道的特殊性,一般而言,对于相同的商品,网络商品往往比线下商品要便宜。另外,由于网络零售渠道成本低,网络商品的性价比要比线下商品高。

2. 从商业经济学角度的定义

从商业经济学角度看,网络商品是通过互联网分销的组合商品,可以将其通俗地解释为网络服务＋商品。中国社会科学院信息化研究中心姜奇平认为，网络商品是由商品和服务构成的组合商品，从某种层面来看，它改变了一些经济学既有的结论，为商品附加了除使用价值和交换价值以外的第三种属性，即意义价值。把网络商品目前的外部特征界定为"货真价实、海量、个性"，是一种以直觉洞察、经验形式为特点的定义方法，从商业经济学角度可以把网络商品视为"网络组合商品"的口语指代。

网络商品的定义包含两个相关的基本点：一是成本转移（cost shifting），它被认为是"零售市场的根本特征"，涉及的关键问题是把消费者当作生产者，产消合一；二是定价模型，主要是组合商品会更多地趋向垄断竞争定价（即产品差别化）模型，而不是趋向同质化完全竞争的定价模型。

3. 本书对网络商品的定义

综合多个角度对网络商品的定义，同时考察网络商品的特征及发展趋势，本书认为：狭义的网络商品是指网络劳动产品，是以数字化为形式，以信息与知识为内容，以网络为流通渠道，经由市场交换的商品，它包括在网络上进行的服务活动，具有数字化、无形性、知识集聚等特点。广义的网络商品泛指在互联网平台上交换和消费的、可以满足现代社会某些特定需求的有形或无形的劳动产品与服务，它是由人类劳动创造、用于交换、具有价值和使用价值的新型商品。

这里"无形的劳动产品与服务"和实体商品一样，是网络商品的重要组成部分，也是网络商品区别于传统商品的重要特征之一。目前，网络商品交易过程，包括资金流、物流和信息流涉及的各个环节，主要依赖互联网。

网络商品除了传统商品所具备的自然属性、社会属性外，还具有商品的个性化属性。换句话说，网络商品是异质性的、个性化的和体验化的，异质性是网络商品的基本特征。互联网对商品的"生产方式、销售渠道、流通过程、产品形态、价格构成"等属性持续产生深度影响的过程，就是传统商品的"网络商品化"过程。销售渠道的变化只是"网络商品化"的开端，随着网络商品化的深入，互联网将为传统商品注入越来越多的网络服务的价值，使得网络商品具有更多的服务特性。

11.1.2 网络商品的内涵

1. 网络商品的经济学内涵

（1）网络商品是有形商品与无形服务的组合

网络商品是由商品和服务构成的组合商品，可以分别从商品与服务两个角度进一步认识它。首先，组合商品是理论经济学中的概念。沃尔特·尼科尔森在《微观经济理论：基本原理与扩展》一书中提出，组合商品是所有的商品价格同步变动的一组商品，并且明确指出它是经济学中"商品"这一概念的扩展，与商品的概念既有联系又有区别。其次，商业经济学作为理论经济学的具体应用，赋予组合商品更具体的含义。经济学家罗格·R.贝当古认为"有形的零售产出（商品）与无形的分销服务构成了一个'结合体'，这种结合体可以称为组合商品"。因此，网络商品一方面是经销的商品（如有形商品），另一方面是提供的分销服务。

（2）网络商品的使用价值、交换价值、意义价值是其基本属性

商品是组合商品的构成之一，对网络商品可以有两种理解。一种理解是认为其商品属性与线下商品的属性是一样的，两者的不同仅在于网络服务；另一种理解是认为网络商品中的商品本身，具有新的商品属性。网络商品这种商品（或组合商品）正形成与使用价值、交换价值并列的第三种商品属性，即意义价值。所谓意义价值，是指多元化、异质性价值，对应于网络商品定义中的"个性"。

2. 网络商品与传统商品的关系

传统商品的交换在互联网时代可以部分地转移至互联网平台进行，如人们熟悉的各种购物网站，都是在互联网平台上向消费者提供实体商品。广义来说，以互联网为平台进行交换的传统商品都可以称为网络商品，在互联网平台上进行的商品交换行为都可以称为网络交易。不过，互联网平台是一个虚拟空间，只是为传统商品提供了不受地域限制的交易场所而已。由于传统商品有形的物质属性，商品在生产者与消费者之间的转让依然要依靠物流实现。而网络商品还包括无形的商品和服务，这类网络商品仅以计算机为媒介便可成为买卖双方交易的产品。由此可见，网络商品与传统商品的区别在于其无形性。

传统商品正是由于其有形的物质属性才具有使用价值，而狭义的网络商品的使用价值体现在其无形的物质属性中。同时，网络商品的流通是在虚拟空间中进行的。而传统商品只是在互联网平台上进行商品甄选、议价，最后的流通环节依然要靠物流实现。例如，可以从淘宝网上的某个店铺经由某快递公司提供的物流服务购买到某本图书，也可以通过电子邮件或其他网络传输方式购买到一本具有同样内容的电子书。前者是在互联网平台上交易的传统商品，还可以将其看作是广义的网络商品；后者从生产、交易到流通都是在互联网平台上进行的，可以将它看作是狭义的网络商品。

3. 网络商品与信息商品的关系

信息技术的发展改变了人们工作和生活的方方面面，也不断创造出新的产品与服务。随着互联网的不断普及，其与人们的经济生活联系得越来越紧密，网络经济时代就此拉开序幕。

按照《通信科学技术名词》给出的定义，信息是以适合于通信、存储或处理的形式来表示的知识或消息。商品是信息的有序结合，是具备信息特点、可满足人们某种特殊需要、用于交换的劳动产品。它是人类社会发展到一定历史阶段的产物。不同于一般商品以其物质载体为使用价值，信息商品所表现出来的使用价

值是抽象的人类劳动，它是人类知识、智能和技能的高度凝结和汇聚，是知识创新型产品。

信息商品按照载体形式可以分为有形信息商品和无形信息商品。有形信息商品的使用价值必须附着在物质载体之上才能体现，但其商品中物质成分的比例与传统商品相比较低，如音乐光盘、纸质图书、艺术品。而无形信息商品则没有具体的实物形态，是信息科学技术革命浪潮下产生的全新信息产品，它是一种媒体记录形式，是信息生产者在收集、分析信息，科学处理信息基础上制造的数字化、网络化商品。

无形信息商品可以经由互联网快速传播和分享，是动态的信息组合，如互联网中的各类文本信息、多媒体信息、在线广告等。而由人的活劳动构成的、以意识形态存在的信息商品，如网络教育咨询等各种在线服务，是无形信息商品的特殊形式。

如前所述，网络商品是电子化、数字化、信息化的新的商品形态。从内容来看，网络商品是集知识形态、智能形态、技术形态为一体的数字化商品；从载体形式来看，网络商品存在于虚拟空间中，无须依托物质载体即可体现自身的使用价值；从价值创造环节来看，网络商品的生产、交换、消费以及功能实现都可以在互联网中实现，当然由于其数字化的特点，在需要时它也可以转化成实物形式，如刻录光盘、打印文稿等，即网络商品具有置换特性。由此可见，信息商品与网络商品具有共通性，在某种意义上，网络商品本身就是一种信息商品。信息和网络是难以分割的，因此无法完全划清网络商品与信息商品之间的界限。网络经济蓬勃发展的前提便是信息技术与信息产业的成熟。信息商品强调信息资源本身，而网络商品则强调数字化信息资源的组织形式与网络化存在。

11.1.3 网络商品的特征

并非所有商品都适合在互联网上销售，一般而言，适合在互联网上销售的商品通常具有以下特征。

1. 网络商品的技术特征

网络商品的供给能力得益于信息技术的创新、发展与商业化应用。现代信息技术，特别是互联网技术，是网络商品交易得以实现的技术前提，其涉及两类服务商，即网络硬件提供商和互联网服务提供商。前者是信息生产的物质保障者，如为信息生产提供计算机硬件设备、通信控制器、网络连接设备、光缆等；后者是网络接入服务的提供者，其主要通过专业设备把众多端口连接到运行标准统一的技术平台之上。

同时，在互联网应用层面，提供应用软件的众多企业也是网络商品交易顺利进行的重要保障。它们开发出的各类应用软件使网络商品交易简捷化、普及化，为网络商品的生产和交易提供了有效的信息工具。

2. 网络商品的交易特征

网络商品交易是现代经济发展到一定阶段的产物，它具有信息资源丰富、服务模式新、交易渠道快捷等优势，逐步成为市场经济的重要组成部分。由于网络的特殊性，网络商品交易呈现出一些与传统商品交易完全不同的交易特征。从需求方面来看，网络商品交易中有两种基本需求，即网络商品的信息需求和个性化需求得到放大。从供给方面来看，随着信息技术发展，其与商务活动的结合，大大改变了商品交易的形式。人们对信息资源的渴求与互联网技术强有力的支撑促使网络商品供给进入了繁盛时期。信息是网络商品的实质，信息供给者不再依靠传统物质载体载入信息，而是转向信息的数字化供应。相应地，网络商品的供给呈现出"无形性"的特点，人们只要能接入互联网就可以随时参与网络商品的供给与交换，从而突破了市场的时空界限。

3. 网络商品的服务特征

服务作为商品的重要构成要素之一，具有四大特性：一是无形性，二是联合消费和生产，三是非储性，四是异质性。网络商品服务具有无形性，也就是说，网络零售服务通常不形成生产中的任何要素的所有权；网络商品服务能联合消费和生产，是指网络零售服务可以作为产品与最终消费者之间的联系纽带，把相关产品信息和需求信息隐含在其所提供的产品或服务中，在消费者与生产企业之间传递；网络商品服务具有非储性，是指它是一次性的，而且是不能存放、不可重复的；网络商品服务具有异质性包含两层含义：一是相同的服务，不同的人将以不同的方式体验它们；二是服务的提供者是人，其可能不会一直有同样的表现行为。

11.2 网络商品的分类

网络零售和传统零售模式下的商品及劳务既有一定的共性，也有一定的差别。传统零售一般表现为物流（商品与劳务）与资金流，网络零售除了具有物流与资金流之外，还延伸出了信息流。其中，信息流是数字化商品的载体。事实上，数字化商品的交易既具有一般商品共有的价值形态属性（虽然成本构成有其特殊性），又具有非物化（无形性、信息化）的价值形态特征。网络商品的品类繁多，可以从不同的角度将网络商品分为不同的类型。

11.2.1 按照商品形态分类

按照商品形态可以将网络商品分为两大类，即实体商品和虚拟商品。

1. 实体商品

实体商品又称为有形商品，是指具有具体物理形状的物质商品，如普通消费品、工业品等。对于实体商品，买卖双方主要通过互联网进行交易。买方通过卖方的主页或网络商店浏览、选择欲购买的商品，以在线下订单的方式提交自己对商品品种、质量、价格、数量的选择；卖方则将面对面的交货方式改为邮寄或送货上门。

对于实体商品，买方在线上选择商品、支付货款以及签订买卖契约后，卖方再以邮寄或送货上门的方式完成商品交付的任务。在这种情况下，互联网作为有形商品的交易场所，实现的仅仅是查看商品目录、发出订单等功能，主要起到了分销渠道的作用，网络零售商与分销商则构成了网络市场的商家主体，有形商品的配送仍通过传统的运输渠道进行。

2. 虚拟商品

虚拟商品又称为无形商品，它是相对于有形商品而言的。虚拟商品一般没有具体的商品形态，即使表现出一定形态也是通过特定的载体呈现的。例如，通过互联网向航空公司购买电子机票，所获得的商品是无形的服务。虚拟商品的最大特点是其物流可以通过互联网完成。通过互联网进行销售的虚拟商品主要有数字类商品和服务类商品两类。

（1）数字类商品

数字类商品主要指计算机软件类商品，包括计算机系统软件、应用软件以及电子游戏等。企业通过互联网销售数字类商品时，可以采用两种方式：一种方式是由消费者直接从网上购买并下载该商品，如应用软件，然后用其自配的设备，如计算机、MP3播放器等使用该商品；另一种方式与实体商品类似，将无形商品通过一定的媒介（如光盘、磁盘等）有形化，并将有形化后的商品通过邮寄或送货上门的方式送至消费者。

（2）服务类商品

服务类商品可以按照商品性质分为普通服务商品和信息服务商品两类。普通服务商品是指一般的网上服务，如远程医疗服务、网上订购服务、远程教育服务等；信息服务商品是指专门提供信息增值和信息咨询服务，如股市行情分析、信息检索和查询等的商品。

常见的网络商品类型如表11-1所示。

表11-1 常见的网络商品类型

商品形态	商品品类	举例
实体商品	普通商品	消费品、工业品等

续表

商品形态	商品品类		举例
虚拟商品	数字类商品		计算机系统软件、计算机应用软件、电子游戏等
	服务类商品	普通服务商品	远程医疗、医疗预约挂号、飞机票、火车票、入场券网上订购等
		信息服务商品	法律咨询、医药咨询、股市行情分析、金融咨询、信息检索、电子新闻、电子报刊、电子研究报告等

11.2.2 按照商品品牌形成方式分类

按照商品品牌形成方式，可以将网络商品划分为自有品牌商品、渠道品牌商品、传统品牌转型商品等类型。

1. 自有品牌商品

自有品牌是指网络零售商自己创立并使用的品牌，用于与其他品牌的商品或服务相区别。由于自有品牌商品是由网络零售商直接销售给消费者，省去了中间环节，节省了交易成本，因此其价格往往比其他品牌同类商品的价格低，利润也更高。同时，能让网络零售商对市场需求迅速做出反应，更容易提高消费者黏性。

2. 渠道品牌商品

渠道品牌是指网络零售平台自己创立并使使用的品牌，能够为消费者提供一种增值的销售服务。对于渠道品牌商品而言，其成功的关键在于帮助消费者降低交易成本。交易成本除了直接支付的商品费用外，还包括时间成本、选择成本、物流成本等。渠道品牌商品通过降低交易成本，间接为消费者创造价值。

3. 传统品牌转型商品

传统品牌转型是传统品牌在网络零售中的延伸和转型升级。传统品牌转型需要企业更好地利用互联网技术、方法和手段，强化对消费者需求的洞察和挖掘，以消费者为核心，对品牌进行升级改造，为消费者提供合适的商品和高质量的服务。

11.2.3 按照商品内容分类

按照商品的内容，从狭义上可以将网络商品分为服装和纺织类商品、消费电子类商品、美容类商品、配饰类商品、母婴类商品、家居类商品、食品类商品、办公类商品、服务类商品、保险类商品、虚拟类商品（如充值卡、电子彩票、电子机票等）等；从广义上可以将网络商品除狭义的网络商品外，分为机械类商品、五金类商品、化工类商品、建材类商品等。

11.3 网络商品的选购策略

目前，网络商品的种类和数量大幅度增加，在满足人们生产生活、衣食住行等需求方面发挥着越来越重要的作用。对于网络零售商而言，选购到合适的网络商品，是顺利开展网络零售的重要一环。

11.3.1 网络商品的选购原则与选购方法

1. 网络商品的选购原则

网络消费者在进行网络购物时，一方面会考虑商品的价格、质量、功能、来源、卖家信誉、买家评价、付款方式、配送方式、交易安全、到货时间、售后服务等因素，另一方面还会考虑卖家的服务态度和服务水平、广告信息的真实性、购买是否方便、价格是否有优势等因素。因此，网络零售商在选购网络商品时，应该多站在消费者的角度，充分考虑消费者关注的因素。除此之外，网络零售商在选购网络商品时还需要考虑商品存储、资金预算、商品特色、商品质量、商品价格、供应商信用等一系列问题。一般来说，网络零售商在选购网络商品时应遵循以下原则。

（1）商品要有特色

对于网络零售商品而言，最基本的要求就是有"特色"，选购的商品必须在一定地域或范围内具有较大的知名度和影响力。每种商品都应该有属于自己的故事，丰富的文化内涵是商品富有特色的关键所在。

（2）适合在网上销售

在选购网络零售商品时，要考虑商品的存储与配送问题。换言之，要确保商品在存储、运输过程中不出现问题，乃至具有优势。

一般来说，以下类型的商品最适合网络零售：图书和音乐类商品、服装和纺织类商品、配饰类商品、计算机硬件和软件类商品、消费电子类商品、办公类商品、虚拟类商品等。

（3）质量有保证

消费者最担心的是商品质量难以保证，而这种担忧主要来自网络交易的虚拟性。传统的消费文化理念也使很多消费者更愿意在实体店购物，对于他们来说，无法进行体验式购物成为网络交易的一大壁垒。因此，网络零售商要选择质量有保证的商品，并通过有效的商品描述和展示把商品信息全面、准确地传递给消费者。

（4）价格合理

众所周知，与线下商品相比，网络商品相对便宜。这是因为网络零售不需要店面，省去了很多费用，所以商品的附加费用很低。选择价格合理的商品，对于发挥网络零售的优势有着积极的意义。

（5）供应商信用等级高

网络零售所面临的诚信问题远比传统零售复杂，已经成为制约网络零售发展的瓶颈问题。网络零售商越来越注重供应商的信用问题。网络零售商在确定采购商品之前，一定要先了解供应商的信誉度及其相关资质材料。

2. 网络商品的采购技巧

网络零售商采购网络商品的目的是将网络商品销售出去，因此站在最终消费者的角度选择网络商品，是网络商品采购最重要的技巧。此外，在采购网络商品时还应注意以下几个方面。

（1）注重品牌效应

品牌效应是指品牌为企业带来的价值延续。一个品牌是否成功取决于商品的品质、服务、信誉等，好的品牌意味着较高的商品品质、优质的服务和良好的信誉。品牌能够在消费者心目中建立起独特的形象，最终刺激消费者的购买行为。因此，在同等条件下，网络零售商应该优先采购具有品牌效应的商品。

（2）注重商品的个性化

每个消费者都有自己的需求和偏好，因此网络零售商在采购商品时要根据目标消费者的特点，寻找能够满足其个性化需求的货源。

（3）考虑制约因素的影响

网络零售商必须要时刻注意制约消费者需求的因素。制约因素包括微观因素和宏观因素，其中微观因素如消费者的年龄、教育程度、可支配收入状况等，宏观因素如经济景气、物价变动等。网络零售商在采购网络商品时，必须综合考虑这些制约因素。

（4）多与供应商进行沟通

网络零售商在采购网络商品时，要多与供应商进行沟通。在采购过程中，有任何疑问都要及时和供应商沟通，以避免不必要的损失。例如，遇到商品质量不好或是名不副实的，要与供应商进行积极的沟通，如果由于不能通过双方协商解决而产生纠纷，就要及早投诉。此外，交易过程中的票据，以及与供应商之间的往来邮件、聊天记录等都需要保存，以作为原始证据。

3. 网络商品的选择方法

网络商品的选择简称选品，常用的选品方法有以下几种。

（1）竞争力分析选品法

竞争力分析选品法，是基于网络零售平台的相关数据，分析商品的竞争力并据此进行选品的方法。使用这种方法时，首先获取海量的商品关键词，再结合搜索量从这些关键词中挑选出搜索热度高的关键词，从而确定要选择的商品。其次，获取该商品关键词在网络零售平台上的展现量（销售该商品的网络零售商数），并根据其搜索量和展现量，分析该商品的竞争力。如果该商品搜索量大（即搜索的消费者多），但展现量小（即销售该商品的网络零售商少），说明这个商品的竞争力高，即市场机会大。

（2）跟随选品法

跟随选品法，就是指跟随同行业成功的网络零售商的选品进行选品的方法，这种选品方法适用于刚开展网络零售业务的商家。成功的网络零售商所选择的商品，已经得到市场的认可，后来者可以通过学习分析其运营节点、活动节点或者数据提升节点等，并结合自己的情况进行操作继而实现超越，这样可以大大节省选品的时间。

（3）线下选品法

线下选品法，一般包括专业批发市场选品法和合作意向工厂选品法两种方法。专业批发市场选品法，是指依据自身的定位，结合当地市场的优势货源来进行选品的方法。利用这种方法，网络零售商可以根据自己的定位找到差异化商品，而且无须采样就能现场掌握商品的质量状况，有利于降低运营成本。合作意向工厂选品法，是指网络零售商选择技术研发能力和生产能力强的工厂达成合作意向，由其提供优质货源的方法。利用这种方法，商品可以定款、定质、定量生产，单件产品的采购成本最低。

（4）社交媒体选品法

很多消费者都会通过社交媒体发布信息，这些信息往往能反映一定时期的消费趋势和消费热点。社交媒体选品法，就是指微商根据社交媒体中的相关信息进行选品的方法。所谓微商，是指基于社交媒体（如微信、微博等）的网络零售商。微商可以通过微信朋友圈或微博，了解消费者关注的热点商品，并据此进行选品。

11.3.2 网络商品采购渠道

网络商品采购渠道，是指将网络商品从生产厂家转移到销售环节所经过的路线，所经过的路线层次越多，渠道就越长，反之渠道就越短。网络商品采购渠道的种类繁多，主要有个性化定制产品渠道、地域特色产品渠道、网络商品交易会、加盟与代理渠道及网络批发渠道等。

1. 个性化定制产品渠道

在传统采购渠道中，定制是一件难以实现的事情，但是在网络采购渠道中，对产品进行个性化定制变得十分容易。消费者可以根据自己的需要通过网络定制个性化商品和服务。个性化定制产品渠道以消费者为导向，并用柔性化生产取代大规模标准化生产，可以提高利润，并让消费者充分感受到商品或服务的价值。

网络零售促进了生产模式和消费模式的变革。越来越明显的定制消费趋势，既是一种新的消费现象，也蕴含着深刻的经济背景，预示着个性化消费时代的到来，将引发传统产销模式的重大变革。传统的大批量生产，是将同样的产品卖给不同的消费者，而定制生产则要求厂家针对不同消费者的个性化需求，生产不同的产品。定制产品渠道在满足消费者个性化需求的同时，能够有效地避免厂家盲目生产，减轻厂家的库存压力，节约社会资源。

个性化定制改变了企业和消费者之间的关系。消费者开始参与到商品的设计和生产中来，能够与企业进行有效的交流，从而调动企业与消费者双方的积极性，实现企业与消费者之间的良性互动。

个性化定制产品渠道具有以下不足。① 个性化定制有时效性。伴随着"定制"而来的，还有生产速度的问题。过去的"何时生产好就何时销售"正逐步走向"消费者何时需要就何时供应"，消费者不再是经营链的终端，而成为生产的起点。企业必须加快各个环节的速度，将信息、物流、生产、销售、财务及技术等模块重新组合，以控制产品质量和缩短交货时间。② 个性化定制会给企业带来技术提升的挑战。虽然个性化定制能给企业带来高额的利润，但是也需要企业不断提升技术。③ 个性化定制难以保证商品质量。个性化定制虽然满足了消费者的个性化需求，但商品质量有时难以保证。④ 个性化定制商品价格较贵。个性化定制商品由于是为消费者量身定做的，因此价格较贵。

2. 地域特色产品渠道

不同的地域有不同的特色产品。这些特色产品，以地域和资源优势条件为基础，在生产、销售、服务等方面具有规模化和集约化的特点，因此在质量和价格上具有相对的市场优势。而网络零售则可以打破传统销售渠道的局限，为地域特色产品开拓更广阔的市场提供了有利的条件。

目前，不少网络零售平台开辟了地域特色产品推荐栏目，挖掘各种地域特色产品，并将这些特色产品的信息通过网络零售平台进行传播，使其供应商可以凭借产品特色、质量和价格优势等获得更大范围消费者的关注，从而促进产品销售。

3. 网络商品交易会

从商品的角度看，网络商品交易会中的商品一般是经过精心挑选的。挑选的标准，首先是适合网络销售的商品，其次是网络消费者需求较大的商品。从供应商的角度看，网络商品交易会中的供应商均是优质供应商，货源稳定，信誉度高。中小网络零售商通过网络商品交易会直接与供应商接触，不仅可以使交易渠道扁平化、中间渠道减少，还可以直接、快速地了解市场消费需求的变化情况。

4. 加盟与代理渠道

加盟，是指加盟店可以用总部的形象、品牌、声誉等，在消费市场上吸引消费者前往消费。在这种渠道中，双方必须签订加盟合约，加盟总部会为加盟店提供人员培训、组织结构、经营管理、商品供销等方面的协助，而加盟店需要支付加盟金、保证金以及权利金等费用。代理，则是指代理商受企业的委托，在一定的区域内，在一定的代理权限下，以企业的名义销售产品，其本身并不购买企业的产品，也不享有该产品的所有权，所有的商品都是企业的。

对于网络零售商而言，无论是采用加盟渠道还是采用代理渠道，都能够享受到企业的各种资源，如品牌、培训、制度、设备等，因此经营成本低，现金流比较充足，抗风险能力强。另外，由于连锁品牌能够进行快速的扩张，因此容易形成品牌的协同效应，有利于提高销售量，保持较强的竞争力。

5. 网络批发渠道

网络批发渠道，是指网络零售商通过批发网站大量采购商品，其中批发网站是指面向各类网络零售商及各级批发商的小商品配送网站，提供商品混批和商品整件批发等服务。网络批发渠道主要具有以下几个优势：一是进货成本低。网络批发渠道可以省去采购过程中的大量中间环节，使网络零售商能够享受最优的商品采购价格。二是新商品发布快。新商品推出当天就可以在批发网站中发布，网络零售商可以在第一时间看到新商品，并进行订购。三是批发形式灵活。在传统批发市场中，多数批发商要求购买单件货品达一定数量才算批发，这无疑会加大网络零售商的库存风险。而大部分批发网站提供单款、单件混批服务，能够消除网络零售商的库存压力。

11.3.3 网络商品采购渠道选择策略

网络商品采购渠道选择受商品因素、市场因素、供货方因素和网络零售商自身因素等多种因素影响，网络零售商要根据具体情况采取不同的渠道。因此，选择网络商品采购渠道是一个较为复杂的决策过程。选择合适的网络商品采购渠道，有利于购销衔接，扩大商品销路。目前常用的网络商品采购渠道选择策略主要有直接渠道选择策略、固定渠道选择策略、区域渠道选择策略、名优渠道选择策略、动态渠道选择策略等。

1. 直接渠道选择策略

直接渠道选择策略是指找到网络商品的生产厂家，直接从该生产厂家进货。这一渠道选择策略的优点是：可以降低进货价格，防止购进假冒伪劣商品。但网络零售商在采用该策略时要考虑生产厂家距离自己的远近，若因距离过远而造成货品运输成本过大则要调整策略。

2. 固定渠道选择策略

固定渠道选择策略是指选择信誉度高、生产能力强、商品质量好的供应商，并与它们建立长期的合作关系，固定进货渠道。这一渠道选择策略适用于需求稳定的日用品和生产质量稳定的商品的采购。其优点是可以通过良好的合作关系规范采购活动，保障市场供应，使买卖双方受益。

3. 区域渠道选择策略

区域渠道选择策略是指有针对性地选择货源市场。在目前市场上商品极大丰富的情况下，很多商品因其特殊的生产环境和经营条件，形成了一些独具特色的货源地或货源市场。网络零售商采用区域渠道选择策略，就是根据自身的经营需要，选择有特色的网络商品货源地或货源市场作为进货渠道。其优点是商品采购选择余地大，便于专业化经营。

4. 名优渠道选择策略

名优渠道选择策略是指选择名优商品厂家或供货商作为进货渠道。这一渠道选择策略必须和网络零售商的整体经营战略、目标市场定位相一致。网络零售商可以通过名优商品树立良好形象，提高经营档次，增加消费者对自己的信任度。但该策略通常只适用于大型网络零售商。

5. 动态渠道选择策略

动态渠道选择策略是指不断根据市场变化选择新的、有发展潜力的进货渠道。这一渠道选择策略的实施难度较大，它不仅需要网络零售商及时、全面、准确地了解市场信息，还需要网络零售商有敢于开拓市场的胆量和魄力。采用这一渠道选择策略，网络零售商可以灵活地适应市场的变化，不断推出新商品，但这里的商品主要是指受市场变化影响较大的商品。

对于网络零售商而言，要根据网络商品采购的具体情况使用不同的渠道选择策略。

11.4 网络商品规划

网络商品规划是网络商店经营过程中最基础、最常规的工作，它能够形成丰富而富有弹性的网络商品组合，吸引网络消费者选购，是影响网络商品销售量和市场占有率的关键因素之一。

11.4.1 网络商品规划的概念

1. 网络商品规划的含义

商品规划，是指企业结合外部需求和内部优势，在既定经营目标的指引下，整合资金、技术、生产、渠道、营销等多方面的资源，达到商品综合竞争优势最大化和商品组合效益最大化。商品规划的内容包括商品结构规划、商品系列规划、商品定位规划、商品生命周期规划等。在进行商品规划时需要把握的基本原则是：在适当的时间和适当的地点，以适当的方式，按照适当的价格，提供适当数量和适当质量的商品。

网络商品规划探讨如何使网络零售商的利润最大化，它通过设置合适的网络商品采购数量、网络商品配置方式和网络商品价格，使消费者更容易从网络零售商那里以合理的价格购买到所需的网络商品，提高其满意度。优秀的网络商品规划可以产生显著的效果，使网络零售商从以往依靠直觉和经验来进行决策，转变为依靠一定的方法来进行决策。

可以将网络商品规划的过程大致描述为，获得特定的网络商品，并在一定的网络零售平台上和一定的时间段内，将一定数量的网络商品以一定的价格销售出去，帮助网络零售商实现其销售目标。

2. 网络商品规划的目的

虽然网络商品不像传统商品那样受营业面积的限制，但是网络商店中发布的商品数量也不是无限的。而市场上网络商品品类繁多，更新换代的速度非常快，可以说其数量是海量的。如何将有限的系统资源和网络商店页面上的黄金空间分配给畅销而又利润高的商品，是网络零售商需要重点考虑的问题。由此可见，如何突出网络商店的特色，使消费者花费尽可能少的时间成本和精力成本购买到符合其需要的网络商品，是网络商品规划的主要目的。

11.4.2 网络商品规划的方法

商品规划既是一门科学也是一门艺术，对于零售商而言，商品规划会对其业绩产生巨大的影响。网络零售商要想取得好的业绩，同样需要进行网络商品规划。常用的商品规划方法有业态定位法、工作程序法、价格带状法、比例构成法、金手指方法等，这些方法同样可以用于网络商品规划，但在实际运用时要注意根据网络商品的特点进行调整和改进。

1. 业态定位法

业态是指根据经营商品的重点不同而划分的营业形态。一般情况下，业态决定商品的定位，不同的业态由不同的商品结构构成。网络零售商一旦确定了经营业态，就在一定程度上确定了其商品结构。业态定位法是网络零售商规划"销售什么商品"的基础，是网络商品规划的基本方法。对于网络零售商而言，可以按照网上旗舰店、网上专卖店、网上专营店、网上集市店等不同业态而采用不同的网络商品规划策略。

2. 工作程序法

在工作程序法中，网络商品规划的核心工作程序如图11-1所示，从图11-1中可以看出，网络零售商在网络市场调查和自我情况分析的基础上进行网络商品规划，包括网络商品上市计划、网络商品线规划和网络商店商品配置规划，最后是网络商品规划的执行、检查和调整。

3. 价格带状法

价格带状法有两层含义：其一，网络零售商要确定清晰的商品价格层次，使商品价格由低到高形成一定的价格幅度。其二，网络零售商要密切关注线上线下销售的同类商品的价格，找出适合自己的价格空间，灵活、有效地与对手竞争。

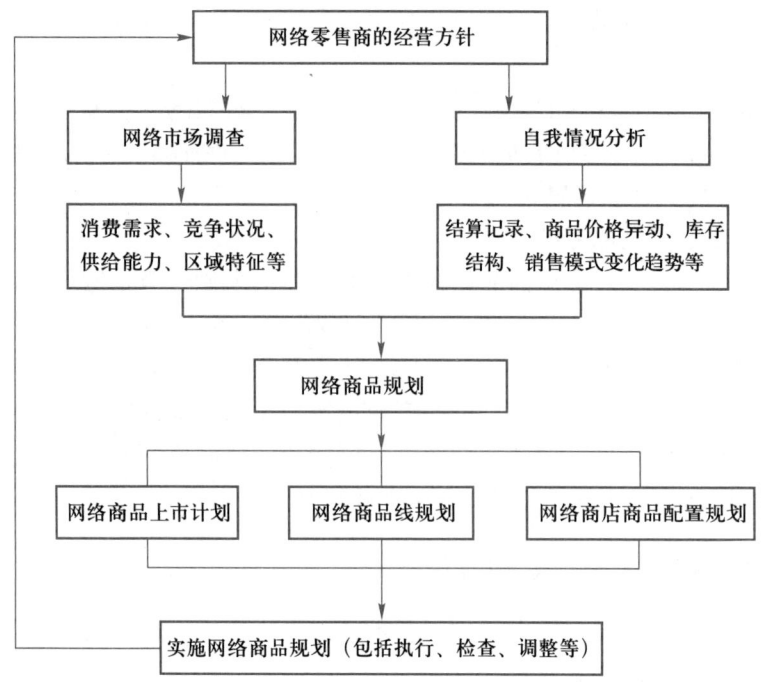

图 11-1 网络商品规划的核心工作程序

4. 比例构成法

与传统零售一样,网络零售商对于同一品类的商品,也要注意其规格、单品数量的配置,并对各个商品品类在总营业额与品类数量中所占的比例进行分析,及时调整商品规划。例如,主力商品品类是网络商店的中心商品品类;辅助商品品类是能增加网络商店的销售量,提升消费者的光顾率和滞留时间的商品品类;连带商品品类是主力商品品类的关联商品品类。虽然主力商品品类一般在整体品类中占20%,其营业额在总营业额中占75%,但仍不能够取消其他两个商品品类。这是因为:其一,如果取消其他两个商品品类,总营业额就会下降25%;其二,如果取消80%的商品品类,网络商店中的商品就会给人贫乏和单调的感觉,降低消费者的购买欲望。因此,仍然需要适当配置非主力商品品类。

5. 金手指方法

金手指方法主要用于规划同品类的商品组合,如图11-2所示,具体说明如下:① 代表此类商品的领导品牌;② 代表此类商品的新品牌;③ 代表此类商品的成熟

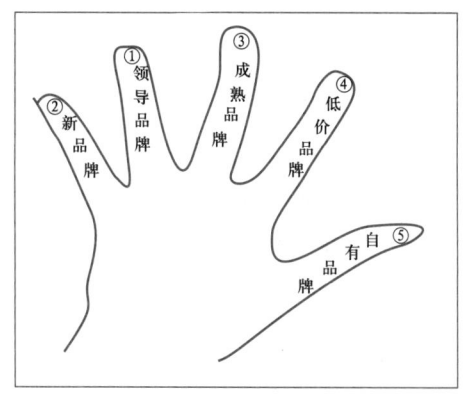

图 11-2 金手指方法示意图

品牌；④ 代表此类商品的低价品牌；⑤ 代表此类商品的自有品牌。在规划同品类的商品组合时，应该协调好这5种品牌之间的关系，使商品组合能够满足不同消费者在不同时期、不同场合的需求。

11.4.3 网络商品规划的内容

网络商品规划包括网络商品上市计划、网络商品线规划以及网络商店商品配置规划等。

1. 网络商品上市计划

网络商品上市计划与传统商品上市计划类似，需要做4项决策：销售何种商品、存储多少商品、何时存储商品和商品存储在何地。

（1）销售何种商品

一方面，要确定销售何种档次的商品。例如，是销售高档、高价的商品，中档、中等价位的商品，低档、廉价的商品，还是销售促销商品，如低价销售的、用于增加客流量的特价商品。另一方面，要确定销售哪些品类的网络商品。在决定销售的网络商品时，应该考虑目标市场、流行趋势、品牌形象、竞争力、消费者细分、成本、盈利性、风险等因素。

目前，对于网络商店来说，最难以决策的商品是时尚类商品。时尚类商品往往会从流行到鼎盛，到逐渐衰落，再到新的商品萌芽，这样周而复始，形成一条连绵起伏的曲线。在对时尚类商品进行决策时，一般可以考虑以下几个因素：该时尚商品处于什么时期，是萌芽期、流行期、鼎盛期，还是衰落期？该时尚商品在线上线下零售渠道中的声誉如何？该时尚商品的品牌知名度如何？该时尚商品的目标消费者群体是什么？该时尚商品的价格定位是什么？等等。

（2）存储多少商品

早期网络零售可以实现零库存运营。但是，随着网络零售业的不断发展，市场竞争不断加剧，为了减少物流环节的影响，对于畅销商品或热销商品保持一定的库存量是很有必要的。因此，要对存储的商品品类的宽度和深度进行规划。品类宽度指网络零售商销售的商品品类的数量；品类深度指网络零售商销售的任何一个商品品类的多元化程度。在对存储的商品品类的宽度和深度进行规划时，要对销售额和利润进行估测，同时还要考虑不同商品品类的特点和它们之间的关系。

对于网络商店而言，在制订商品上市计划时必须考虑基本存货清单（针对销量稳定的常规商品）、存货模型（针对时尚类商品）和不脱销商品清单（针对畅销商品）等内容。存货模型是目前传统零售商经常采用的一种手段，网络零售商也可以借鉴使用。例如，针对时尚类服装商品制订上市计划比较困难，因为这些商品存在需求不稳定、款式变化快、规格和花色繁多等问题。通过存货模型不仅可以确定许多流行服装商品的规格和花色，还可以确定少数不太流行的服装商品的规格和花色。但由于目前网络零售商店还缺乏相应的支持工具,因此在制订此类商品的上市计划时,还要考虑日均销售量或周均销售量,避免造成大量的库存,同时变季时要采取促销手段,以便及时更新商品。

制订网络商品上市计划时,还必须区分主力商品、辅助商品和连带商品,这些商品一般是为了产生更大的客流量、扩大利润空间或提高整体销售额而储备的。但是在商品组合合理的情况下,过多的辅助商品或连带商品会造成大量重复,反而造成主力商品销售困难。

(3)何时存储商品

为了合理地存储商品,除了预测一年内的网络商品销售量外,还要考虑其他相关影响因素,如高峰季节、订货和送货时间、例行订货和特殊订货、库存周转率、折扣和存货处理的效率等。对于一年内存在销售高峰期的商品,在高峰期应备有大量存货,在过季期则应减少存货。

网络零售商应根据订货和送货时间制订采购计划。例如,计算处理一个订单所花费的时间,以及从订单提交到货物送达的时间,将这两段时间加起来,才能比较准确地确定再次补货的时间。

(4)商品存储在何地

在进行有关商品存储在何地的决策时,传统零售商通常会确定将多少商品存储在销售现场,将多少商品存储在仓库,这种规划往往决定了在销售高峰期是否会出现商品断档的问题。对于网络零售商来说,可以将商品存储在消费者相对密集的区域物流配送中心的仓库中。

网络商品上市计划是网络商品规划的核心内容,它将直接对网络零售商的利润产生影响。

2. 网络商品线规划

网络商品线规划包括功能规划、价格带规划和毛利区间规划等,以实现高效的商品组合、高效的价格策略、高效的促销策略、高效的商品陈列,它对提升网络零售商的赢利能力有重要的意义。

(1)功能规划——满足消费者对商品功效的需求

消费者选择网络商店的首要因素,是其提供的商品功能能否满足自己的需求。要做到这一点,网络零售商就要根据消费者的个性化需求,而不是仅仅出于网络商店营销的需要,对商品进行功能的分类管理,只有这样才能真正满足消费者对商品功能的需求。

(2)价格带规划——满足消费者购买力需求

一般在消费者群体中,高消费者群体占少数,低消费者群体占多数。网络商店的消费者群体同样符合这样的规律。因此,对网络商店商品的价格带进行规划,为占多数的消费者群体准备尽可能多的商品品类,只有这样才能满足具有不同购买力的消费者的需求。

对于网络商店而言,如果其不同价格带的商品品类数符合梯形结构,则吸客能力比较强。

(3) 毛利区间规划——满足消费者认知度需求

消费者对网络商品的认知大多来自媒体的宣传,品牌知名度越高的商品,消费者对其的认知度就越高,认识该商品的消费者也就越多。但从营销的角度来说,在激烈竞争的影响下,消费者认知度越高的品牌商品,毛利率可能越低,因此就形成了用品牌商品吸客、用毛利率高的商品获利的营销策略。

在进行网络商品线规划时,要为消费者提供不同毛利区间的商品,以满足具有不同认知度的消费者的需求。目前,一些网络商店为了提高毛利率,存在"品牌拦截"现象,从而导致不同毛利区间的商品分布不合理,毛利率高的商品过多。这样的商品结构,会导致对商品有一定认知度的消费者的流失,从而造成客流量持续下滑。

3. 网络商店商品配置规划

网络商店商品配置规划,是指网络零售商按照网络商品组合的原则和网络营销方案,有计划、按比例、分时段将商品投放到网络商店中,落实商品销售计划并把控库存。由于消费者借助网络零售渠道能更好地表达其个性化需求,因此网络商店商品配置要能满足消费者的个性化需求。

在进行网络商店商品配置规划时,首先要明确目标消费者群体的消费需求和网络市场特征,确定销售目标,预测需求总量。其次,确定具体的商品品类比例、规格比例、款式比例等,并根据销售周期与商品上市时间,对销售量进行分解和细化,确定订货、补货比例。最后,考虑不同商品的淡旺季销售周期、黄金销售时间段,以及库存量等情况,提前制订不同阶段的商品促销计划。

思 考 题

1. 什么是网络商品?请对网络商品的内涵和特征展开讨论。
2. 采购网络商品时需要考虑哪些因素?可以使用什么技巧?请结合实例说明。
3. 采购网络商品有哪些渠道?试结合具体案例,对各种网络商品采购渠道的优势和劣势进行分析。
4. 列举一个典型的线上和线下采购渠道整合的网络零售商案例,分析其特点,并讨论整合前后网络零售商经营的变化。
5. 请对自己身边各种可用于网络商品采购的渠道进行考察(线下渠道要求进行实地考察,在校学生可以由3~5人组成一个小组),撰写一份网络商品采购渠道分析报告。

参 考 文 献

[1] 绪方知行,田口香世. 零售的本质:7-Eleven便利店创始人的哲学[M]. 陆青,译. 北京:机械工业出版社,2016.

[2] 利维,韦茨. 零售管理[M]. 俞利军,译. 6版. 北京:人民邮电出版社,2016.

[3] 宋金波,韩福东. 阿里铁军:阿里巴巴销售铁军的进化、裂变与复制[M]. 北京:中信出版社,2017.

[4] 昂德希尔. 顾客为什么会购买[M]. 刘尚焱,缪青青,译. 北京:中信出版社,2016.

[5] 姜奇平. 后现代经济:网络时代的个性化和多元化[M]. 北京:中信出版社,2009.

拓 展 学 习

网易严选:"爆款"商品打造逻辑和选品策略

作为网易自营的生活类精选网络零售平台,从最初的家纺家居,再到厨卫、洗护、箱包、母婴、食品等商品,网易严选已经发展出十大品类,其SKU(存货单位)也已经从试运营时的30多个增长到10 000多个。

一个好的商品诞生的原因会很复杂。除了市场需求、商品诞生时的形态、轻资产和重资产模式的切入、运营方法的选择以外,满足用户需求的选品策略以及合理的商品规划也是网易严选快速成长的重要因素。网易严选的成功之道如图11-3所示。下面主要对其中的"爆款"商品的5个维度和商品规划与布局进行介绍。

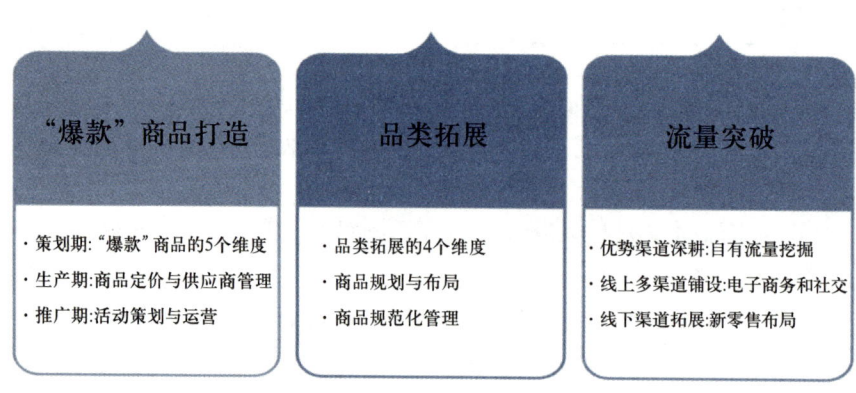

图11-3 网易严选的成功之道

1. "爆款"商品的5个维度

所谓"爆款"商品,是指在商品销售中供不应求、销售量很高的商品。网易严选有很多的"爆款"商品,如雪地靴、毛毛虫鞋、珐琅锅,还有毛巾。这些"爆款"商品的策划至少需要从5个维度出发:第一个维度是市场潜力;第二个维度是用户需求;第三个维度是流行趋势;第四个维度是价格优势;第五个维度是品质感,如图11-4所示。

策划期:"爆款"商品的5个维度

1. 市场潜力
确定市场存量或潜在增量

2. 用户需求
挖掘用户的共性与个性

3. 流行趋势
结合市场热点与时尚趋势

4. 价格优势
与同类商品的差价

5. 品质感
高于用户的期望值

图11-4 网易严选"爆款"商品的5个维度

(1)市场潜力:确定市场存量或潜在增量

要成为"爆款"商品,最关键的就是商品当前要有非常大的市场存量,或者有潜在增量,只有具备这一条件网易严选才会从其他维度去衡量这个商品。

(2)用户需求:挖掘用户共性与个性

在确定商品的市场潜力后,就需要分析用户对该商品的具体需求,寻找可以具象化的点。用户需求的差异很大,所以在求同存异的情况下,要去挖掘用户的共性与个性。

(3)流行趋势:结合市场热点与时尚趋势

流行趋势包括市场热点和时尚趋势,一方面要结合当前的流行趋势去包装现有商品,另一方面要通过买手对时尚趋势的精准分析,来挑选适合市场以及适合严选用户的"爆款"商品,提前一年进行研发。

(4)价格优势:与同类商品的差价

网易严选的毛利率一般只有25%~30%,因此"爆款"商品必须有价格优势,也就是物美价廉,以量取胜。

(5)品质感:高于用户的期望值

品质感是网易严选一直坚持的品牌形象。网易严选希望所有的商品,尤其是"爆款"商品能够高于用户的期望值。因此,网易严选从原材料到工厂管理,再到最后的包装、检验检疫,都会进行严格的把控,希望给用户带来惊喜,也希望这种惊喜能够促使用户进行口碑传播,从而促进"爆款"商品的打造。

2. 商品规划与布局

网络零售平台只有做好详尽的商品规划与布局,才能降低库存,提升商品的利润率。

在商品规划与布局方面,网易严选会把商品分为设计师款、四季常青款、高利润款等几类。

网易严选有8%的商品属于设计师款,这类商品主要用来吸引年轻用户和新用户,其既符合设计潮流,也具有一定的利润空间。

网易严选有35%的商品属于四季常青款,这类商品一般作为基础款商品,能够满足各个层次用户的基本需求。网易严选会用整个供应链为其提供支撑,使其达到最高的性价比。

网易严选有57%的商品属于高利润款,这类商品对实效性和计划性的要求非常高,所投入的人力与管理的成本也比较高;而且由于它毛利高,所以网易严选也会返回一些利润给供应商,使得供应商与网易严选之间有一个良性的互动。

此外,网易严选还使用赛马机制进行选品,如图11-5所示。其中,A类商品是销售量和口碑均高的商品,对于这类商品网易严选会不断补货,使其一直保持上架状态。大多数商品都是属于B类商品,B类商品质量没有问题,只是在款式或材质等方面没有达到用户的预期。对于B类商品,网易严选会采取商品迭代的方式,对其品质、材质、款式等进行提升,以提高复购率,挖掘市场潜力。对于C类商品,以消化库存为主,不再更新、补货。经过这样的一个淘汰机制,网易严选会将C类商品逐渐淘汰掉,提升B类商品的品质,同时进一步宣传和推广A类商品,把它打造成"爆款"。

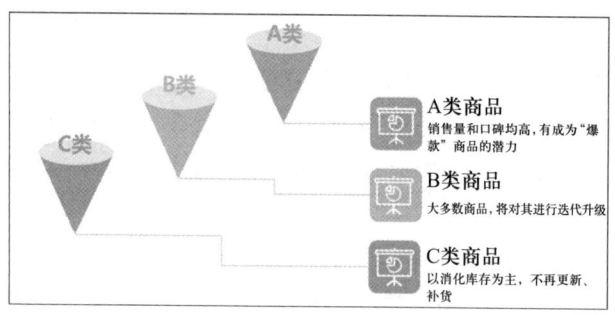

图11-5 网易严选的赛马机制

参考资料:网易严选——爆款打造逻辑和选品策略,网经社。

第 12 章

网络零售营销

学习目标

1. 掌握网络零售的营销传播组合策略。
2. 掌握网络商店、网络零售平台与外部网络站点的营销方式与手段。

导言

> 网络商店根据存在的形式一般可以分为两种类型：一是独立的网络商店；二是开设在网络零售平台上的网络商店，即按照相应的规定在提供开店服务的网络零售平台上注册会员，获得网络商店的使用权与经营权，这是目前网络商店的主要类型。

12.1 网络零售的营销传播组合

传播组合是营销组合的基本策略之一。传播组合是指企业通过人员推销、广告、直接营销、公共关系和销售促进（促进商品销售的行为和手段）等多种促销方式，向消费者传递商品信息，引起他们的注意和兴趣，激发他们的购买欲望和购买行为，以达到扩大销售的目的。基于互联网的营销传播组合主要包括网络广告、网络销售促进、网络人员推销、网络营销公共关系和网络直接营销。网络商店在运营过程中，可以从营销传播组合的角度出发，分别利用上述网络促销方式实施网络营销活动。其中，网络广告、网络营销公关关系适于建立长期的品牌认知度和品牌美誉度，而网络销售促进、网络人员推销和网络直接营销则适用于短期的鼓励及刺激商品与服务交易的行为。

12.1.1 网络广告

网络广告，指以付费方式通过各种网络媒体进行的有关商品、服务和创意的非人员的展示和宣传活动。通俗地说，网络广告是指广告主在对目标群体有直接或间接影响的网站上投放商品信息，并设置跳转到广告主自己页面的链接的过程。网络广告具有以下特点：① 传播范围广，不受时间和空间的限制；② 交互性强，网络受众对其中某个商品产生兴趣时，就可以单击相应的链接进入该商品的介绍页面，了解详细的商品信息；③ 针对性强，网络广告目标群体易于确定；④ 实施灵活，网络广告能够按照需要及时变更内容；⑤ 可以准确统计网络受众的数量，同时借助网络广告的流量统计系统，网络零售商可以精确评估广告效果。

近年来，新的网络广告形式不断涌现。美国互动广告局（IAB）将网络广告分为关键字广告、陈列式广告、搜索引擎广告、分类广告、富媒体广告、赞助式广告、电子邮件广告等形式。此外，网络广告在不同的文化与背景下也会产生新的形式，如文字超链接广告、对联广告等。不同形式的网络广告有不同的特点，网络零售商可以运用多种形式的网络广告开展营销。

12.1.2 网络销售促进

销售促进（sales promotion）是网络营销活动的关键组成部分，作为短期的刺激手段，主要用于鼓励消费者更快更多地购买商品或服务。网络零售商实施销售促进的时机通常包括开业、新商品上市、换季、节日、庆典等。网络零售商在实施销售促进时，可以立足于网络商店对商品或服务进行"现场"促销，在短时间内快速提升网络商店的访问量与成交额。常用的销售促进方式包括样品促销、赠品促销、折扣促销、竞赛或抽奖促销、会员与积分促销、包邮促销等。其中，样品促销是消费者最感兴趣的方式之一。样品促销可以吸引消费者的参与，获得消费者的反馈。样品促销尤其适合社交媒体环境，在社交媒体环境中进行样本促销，可以放大营销活动的影响力，其影响范围会大大超出收到样品的消费者。销售促进能够在短时间内迅速调动消费者的兴趣，其优点是直接有效。但是，在实施过程中要严格按照销售促进计划的有关要求执行，如推广范围、优惠幅度等；否则，一旦出现疏漏，就有可能无法控制消费者的情绪，带来许多负面的口碑传播。

12.1.3 网络营销公共关系

网络营销公共关系是指网络零售商借助与品牌相关的非付费的媒体覆盖，达到提升品牌知名度与认知度的目的，并最终正向影响目标市场。网络零售商运用网络营销公共关系，使用网络商店营销、事件营销等手段达到嗡鸣营销（buzz marketing）的效果。

1. 网络商店营销

基于网络零售平台的网络商店或独立的网络商店本身就可以用于宣传，如向消费者提供企业信息、商品信息和服务信息等。此外，与加大对促销活动的投入相比，营销人员更愿意将资源投入网络商店的建设，改善网络商店的内容和界面，提高消费者的购物体验。

2. 事件营销

事件营销是指网络零售商借助网络策划、组织和利用具有名人效应、新闻价值以及社会影响力的事件，吸引媒体和消费者等的兴趣与关注，以提高自身的知名度，树立良好的品牌形象，促进产品或服务销售。

事件营销是网络零售商在品牌营销过程中常用的一种网络营销公共关系手段。网络零售商只要适时地抓住那些广受关注的人物或事件，策划有创意的线上活动，就能获得较好的营销效果。事件营销具有受众面广、突发性强、在短时间内能使信息达到最大限度的传播、降低企业宣传成本等特点。

12.1.4 网络直接营销

直接营销（direct marketing）是指利用各种广告媒介直接与消费者互动，同时要求消费者直接回应。直接营销的目的在于促进潜在消费者形成（使消费者有获取更多商品信息的愿望），或产生流量（使消费者访问网络商店或到其他交易地点来），以从消费者那里获得订单。网络直接营销有电子邮件、短信与即时通信三种方式。

电子邮件是网络零售商向消费者发送促销信息的常用方式。电子邮件的优势表现在以下几个方面。第一，电子邮件没有印刷成本与邮寄成本。普通邮件有印刷成本与邮寄成本，而电子邮件的成本几乎为零。第二，电子邮件具有即时性和便利性，使用电子邮件可以快速地将企业的促销信息、服务信息等传递给消费者。第三，电子邮件可以实现营销信息的个性化投放。网络零售商可以通过对消费者数据的分析与挖掘，利用电子邮件向消费者发送个性化的营销信息。例如，当某旅行服务网站的一个用户在该网站上检索到某一旅游目的地的宾馆信息时，稍后就会收到该网站发来的与目的地宾馆相关的电子邮件。

短信（short message）是指用户通过手机或其他移动设备直接发送或接收的字符信息，用户每次通常能接收和发送160个英文字符，或者70个中文字符。短信可以由个人移动设备（手机）发送，也可以由电信服务商的短信发送服务器发送。短信的优势表现在以下几个方面：第一，成本低。短信的发送成本极低，特别是当短信的发送规模很大时，短信的成本优势更为明显。第二，发送通道畅通。无论是移动设备，还是短信发送服务器，都可以做到点到点的发送，发送到达率高。第三，内容灵活。发送方可以根据自己的需求灵活撰写相关内容，而且修改方便。

即时通信（instant message）一般通过在线聊天工具等即时通信软件实现。即时通信软件支持图像、声音、视频与文本等多种类型的信息。对于网络零售商而言，利用即时通信软件可以有效地提高用户黏性，促进交易的达成。即时通信工具主要分为三类：第一类是通用即时通信软件，以QQ、微信为代表，其应用范围广，用户多。第二类是专用即时通信软件，主要应用于某一网络零售平台，以阿里旺旺为代表。第三类是嵌入式即时通信软件，主要应用于企业自建平台上的在线咨询，是传统呼叫中心与网络的结合。有关研究显示，如果采用即时通信等在线服务手段，消费者弃购的比例可以降低20%。

12.1.5 网络人员推销

网络人员推销是网络零售商派出推销人员或委托推销人员，直接与消费者接触，向消费者介绍和推广商品，促进商品销售的沟通活动。网络人员推销基于互联网，具备许多与其他促销手段不同的特点，可以完成其他促销手段无法实现的目标。这种营销方式适合于推销功能比较复杂的商品。在推销功能比较复杂的商品时需要向消费者做更多的解释和说明工作，这样网络人员推销便是最佳的选择。解释和说明能力对于从事网络推销工作的人员尤为重要，它会直接影响推销效果。

网络人员推销不仅是推销商品的过程，更是帮助消费者购买商品的过程。只有将推销工作理解为帮助消费者购买商品，网络人员推销才能更有成效，使消费者更满意。网络人员推销不是推销商品本身，而是推销商品的使用价值和能给消费者带来的实际利益。只有这样才能满足消费者的需求，促使消费者购买商品，保证推销的效果。

12.2　基于网络商店的网络零售营销

基于网络商店的网络零售营销传播组合工具包括基于网络商店的网络广告、网络销售促进和网络公共关系等。

12.2.1　基于网络商店的网络广告

常用的网络广告，如关键字广告、陈列式广告、富媒体广告等，通常无法用于网络商店，但是赞助式广告或者与其相似的友情链接广告则可以用于网络商店。

12.2.2　基于网络商店的网络销售促进

网络商店是网络零售商进行销售促进的主要平台，网络零售商可以使用绝大多数的销售促进方式在网络商店中开展营销活动。

1. 折扣促销

网络商品的价格通常低于线下商品的价格，消费者进行网络购物的动力之一是网络商品具有较高的性价比，因此折扣促销符合消费者的预期并能够促使消费者进行网络购物。折扣促销是目前网络商店最常用的一种促销手段。由于折扣促销直接向消费者让利，让消费者能够直接感受到实惠，因此直接、有效是这种销售促进方式的主要特点。虽然折扣促销导致商品单件利润下降，但却使商品的销售量上升明显，总体销售收入仍然可观。此外，折扣促销还可以增加网络商店的人气，吸引更多的消费者，对网络商店中其他商品的销售也会起到带动作用。需要说明的是，将若干件商品组合起来再给予消费者一定折扣，也是一种折扣促销形式。

2. 会员与积分促销

网络商店的会员在网络商店中购物不仅可以享受优惠，还可以累计积分，用积分兑换商品。会员与积分促销的特点在于可以吸引消费者再次来店里购物，以及介绍其他消费者来店里购物，这样不仅可以巩固老客户，使其得到更多的优惠，还可以拓展和发掘潜在客户。

3. 包邮促销

在进行网络购物时邮费问题一直是消费者关注的问题之一，它会影响消费者对于网络商品价格的感知。网络零售商可以根据消费者购买的商品数量来免除相应的邮费，让消费者像从实体店购买商品一样，不用附加其他费用就可以购买到商品。

4. 优惠券促销

优惠券促销可以在一定程度上满足消费者希望买到物超所值商品的心理，能够增加客流量，促进商品的销售。由于优惠券具有使用时限，因此可以促进单位时间内网络商品的销售。

5. 赠品或样品促销

赠品是指网络零售商在销售特定商品时免费提供的用于刺激消费者购买的商品。赠品促销效果的好坏取决于赠品的选择。赠品选择合适，会对商品销售起到积极的促进作用；相反，赠品选择不适合就会导致成本增加、利润减少，对商品销售起到的作用有限。例如，服装类网络商店可以将小挂件等服装饰品作为赠品。与赠品促销类似，样品促销在网络商店中的应用也较为普遍，在新商品推出、商品更新、开辟新市场等的情况下，网络商店利用这种方式进行销售促进也可以获得比较好的效果。

6. 竞赛或抽奖促销

这里的竞赛是指网络零售商发起某项活动鼓励消费者参与，然后选择表现好的参与者给予奖励。抽奖则是指消费者参与博彩性质的游戏，用抽签等方式确定获奖者，具有一定的随机性和运气成分。例如，某品牌照相机官网上展开了抽奖活动，消费者购买指定类型的照相机便可以参加抽奖活动，这样可以促进一些持观望态度的消费者做出购买决策，并通过抽奖活动进一步了解和熟悉该品牌的其他产品，起到很好的促销作用。网络零售商在选择竞赛或抽奖促销方式时，需要注意以下几点：第一，奖品要具有吸引力，可以考虑用大额超值的奖品吸引消费者参加；第二，活动内容要简明，避免复杂和琐碎，给消费者造成不必要的参与障碍；第三，活动结果要公正，由于网络的虚拟性和参加者所在地域的广泛性，因此活动结果容易受到质疑，在这种情况下，一定要保障活动结果的公正性；第四，与消费者沟通的即时性，网络零售商需要及时通过电子邮件、公告等形式向参加者通告活动的进度和结果。

7. 拍卖或秒杀促销

拍卖是网络零售商吸引消费者的有效手段之一。拍卖时网络零售商为商品设定一个起拍价，有兴趣的消费者可以在规定的时间内出价，拍卖结束后，出价最高的消费者就可以得到商品。秒杀则是一种全新的网上拍卖方式,以低廉的价格和极快的成交速度吸引消费者。秒杀作为抢购的线上表现形式,是由网络零售商在某一时间发布超低价格的商品,所有消费者在同一时间线上抢购的一种销售方式。相对于拍卖,秒杀更能吸引消费者的注意。

12.2.3 基于网络商店的网络营销公共关系

网络零售商可以利用网络商店营销与事件营销,开展围绕其商品与品牌的网络营销公共关系。网络零售商可以通过自建网站宣传商品与服务,或通过某个事件实施网络营销公共关系,以获得消费者的关注。在基于网络商店的网络营销传播体系中,网络营销公共关系既负责商品信息的发布,又负责相关舆论的监控与引导。例如,内容营销公共关系,即通过网络商店等发布与营销传播目标相匹配的新闻稿、公关文章等。随着网络媒体的发展,网络营销公共关系越来越受到网络商店的重视,网络媒体信息的海量性、互动性都使得网络营销公共关系的双刃性日益明显。一方面,互联网可以为网络商店构建正面的公共关系形象提供平台;另一方面,互联网也使得当网络商店出现公共关系危机时,针对其的负面影响迅速扩大与升级。基于此,网络营销公共关系已成为网络商店开展网络商品品牌建设的主要内容。

12.3 基于网络零售平台的网络零售营销

网络零售商除了可以在自己的网络商店中展开营销工作之外,还可以通过网络零售平台来实施进一步的营销工作。基于网络零售平台的网络零售营销传播组合工具,包括基于网络零售平台的网络广告、网络销售促进、网络营销公共关系和网络人员推销。

12.3.1 基于网络零售平台的网络广告

网络零售商可以运用多种形式在网络零售平台上投放网络广告,如陈列式广告、搜索引擎广告等。下面以淘宝网为例进行介绍。淘宝网网络广告主要分为三类,即硬广告、钻石展位和直通车。

1. 硬广告

硬广告是指直接介绍商品和服务内容的非定向广告。例如,在淘宝网上销售服装的网络零售商如果选择硬广告,那么想购买服装、鞋帽、箱包的消费者就都可以看到该网络零售商发布的广告。另外,硬广告也是一种定价CPM模式广告,其中定价CPM模式是指广告每千次展现的费用是固定的。淘宝网的硬广告一般分为常规广告、客户端广告和富媒体广告,网络零售商可以根据网络商店的需求和商品的特点来选择。

（1）常规广告

常规广告分布在淘宝网首页、商城首页及各大频道页面，其位置包括淘宝网首页焦点图、页旗、通栏、画中画等，具有很高的流量和点击率，是整体营销与主题活动推广的基础资源。

（2）客户端广告

淘宝网的客户端广告主要是指阿里旺旺广告。阿里旺旺是卖家与买家的即时沟通工具，用户规模庞大，可以从时段、地域以及用户属性等多个维度定向投放广告，帮助网络零售商实现精准营销。阿里旺旺广告分为页旗广告、文字链接广告、焦点图广告。

（3）富媒体广告

富媒体广告综合了流媒体、音频、视频、动画以及Java、JavaScrip等技术，其所具有的交互性和视觉震撼力为广告的呈现提供了极大的创意空间，有利于提高点击率，加深消费者对品牌的印象，淘宝网的富媒体广告包括淘宝网首页撕页广告、标准视窗广告、非标准视窗广告等。

2. 钻石展位

钻石展位，是专为有更高推广需求的网络零售商量身定制的广告产品。钻石展位主要是指将淘宝网的优质广告展示位置（诸如淘宝网首页及各大频道的焦点图）等按照竞价排序，进行广告投放。钻石展位按照展现量收费，没有展现量则不收费，对于广告发布的时间、位置、费用等网络零售商可自由选择，灵活性强。简单地说，钻石展位就是淘宝网中的图片类竞价广告，类似于百度竞价排名。与硬广告不同的是，钻石展位是可以定向投放的。还是以销售服装的网络零售商为例。如果该网络零售商选择钻石展位广告，则可以只让想购买衣服或者购买过衣服的消费者看到该广告。相对于硬广告，钻石展位的灵活性比较高。对于钻石展位，网络零售商可以根据自己的预算投放广告和暂停投放广告。关于钻石展位，有几点说明如下。① 收费规则。钻石展位是采用竞价CPM模式的广告，竞价CPM模式是指广告每千次展现的费用是中标价格。需要注意的是，这里的千次展现是指消费者的浏览量，而不是点击量。② 展现逻辑。钻石展位是按照网络零售商的出价高低来确定投放的广告的，出价高者先得。网络零售商可以根据自己的需要出价，并适时调整，以获得有利的展现时机。③ 钻石展位后台。钻石展位后台有首页、展位超市、计划页面、创意页面、报表页面与账户页面等部分。其中，首页可以展示拟投放广告的用户的账户当前的消费情况，同时设置有账户充值、常见问题、投放效果、账号与消息中心等链接；展位超市集合了所有钻石展位，并按照不同的属性对这些钻石展位进行分类；在计划页面上，用户可以管理所有的广告投放计划，新建广告投放计划，或者修改已有的广告投放计划；在创意页面上，用户可以对所有的广告创意进行管理，新增广告创意或者修改已有的广告创意；报表页面用于显示所有广告投放计划的反馈数据，用户可以从多个维度进行数据分析，不断优化钻石展位的投放；在账户页面上，用户可以查看与账户相关的信息。

3. 直通车

直通车是淘宝网整合资源推出的一种搜索竞价模式。它是淘宝网为卖家量身定制的，按点击量付费，可以实现商品的精准推广。关于直通车，有以下几点说明。

（1）主要分类及展现位置

直通车根据所使用的技术和展现资源的不同，可以分为搜索推广和定向推广两种类型。对于搜索推广，卖家可以在直通车后台为要推广的商品设置相关的关键词，并设定一个合理的价格，当买家搜索该关键词时，卖家推广的商品就会展现出来，这有助于卖家精准锁定潜在买家。搜索推广的展现资源包括淘宝网关键词搜索页面、类目搜索页面、淘客搜索页面和热卖宝贝搜索页面。对于定向推广，淘宝网利用庞大的数据库，通过页面内容定向、人群行为习惯定向、人群基本属性定向等多维度定向技术，分析不同买家在各种浏览路径下的兴趣和需求，帮助卖家发现潜在买家，并将卖家的商品推广信息展现在潜在买家浏览的页面上。定向推广的展现资源通常是淘宝网众多高流量、高关注度的买家浏览的关键节点，如阿里旺旺每日焦点、已买到的宝贝、收藏夹等热点页面位置。

（2）基本推广流程

直通车的基本推广流程包括选择推广计划、选择商品、编辑推广内容、选择关键词、启用类目出价、设置默认出价等环节，如图12-1所示。

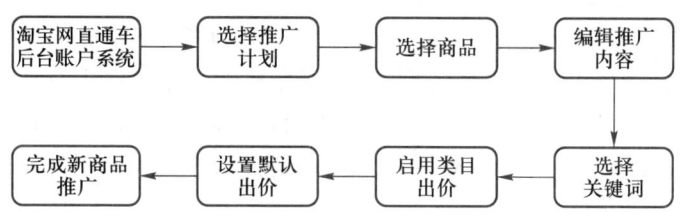

图12-1 淘宝网直通车的基本推广流程

（3）基本内容

① 推广计划。卖家可以根据自己的推广需求基于直通车账户创建推广计划，目前最多可以创建4个推广计划。卖家还可以把推广策略相同的一组商品放在同一个推广计划下进行管理，并对这个推广计划的限额、投放时间、投放地域、投放平台等进行设置。

② 推广商品。直通车可以基于关键词估测买家搜索的意图和决策，然后根据

不同的搜索意图突出呈现买家感兴趣的商品的相应特点，进而得到更多的点击量。此外，卖家还可以在直通车中为商品设置默认出价和类目出价等。

③ 推广关键词。推广关键词即在直通车后台为商品设置的关键词。当买家搜索该关键词时，被推广的商品将展现在直通车的推广位置上。卖家可以为关键词设置出价。关键词的质量得分和出价共同决定了商品的展现率。

④ 推广创意。推广创意即商品的展现形式。在直通车的推广位置上，卖家推广的商品以商品主图加推广内容的形式展现。

12.3.2　基于网络零售平台的网络销售促进

基于网络零售平台的网络销售促进，主要采用促销联盟的形式。促销联盟是不同的网络商店基于网络零售平台联合进行的促销活动，它将众多的网络零售商联合起来成为集群，达到共赢的目的。网络零售商通过促销联盟共享用户，交流商品信息，实现优势互补以及自身价值的提升，最终提高每个网络商店的知名度与成交率。

每逢节假日、庆典等时期，网络零售平台就会发起促销活动，网络零售商为了提升知名度与销售量，可以积极参与其中。例如，淘宝网每年11月11日发起的"双十一"购物狂欢节，可以迅速汇聚大量的网络流量，实现网络零售商的大规模在线销售。

12.3.3　基于网络零售平台的网络营销公共关系

基于网络零售平台的网络营销公共关系以事件营销为主。例如，经营时尚箱包的网络零售商麦包包借助某次淘宝网嘉年华活动（事件）进行营销。本次活动是淘宝网以消费者为中心的线下活动之一，主办方整合众多网络零售商的资源，以"生活品质"为核心，以绿色消费、低碳生活为主题，以消费者互动参与、游园体验为理念，全面展示年轻、时尚、炫酷的网络购物文化。麦包包积极参与和支持了本次活动。通过这次活动，麦包包将其影响力从线上延伸到线下，取得了很好的营销效果。

12.3.4　基于网络零售平台的网络人员推销

随着移动互联网的发展和移动终端的普及，直播这一互联网新兴消费形式正在迅速成长，各大直播平台如雨后春笋般涌现。这也与我国网络零售内容化、社区化以及本地化的发展方向相契合。许多网络零售平台都提供了直播功能。直播其实是一种典型的网络人员推销方式，其具体表现为利用网络零售平台提供的直播功能，通过文字、图像、音频、视频等多种形式，对商品、品牌、活动等进行实时传播，实现商品与内容的有效结合。

例如，淘宝直播是阿里巴巴集团推出的直播平台，定位于消费类直播，消费者可以边看边买，其涵盖的范围广泛。自2016年上线以来，淘宝直播已成为淘宝网卖家的主要销售渠道之一。其一方面能够使卖家扩大影响力，吸引潜在的消费人群；另一方面能够促进网络商品的销售，把流量转化成收益。

12.4 基于外部网络站点的网络零售营销

网络零售商不仅可以借助网络商店、网络零售平台开展营销工作，还可以借助外部网络站点开展营销工作。基于外部网络站点的营销传播组合工具包括基于外部网络站点的网络广告、网络销售促进和网络营销公共关系。

12.4.1 基于外部网络站点的网络广告

与网络商店、网络零售平台一样，网络零售商可以利用陈列式广告、关键字广告等形式的网络广告在外部网络站点上进行多种多样的信息展示。诸如综合门户网站、行业或地方门户网站，以及社交媒体等都可以作为网络广告的实施平台。例如，随着社交媒体的兴起，网络零售商可以在微信、微博等社交媒体上投放更多的广告。

付费搜索是一种性价比较高的营销手段。关键字广告是付费搜索的主要内容，即网络零售商选择搜索引擎投放关键字广告。其中，针对关键字广告，通用搜索引擎都推出了自己的广告体系，这些广告体系形式上大同小异。付费搜索的核心在于搜索排名。例如，通用搜索引擎百度付费排名的影响因素如图12-2所示。影响百度付费排名的主要因素是出价与质量度，其中质量度这一影响因素比较复杂。质量度高的关键词，可能在出价低的情况下获得更高的排名。影响质量度的因素有点击率、账户表现、网站质量等，高点击率反映了潜在用户对推广结果更加关注和认可；账户表现反映了广告主账户内其他关键词的历史推广表现；网站质量

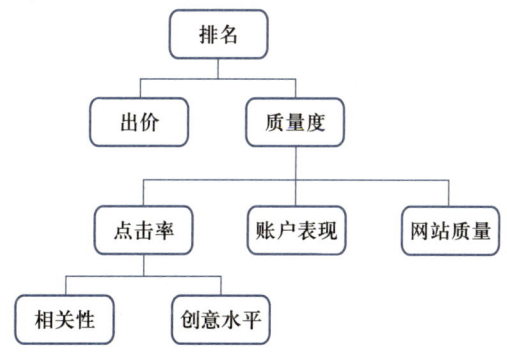

图12-2 通用搜索引擎百度付费排名的影响因素

反映了用户点击广告后的网站体验指标,如跳出率、停留时间等。此外,点击率还受相关性与创意水平的影响。相关性包括关键词和创意的相关程度、关键词、创意和目标页面的相关程度。创意水平即围绕关键词撰写的创意文字的通顺程度与吸引力,创意文字越通顺、越有"创意",越能吸引潜在用户的关注。

12.4.2　基于外部网络站点的网络销售促进

网络零售商也可以广泛利用外部网络站点资源开展网络销售促进,典型的网络销售促进形式是团购。例如,团购平台美团的服务范围涵盖餐饮、电影、旅游、酒店、生活服务等众多领域,如图12-3所示。网络零售商也可以借助团购平台展开促销活动。

图12-3　团购平台美团

12.4.3　基于外部网络站点的网络营销公共关系

网络零售商利用外部网络站点开展网络营销公共关系,主要体现在通过社交媒体来进行营销、推广和服务等。其中,有代表性的社交媒体有微信和微博等。

1. 微博营销

微视频12-1
社交媒体

微博,是一种通过关注机制分享简短实时信息的广播式社交媒体。随着微博影响力的扩大,它独特的传播优势进一步彰显,已经成为网络零售商开展网络营销公共关系的重要方式。微博营销具有影响力大、发布便捷、受众面广的特点,微博营销的价值主要体现在以下三个方面:第一,宣传商品。微博可以让用户及时了解商品信息，提升品牌形象；而且用户多是自愿关注微博内容的，因此对于其中的信息接受度较高，网络零售商仅花费较低的费用即可达到宣传商品的目的。第二，提高用户黏性。通过微博，网络零售商可以获得大量的用户信息。此外，通过良好的留言互动，网络零售商可以为用户提供个性化服务，吸引新用户，保留老用户，以及将已有用户转化为忠实用户，提高用户黏性。第三，舆情监测。通过微博的搜索功能，网络零售商可以在第一时间获取用户发表的与商品相关的言论，并及时处理负面的信息。

微视频12-2 网络视频营销概述

2. 微信营销

在微信营销中，网络零售商可以通过公众号消息推送、小程序、朋友圈广告等方式，为用户提供形式多样的信息，进行点对点的精准营销，以达到商品宣传、引流导流、促进销售的目的，同时还可以获得目标用户群。网络零售商使用微信营销可以达成以下几个目标：第一，广告目标。微信除了是一个即时通信工具外，还是一个信息传播工具。网络零售商可以通过微信朋友圈、公众号和小程序实现广告推送、品牌活动推广以及微信卡券推广等多元化的广

微视频12-3 企业微信公众号的创建

告投放目标。第二，服务目标。网络零售商可以通过微信公众号或小程序与用户进行交流，用户也可以通过微信公众号或小程序进行业务查询、投诉及售后咨询等。可以说，微信已成为网络零售商为用户提供服务的一个重要窗口。第三，销售目标。在微信中，网络零售商可以利用自动化营销工具，提高用户获取、分析、孵化效率；同时根据用户在微信中的行为轨迹为其画像，进而实现个性化营销与服务。

思 考 题

1. 以某个网络零售商为例，试分析其基于网络商店、网络零售平台、外部网络站点的营销传播组合策略。

2. 选择分别处于发展初期、成长期与成熟期的网络商店，对其网络零售营销传播组合策略进行具体分析。

参 考 文 献

[1] 高胜宁. 网络意见领袖沟通法则 [J]. 国际公关, 2010（1）: 70-71.
[2] 斯特劳斯, 埃尔-安萨瑞, 弗罗斯特. 网络营销 [M]. 时启亮, 金玲慧, 译. 4版. 北京: 中国人民大学出版社, 2007.

［3］查菲，埃利斯-查德威克，迈耶，等. 网络营销：战略、实施与实践［M］. 马连福，等，译. 3版. 北京：机械工业出版社，2008.

［4］郦瞻. 网络营销［M］. 北京：清华大学出版社，2013.

［5］STRAUSS J, Frost R. E-Marketing［M］. 5th ed.［S.l.］: Prentice Hall, 2008.

［6］Mohammed R A, FISHER R J, JAWORSKI B J, et al. Internet Marketing: Building Advantage in a Networked Economy［M］.［S.l.］: McGraw-Hill, 2004.

第 13 章

网络零售客户关系管理

学习目标

1. 掌握客户关系管理的概念和内涵。
2. 理解互联网环境下客户关系管理的特殊性,掌握网络零售客户关系管理的特点。
3. 了解数据挖掘在客户关系管理中的应用。

导言

> 管理大师彼得·德鲁克（Peter Drucker）在谈论客户关系时强调，企业经营的真谛是获得并留住客户。互联网的出现和互联网技术的大规模应用，使得以客户为中心的客户关系管理模式有了坚实的基础。企业可以通过互联网接触到尽可能多的客户，并且可以对客户进行精准画像，进而对客户进行有针对性的关怀。
>
> 互联网的出现，使得企业接触客户的方式、销售产品的方式都发生了深刻的变化，对客户关系管理的品质也提出了更高的要求。例如，企业要提供全渠道的销售路径、良好的售后服务、更人性化的客户关怀，对客户需求快速响应，甚至要建立有效的机制允许客户参与企业产品的设计研发和销售推广，使客户成为企业的"共创者"。
>
> 随着网络零售领域的竞争越来越激烈，网络零售商如何实施客户关系管理，提升客户满意度和忠诚度，变得越来越重要。

13.1 客户关系管理概述

13.1.1 客户关系管理的产生与发展

随着市场竞争日趋激烈，越来越多的企业把关注的焦点从企业内部的产品生产转移到企业外部的客户关系管理上。而且，企业十分关注与客户形成长期的合作关系，获得客户的终生价值，而不是短期或一次性的交易行为。客户关系管理（customer relationship management，CRM）正是在此基础上产生和发展起来的。

客户关系管理最早产生于美国，由 20 世纪 80 年代初的接触度管理（contact management）和 20 世纪 90 年代初的客户关怀（customer care）演变而来。1990 年前后，先后出现了销售队伍自动化（sales force automation，SFA）和客户服务系统（customer service and support，CSS）。之后，SFA、CSS、市场营销（marketing）和基于现场的服务（field-based service），再加上计算机电话集成（computer telephony integration，CTI），形成了集销售和服务于一体的呼叫中心，即客户关系管理的雏形。1998 年以后，随着电子商务的兴起，客户关系管理开始向电子客户关系管理（electronic customer relationship management）的方向发展。

13.1.2 客户关系管理的概念与内涵

1. 客户关系管理的概念

客户，是指与企业进行交易的个人和企业。客户既包括现有客户，即过去或正在和企业进行交易的客户，也包括潜在客户，即今后有可能与企业建立交易关系的客户。此外，客户还可以包括代理商、分销商、供应商等一些合作伙伴。本章的客户是指企业的最终消费者。

关系，是指两个人或两个组织彼此之间的行为及感觉。关系发生在人及由人构成的组织之间，包括行为和感觉两个方面，两者缺一不可，行为和感觉是相互的。客户关系管理中的关系可归纳为以下几点：客户关系有一个生命周期，包括客户关系的建立、发展、维持和破裂；客户关系有时间跨度，需要逐步培养和积累；在客户关系建立阶段，企业作为要求建立关系的一方付出较多，等关系稳定后才开始获得回报；若客户关系不好，则客户容易流失。

管理关系，是指关系的经营和维护，积极介入和控制客户关系的生命周期。

关于客户关系管理有众多定义。

罗伯特·肖（Robert Shaw）（1987）给出的定义是，客户关系管理是一个互动过程，用于实现企业投入与满足客户需求之间的最佳平衡，从而使企业的利润最大化。在这个定义中，要实施客户关系管理战略就必须：① 衡量所有职能部门的投入（如营销成本、销售成本及服务成本）和产出（如收入、利润和价值）；② 不断获取和更新客户关系生命周期内有关客户需求、动机和行为的知识；③ 应用客户知识不断地改善业绩；④ 有效地整合营销、销售和服务等活动，以实现统一的目标；⑤ 采用适当的系统，支持对客户知识的获取、共享以及对客户关系管理有效性的评估；⑥ 根据客户需求的变化，不断调整营销、销售和服务等方面的投入，以实现利润最大化。这个定义清晰地阐明了因果链——投入引发客户动机，而后引发客户行为，最后形成产出。

IBM公司给出的定义是，客户关系管理是企业通过提高产品性能、增强客户服务、提高客户交付价值和客户满意度，与客户建立起长期的、稳定的、相互信任的密切关系，从而吸引新客户、维系老客户，提高自己的效益和竞争优势。

SPA公司给出的定义是，客户关系管理是对客户数据的管理，它记录了企业在整个营销与销售过程中与客户发生的各种交互行为，以及各类有关活动的状态，并提供各种统计模型，为后期的分析与决策提供支持。

美国学者乔恩·安东（Jon Anton）认为，客户关系管理是一种客户接入的系统整合技术，可以提高企业对电话系统、网站以及电子邮件接触点的整合程度，形成计算机电话集成和呼叫中心，使客户通过自助服务就能购买产品，最终提高客户忠诚度、客户价值和客户盈利率。

在综合了上述定义的基础上，这里将客户关系管理定义为：客户关系管理是企业为了提高核心竞争力，以客户为导向制定发展战略，并在此基础上开展的识别、争取、发展和保持客户所需实施的全部商业过程；同时，客户关系管理也是企业在不断改进与客户关系相关的业务流程，实现电子化、自动化运营目标的过程中，创造并使用的先进信息技术、软硬件、优化的管理方法及解决方案的总和。

2. 客户关系管理的内涵

根据上述定义，可以进一步将客户关系管理的内涵描述如下。

（1）客户关系管理是一种具有前瞻性的企业经营理念

客户关系管理以客户为中心，视客户为企业最重要的资源，通过客户分析，不断发现客户的需求，并通过各种行为和举措最大限度地满足客户的需求，以此建立和巩固企业与客户的长期稳定的关系，使企业获得可持续发展的动力。

（2）客户关系管理是一种企业管理机制

这种机制使企业对业务流程实施全面的、实时的管理以达到优化资源配置、降低企业成本、缩短销售周期的目的。同时，这种机制还可以使企业通过提供快捷、周到和优质的服务来吸引和保持更多的客户，以达到增加市场份额、提高盈利的目的。

（3）客户关系管理是一套基于最新技术的企业问题解决方案

作为一种专门的管理软件和管理方法，客户关系管理将互联网、电子商务、多媒体、数据仓库与数据挖掘、智能系统、呼叫中心等技术因素与营销等管理要素结合起来，为企业的营销、销售及客户服务决策提供了一个系统的、集成的解决方案。

作为一种商业策略，客户关系管理就是使企业组织、工作流程、技术支持和客户服务等都以客户为中心，以协调和统一与客户之间的互动关系，从而达到保留优质客户、挖掘潜在客户、提高客户满意度和客户忠诚度，并最终使企业获得长期稳定的客户价值的过程。

13.1.3 客户终身价值

客户关系管理的最终目标是追求客户终身价值（customer lifetime value）。

1. 客户终身价值的含义

客户终身价值是某企业的客户在其一生中为了享受和使用该企业提供的产品和服务而付给该企业的回报总和。客户终身价值本质上是企业与客户的长期关系基于交易给企业带来的净值（net value）。它由历史价值、当前价值和潜在价值三个部分构成，即

$$客户终身价值 = 历史价值 + 当前价值 + 潜在价值$$

客户的历史价值，是指到目前为止已经实现了的客户价值；客户的当前价值，

是指客户在当前行为模式不发生改变的情况下，给企业带来的客户价值；客户的潜在价值，是指如果企业通过有效的交叉销售可以调动客户的购买积极性，或促使客户向别人推荐产品和服务等，则可能增加的客户价值。

2. 客户终身价值的分析

通过分析客户终身价值的结构，企业需要做出以下决定：对于一个新客户值得花多少资源去争取；对于已存在的客户，值得花多少资源去保持或激活；哪些客户是具有盈利能力的长期客户，他们的特征是什么。客户终身价值分析的具体步骤如下。

（1）收集客户数据

需要收集的客户数据包括个人基本情况、生活方式、职业收入、对产品和服务的态度、将来购买产品或进行产品推荐的可能性、其对未来产品和服务的需求等。

（2）定义和计算客户终身价值

影响客户终身价值的因素有客户的购买成本、客户的购买频率、客户的购买时长、客户购买其他产品的情况，客户将产品推荐给朋友、同事及其他人的可能性等。

（3）客户投资与利润分析

可以直接基于交易成本或投资，或者根据过去类似客户的行为模式，利用成熟的统计技术预测客户给企业带来的利润。根据一个客户的当前价值和潜在价值，就可以对客户进行价值定位，如图13-1所示。

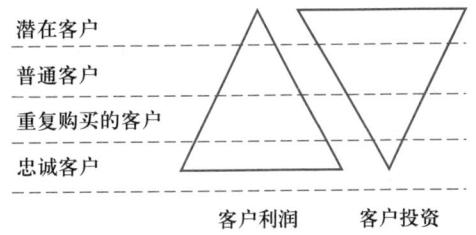

图13-1 根据客户投资与利润分析进行客户价值定位

（4）开发相应的客户管理措施

开发相应的客户管理措施的关键，是识别特定的产品和客户需求，采用最好的互动方式和互动频率进行客户管理。

13.1.4 客户关系管理的主要内容

1. 客户识别

客户识别主要是指通过一系列技术手段，根据获取的大量客户的特征、购买记录等数据，判断哪些客户是企业的潜在客户、客户的需求是什么、哪类客户最有价值等，并把这些客户作为管理对象。

客户识别的具体工作如下。

（1）识别潜在客户

企业的潜在客户是指那些存在于消费者之间、有可能成为企业产品或服务的接受者或可能的购买者的客户。由于在海量消费者中寻找潜在客户的难度非常大，因此可以按照以下原则进行客户识别：① 摒弃平均服务的观点；② 寻找那些关注企业并对与企业长期合作感兴趣的客户；③ 搜索那些行为具有可持续性的客户；④ 对于客户评价具有适应性，并且能够在与客户合作的问题上发挥作用；⑤ 认真考虑合作关系的财务前景等。

在网络零售中，新客户一般是通过搜索或者广告进入网络商店的，因为是第一次购买，所以顾虑比较多，于是进店之后要看产品样式、信誉等级、销售记录，比较产品价格，看其他客户的评价，然后还要咨询，最后才会购买。如果其中一个环节服务不到位或者与客户沟通不畅，就很容易产生纠纷。

老客户一般是通过收藏的网络商店网址直接进入网络商店的，因为之前有过购买经历，所以对网络商店的产品或服务会比较放心。老客户会比较重视店内活动，经过简单咨询甚至不咨询就直接购买产品或服务，售后纠纷也比较少，客户满意度较高。

（2）识别有价值的客户

客户一般有两种类型，即交易型客户和关系型客户。一般而言，交易型客户只关心价格，缺乏忠诚度，此类客户给企业带来的利润是有限的；而关系型客户更关注产品或服务的质量，愿意与企业建立长期友好的合作关系，客户忠诚度较高。

在识别有价值的客户时，通常先将交易型客户分离出来，然后再重点分析关系型客户。一般可以将关系型客户分为三类：一是当前能给企业带来最大利润的客户，对于此类客户最好实行精细化的客户关系管理；二是当前能给企业带来一定的利润并会持续购买的客户，这类客户可能喜好多个品牌，客户关系管理的目的是提高客户对企业的认知度和忠诚度；三是当前能给企业带来利润但正逐渐失去价值的客户，先要尽力挽留，但是如果确已失去价值就可以将其剔除。

企业若要更好地识别、获取和开发关系型客户，则要关注以下8个因素：① 品牌，包括企业品牌或产品品牌在客户心中的认知度和美誉度；② 产品，包括产品的品质和性价比；③ 创新能力，即不断对产品或服务进行创新；④ 客户优待，即给客户贵宾（VIP）身份并给予特殊的优惠政策；⑤ 促销策略，包括不断变化的促销方案及对老客户的回馈；⑥ 内容提供，即为客户提供丰富而有效的产品咨询、专业知识等；⑦ 服务品质，即每一个环节的服务品质；⑧ 客户回访，即不定期的电话、短信、邮件回访。

（3）识别客户需求

要留住已有的客户，仅满足他们的需要是远远不够的，因为竞争对手也能做到这些。为此，就要识别客户需求，让客户有愉悦的购物体验，能给客户带来惊喜。具体来讲可以采用以下方法：定期会见重要客户，加强与其沟通；设立意见箱、意见卡和简短问卷，倾听客户的意见；进行客户调查，并进行客户分析；分析竞争对手的动向；组成兴趣小组；进行多方位沟通等。

在网络零售中，每一次交易完成，客户都会留下手机号码、地址等信息。企业在与客户进行沟通的过程中，还要注意合规收集客户的个人资料、兴趣爱好等。对一个客户的资料掌握得越充分，就越有可能识别客户的需求。

2. 客户关系的建立

所谓客户关系，是指企业为了达到经营目的，主动与客户建立起的某种联系，建立客户关系具体包括以下工作。

（1）对客户关系进行分类

菲利普·科特勒（Philip Kotler）将客户关系分为5种类型，如表13-1所示。

表13-1 客户关系的类型及特点

客户关系类型	客户关系的特点
基本型客户关系	即仅仅为销售某种产品而建立的关系，产品售出之后便不再与客户接触
被动型客户关系	即在销售产品的同时，还鼓励客户在购买后有问题时与企业联系
负责型客户关系	即在产品销售后，企业及时、主动联系客户，询问产品的使用情况及对企业、产品的意见或建议，以便改进
能动型客户关系	即销售完成后，不断联系客户，提供有关新产品的信息及倾听产品改进的建议
伙伴型客户关系	即企业努力帮助客户解决问题，支持客户发展和获得成功，与客户共同发展

这5种类型的客户关系本身不存在简单的优劣对比，企业可以根据客户数量及边际利润水平选择合适的客户关系，如图13-2所示。如果企业的客户数量少而提供产品或服务的边际利润水平高，则可以选择伙伴型客户关系，这样在争取客户的同时自己能获得较高的回报；如果企业的客户数量多而提供产品或服务的边际利润水平低，则可以选择基本型客户关系，否则会因为提供的产品或服务的成本过高而导致亏损。

（2）发展客户关系

可以从以下三个方面来发展客户关系，提高客户忠诚度。

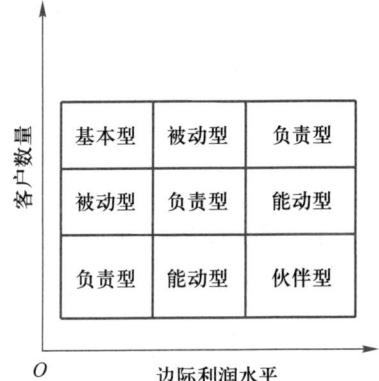

图13-2 根据客户数量和边际利润水平选择客户关系

① 对客户进行差异性分析。主要分析客户能给企业带来的商业价值的差异，以及客户对于产品的需求的不同。通过对客户进行差异性分析，企业能够区分客户并了解客户需求，进而更好地配置资源，改进产品与服务，锁定客户，使利润

最大化。

② 与客户保持良好的接触。利用客户关系管理功能，企业可以及时地更新客户信息，提高客户需求分析的精度，进而降低与客户接触的成本，提高与客户接触的效率。

③ 调整产品或服务以尽可能满足每个客户的个性化需求。

（3）提升客户关系

实施客户关系管理，就是利用信息技术为客户提供交互式服务。可以按照以下原则建立稳定的客户关系，提升客户忠诚度：① 对于有价值的客户进行感情投资；② 努力创造机会为有价值的客户提供更多的便利和选择；③ 为有价值的客户提供个性化服务以满足其需求；④ 建立对于有价值的客户的快速反应机制，尤其是抱怨与投诉机制。简而言之，就是激发客户忠诚，强化客户忠诚，如图13-3所示。

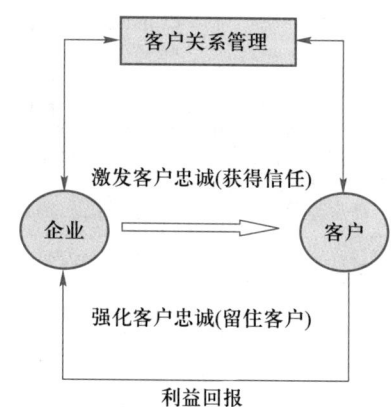

图13-3　客户关系管理与客户建立关系示意图

（4）分析客户关系生命周期

客户关系生命周期是指一个客户与企业从建立某种业务关系到关系终止的全过程。我国学者陈明亮将客户关系分为4个阶段：① 考察期——业务关系处于探索和试验阶段；② 形成期——业务关系处于快速发展阶段；③ 稳定期——业务关系处于发展的最高阶段；④ 退化期——业务关系发展中的逆转阶段。通过实施客户关系管理，从客户关系生命周期的视角，动态地研究客户关系，为不同阶段的客户关系制定相应的对策。

3. 客户互动管理

（1）客户互动的含义和内容

在实践中，除了为客户提供定制化的产品和服务以外，"以客户为中心"的观念还包括客户互动的类型和风格。

客户互动的概念十分广泛，可以将客户与企业双方的任何接触都视为互动，互动一般具有双向沟通和共同利益的特征。客户互动主要有以下内容：① 信息沟通，企业可以向客户传递有关企业的各类信息，客户可以向企业传递有关的需求信息，以向企业寻求解决方案；② 情感交流，企业与客户可以通过多种形式的交流拉近距离、增进感情；③ 意见或建议互换，企业可以主动向客户征询意见或建议，客户也可以主动向企业反映有关的意见、投诉和建议。

（2）客户互动战略

要使客户互动达到预先设定的目标，就必须从整体上对客户互动活动进行系统设计并制定相应的策略，具体步骤包括：

① 找准客户互动对象。首先必须明确与谁互动。客户类型直接影响着互动的内容、投入和途径。

② 明确客户互动目标。在设定客户互动目标时应当注意以下几点：尽可能使目标具体、明确；尽可能使目标具有可实现性或可操作性；尽可能给目标的实现设定一个具体的时限；可以使目标多样化。

③ 设计客户互动内容。可以根据客户类型的特点，从主题、结构和格式等方面设计客户互动的内容。

④ 制定客户互动预算。预算可以根据企业的状况来确定，也可以根据销售额或利润额按照一定的比例来确定，还可以根据活动所要达到的目标来确定。

⑤ 选择客户互动途径。即确定选择什么样的渠道和在什么样的时间与客户互动。

⑥ 测评客户互动效果。在上述步骤完成之后，还必须测评客户互动的效果，主要包括观察是否实现了预定目标，解决了哪些问题，还存在哪些问题，发现了哪些新的问题或现象。

客户互动战略实施步骤的示意图如图13-4所示。

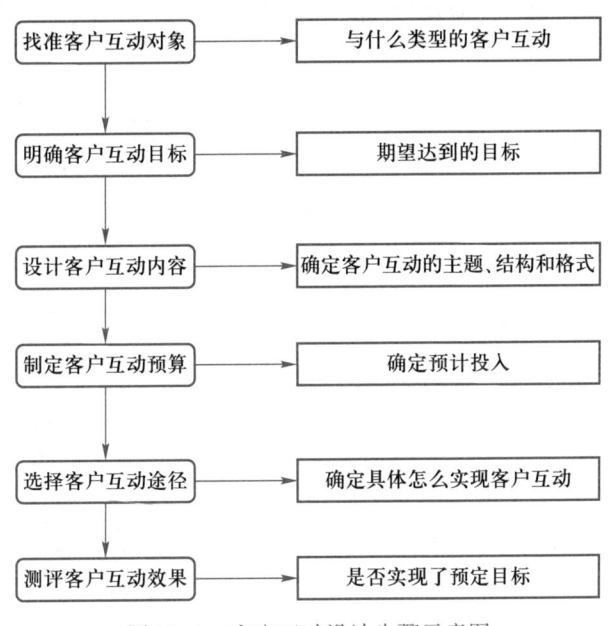

图13-4 客户互动设计步骤示意图

4. 客户保持管理

所谓客户保持，是指企业通过努力来巩固及进一步发展与客户长期、稳定关系的动态过程和策略，其目的在于使客户不断重复购买本企业的产品或服务。

客户保持对于企业而言具有以下意义：可以节省企业争取客户的成本；延长对客户初始投入的回收周期；降低花在长期客户身上的学习成本；借客户口碑扩大和促进产品的销售；减少对老客户的价格优惠等。

对于企业而言，保留老客户比开发新客户的意义更大。据统计，吸引一个新客户所花的费用往往是保持一个老客户所花费用的5倍以上。对于企业而言，客户保持的意义不仅在于留住客户，还在于培养自己的忠诚客户，并通过客户的口碑将企业及产品品牌传播出去，其效果要远胜于广告所带来的效果。

企业应当主动与客户进行沟通，让客户满意，并使其成为忠诚客户。尽管培养忠诚客户是有难度的，但是企业可以通过重视产品质量、提供优质服务、树立品牌形象、给予价格优惠、进行感情投资等多种途径，有效地进行客户保持管理。企业可以运用各种方法收集客户的基本资料，分析其历史交易记录，并对这些资料进行统计分析，提取客户特征，以便在营销中针对不同的用户采用不同的策略。

能否实现客户保持，取决于客户保持模型中两方面力量综合较量的结果，如图13-5所示。

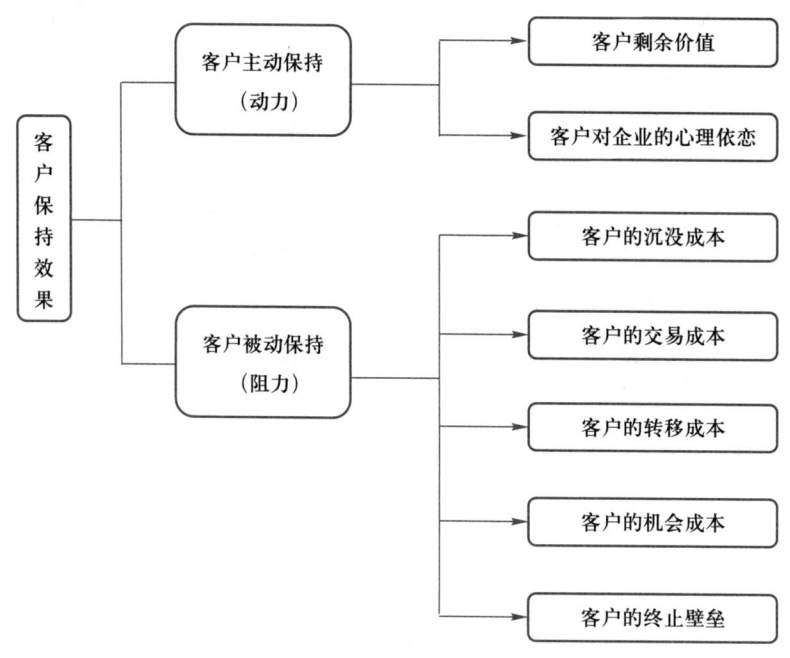

图13-5　客户保持模型

在客户保持模型中，客户主动保持是指客户能够自觉地维持与企业的关系，其受客户剩余价值和客户对企业心理依恋的影响。客户被动保持是指客户如果终止与企业的关系就不得不承担一定的代价，这些代价主要包括沉没成本、交易成本、转移成本、机会成本和终止壁垒等。

5. 客户投诉管理

对客户投诉的反应也是影响客户对企业态度的重要因素。客户投诉管理包括以下内容。

（1）分析客户投诉的影响

客户对企业产品或服务的投诉，会对企业造成不同的影响：从消极的角度看，表明客户存在不满、心中有怨气。如果客户反映的问题不能及时得到解决或回应，就会不可避免地发生客户转移，而且会对企业形成负面口碑，甚至会引发法律纠纷，这些都会给企业造成有形和无形的损失。从积极的角度看，客户能够向企业反映或反馈意见，哪怕是抱怨，都说明以下几点：一是企业的产品或服务本身存在需要改进的地方，认真对待客户的意见可以成为改进企业管理的契机；二是如果处理得当，可以消除客户的不满情绪、化解怨气，挽留住一部分有价值的客户。因此，要客观地对待客户的投诉。

（2）查找客户投诉的真正原因

引起客户投诉的原因很多，从企业的角度看，大多是产品质量、服务态度等方面的原因。从客户的角度来看，也不排除是有些客户过于挑剔、使用不当或其他自身原因造成的问题。如果引起客户投诉的原因在于企业，企业就必须深挖自身的原因来解决问题。

（3）完善客户投诉处理过程

对于客户投诉的问题，只要企业认真对待，大部分是可以得到妥善处理的。在处理客户投诉时应当做到以下几点。

① 认真倾听客户的意见或抱怨。本着"有则改之，无则加勉"的态度是会取得客户的谅解的，否则不仅不利于问题的解决，反而会使矛盾升级。

② 建立正常的客户投诉渠道或途径。应当让客户在有意见或不满时有诉说的地方，不能让投诉的处理机制成为摆设。

③ 认真记录客户的投诉要点，判断问题的实质或原因。企业对由于客户误解而产生的问题，要及时予以解答或说明；对由于自身因素而造成的问题，首先要代表企业向客户道歉，并提出可行的解决办法。

④ 立即向有关部门和人员反馈客户意见，以及初步判断的结果，客服部门应立即安排人员予以解决。

⑤ 跟踪服务。在初步解决客户的问题之后，还应当及时进行跟踪服务，以确定客户对问题解决的结果是否满意。如果客户还有不满意的地方要进一步解决，切忌问题好像解决了，客户却流失了。

6. 客户流失与挽留管理

客户流失管理就是在明确客户流失原因的基础上，制定各种具有针对性的策略，全方位地挽留有价值客户的过程，其具体包括以下内容。

(1) 客户流失的含义及其形成过程

① 客户流失的含义。所谓客户流失，是指企业现有的客户由于种种原因不再对企业忠诚而转向购买其他企业的产品或服务的现象。客户流失通常有两种情况：一种是主动流失，即客户主动选择转移到其他供应商，使用这些供应商的产品与服务；另一种是被动流失，是指客户因信誉欠佳而被终止业务关系，或因已失去价值而被企业放弃。企业应当高度重视客户流失给企业造成的影响及后果。

② 客户流失的形成过程。客户流失并非没有理由，如果一个客户在购买及随后使用产品或服务的过程中所获得的体验与外部评价是良好的，他便会积累这种良好的体验并正向影响下一次购买决策。在不考虑竞争对手因素的情况下，客户发生流失的主要原因，是客户购买及使用某企业产品或服务时感到不愉快，出现的问题得不到解决，投诉没有结果以及企业恶意推脱等，如图13-6所示。

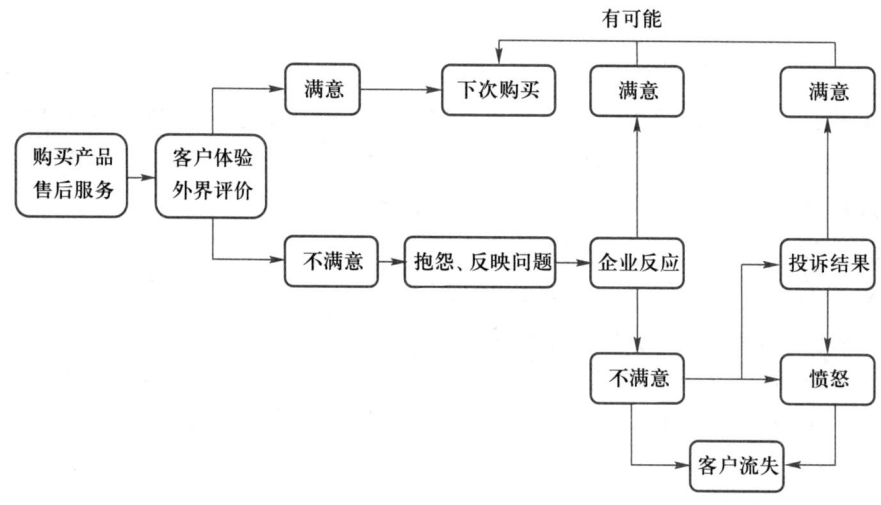

图13-6　客户流失形成过程示意图

(2) 查找客户流失的原因

客户流失的原因有很多，从客户价值与客户满意的角度看，大致上有以下原因：自然流失，即因客户的经济情况发生变化或发生地域上的迁移等而导致与企业的交易关系终止；竞争流失，即因竞争对手将本属于自己的客户挖走而造成的客户流失；过失流失，即因企业在经营上的失误导致客户不满而造成的客户流失；恶意流失，主要是指企业放弃了一些信用度低、有不良行为、丧失价值的客户；或者企业由于战略调整而放弃了一部分与自身定位不一致的客户；其他流失，诸如本企业员工跳槽带走客户而造成的客户流失等。

(3) 制定防范客户流失的策略

在了解客户流失原因的基础上，企业应当采取有效措施，防范客户流失。防范客户流失的具体策略如下：一是实施全面质量管理，质量因素在任何时候都是影响客户满意度的重要因素；二是重视客户抱怨管理；三是建立内部客户体制，提升员工满意度；四是建立以客户为中心的组织机构，企业的每个部门、每个员工都应当树立以客户为中心的理念，企业的所有工作都应当以客户为导向；五是建立客户流失预警机制，设置客户流失预警点，以能够随时监控客户变动情况；六是建立客户关系评价体系；七是制定有效的竞争策略，遏制竞争对手对自身客户群的蚕食。

（4）客户挽留策略

所谓客户挽留，是指企业运用科学的方法对要流失的有价值的客户采取措施，争取使其留下来的营销活动。

① 制定客户挽留策略。可以从以下几个方面制定客户挽留策略：树立客户第一、服务为先的经营理念；建立客户流失的预警机制，以能够快速做出反应；注重对有价值客户关系的培养；真正站在客户的角度对客户实施关怀；善于发掘潜在的优质客户，不轻易放弃有价值的客户。

② 客户挽留的流程。客户流失是有迹象或信号的，对于要流失或可能流失的客户，企业如果能够及时发现并采取有效对策，也是可以挽留的。客户挽留流程如图13-7所示。

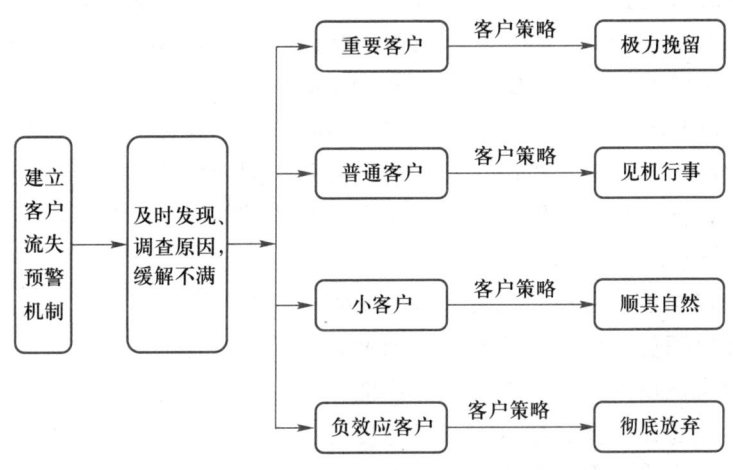

图13-7　客户挽留流程示意图

需要说明的是，图13-7中的"负效应客户"主要是指那些不可能给企业带来利润的客户、不履行合同的客户、缺乏信用的客户、有损员工士气的客户、会损害企业形象的客户等，这些客户都属于被企业放弃的对象。

13.1.5　客户满意度与客户忠诚度

客户满意度（customer satisfaction）与客户忠诚度（customer loyalty）是评价

企业客户关系管理绩效的常用指标。

1. 客户满意度

对客户满意度的研究开始于20世纪30年代。卢因（Lewin）于1936年从社会学的角度研究了满意与自尊的关系，同时从心理学的角度进行了客户满意度和客户忠诚度的相关性研究。1965年，卡多佐（Cardozo）首次将市场营销领域与客户满意度相结合，并进行了相关的实验和研究。20世纪70年代，有些学者试图给出客户满意度的定义，其中具有代表性的定义有：韦斯特布鲁克（Westbrook）认为客户满意度是一种购买后的感情反应，是消费后的一种反馈，这种反应和反馈，与买卖双方的行为及市场相关。奥利芙（Oliver）认为客户满意度是一种心理上的满足，是消费者在消费之后做出的一种评价，是心理预期与实际获得的一种比较。根据这些定义，吉斯（Giese）和科特（Cote）从三个方面对客户满意度进行了阐释：一是客户满意度是一种心理状态；二是客户根据自己的期望和对产品或服务的感受所做出的一种评价；三是客户满意度通常发生在客户选择后、消费后或者购物体验后。

2. 客户忠诚度

客户忠诚度也称为品牌忠诚度（brand loyalty），最早可追溯到20世纪六七十年代。客户忠诚度被认为是对客户购买行为的一种评测，可以从客户的购买频率、购买金额和购买意向来解释。纽曼（Newman）认为客户忠诚度从某种程度上表现为对品牌的忠诚度，客户会反复购买同一品牌的产品，并不再关注其他同类品牌。塔克（Tucker）认为客户忠诚度是一种行动的体现，可以用重复购买行为、频率等来进行评测，而且客户对制造商和经销商有不同的忠诚度。奥利芙认为可以从两个维度来评测客户忠诚度，一个是对于常用产品的喜爱和强烈的购买欲望，另一个就是实际行动。

3. 客户满意度与客户忠诚度之间的关系

对于客户满意度与客户忠诚度之间的关系，人们有不同的看法。客户满意度是形成客户忠诚度的前提，但反之却不能成立。网络零售行业的客户忠诚度比其他行业的客户忠诚度低，而且客户满意度并不代表客户忠诚度，如果企业只追求客户满意度，则未必会提高客户忠诚度，但是可以肯定的是，忠诚的客户比满意的客户对企业更有价值。

13.2 网络零售客户关系管理

13.2.1 网络消费者的消费行为和消费心理

随着移动互联网的普及，网络零售用户规模显著增长。与此同时，网络消费者的消费行为和消费心理也发生了变化。

1. 消费主动性增强

在社会化分工日益细化和专业化的趋势下，消费选择和不确定性的增加，网络消费者面临的消费风险也随之上升。于是，网络消费者的消费主动性增强，他们会更加主动地获取各种与商品有关的信息，并对这些信息进行分析和比较，以获得心理稳定和平衡，提高对产品和服务的信任程度，避免在购物后感到后悔。因此，网络零售商应该为网络消费者提供科学合理的商品分类、功能多样的商品检索机制以及全方位的商品信息展示，而不是泛泛的宣传和一般性的商品展示。

网络消费者的消费主动性，还表现在他们在积极搜索信息的同时，也成为信息的发布者和传播者，他们会评价商品、向引起其兴趣的网络零售商咨询或反馈信息等，而对于消费过程中发生的权益侵害问题，他们也会在网络中曝光，提醒其他消费者注意。

另外，社交媒体的产生与发展，也对人们的行为模式产生了巨大的影响。社交媒体是以互动为核心思想，以互联网技术为支持，以个人或组织进行内容生产和交换为主要方式，用户彼此之间相互依存，并且可以创建、延伸和巩固人际关系的一种网络社会组织形态。不同媒体时代消费者购买行为模式变迁如表13-2所示。

表13-2 不同媒体时代消费者购买行为模式变迁

阶段	模型	内容
传统媒体时代	AIDMA模型	消费者从接触营销相关信息，到购买行为的发生，其整个心理过程要经历5个阶段：引起注意（attention），产生兴趣（interest），培养欲望（desire），形成记忆（memory），购买行动（action）
交互式媒体时代	AISAS	attention（注意）、interest（兴趣）、search（搜索）、action（行动）和share（分享）
移动互联网时代	ISMAS	interest（兴趣）、search（搜索）、mouth（这里指口碑）、action（行动）和share（分享）
社交媒体时代	SAISAS模型	share：在社交媒体上接触到朋友的推荐； attention：注意到新品牌或新商品； interest：对商品产生兴趣； search：在社交媒体上搜寻品牌相关信息； action：采取购买行动； share：在社交媒体上创造、转发或分享推荐或进行口碑传播

目前，越来越多的网络消费者利用购物分享网站、门户网站论坛、社区类网站、博客等平台分享购物体验和发表购物评价，这些购物体验和购物评价应当引起网络零售商的重视。

2. 消费心理的转变

网络消费者一般喜好性价比高的商品，并且追求个性化和多样化消费，以遵从自己的意愿购买商品。同时，社会商品的多样化和技术水平的不断提高，为网络消费者的个性化和多样化消费提供了坚实的基础。此外，越来越多的网络消费者在消费过程中通过购物体验获得了愉悦感，排解了压力，消遣了时间，满足了心理需求。

3. 重视服务质量

目前，越来越多的网络消费者注重生活品质，时间观念强。网络零售商应该努力提升服务质量，包括：加强与网络消费者的沟通；借助商品推荐等商务智能手段提高个性化服务水平；提升页面信息的呈现速度；提高支付安全性；注重个人隐私保护；完善退货流程；面对网络消费者的投诉或退货，网络零售商应该制定快速反应和有效补偿的营销策略。

4. 影响网络消费者满意度的因素

影响网络消费者满意度的因素如图13-8所示。

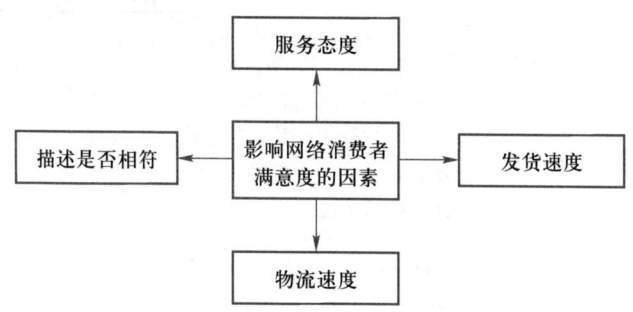

图13-8　影响网络消费者满意度的因素

（1）描述是否相符

网络消费者无法直接接触商品，只能通过网络零售商提供的商品的描述文字、图片或视频来进行购物决策。在进行购物决策的过程中，网络消费者会根据网络零售商提供的商品信息进行一定程度的想象，形成主观期望。如果商品与网络消费者的主观期望不符，网络消费者的满意度自然会受到影响。所以网络零售商在描述商品时要真实有效，以确保网络消费者能够对商品做出理性判断。

（2）服务态度

网络消费者选择网络购物，部分原因是碎片化的购物时间要求高效的购物方式，而与传统购物方式相比，网络购物省时省力，效率高。在这种情况下，网络零售商在面对网络消费者咨询时要及时反馈，耐心回答。随着网络消费者群体不断成熟，网络零售商要提供完整、详细、准确的商品信息，以使网络消费者能自主地完成购物。网络零售商如果不能提供优质的服务，网络消费者很快就会在网络零售平台上找到替代者。

（3）发货速度

网络零售商的发货速度在网络消费者看来属于主观因素，网络消费者甚至会把发货速度的快慢与网络零售商对自己的重视程度联系在一起。当发货速度较慢时，网络消费者就会对网络零售商产生抱怨的情绪，进而导致其对网络零售商的满意度下降。

（4）物流速度

目前，大多数网络零售商都会选择第三方物流。虽然第三方物流的物流速度不是网络零售商可以控制的，但是很多时候网络消费者会把由物流原因引起的不满情绪直接转移到网络零售商身上。因为网络消费者把从线上沟通、购买、发货到收到商品看作是一个完整的购物流程，因此物流速度会影响网络消费者的整体购物感受。可见，网络零售商在选择物流公司时要谨慎，尽可能选择服务质量优、性价比高的物流公司。

5. 影响网络消费者忠诚度的因素

网络消费者的忠诚度，通常是指网络消费者对网络零售平台或网络零售商的忠诚度，表现为重复登录某个网络零售平台或重复购买某个网络零售商的商品，并且愿意向其他消费者进行正向的口碑传播等。

（1）网络消费者忠诚度的特点

网络消费者在忠诚度方面具有以下特点。

① 网络消费者更趋于理性。随着网络零售平台不断完善，网络消费者可以很容易地获得其他消费者的购后评价，因此他们更趋于理性。从另一个角度看，如果网络零售商重视购后评价管理，就更容易提高网络消费者的忠诚度。

② 网络消费者更趋于主动。在传统零售中，消费者通过广告或导购的引导被动地接受零售商的商品信息。在网络零售中，网络消费者可以根据自身的需求主动通过网络检索商品信息，除非网络消费者向网络零售商咨询，否则网络零售商无法联系到网络消费者，也无法对网络消费者产生直接的影响。

（2）影响网络消费者忠诚度的因素

影响网络消费者忠诚度的因素有很多，主要有以下几个。

① 服务质量。网络零售服务质量与网络消费者的忠诚度有正相关的关系。网络零售平台不仅提供了丰富的商品信息，还创造了一个自由竞争的市场，每个行业和商品品类都存在大量的竞争者。服务质量会影响网络消费者的消费体验，进

而影响网络消费者的忠诚度。

②可信度。由于网络零售具有虚拟性,网络消费者对网络零售商的信任尤为重要。信任会让网络消费者对网络零售商产生情感上的依赖,这种情感上的依赖久而久之就会转变成行为上的忠诚。

③转换成本。转换成本对网络消费者的忠诚度有正向影响,转换成本越高,网络消费者对网络零售商就越忠诚,尤其是时间成本,很多人选择网络购物就是为了节约时间。虽然网络消费者希望有更多的网络零售商可供选择,但由于转换成本太高而不得不放弃,只要转换成本高于转换网络零售商带给网络消费者的价值,网络消费者就会继续选择该网络零售商所提供的商品。

13.2.2 网络零售客户关系管理的作用

1. 能够有效改进企业和客户之间的关系

技术的发展推动了网络零售服务的创新,使得企业能把力量集中到最有价值的客户身上。客户可以在任何时间、任何地点完成交易,企业也可以通过多种方式及时联系到客户。企业通过数据整合等应用集成,实现对业务流程的"无缝支持",从而能够跨越企业边界面向每个客户进行实时的信息传递、授权或联系。因此,随着技术的不断发展和应用,企业可以在任何时候、以任何方式与客户或潜在客户接触,并通过数据挖掘和数据分析更好地了解客户,从而把精力集中在最有价值的客户身上。

2. 能够实现一致化的客户体验

客户关系管理的一个重要特征,就是创造一致化的客户体验,即把企业与客户的关系看作正在进行的、永远不会结束的"互动",并使客户从互动的体验中获取价值。而网络零售客户关系管理,使客户有更多的方式与企业进行互动,也使客户拥有更多的信息和选择机会,维护了客户的知情权,还使企业与客户沟通起来更为方便,从而在某种程度上提高了企业满足客户期望的能力。

3. 能够在更大范围上实现客户关系管理系统的集成

早期"信息孤岛"使得客户关系管理的效果十分有限,因为客户关系管理系统的功能并没有扩展到整个企业,更没有扩展到整条供应链。随着"套件"概念被引入客户关系管理系统,传统的客户互动角色——营销、销售及服务也被集成到统一的系统之中。基于互联网,网络零售客户关系管理可以在更大的范围内实现系统集成,使得系统维护起来更简单,成本更低。与分别使用各个单独的、孤立的客户关系管理系统相比,网络零售客户关系管理系统的整体应用效果更好,企业的每个员工,乃至供应商与商业伙伴,都可以通过浏览器访问和使用网络零售客户关系管理系统。

13.2.3 网络零售客户关系管理的特点

网络零售客户关系管理是在传统客户关系管理的基础上，以信息技术为支撑的一种新的客户管理理念与模式，其主要特点如下。

1. 即时、互动的信息沟通方式

利用网络零售客户关系管理，可以实现企业与客户之间的实时双向信息沟通。由于网络零售客户关系管理系统具有良好的互动性和引导性，客户可以在系统的引导下选择商品或提出具体要求，企业可以据此及时提供商品或服务。网络零售客户关系管理系统把每个客户都作为一个独特的对象进行行为追踪，分析其偏好，进而依据每个客户的特点来进行营销。

2. 实时、高效的信息处理方式

在网络零售中，网络消费者能够快速地接收大量信息，所以消费者的偏好会不断地发生改变。企业只有持续观察消费者行为的变化并随时调整策略，才能掌握先机赢得客户。与传统零售中的客户关系管理相比，网络零售客户关系管理可以充分利用先进的信息技术，实时了解消费者偏好的变化。

在传统的客户关系管理中，企业经常需要请客户填写基础数据表格、商品质量反馈问卷等，对于这些原始资料，还需要进行人工整理、处理和分析，既影响效率又容易产生错误。而在网络零售中，所有的数据都可以直接输入数据库，然后利用计算机强大的计算能力，对这些数据进行处理和分析。

3. 集成的客户关系管理解决方案

在网络零售中，为了使企业的业务运作保持协调一致，需要建立集成的客户关系管理解决方案。该方案可以使后台应用系统与网络零售的运作策略相互协调，使客户能够通过即时通信工具、电子邮件、APP等渠道与企业联系并获得快速的响应。

13.3 数据挖掘在客户关系管理中的应用

大数据已经成为企业的重要资产，甚至是核心资产，数据及数据处理能力将成为企业的核心竞争力。维克托·迈尔–舍恩伯格在《大数据时代》一书中通过4个"v"来描述大数据的特征。一是数据的体量大（volume），大数据不再只是抽样数据，而是所有可能的数据，是一个全貌。二是数据类型多（variety），数据类型有文本、图像、音频、视频、机器数据、地理位置信息等。三是数据价值密度低（value），数据量很大，有价值的数据却不是那么多。四是数据具有时效性（velocity），数据处理速度快，即时输入、处理与丢弃，效果立竿见影而非事后见效。

网络零售的规模化发展，产生了大量的交易数据，通过对这些数据进行深入分析，企业就可以根据自身的发展特点找到最适合的发展方向和发展规模，并且对客户的消费特点有更清晰的认知，以便有针对性地进行产品研发和服务提升。

与传统的数据分析不同，数据挖掘是在没有明确假设的前提下去挖掘信息、发现知识，所得到的信息具有事先未知的、有效性和实用性三个特征。数据挖掘是从大量数据中寻找规律的技术，其实施过程主要分为数据准备、规律寻找和规律表示三个步骤。数据准备是指从各种数据源中选取和集成用于数据挖掘的数据；规律寻找是指用某种方法将数据中的规律找出来；规律表示是指用尽可能符合客户习惯的方式（如可视化的方式）将找出的规律表示出来。数据挖掘在发展的过程中，充分利用了数理统计、数据库和人工智能技术。

作为一种新兴的数据处理技术，数据挖掘旨在帮助决策者寻找数据间潜在的关系（relation）、模式（pattern）、趋势（trend）等，发现被忽略的要素，对预测和决策行为十分有用。

一个完整的客户关系管理框架应该包含以下几个部分：前台的自动化销售、自动化营销和自动化服务；后台的供应链管理、企业资源计划、信息系统；数据仓库，包括反馈信息数据集市、客户数据集市和产品数据集市；客户服务中心，包括呼叫中心、信息交流反馈中心和接待中心，如图13-9所示。

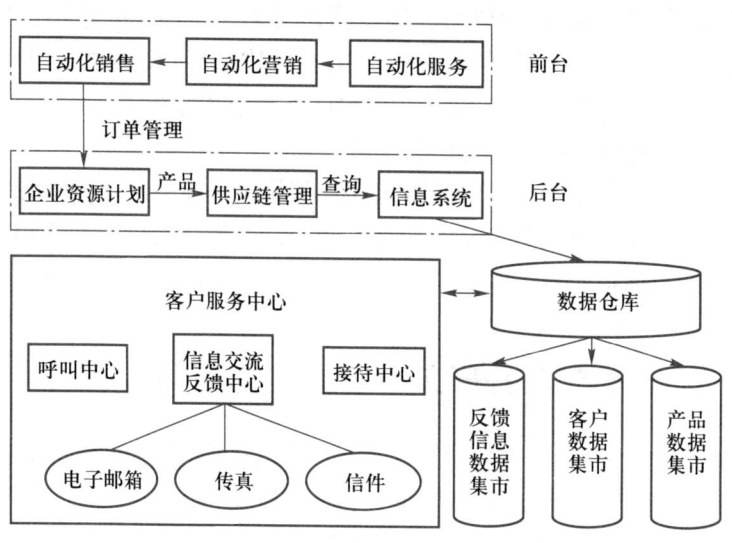

图13-9　客户关系管理框架示意图

在客户关系管理实施过程中，建立基于数据挖掘的应用系统是最为核心的环节。随着客户关系管理系统的不断扩展和数据量的增加，企业对数据挖掘模型的要求也逐渐提高，而信息技术的发展和算法的优化极大地提高了数据挖掘模型的可靠性和扩展性，数据挖掘和客户关系管理的结合能够为企业和客户带来更大的经济效益。数据挖掘的商业流程如图13-10所示。

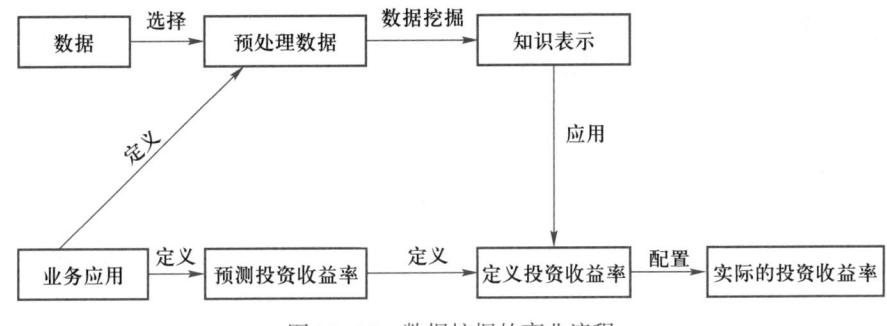

图 13-10 数据挖掘的商业流程

在客户关系管理中，数据挖掘主要应用于客户群体分类、客户盈利能力分析、客户获取和保持、客户满意度分析、客户忠诚度分析等方面。

13.3.1 客户群体分类

以客户为中心、以满足客户需求为目的的经营理念要求企业必须对客户的潜在需求及隐性需求做出预测和判断，以便及时展开合适的营销活动，并在竞争中占据优势。近年来，在网络零售中一对一营销受到了企业的青睐。一对一营销是指企业了解每个客户，并与其建立持久的关系。数据挖掘可以帮助企业针对不同类别的客户，提供有针对性的服务。

随着信息系统的广泛应用和网络零售的深入发展，企业会积累越来越多的客户数据。面对海量的客户数据，传统的客户细分方法显得力不从心。而数据挖掘的出现，为解决海量数据下的客户细分问题提供了解决方法。

基于数据挖掘的客户群体分类，就是利用数据挖掘技术，对数据仓库中的客户消费历史数据进行分析，以根据客户的属性，如年龄、性别、收入、交易行为和生活习惯等，将其细分为具有不同需求和交易习惯的群体。

客户细分并没有统一的模式，企业通常根据自身的需求进行客户细分，需求不同，客户细分的标准也不同。一般来讲，客户细分方法可以分为基于人口统计特征的分类、基于客户行为的分类、基于客户生命周期的分类以及基于客户价值的分类。基于人口统计特征的分类，就是根据人口统计特征进行分类，人口统计特征包括年龄、性别、家庭人口和组成、受教育水平和职业等。基于客户行为的分类，是根据客户历史交易行为来预测客户未来的消费模式，通常采用 RFM 模型，其中 R（recency）表示最近一次的消费日期，F（frequency）表示消费频率、M（monetary）表示消费金额。基于客户生命周期的分类，是在生命周期框架下研究客户关系问题，根据不同阶段客户的行为特征来划分客户群体，一般分为考察期客户、形成期客户、稳定期客户和退化期客户。基于客户价值的分类，是根据客户为企业创造的价值来对客户群体进行分类，通常采用客户价值矩阵（如图

13-11所示）作为分类准则。

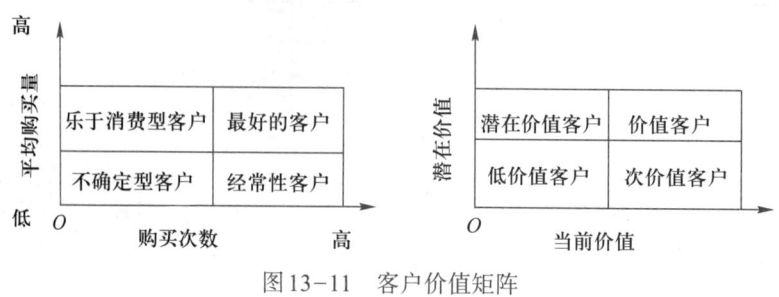

图 13-11　客户价值矩阵

客户群体分类是有效实施市场策略的第一步，也是成功管理客户关系的基石，有利于企业合理地利用有限的资源。企业通过客户分类，能够识别出有价值的客户，并为他们提供个性化的营销服务，这样会起到事半功倍的作用，大大降低了企业的营销成本。

13.3.2　客户盈利能力分析

客户价值包含两种含义：第一种含义是指企业为客户创造的价值，即企业为客户创造和传递的、与产品和服务相关的、随着客户期望和客户感知的变化而变化的一系列利益和好处；第二种含义是指客户为企业创造的价值，即客户为企业带来的利润，它是企业为客户提供利益和好处的驱动力。

客户盈利能力主要偏向于第二种含义，是指客户为企业带来利润的能力。因为消费行为的复杂性，当企业以同样的价格销售同样的产品给不同的客户时，有些客户并没有任何额外的要求，但是有些客户却小批量订购专项产品，而且既要求快速发货，又付款很慢。显然，对企业来讲不同客户的价值是不同的。根据二八定律，80%的利润通常都是由20%的客户创造的，因此企业需要了解哪些客户会给企业带来利润，哪些客户会给企业造成损失，从而将资源更多地分配给为企业贡献利润的客户，减少在不为企业贡献利润的客户身上所花的费用。

客户盈利能力分析对企业来说有着很重要的作用：第一，企业通过客户盈利能力分析能够了解每类客户对企业利润贡献的大小；第二，客户盈利能力分析可以帮助企业识别有价值的工作和不增值的工作，以便企业采取措施，为不同客户提供有针对性的服务，提高客户满意度。企业可以利用数据挖掘来分析和预测不同市场活动情况下客户盈利能力的变化，以制定合适的市场策略。

要利用数据挖掘进行客户盈利能力分析，企业首先需要确定计算客户盈利能力的算法；其次利用数据挖掘工具对数据仓库中的客户历史交易数据进行分析，发现哪些客户给企业带来的利润很低甚至是没有利润的；最后根据数据挖掘结果，采用有针对性的方法和策略，争取把盈利能力低的客户提升为盈利能力高的客户。

利用数据挖掘，企业还可以从客户历史交易数据中发现一些行为模式，这些行为模式可以用来预测客户盈利能力的高低，这样企业就可以有意识地在市场营销过程中留住那些有价值的、盈利能力高的客户，并为最有可能给企业带来利润的客户提供个性化的产品和服务，从而避免花费过多的精力和财力无目标地开发新客户，以有效地降低成本，提高效益。

根据客户盈利能力分析结果，企业可以采取一系列措施来改善客户盈利能力。例如，重点保障盈利客户的体验；改善、发展与给企业带来的利润少但对企业有贡献的客户的关系；努力改变不能给企业带来利润的客户的购买行为；对客户盈利能力实施动态控制等。

13.3.3 客户获取和客户保持

客户获取是企业寻找与确定目标客户，收集目标客户的资料并建立客户数据库，科学分析目标客户的价值，满足目标客户的要求，获得企业利润的过程。客户获取是客户关系的建立阶段。需要说明的是，要获取的客户既包括那些不了解企业的客户，也包括以前接受过企业竞争对手服务的客户。

在客户获取的过程中，企业可以利用数据挖掘识别潜在的客户群体，从而做到心中有数、有的放矢。与客户细分不同，为赢得新客户而进行的数据挖掘是对未来的预测，而不是对历史交易数据的分析。企业可以基于客户数据库及其他数据建立一个"客户反应"预测模型，并利用这个模型预测客户对某个营销活动的反应。客户的反应可以分为"无反应""正反应"和"负反应"。无反应是指客户对产品的需求处于可有可无的状态；正反应是指客户对产品感兴趣；负反应是指客户对产品不感兴趣。建立"客户反应"预测模型时，可以使用数据挖掘中的关联分析、聚类分析、序列模式分析和分类分析等技术。

客户保持是指企业维持已建立的客户关系，使客户不断重复购买企业产品或服务的过程。考核客户保持效果的指标是客户保持率。客户保持率是指未来一定时期内决定重复购买和开始购买企业产品的客户在全部客户中所占的比例，它反映了客户对企业产品的忠诚度，也反映了客户未来与企业进行交易的可能性、不确定性和流失趋势。客户保持是企业成功的关键因素，因为保持现有客户比获取新客户的成本低得多，同时现有客户，尤其是长期忠诚客户趋于向企业购买更多的产品，而且对价格更不敏感。更为重要的是，企业所保持的忠诚客户会主动为企业传递好的口碑并将其推荐给新的客户。因此，拥有长期忠诚客户的企业更具有竞争优势。客户流失是与客户保持相对的概念。当企业无法保持与原有客户的关系时，客户就会转向其他企业，这时从企业的角度来看就是发生了客户流失。

对于客户保持，其主要任务之一是留住那些可能流失的客户。企业可以利用数据挖掘为已经流失的客户建模，对他们进行分类，分析每类流失客户的特征，再根据分析结果到现有客户数据库中找出可能流失的客户，并采取措施防止这些客户流失，从而达到客户保持的目的。

13.3.4 客户满意度分析

客户满意度是客户对某种产品或服务的消费经验的总体评价，是客户将某种产品或服务的实际使用效果与期望值进行比较，所形成的愉悦或失望的感觉状态，是衡量企业经营质量的一种方式。它是客户经过长期沉淀而形成的情感诉求，也是客户在一系列交易活动中的状态积累。

分析客户对企业产品和服务的满意度，可以帮助企业了解客户的想法、需求和期望，发现企业在产品、服务和管理上存在的不足，为企业改善经营策略、提高客户忠诚度指明方向。企业可以利用数据挖掘，结合自定义的度量标准和公式、时间参数，以及客户数据库中有关购买、维修、反馈、建议、投诉等的信息，对客户满意度进行分析，找出客户不满意的原因并制定相应的策略。

在客户关系管理系统中，客户满意度是关于客户对企业所提供的产品和服务的总体感受的评价指标，是用来表征企业行为和客户行为之间互动关系的一个中间变量。企业行为和客户行为之间的互动关系可以从以下4个方面来理解：第一，客户进入企业，企业向客户提供产品和服务；第二，客户购买企业提供的产品和服务，在整个消费过程中形成基于感知的满意度；第三，客户综合满意度和其他一些变量，形成对企业的忠诚度；第四，客户产生下一次购买行为，并通过购买行为来影响企业收益和企业的下一次商业行为。以上关系可以用闭环模式来表示：企业行为→客户满意度→客户忠诚度→客户行为→企业行为。其中，客户满意度作为一个中间变量，联系着企业行为和客户行为。客户满意度评价准则如图13-12所示。

客户满意度的数据挖掘如图13-13所示。

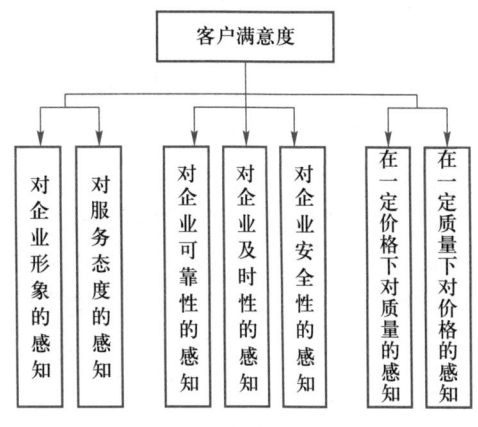

图13-12　客户满意度评价准则

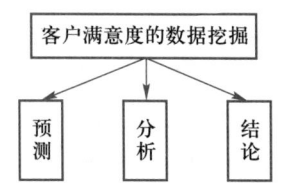

图13-13　客户满意度的数据挖掘

13.3.5　客户忠诚度分析

研究发现，客户满意度并不等于客户忠诚度。在企业实践中，许多行业都存在"客户满意悖论"，即宣称很满意或满意的客户却大量流失。客户满意度是决定客户重复购买意向的重要因素，但不是唯一因素。

客户忠诚度可以从行为和态度两个角度来理解。从行为角度来看，客户忠诚度被定义为客户对产品或服务重复购买的趋向，这时客户忠诚度可以用客户购买份额、购买频率等指标来测量。从态度角度来看，客户忠诚度被定义为客户对产品或服务的偏好和依赖，这种角度除了考虑客户的实际购买行为外，还要分析客户的态度和偏好，其测量指标为客户的购买意愿和偏好程度等。综上所述，客户忠诚度是客户内在态度和外在行为的统一，是客户长久以来形成的对某种产品或服务的偏好，是客户态度忠诚度与行为忠诚度的有机结合。

基于数据挖掘提升客户忠诚度，可以从以下几个方面着手。

（1）建立完整的客户信息管理系统

运用客户关系管理软件，结合企业自身的特点，构建符合客户需求的客户信息管理系统。在建立客户信息管理系统时，要了解具体的客户信息；根据客户的偏好、购买行为的特点以及关注的问题将客户分为不同的组群，并了解不同组群客户的特征；定期整理客户信息库，增强与客户的联系，使客户对企业建立起持久的忠诚。

（2）明确细分市场

进行市场细分，明确企业的产品和服务定位、目标客户及市场营销策略，形成有特色的产品和服务。

（3）提升客户的购物体验

企业可以从销售记录中挖掘相关信息，以发现购买某种产品或服务的客户同时购买另一种产品或服务的概率。这类信息可以用于企业产品或服务的分组和布局，以帮助客户选择产品或服务，节约购买时间，提升购物体验。

（4）提供主动服务

企业通过对销售数据进行序列分析，可以发现客户基于时间的购买规律。根据该规律，企业可以与客户积极互动，当有新产品上架时及时通知或推荐产品给此类客户；定期开展回馈活动；对产品周期进行分析，在某些关键客户购买的产品需要维修、更新换代时主动联系他们，为他们提供相关的解决方案。上述工作一方面可以防止客户流失，另一方面也可以大大提升客户的忠诚度。

思 考 题

1. 客户关系管理的内涵是什么？试讨论客户关系管理的战略价值。
2. 客户关系管理的主要内容有哪些？
3. 网络零售客户关系管理的主要特点是什么？如何提升网络零售客户关系管理的绩效？
4. 简述数据挖掘在客户关系管理中的作用及应用流程。

参 考 文 献

[1] 栾港. 客户关系管理理论与应用 [M]. 2版. 北京：人民邮电出版社，2019.

[2] Linoff G S, Berry M J A. 数据挖掘技术：应用于市场营销、销售与客户关系管理 [M]. 巢文涵，张小明，王芳，译. 北京：清华大学出版社，2013.

[3] 李志刚. 客户关系管理理论与应用 [M]. 2版. 北京：机械工业出版社，2012.

[4] 周贺来. 客户关系管理实务 [M]. 北京：北京大学出版社，2011.

[5] 汤兵勇，梁晓蓓. 客户关系管理 [M]. 北京：电子工业出版社，2010.

[6] 特班，金，李在奎，等. 电子商务：管理与社交网络视角 [M]. 时启亮，陈育君，占丽，译. 7版. 北京：机械工业出版社，2014.

[7] 陈梅梅，董平军. 中国网络消费者行为特征 [J]. 中国流通经济，2017（2）：80-85.

[8] 赵卫宏，熊小明. 网络零售服务质量的测量与管理：基于中国情境 [J]. 管理评论，2015（12）：120-130.

第 14 章

网络零售品牌

学习目标

1. 了解网络零售品牌的内涵。
2. 了解网络零售品牌的特征。
3. 了解网络零售品牌的定位与传播策略。
4. 了解网络零售品牌战略。

导言

> 品牌是指消费者对产品及产品系列的认知程度。在互联网时代,企业要树立品牌就必须牢牢抓住消费者的需求和特点。以"90后""00后"为代表的新兴网络购物群体成为购买网络品牌产品的核心力量。了解他们的特点及需求,是网络品牌成功的关键。网络品牌是品牌在互联网上的延伸,网络品牌的最大特点是,在互联网上具有极强的话题性和传播能力,一方面准确清晰的定位使它们在众多的产品中脱颖而出,具有鲜明的标签;另一方面,它们逐渐放弃了传统的传播渠道,而采用去中心化的社群传播渠道。

14.1 网络零售品牌概述

14.1.1 网络零售品牌的内涵

品牌是一种能给拥有者带来溢价、产生增值的无形资产,它以用于与其他竞争者的产品和服务相区分的名称、术语、象征、记号、设计及其组合为载体,并通过消费者心目中形成的关于其载体的印象实现增值。

网络品牌是企业通过互联网建立的品牌,可以从广义和狭义两个角度来理解它。广义的网络品牌包括企业通过互联网建立的品牌及既有的、借助网络宣传的线下品牌。狭义的网络品牌又称为e品牌,专指企业通过互联网建立的,仅在互联网上传播的品牌。

网络零售品牌是网络品牌的一种类型,即网络零售领域中的品牌,其载体是网络零售平台、网络商品或围绕网络零售进行的服务及其组合。网络零售品牌增值的源泉是网络消费者心目中形成的关于其载体的印象,以及与网络消费者之间的互动关系。

14.1.2 网络零售品牌的特征

1. 具有草根性

传统零售品牌通常是指在某个领域被消费者普遍认可的企业品牌或产品品牌。这类品牌在该领域具有资源优势和价格优势。它主要有三个特征:一是具有一定的历史和发展积淀,以及一定的知名度和美誉度;二是具有独特工艺或经营特色;

三是在产品质量或服务品质方面久经考验,具有良好的口碑。从某种意义上说,传统零售品牌强调精英化、主流化,乃至高端化。与传统零售品牌不同,网络零售品牌植根于互联网,带有平民化、大众化的色彩,具有较强的草根性,因此网络零售品牌的发展通常没有特定的规律和标准可循,呈现动态的、可变的特征。但草根性使得网络零售商能够根据季节的变化、消费热点的转移、消费者口碑等因素采取灵活的品牌营销策略,因而使品牌具有强大的凝聚力和发展能力。

2. 品牌定位以消费者为主导

传统零售品牌的建设常常主观性较强,一般采取自主定位的方式,即由企业决策者或外请的专业策划团队确定品牌定位,而网络零售品牌的定位却是在网络零售商与消费者的不断互动中动态形成的。可见,网络的交互性,使得网络零售品牌的定位方式与传统零售品牌有很大的不同。在进行网络零售品牌定位时,可以先对网络市场进行粗略的界定,形成品牌的初步定位,然后在与消费者的交互中不断调整定位。

网络零售品牌的定位非常重要,可以从以下三个方面做好网络零售品牌的定位。

(1)明确网络零售品牌的目标消费者群体

网络零售商需要对自己所要面对的网络消费者进行筛选和定位,即明确其产品或服务的目标消费者群体,以及采取何种策略与目标消费者群体建立和发展良好的关系。

(2)明确网络零售品牌的权益或价值

在明确网络零售品牌的目标消费者群体之后,网络零售商需要进一步分析,通过网络能够向目标消费者群体提供哪些信息、产品或服务,也就是明确网络零售商能够为他们带来哪些权益或价值。网络零售品牌要能满足消费者诉求,保障消费者权益。一个有明确定位的网络零售品牌,能够让消费者明白它能给消费者自身带来的价值,这不仅能够节省消费者的时间,也有助于消费者深入了解网络零售品牌及其所提供的服务。

(3)根据消费者的需求确定网络零售品牌的定位

网络零售商在与消费者交互的过程中,通过分析消费者的反馈信息,从消费者的视角进行品牌定位,并且随着消费者需求的变动不断调整品牌定位,使得网络零售品牌具有和消费者融合为一体的特性。

3. 品牌传播以人际传播为主

所谓品牌传播,就是企业以品牌的核心价值为原则,在品牌识别的整体框架下,选择广告、公关、销售、人际等传播方式,对特定品牌进行推广,以建立品牌形象,促进市场销售。品牌传播是企业满足消费者需要、培养消费者忠诚度的有效手段。品牌的有效传播,可以使品牌为广大消费者和社会公众所认知并得以迅速发展。同时，品牌的有效传播，还可以实现品牌与目标市场的有效对接，为品牌拓展市场打下基础。品牌传播既是彰显品牌个性的手段，也是形成品牌文化的重要途径。

传统零售品牌主要依赖大众传播，如广告、公关、新闻等。网络零售品牌虽然也有基于网络的大众传播方式，如网络广告等，但它主要依赖人际传播，如微博、微信、QQ、论坛等社交媒体中的口碑传播。

4. 品牌价值的增长以柔性化生产和社会化供应链为支撑

对于网络零售品牌，要形成柔性化生产，而且要采用个性化、定制化的消费模式驱动品牌价值的增长。也就是说，无论是生产一万件产品还是生产十件产品，都要能够快速响应消费者的需求。

社会化供应链是利用互联网、人工智能等技术，将全社会的相关资源整合起来，形成开放、高效、协同的供应链系统，以为网络零售品牌属性的构建和品牌价值的提升提供支撑。

14.1.3　网络零售品牌的发展趋势

网络零售品牌具有以下发展趋势。

1. 由线上模式向线上线下融合模式发展

网络零售品牌产生于网络，发展于网络，但它会向线下渗透，形成线上线下融合的发展模式。目前，有很多网络零售品牌已经在线下开设实体店，推广品牌，吸引线下消费者。

2. 由单一品牌向综合品牌发展

很多网络零售品牌是由基于细分市场的单一品类形成的，但随着网络市场不断横向扩张，网络零售品牌正在打破品类边界，实现跨领域发展，逐步形成综合品牌。

3. 由以"货"为中心向以"人"为中心发展

在以卖方为主导的市场中，品牌的核心竞争力是"货"，即产品，只要有好的产品，就会保持品牌的竞争力。但是，随着网络零售越来越以"人"（即消费者）为中心，市场由以卖方为主导转变为以消费者需求为导向，始终关注消费者的需求是网络零售品牌发展的基础。在这种情况下，品牌就等于消费者，拥有消费者就意味着拥有品牌。

14.1.4　网络零售品牌与传统零售品牌的差别

网络零售品牌注重个性化，而传统品牌注重大众化。因此在建立网络零售品牌时，要将消费者放在重要的位置上，了解消费者的感受和心态，提高他们的归属感、存在感和参与感，以满足他们的需求。

网络零售品牌商在运营时注重通过提供优质的服务和体验来吸引客户，打动客户，而传统零售品牌商在运营时则主要通过广告渠道让消费者被动接受品牌。因此，在建立网络零售品牌时要为消费者提供良好的沟通渠道，让消费者在与品牌商接触的整个过程中都有良好的感受。

网络零售品牌产品要具有快速试错、快速迭代的能力；传统零售品牌产品通常功能全面，结构复杂，迭代较慢。因此，在建立网络零售品牌时要不断从细节入手，调整和完善产品的功能，使之更贴近消费者的需求。

网络零售品牌在传播过程中"以内容为王"，通过消费者的分享、转发、点赞和评论等行为不断扩大影响。这一过程多是双向的、交互的。而传统零售品牌在传播过程中往往是单向的，缺乏与消费者的互动。因此，在建立网络零售品牌时要注重保持与消费者的持续互动，使品牌通过社交媒体等渠道触达消费者，从而更容易被消费者接受。

14.2 网络零售品牌的定位与传播策略

14.2.1 网络零售品牌的定位策略

品牌定位是企业进入市场前所做的关键性战略准备，有效的定位策略能够让品牌在消费者的心目中占有独特地位。

1. 强势品牌定位策略

制定品牌战略是打造强势品牌的基础。品牌战略就是在消费者的心中创建一个差异化定位，以此来指导品牌塑造和品牌发展的整体规划及实施。品牌战略是一个持续的过程。其最终结果是把品牌建设到消费者的心中，让消费者心中有整体的品牌认知（包括品牌联想、品牌形象、感知质量等）。消费者一想到品牌，就能想到一系列内容，这就是强势品牌定位策略。

微视频14-1
国潮

2. 独特分类品牌定位策略

独特分类品牌定位策略就是创造出一个分类品牌来，这一分类品牌与某些知名而又属于司空见惯类型的竞争品牌有明显的区别，如把自己的品牌定位于竞争品牌的对立面。通过勾画独特的品牌形象，宣扬独特的品牌个性，使品牌成为消费者表达个人价值的载体。例如，"七喜"汽水"非可乐"的定位，就是一个典型的独特分类品牌定位的例子。

3. 优势分类品牌定位策略

优势分类品牌定位策略，是将该品牌定位于没有强势品牌的分类中。强势品牌一般都有很难攻破的品牌壁垒，所以尽量避免以卵击石，找到一个有利于自己品牌的分类。例如，"红牛"饮料的定位是补充能量饮料，避开了强势饮料品牌可口可乐，找到了有利于自己的细分品类。

4. 场景分类品牌定位策略

有时消费者在对产品进行分类时，不是按其形态进行分类，而是按其在生活中的具体应用场景进行分类。场景分类品牌定位策略，就是按照产品在人们生活中所扮演的角色进行品牌定位。消费者的某些需求，只有在特定的场景下才会被激发出来，找到了这些场景，就找到了品牌发展的机会。将产品基于场景分类，并在某些场景中以个性化的方式呈现聚合的内容，能够引起消费者更多的关注。例如，可以将早餐牛奶和早餐饼干都定位成早餐食品。

5. 细分品牌定位策略

细分品牌定位策略，是指在调查和研究的基础上，根据消费者的购买动机、购买欲望以及购买行为的不同，将网络零售市场分为若干个市场，不同市场消费者的消费需求、消费行为、消费动机是不同的，同一市场消费者的消费需求、消费行为、消费动机则有相似性，结合这些相似性进行品牌定位。

6. 功能品牌定位策略

功能品牌定位策略，是指根据目标消费者的需求，结合企业特定产品的特点，在明确产品基本功能和辅助功能的基础上进行品牌定位。功能品牌定位的实质是突出产品的效用，一般表现为突出产品的特别功效与良好品质。产品功能是产品的核心部分。事实上，产品之所以为消费者所接受，主要是因为它具有一定的功能，能给消费者带来某种利益，满足消费者对某些方面的需求。如果产品具有与众不同的功能，那么该产品品牌即具有明显的差异优势。

7. 销售量品牌定位策略

消费者一般都有从众心理。从众心理是指个体在社会群体的无形压力下，不知不觉或不由自主地与多数人保持一致的社会心理现象。从众心理的典型表现是消费者在看到有许多人抢购某种产品时，尽管并不了解该产品的优点或自己是否需要，却仍会身不由己地加入购买者的行列。也就是消费者在选择产品时一般会选择大家都买的产品。因此，可以依据消费者的从众心理，通过强调销售量来进行品牌定位。

以上是几种常用的网络零售品牌定位策略，在进行网络零售品牌定位时还是需要根据具体情况确定采用哪种策略。

14.2.2 网络零售品牌的传播策略

网络零售品牌从诞生到做大做强会面临各种问题，而是否能塑造好的品牌价值和大众口碑，决定着企业是否能在市场竞争中取得优势。一个成功的品牌离不开品牌塑造，而品牌塑造的主要途径是传播。此外，传播也是企业满足消费者需要、培养消费者忠诚度的有效手段。

1. 传播原则

（1）精准定位

精准定位是品牌传播的关键。随着智能设备的普遍应用，品牌传播进入"精确制导"时代，品牌传播策略必须具有精准定位目标消费者群体的能力，能够提高品牌传播的有效性，降低品牌传播成本。

（2）精准触达

为了使品牌传播精准触达目标消费者群体，企业不仅需要在传播渠道选择、传播内容制作、传播频率等方面制定有效的策略，也需要对目标消费者群体进行画像，深入分析消费者的消费习惯、消费心理和消费特征等。

（3）有效互动

在品牌传播中，有效互动常常被忽略。有效互动既包括目标消费者群体与品牌之间的互动，也包括目标消费者群体之间的互动。前者是指品牌传播激发了消费者的需求，能够使消费者产生购买欲望并最终实现购买。而后者的关键在于建立规模足够大的忠实消费者群体，利用消费者的口碑传播提升品牌的影响力。

（4）内容个性化

在进行品牌传播时，要为消费者提供个性化的内容。个性化内容是指内容要鲜明、独特、与众不同，要能将品牌可以满足消费者需求的性能或功效准确地表达出来，使消费者一有这方面的需求，便会联想到该品牌。

2. 传播要素

品牌传播策略主要是基于消费者层面而言的，它以"信息"为中心，研究如何实现品牌信息传播效果的最优化。不管是投放广告还是开展营销活动，其实都是在向消费者传递信息。要得到最优的传播效果，就要关注传播的三个要素：信息本身——内容；信息的传播载体——媒介；信息的受体——人。首先，信息本身要具有话题性，在设计传播信息时，要了解社会文化背景，以及消费者关注什么，想看什么，传播的信息是否能够吸引消费者；其次，选择对消费者有影响力的传播载体，以及能获得更高关注度和流量的网络零售平台，网络零售平台的用户结构与品牌的形象也要保持一致；最后，互联网时代的信息传播是双向传播，消费者接收到信息后，是否愿意参与、转发、评论、进行二次创作，决定了传播是否能取得好的效果。因此，在设计传播信息时，应该主动设置议题和互动方式，打造消费者愿意参与的话题和内容，并使其保持开放的结构，让消费者参与进来。

3. 传播维度

具体来看，制定品牌传播策略时可以从情感、体验、口碑、事件等维度展开。

（1）情感传播策略

这种传播策略是将消费者个人情感差异和需求作为品牌传播的核心，通过情感包装、情感促销、情感广告等策略，唤起和激发消费者的情感需求，引导消费者产生共鸣，从而实现品牌传播的目的。

（2）体验传播策略

体验涉及消费者的感官感觉、情感、情绪等感性因素，也涉及知识、智力、思考等理性因素。体验的好坏会通过语言反映出来，如淘宝网上的好评等。随着消费者的消费需求呈现出差异化、个性化和多样化的特点，以及消费价值观的变化，消费者愈加关注与其主观感受密切相关的体验，体验将直接影响品牌传播的效果。

（3）口碑传播策略

菲利普·科特勒将21世纪的口碑传播定义为：由生产者以外的个人通过明示或暗示的方法，不经过第三方处理、加工，传递关于特定的或某一种类的产品、品牌、厂家、销售者，以及能够使人联想到上述对象的任何组织或个人的信息，从而导致受众获得信息，改变态度，甚至影响购买行为的一种双向互动传播行为。这种传播策略成功率高、可信度高。口碑传播策略基于社交媒体，强调消费者之间的互动，激发消费者分享正向口碑的兴趣，为品牌正向传播助力。

（4）事件传播策略

与事件营销类似，事件传播策略是指企业通过策划、组织和利用具有名人效应、新闻价值以及社会影响力的事件，引起消费者的兴趣与关注，以提高品牌知名度、美誉度，树立良好的品牌形象，并最终达成产品或服务销售目标的品牌传播手段和方式。通过准确把握新闻和社会舆论规律，策划具有新闻价值的事件，让这一事件得以传播，从而达到品牌传播的效果。特别是在新品上市阶段，很多企业希望能有一个焦点事件发生，将媒体、公众的目光聚集过来。

14.3 网络零售品牌战略

14.3.1 网络零售平台品牌战略

1. 服务是网络零售平台品牌生存的保证

网络零售平台品牌的实质就是为消费者提供更好的服务和更多的便利，如果能通过提供更好的服务和更多的便利满足消费者的需求，则能从整体上降低营销成本。在当今的市场竞争中，服务已成为品牌的一部分，是市场竞争的焦点。另外，服务也是塑造品牌的重要手段，可以为企业赢得信誉、赢得消费者、赢得市场。

2. 文化是品牌形象的基石

网络零售平台需要从文化的角度对品牌进行升级改造，提高自己的知名度与美誉度。网络零售平台一旦在消费者心目中形成整体的品牌形象，其营销成本将大大降低，竞争力将大大增强。创建具有拓展性的文化，是网络零售平台品牌创建过程中最重要的任务。其核心是品质提升，这一品质涵盖产品、服务、社会满意度等多方面的内容。可以从品牌内涵和企业文化两个方面锤炼网络零售平台品牌文化。

3. 个性是品牌价值的核心

确立个性，是使网络零售平台品牌能被消费者识别的最佳方法。确立网络零售平台品牌个性，可以减少消费者的选择时间和精力。品牌的吸引力在于其个性，品牌的个性是品牌价值的核心，这种个性表现为对品牌价值的认同。个性使网络零售平台形成独特的品牌价值，从而在市场中易于被消费者感知、认识、理解和接受。

4. 传播是品牌个性的助推器

与品牌个性高度契合的品牌传播是最有效的传播。传播的最终目的就是发挥创意的力量，利用各种机会在市场上形成与品牌个性一致的品牌效应。品牌传播是品牌塑造的主要途径。网络零售平台在塑造品牌时，一定要精准把握品牌的个性，选择与之相符合的传播方式，助推品牌个性的发展。

14.3.2 网络商品品牌战略

可以从以下几个方面打造网络商品品牌。

1. 个性化的品牌定位

要进行个性化的品牌定位，就要做到以下几点：开发差异化产品，满足消费者的核心需求；突出产品自身的特色，使其能够在某个细分市场或领域占据垄断地位；专注细分市场，专注产品的开发和研究，追求创新；根据产品的特点，对消费者群体进行划分，针对不同的消费者群体实施个性化营销；注重个性化品牌的传播，注重品牌文化和产品理念的提炼及推广。品牌文化和产品理念必须有别于竞争产品，具有较高的识别度。只有采用个性化的品牌定位，企业才能把握市场的主动权，源源不断地获得消费者。

2. 选择品牌推广方式

在品牌推广中，网络社区推广的效果比较显著。由于网络消费者常常会到网络社区中去搜索相关信息，因此网络社区中与品牌有关的信息对消费者的影响很大。可见，与网络社区合作推广品牌是见效最快的品牌推广方式。在采用这种方式时，首先要确定目标网络社区，进行精准营销。在实施网络社区营销之前，网络零售商需要对目标消费者群体进行调研，找到可选的网络社区。在缩小范围后，对可选的网络社区进行分析，了解它们的特点，并对其进行SWOT分析，据此预测各个网络社区的品牌推广效果，最终确定目标网络社区。其次，要充分利用网络社区的特点，采用本社区网络消费者喜闻乐见的活动进行推广。最后，要挖掘意见领袖，协助品牌推广。也就是要充分发挥网络社区中意见领袖的作用，引导舆论，形成口碑效应，扩大品牌知名度，提高消费者黏性。

思 考 题

1. 网络零售品牌的特征有哪些？
2. 网络零售品牌的发展趋势如何？
3. 网络零售品牌如何进行精准的定位？
4. 传统零售品牌向网络延伸需要注意哪几个方面的问题？
5. 网络零售品牌的传播为什么具有明显的人际传播特点？

参 考 文 献

[1] 舒尔茨，等. 重塑消费者：品牌关系 [M]. 沈虹，郭嘉，等，译. 北京：机械工业出版社，2015.

[2] 迦得. 品牌化思维：引爆用户购买力的十五大品牌逻辑 [M]. 王晓敏，胡远航，译. 北京：中国友谊出版公司，2018.

[3] 谢弗，库尔文. 品牌思维：世界一线品牌的7大不败奥秘 [M]. 李逊楠，译. 苏州：古吴轩出版社，2017.

[4] 西奥迪尼. 影响力：经典版 [M]. 闾佳，译. 北京：北京联合出版有限责任公司，2016.

[5] 布朗斯坦，莱文. 网络品牌 [M]. 潘卫民，译. 北京：新华出版社，2003.

[6] 陈春花，曹洲涛，刘晓英. 品牌战略管理 [M]. 广州：华南理工大学出版社，2008.

第四篇 零售业数字化转型

第 15 章

零售企业数字化转型

学习目标

1. 了解数字经济时代消费者主权的崛起对零售业的影响。
2. 掌握数字经济时代零售业的特点。
3. 理解零售企业数字化转型的必然性和具体路径。

第15章 零售企业数字化转型

导言

> 网络零售的发展大致经历了三个阶段：第一个阶段，为20世纪90年代，网络零售行业将网页广告、定向广告等作为主要的营销手段；第二个阶段，从2000年到2016年，网络零售平台开始涌现，网络零售行业呈现爆发式增长；第三个阶段，从2016年至今，网络零售行业形成线上线下相融合的格局，零售企业开始进行数字化转型。数字化使消费者、商品与消费场景紧密结合，实现了零售过程从"人找货"向"货找人"的转变。

15.1 消费者主权崛起

"消费者主权"（consumer sovereignty）的概念，最早出现在亚当·斯密的经济学经典著作《国富论》中。其主要含义是：消费者根据自己的意愿和偏好到市场上选购所需的商品，并通过市场把意愿和偏好传达给生产者，所有生产者都要听从消费者的意愿和偏好安排生产，向消费者提供所需的商品。消费者借助消费者市场中生产者之间的竞争行使主权，向生产者"发布命令"，整个经济模式由消费者主导。消费者主权表达出消费者与生产者之间的一种新型关系，并对商品生产起着决定性作用。

从我国零售业的发展历史来看，我国的消费者市场走过了产品主权时代、渠道主权时代，当前已经进入消费者主权时代。产品主权时代的市场特点是产品短缺或相对短缺，企业的产品研发能力和制造能力是企业获取竞争优势的基础。渠道主权时代的市场特点是"渠道为王"，企业通过建立强大的销售渠道网络获得竞争优势。而到了消费者主权时代，企业的一切决策都要从消费者需求出发，零售业的商业逻辑发生了根本的变化。

15.1.1 消费者主权与零售业

网络零售的发展赋予了消费者更多的权利，极度丰富的商品给了消费者充分的选择权，信息的易得性让消费者的搜索成本和交易成本大大下降，这些都使得消费者的忠诚度变得越来越难以把握。一方面，消费者的需求在不断发展，除了希望得到高性价比的商品外，他们还渴望便利的渠道、个性化的用户体验和良好的服务。另一方面，技术的发展也为企业满足消费者的需求提供了可能性。企业通过互联网，尤其是网络零售平台获取的消费者数据十分丰富，在保护消费者隐私的前提下，充分利用这些数据，可以让企业更好地把握消费者的需求。消费者也可以通过和企业的互动，更好地了解企业及其产品与服务。只有与消费者建立深度的情感连接，企业才有可能去洞察消费者的需求，制定有远见的发展战略。乔布斯说过："消费者并不知道自己需要什么，直到我们拿出自己的产品，他们就发现，这是我要的东西。"这要求企业要有远见，能够和消费者产生共鸣。

微视频15-1
消费者主权与零售业的发展

美国学者大卫·贝尔在其所著的《不可消失的门店》中指出，无论零售业如何变化，其本质不会改变——始终是满足消费者购物、社交和娱乐三方面的体验需求。零售业没有新旧之分，无论是过去、现在还是将来，最根本的还是好的产品、有竞争力的价格以及优质的服务。但是，随着数字经济时代的到来、消费者主权的崛起，企业必须直面挑战，进行数字化转型。

15.1.2 消费者主权崛起给零售业带来的变化

1. 商业逻辑从推式逻辑向拉式逻辑转变

随着消费者主权的崛起，零售业的商业逻辑发生了由推式逻辑到拉式逻辑的颠覆式变化。先产后销的"推式"逻辑，即生产者先根据历史信息和市场预测生产产品，再将库存商品逐级推销进入流通和最终消费领域，因此可以将其关键特征归纳为生产决策是基于长期预测的结果做出的，产品生产与真实的消费需求之间存在较大的时间差。与之相反的按需定产、定制生产的"拉式"商业逻辑，即以最终消费者的需求和实际订单为导向，通过对需求的精准捕获和对订单的快速反馈，拉动上游快速供应，在这种情况下库存被极大压低甚至接近零，因此可以将其关键特征归纳为生产决策极大地接近需求，最终消费者的需求（而非长期预测需求）成为决定生产的主导因素。以生产为导向的商业模式正被以需求为导向的商业模式取代，推式逻辑也正在向拉式逻辑转变。由此，生产与零售的关系也由基于市场交易的供销关系逐步转变为基于上下游合作的供应链关系。

2. 从关注产品和渠道到关注消费者需求和体验

以产品为中心的商业逻辑是关注产品的质量、效益、交货期、成本，以渠道为中心的商业逻辑是销售网络的规模化扩张，而以消费者为中心的商业逻辑是持续关注消费者从产品购买到产品使用全生命周期的体验。在数字经济时代，消费者需求的变化如表15-1所示。

表15-1 数字经济时代消费者需求的变化

消费者需求	说明
旧的消费者需求（产品+服务）	性价比；标准化的功能；耐用性；零售服务
新的消费者需求（产品+服务+内容）	更高的性价比；标准化+个性化的功能；无缝融合的场景；良好的服务体验+内容

如表15-1所示，在数字经济时代，消费者需要个性化的产品和服务，并希望得到良好的消费体验。此外，他们还希望充分表达对产品和服务的意见，以及从被动接受或选择产品变成主动参与产品价值的创造。因此，企业需要从向消费者提供"产品和服务"转变为向消费者提供"产品+服务+内容"。

应用案例

孩子王的用户体验

孩子王是我国母婴行业的零售品牌企业。目前孩子王在全国范围内开设了370家数字化门店，在每一家数字化门店中，孩子王微信小程序都贯穿于消费者从进店到离店的全过程。消费者到店即可使用小程序签到，在得到允许后，会收到系统自动发放的签到奖励，同时系统会自动对消费者所在的门店进行定位，并将门店的当日活动信息以及基于消费者偏好推荐的商品，通过后台推送给消费者；在购物过程中，消费者打开微信小程序，使用扫码购功能扫描商品电子价签，就可以将商品加入购物车或者一键购买；结账时，消费者在收银台打开微信小程序就可以进行结算；离店后，消费者会收到微信小程序的服务通知，让其针对门店服务做出评价。当然，消费者即使在家也可以通过微信小程序扫码下单购物，并根据个人习惯选择店内自提或"店配速达"送货上门服务。

在孩子王的第七代全数字化门店中，这套智能服务被更加完美地融入门店运营。消费者不再会为找不到商品而烦恼，也不需要长时间排队等待，数字化门店可以千人千面地满足每个消费者的个性化需求，真正做到了全渠道、全场景触达消费者。

以前，孩子王的门店常被认为是母婴商场，"把用户最想要的放在一堆"。现在，孩子王门店的布局以面向消费者需求、解决消费者问题为原则，消费者一进店就会看到全渠道用户中心，再进去会看到孕妇服务中心、儿童娱乐中心、育儿服务中心，这样就把门店完全变成了消费者的门店。

按照这个原则，门店中的商品组合也有了变化。孩子王针对不同年龄段的用户，分级分层提供了1 100多个细化的商品解决方案，每个存货单位（SKU）都是一个解决方案中的一个角色，同质化的、周转效率低的商品会被筛选掉，从而做到了全渠道、全场景触达消费者。孩子王庞大的育儿顾问团队则更加印证了"以用户为中心"这个理念。孩子王在全国的门店中都配有专门的育儿顾问，他们不以销售商品为主要职能，而是为新手妈妈提供产后和育儿服务、免费的育儿指导及婴童商品的购物方案。另外，针对不同家庭的不同阶段，每个门店都准备了丰富多彩的亲子活动，育儿顾问则可以利用这些活动与会员展开有话题、有内容的高频互动，增强与会员的情感交互，提高会员黏性。

目前孩子王在全国拥有超过7 000名持有国家育婴师资质的育儿顾问，他们借助孩子王多元化的数字化工具，可以24小时在线实名为会员排忧解难。线上的微信社群运营就是其中一种重要的方式。育儿顾问加会员微信后，可以按照年龄、宝宝生肖、孕期阶段起好群名，分时间段发送一些实用的育儿小贴士给会员，或者分享原创的育儿经验文章。既能有针对性地解答会员的疑惑，又能降低对会员的打扰。

3. 从关注海量消费者群体到关注个性化消费者群体

在移动互联网和数字技术的推动下，"90后""00后"群体正成为消费的"主力军"。他们越来越追求个性化的消费体验。企业如果不能洞察消费者需求，就不知道如何与消费者建立连接。

企业通过海量的数据获取消费者的有关信息，并用特定的算法和模型进行分析，最后针对每个消费者做出个性化推荐，为其提供匹配度更高的产品和服务。

企业对消费者理解得越深入，越有利于为其提供个性化、定制化和场景化的产品、服务和解决方案，这将全面改善消费者的体验，提高消费者的忠诚度。

15.2 数字经济时代零售业的特点

在数字经济时代，零售业的发展呈现出以下特点。

15.2.1 数字化

零售企业的数字化，包括商品数字化、消费者数字化和运营数字化等内容。商品数字化是基础，没有商品的数字化，就很难实现消费者（人）与商品（货）的精准匹配。消费者数字化则能充分挖掘客户关系管理的价值，意味着消费者可识别、可触达、可洞察、可服务。运营数字化的目标是实现可复制的精细化管理，在提升消费者体验的同时推动供应链的优化升级。

零售企业积累了众多的消费者行为数据,但数据的背后其实是人们真实的社会生活。因此,零售企业不仅要在数字世界中接触更多的人,还要深入了解他们的生活,抓住不同圈层消费者的核心需求。也就是说,零售企业不仅要在数字层面实现与消费者的连接,还要在情感层面实现与消费者的"打通"。

15.2.2 娱乐化

零售企业不能只关注消费者对产品及服务的需求,还要关注消费者隐藏的需求。越来越多的消费者把网络购物看作一种娱乐方式,希望在消费过程中与零售企业形成某种连接,以满足自身的某种需要。因此,零售企业要在品牌营销的过程中增加休闲、体验、娱乐等元素,以增强消费者对品牌的信任与好感,强化品牌形象。

15.2.3 全渠道

随着消费者的购物渠道越来越多,购物时间和场景也越来越碎片化,消费者希望零售企业能满足这种随时随地发生的购物需求,并提供更好的消费体验。零售企业面临的挑战,来自在线上线下不同场景中游走的消费者,因此全渠道是零售企业未来发展的关键,即将线上线下充分融合起来,以实现对消费者的多接触点沟通,从而使零售企业获取更多的流量资源。

当前,消费者与零售企业的接触点不仅有一线店铺员工,还有社交网络好友、广告、社交媒体意见领袖等第三方。零售企业要识别各个接触点,全面提升消费者的消费体验,进一步提高自己的核心竞争力。

15.3 数字化和数字资产的概念

15.3.1 数字化的概念

数字经济以数据为新生产要素,其发展方式已从以物质产品的生产、服务为主转向以数据的生产、服务为主。作为数字经济时代的核心资产,数据成为经济增长的主要驱动力,将对工业化时代的企业管理进行全方位重构。与此同时,零售业中的人、货、场及其内在关系也在发生着颠覆式的重构,基于新技术的新场景、新渠道、新体验等层出不穷。

迈克尔·韦德等对数字化进行了定义,即数字化是指通过连接实现的各种技术创新。这些技术创新会随着时间的推移而不断演变,目前相关度最高的技术创新包括大数据、云计算、移动互联网、基于位置的服务、社交媒体、物联网、人工智能、区块链,以

微视频 15-2
企业数字化
资产的概念

及虚拟现实等。数字化必须以上述一种或多种技术为基础，而连接是实现数字化的关键。

首先，数字化业务转型的目标是提高业务绩效。其次，数字化转型的基础是数字技术。组织的转型需要持续的改进，而判断一场转型是否为数字化业务转型，就要看转型过程中是否有一种或多种数字技术在发挥重要作用。最后，数字化转型必须涉及组织变革——包括业务流程、人员和战略在内的真正的变革。总之，数字化转型涉及的内容不仅限于技术范畴。运用数字技术可以构建新的商业模式，实现组织变革，进而提高绩效。

15.3.2 零售企业的数字化资产

零售企业的数字化转型都是从积累自己的数字资产开始的。那么，什么是数字资产呢？所谓数字资产，是指一切以数字形式存储的、有商业或交换价值的资源，其具备资产属性，即数字资源的资产化。而传统资产也可以通过新一代数字技术的改造，实现低成本、高效率的配置，即资产的数字化。虽然上述两种形式表现不同，但它们的本质都离不开商业与科技的深度融合，体现了以大数据、人工智能、物联网、区块链、移动互联网等为代表的新一代数字技术对传统商业模式的升级改造。

关于数字资产的内涵，我国也有学者进行了相关研究。李永壮等（2018）认为，数字资产是预期会给所有者带来收益的资产，一般是由单位或个人控制，以任何二级投影的形式存储在计算机、数据库以及云端等设备中。数字资产的特征较多，其中比较显性的特征是无实物状态，但可以重复使用。它是属于技术范畴的产品，可以长期存储和保管，但在生产过程中却不可见。张宁（2018）认为，数字资产主要是指可以被存储、分类、保管和利用的数据，当然它并非简单堆砌的数据，而是一种元数据，其内容可以被使用。数字资产有数字性和资产性双重特征。所谓资产性，是指单位或个人拥有且可以控制的、能够带来经济效益的资源和财产，属于一种无形资产；数字性包含的内容则十分广泛，其具体内容如文本、图像、音频、视频、网页、电子邮件、编码等。王方方（2018）认为，我国尚未对数字资产进行法律上的定义，从美国现有的法律来看，数字资产即电子化记录。随着信息技术的不断进步，数字资产的形态及分类也在不断变化，司法实践中需要将数字资产具体化为游戏装备、电子账户、数据流量等进行分析，以此来确定其类别。

每个零售企业都要拥有自主的数字化工具，积累数字化资产。零售企业要获得数字化资产，首先是要实现消费者数字化，其次是要通过对消费者需求的洞察，改良商品，进而实现分销渠道和供应链的优化，以满足消费者的需求。客观地说，收集消费者的数字化信息并不难，难的是进行可持续的"重度运营"，并且可持续地改善零售企业的业绩,而要做到这些,就需要零售企业建立强大的数据中台,持续不断地把数据变成资产,同时变革零售企业的组织架构,以适应数字化之后的业务运营模式。

零售企业的数字资产与数字化过程是相伴相随的,数字化程度越高,数字资产就越大,而数字资产的经营与管理同样是数字化的重要内容。

应用案例

沃尔玛消费者数字资产的沉淀

沃尔玛中国区高级副总裁陈志宇说:"彻底的数字化转型,要以实现使用场景、消费者以及商品的个性化匹配为目标。沃尔玛要做的事情是更好地通过数字化的方式为消费者服务。"

为了适应中国市场新的消费需求,沃尔玛用数字技术全面"武装"了其在中国170多个城市的400多家门店,传统的门店不仅成为消费者的线下体验场所,还为消费者的线上订单提供配送服务。例如,为了解决消费者在门店结账时排队等候时间长的问题,2018年"扫玛购"小程序上线,消费者可以直接通过手机利用该小程序自助扫码录入商品,支付货款,不必排队结账,极大地提高了门店的运营效率。"扫玛购"一上线就快速铺开。后来沃尔玛又上线了"沃尔玛到家"小程序,以门店为依托,提供最快1小时配送到家的服务,满足门店周围3~5 km的即时消费需求。同时沃尔玛还采用了云仓模式,通过前置仓,覆盖门店原本难以触达的消费者。2019年年初,沃尔玛发现既有的软件服务商已经难以满足日益增长的客单量及其对商品快速迭代的需求,为此开始和腾讯智慧零售在"云Mall"上实现技术对接。为了解决消费者入口不一的问题,沃尔玛决定将"沃尔玛到家"与"扫玛购"合二为一,形成一站式的自营商城沃尔玛小程序,消费者只需要打开一个小程序就可以完成线下到店买单、线上复购到家的流程,同时这也有助于沃尔玛对分散的消费者流量进行整合。不仅如此,沃尔玛也研发和构建了数据中台,一方面保证了沃尔玛小程序在大促销期间涌入过多流量时依然能正常运行,避免因程序崩溃而导致消费者流失;另一方面为沃尔玛小程序的快速迭代和升级提供了可能,持续为消费者提供便捷的服务。沃尔玛小程序将大量的线上线下流量连接起来,实现了对消费者信息的数字化,为沃尔玛沉淀了庞大的数字资产,为其后续的精细化运营打下了基础。

15.4 零售企业的数字化转型与创新

数字技术正在改变零售业。一些零售企业已经通过全渠道的数字化积累了大量的数据资产，并且可以用大数据分析手段取代以往的人工经验指导经营决策。同时，零售企业和消费者开始从纯粹的线下交易关系，向数字化、全方位的客户关系转变。在这种关系下，零售企业对消费者的理解更加全面，而且更有延续性。

数字化转型当然不仅仅意味着技术应用上的创新，也推动着零售企业在战略、组织、人才、运营和外部合作关系等方面的创新。从本质上来看，数字化转型其实是一场深刻的管理变革。

15.4.1 数字化转型战略

研究认为，零售企业的数字化转型战略是"一把手"工程。如果高层管理人员对数字化转型战略有明确的愿景和坚定的决心，资源整合能力就强，数字化转型成功的可能性也就很大。

2019年，麦肯锡针对零售业发布了《创新前行——中国零售市场的成功指南》报告，指出技术的快速落地已经开始产生商业影响力。从理论上看，超过50%的零售举措都能实现自动化，但仍然有不少零售企业转型困难，阻碍零售企业向数字化转型的壁垒不是技术难关，而是根深蒂固的企业传统。例如，不少零售企业仍然将线上业务与线下业务分开管理。在全渠道时代，这样的管理显然并不合理。也有一些零售企业开始推动线上线下业务的融合，但在这一过程中需要升级管理手段，改变传统的利益分配逻辑。例如，一些零售企业为线下门店设置"地理围栏"，进行属地化管理，位于门店几千米内的消费者无论是通过线上渠道下单，还是通过线下渠道下单，都属于该店的属地收益，以此来推动渠道运营的融合。对于数字化转型也有不同的认知：有的零售企业对数字化转型的认知仅停留在生产与营销过程的信息化上；而有的零售企业则把数字化转型简单地等同于建立线上渠道；还有的零售企业认为数字化转型就是为业务运营体系搭建一个大数据平台。可见，零售企业的数字化转型还有很长的路要走。

从战略的长度看，数字化转型需要企业家与企业的战略格局更具有前瞻性，走出经验曲线，站在未来看未来，将数字化转型作为企业的长期战略，摒弃短期思维，对数字化转型所需要的技术、人才和管理体系进行重构，并进行长期的战略投入。从战略的宽度看，要跨界融合，构建开放的生态，进行全产业布局与跨界产业整合，以及全球资源配置。

15.4.2 组织变革

零售企业要真正实现数字化，还需要完成人与人、人与组织、组织与组织各个维度的数字化,激发每个人的创造力,最终将以人为本的数字化管理思想落地。

首先,由哪个部门来推进数字化进程?有的企业把数字化转型团队设在信息技术中心,有的企业设在战略决策部门,还有的企业为此专门成立了新的子公司或独立部门。企业高层管理者必须明白,数字化转型不应是企业锦上添花的工程,不能让数字化仅停留在某个部门,而是要让数字化转型成为企业发展的共识。

其次,组织结构发生变革,并重构组织和人之间的关系。第一,未来的组织可能会呈现以下特点:扁平化、平台化、分布式的组织形态成为主流组织形态;开放包容,充分尊重员工的自主创新精神;淡化权威领导,倡导赋能领导;去中心化,一切以消费者为中心,构建多中心平行的运行机制。第二,重构组织和人之间的关系,企业向平台型组织转型,员工创客化,激发员工的活力和创造力,构建一个共创共赢的全新的商业模式。

15.4.3 数字化领导力和数字化人才

企业数字化转型是一场深刻的管理变革,企业高层管理者需要具备相应的数字化领导力。首先,企业高层管理者在进行数字化转型时要从机会导向转向战略导向,要将数字化转型作为企业的核心战略,对数字化转型要有系统思考和顶层设计,要制定可操作性强的数字化行动纲领与绩效目标;要有脱胎换骨的变革意志与执行力,要勇于承担变革创新的责任与风险。其次,企业高层管理者要能够自我变革,自我超越,提升数字化领导力。

随着数字化的推进,企业亟须具有一定技术水平的员工。这些员工直接负责企业数字化转型战略的实施,是具备信息技术知识,了解企业业务,能够运用管理技能有效调配资源的,懂技术、懂业务、懂战略的复合型人才。因此,企业可能会出现人才匮乏的情况。在这种情况下,企业可以利用联合培养、在线教育等方式加强人才培养,以弥补人才匮乏的短板并获得创新能力。

此外,人力资源管理者要成为企业高层管理者的战略伙伴。作为企业的赋能者和变革推动者,他们要建立新的数字化管理平台,一方面基于大数据进行人力资源决策,实现人与组织、人与工作任务、人与人的精准匹配,另一方面重构人力资源职能,基于员工需求,向其提供客户化的人力资源产品与服务,提升员工体验,助力科学决策。

15.4.4 业务数字化

业务数字化是指在信息技术的支持下,将产品、服务、资产、业务流程等通过数字化的方式连接起来,使企业运营更加高效。

零售企业在数字经济时代可以进行前所未有的数据积累。一方面,互联网的广泛连接使原先隐蔽、复杂的消费者的真实需求易于获取和显现,从而形成丰富和高质量的消费者大数据;另一方面,供应链上的各个企业以突破空间限制的标准化、交互处理的数字化方式相互联系,这为迅速识别和配置可用资源打下了基础。

在互联网上,零售企业不仅能获得消费者的交易数据,还能获得更为丰富的消费者行为数据,如搜索商品、收藏商品、将商品加入购物车、浏览轨迹和消费历史记录等数据,以及诸如消费者的年龄、购买力、消费区域等数据。只有基于这些数据,零售企业才能准确地为消费者画像,对其消费行为的预测也才会更加精准。

零售业的价值主张是为目标消费者群体提供商品,传递价值,这包含两层含义:一是向哪个细分市场传递价值,即明确目标消费者群体,这需要零售企业先进行市场细分,再结合企业战略和资源对目标消费者群体进行定位;二是向目标消费者群体传递何种价值,即确定价值的内容。

而大数据的巨大能量在于对海量、多样化的数据进行分析,使零售企业具有敏锐的洞察力:① 发现微小化的细分市场。以前只能按照性别、年龄、地理位置等具体化指标细分市场,但大数据可以让零售企业按照抽象化的指标,如偏好、兴趣、生活方式等细分市场,从而使细分市场进一步微小化。② 找到精准的目标消费者群体。基于对消费者行为数据等的分析,大数据能够帮助零售企业准确地找到自己的目标消费者群体。③ 进行个性化营销,大数据可以为每个消费者赋予一个独特的标签,使零售企业的个性化营销成为可能。

15.4.5 合作网络化

基于大数据实现的沟通零距离、信息和知识的共享等,降低了零售企业与供应商之间、零售企业与消费者之间、零售企业与零售企业之间的交易成本,引领零售业从传统仅由零售企业构成的零售体系,向由供应商、零售企业、消费者等构成,集用户、数据、技术于一体的多边平台式价值网络体系转型(魏农建等,2012)。同时,网络效应所产生的大数据可以用来指导各方决策和战略的制定,从而提高整个零售网络体系的价值。

零售业数字化转型的突破口在于产业链成员的数据连接和共享,这是提升零售业运营效率、实现资源优化配置的关键。在传统零售中,销售、库存等方面的数据在零售企业、供应商、各级经销商等产业链成员中是割裂存在的,产业链成员各自拥有相对完整的电子化数据体系,但彼此之间的信息不透明,以及人工记录和延迟传递等因素,使得很多数据无法发挥功能。未来,基于产业级数据中台及人工智能技术,可以实现零售业整个价值链条上的数据共享,零售企业运营、供应链及生产制造流程的重构,以及基于高颗粒度精准预测与匹配的柔性生产和柔性供给,从而真正服务于消费者快速变化的、多元化的需求,提高零售业整体的竞争力。

思 考 题

1. 消费者主权崛起对零售业产生了哪些根本性的影响？
2. 影响传统零售业数字化转型的主要因素有哪些？

参 考 文 献

[1] 谢莉娟. 互联网时代的流通组织重构：供应链逆向整合视角［J］. 中国工业经济，2015（4）：44-56.

[2] 李海舰，田跃新，李文杰. 互联网思维与传统企业再造［J］. 中国工业经济，2014（10）：135-146.

[3] 罗珉，李亮宇. 互联网时代的商业模式创新：价值创造视角［J］. 中国工业经济，2015（1）：95-107.

[4] 张鹏. 数字经济的本质及其发展逻辑［J］. 经济学家，2019（2）：25-33.

[5] 谢莉娟，庄逸群. 互联网和数字化情境中的零售新机制：马克思流通理论启示与案例分析［J］. 财贸经济，2019（3）：84-100.

[6] 安筱鹏. 重构：数字化转型的逻辑［M］. 北京：电子工业出版社，2019.

[7] 江娟，杨奇星，陈家淳. 基于大数据的零售业商业模式创新路径探讨［J］. 商业经济研究，2018（18）：11-13.

第 16 章

网络零售与组织变革

学习目标

1. 掌握经典的组织理论,了解组织变革的趋势。
2. 理解网络零售平台企业组织变革的过程及内在逻辑。
3. 深入思考在网络零售企业组织变革的过程中,人与组织之间关系的变化。

导言

> 为了构建以客户为中心的服务体系,企业不仅需要集成新的技术,还需要改变原来的组织结构和流程,而且企业的管理层和普通员工都应接受企业的数字化转型,只有这样才能推动企业在数字经济时代获得长足发展。
>
> 数字经济的发展推动着网络零售的发展与变革,企业必须要思考如何进行组织变革,激发每个员工的主动性、创造性和创新精神,以让企业充满活力,对市场需求做出敏捷反应,更好地满足消费者的需求。
>
> 组织变革是指运用科学的管理方法,对组织结构、组织规模、内外沟通渠道及关系对接、组织文化等进行有目的的、系统的变革,以适应组织所处的内外部环境、自身发展任务及所处技术阶段等的变化,提高组织效能。

16.1 组织理论概述

组织是人类社会最普遍的现象。组织具有明确的目标导向、精心设计的结构系统和有意识协调的活动系统,组织与外部环境保持着密切的联系。

最早对组织进行研究的是阿尔弗雷德·马歇尔(Alfred Marshall),他在所著的《经济学原理》(*Principles of Economics*)中,第一次将组织视为与土地、劳动力和资本并列的生产要素。但是,以他为代表的新古典经济学认为市场交易最为重要,由于市场有自己的淘汰机制,组织只是一个赚取最大利润的"黑匣子",探究其运作机制毫无意义,因此仅仅将组织视为生产函数,将其与被视为效用函数的消费者相对应,并认为组织的目标不受其所有权、组织架构、知识基础、科技或成本效益的影响。

对于组织实质和运作规律的研究,最初是在作为管理实践科学的管理理论中体现的。人们在管理实践中,对组织设计、行为、目标、效率、边界等进行研究,组织理论与管理理论密不可分。在现代的组织理论出现之前,组织(包括组织设计、组织行为、组织目标、组织效率等)被视为经济学、管理学、社会学等学科领域的研究对象。

组织理论作为一个独立的研究体系,是第二次世界大战结束后不久出现的,并在20世纪七八十年代社会科学介入后得以迅速发展。在组织理论的后续发展过程中,由于生态学、系统论、复杂性科学等不同研究视角的介入,组织理论的研究思路更加广阔，并产生了组织社会学、组织管理学、组织经济学、组织行为学、组织生态学、组织政治学等更多的研究分支，从而形成了组织理论的"丛林"。

组织理论的发展大致分为以下几个阶段。

16.1.1 古典组织理论

20世纪初期，古典组织理论得以产生，其代表人物和主要理论是泰勒（Taylor）的科学管理理论、法约尔（Fayol）的一般管理理论和韦伯（Weber）的行政组织理论。

1911年，泰勒出版了《科学管理原理》，该书的出版标志着科学管理时代的到来。他开始探讨企业管理的科层制，并通过对工人的观察与试验，详细测量和研究每一道工序及其所需的时间，然后确定执行工作的最佳方式，并统一采用和推广。他认为，工人只需要接受良好的训练，有逐利的动机，不需要思想，没有情感，更不需要创新精神。泰勒的贡献是为机器化大生产构建了一个整体框架，提高了劳动生产率，但也使得工人在生产过程的异化问题变得非常严重。

与泰勒不同的是，法约尔从一个企业家的视角，关注的重点不是生产效率，而是组织整体的管理与控制。他的贡献主要体现在以下几个方面：从经营职能中独立出管理活动、提出管理活动所需的5个职能和14个管理原则。

韦伯提出了行政组织理论，他正是科层制的集大成者。他提出的行政制度强调劳动分工，明确组织内每一个人的权利和义务，并将这些权利和义务以规章制度的形式固定下来；此外，还要建立严格的等级制度，形成金字塔式的权利结构。组织内晋升主要通过正式考核、组织培训的方式完成。组织内领导者的选拔是通过任命的形式，而不是通过选举的形式进行。组织强调按规章制度办事，而且这些规章制度是客观的和去个性化的，毫无例外地适用于所有情况。由此可以看出，韦伯的行政组织理论适用于政府组织，也适用于进行标准化生产的传统制造业组织。

上述三个理论的不同之处在于，泰勒侧重于生产效率，法约尔强调组织整体管理，而韦伯关注资本与权力主导的社会环境对组织的影响，把组织要完成的详细任务和管理组织的一般原则结合了起来。

总体来说，古典组织理论将组织视为一个理性、封闭的系统，正因为结构是组织达到有限理性的基本载体，古典组织理论将研究的核心放在组织结构的合理化上。具体来说，古典组织理论以静态—结构—法规的观点来研究组织问题，组织结构的设计、组织运行的基本原则和组织中管理的基本职能是其研究的重点内容，组织的合理化则是其核心。古典组织理论是典型的人机关系技术论管理哲学，即将"人"的因素建立在"经济人假设"上，泰勒和韦伯把组织隐喻为"机器"，把组织中的人隐喻为"齿轮"和"螺丝钉"，此时组织的隐喻是机械性、规律性的，人与人之间如机器般互动，人变成了机器从而失去了社会人所具有的人性，也丧失了在工作中发挥主观能动性的可能。

16.1.2 新古典组织理论

新古典组织理论的主要内容是行为科学的发展，以著名的霍桑实验为开端。以梅奥为代表的一批管理学家把人类学、社会学、心理学引入企业管理，进行了长期的霍桑实验，提出了人际关系理论，认为人与人之间的关系是影响工作效率的重要因素。

1927年开始，梅奥断断续续地进行了长达数年的霍桑实验。1933年，梅奥出版了《工业文明的人类问题》，1945年出版了《工业文明的社会问题》。梅奥以霍桑实验为依据，提出了"社会人"和"非正式组织"两个影响深远的管理学概念。梅奥认为，员工不仅是"经济人"，时刻考虑自己的经济收益，还是"社会人"，是复杂社会系统的成员。组织内不仅存在"正式组织"关系，还存在"非正式组织"关系。因此，组织领导者要实行全方位的激励，不仅要给予员工经济激励，还要给予他们精神激励。要能充分理解员工的心理需求，以及员工之间的协同关系，注重激发"非正式组织"的正面效应。

巴纳德是美国著名的企业家和管理学家，他对企业管理实践和领导科学进行了卓有成效的研究。1938年，他出版了代表作《经理人员的职能》，1948年又出版了《组织与管理》。他是社会协作系统学派的创始人，明确提出了组织是一个社会协作系统的思想。他认为，组织的生存和发展有赖于组织内部平衡和外部适应。经理人员的主要职能是建立和维持一个信息交流畅通的系统，从组织成员那里获得必要的服务，并规定组织的目标。

相对于古典组织理论纯粹的"人机关系技术论"，新古典组织理论通过"人群关系组织论"的管理哲学弥补了其不足，它用人性的、动态的、功能的、心理的研究代替了古典组织理论中相应的机械的、静态的、结构和生理的研究（刘延平，2007）。

16.1.3 现代组织理论

20世纪80年代，随着日本经济的复苏和日本企业的发展，很多西方学者开始研究日本企业的管理模式和企业成功的关键因素，他们认为企业文化、终身雇佣制、员工忠诚等因素是很重要的基础。同时，还出现了权变理论和流程再造理论。

将组织理论本身推向主流的是权变理论的出现和发展。权变理论作为系统设计思路的一个分支，强调设计决策取决于环境条件，是对环境权衡的结果。组织是受环境影响并属于社会大系统的一个开放的系统，组织不能被孤立地看待，应放在其所处的特定环境中去研究。

流程再造理论，将企业从以职能为中心的传统结构转变为以流程为中心的结构，改变了企业的经营方式和管理方式。其中，再造就是对战略、增值运营流程，以及支撑它们的系统、政策、组织、结构的快速、彻底、急剧的重塑，以达到工作流程和生产率的最优化。企业流程再造的核心思想有两个，一是对企业原有的业务流程重新进行塑造，包括进行相应的资源结构调整；二是对企业业务流程重新进行塑造。

综上所述，现代组织理论的重要特征是从开放系统的视角来研究组织，并关注环境对组织的影响以及组织对环境的响应，由此进入"人境关系系统论"的时代；同时将对组织的研究从分析个体、局部的运作规律，扩展至系统性地研究组织整体以及组织与外部环境的关系。

16.1.4 组织理论的最新发展

1. 网络组织理论

斯诺和迈尔斯（1986）从组织演化的角度，将网络组织视为继功能型企业、部门型企业和矩阵型企业之后的第四种组织新形态，并将其定义为：在价值链的各个节点上做出贡献的若干企业集体资源的组合。由于客户需求随着时代的变化发生了较大的改变，项目的市场（project market）以其复杂、动态和不确定的特征对参与市场交换的各方提出了更高的要求，因而柔性更大的网络组织代替了传统科层组织参与市场交换（Powell，1990），其原因在于网络组织是由活性节点以立体连接方式构成的整体系统，其可以围绕特定目标运行并实现信息共享与无障碍沟通（林润辉、李维安，2000）。

2. 学习型组织理论

学习型组织理论发展到今天已经比较成熟，虽然研究该理论的学者较多并且理论成果丰富，但研究主体仍然是彼得·圣吉（1990）的学习型组织理论，该理论主要包括组织的"自我超越、心智模式、共同愿景、团队学习、系统思考"5项修炼理论，如表16-1所示。

表16-1　学习型组织理论

修炼理论	具体内容
自我超越	自我超越是学习型组织的精神基础，个人通过自我超越的修炼，持续明晰自己的真正愿景，并且通过持续的学习实现对现有层次的自我超越
心智模式	心智模式是人的思想方法、思维习惯、思维风格和心理素质的反映，外部环境与人的个性共同影响心智模式的形成。在管理组织的过程中，由于个人的心智模式与组织的想法、策略相矛盾，这些想法和策略无法实施，因此组织需要通过相关管理机制来平衡组织和个人的心智模式

续表

修炼理论	具体内容
共同愿景	共同愿景主要是指人们共同期许的景象,其作为一种号召力存在于人们的内心。共同愿景的主要内容包括组织的目标、价值观和使命。目标是组织短期内要达到的标准,是共同愿景的具体可行的部分。价值观是共同愿景的根本要素,而使命是组织存在的理由。对于组织成员而言,共同愿景主要起导向作用、激励作用和凝聚作用,是组织发展的强大动力
团队学习	团队学习是一个发展团队成员整体合作与实现组织共同目标能力的过程,其主要目的是发挥团队整体智慧大于团队个体智慧之和的作用
系统思考	系统思考是5项修炼最核心的部分。它把组织看作一个由有特定属性的要素构成的系统,它具有一定的结构和功能并能与外界互联互通,指出组织成员在分析和解决问题时不仅要关注系统内部各部分之间的相互作用,还要把事物放在整个系统中,关注事物与整个系统之间的动态联系,从而全面把握事物的本质和规律

3. 互联网时代的组织变革

凯利(2010)指出,互联网时代分布式管理是组织管理的常用范式。分布式管理的特征包括去中心化、授权化,以及上下级单位之间保持互通互联。分布式管理的优点是没有层级、团队意识强、容错率高,能够提升组织的快速反应能力,为客户提供优质的产品或服务。

哈默(2012)提出,互联网时代传统组织的优势不再,促使组织进行变革;技术升级换代导致组织技术环境发生变化,竞争加剧,传统管理思维、商业模式逐渐被颠覆,组织管理受到挑战。互联网时代组织不断寻求自我创新模式,组织变革朝着没有层级的方向发展。

微视频16-1
互联网时代
组织发展的
几大特征

陈有勇(2016)对互联网时代组织转型进行了探讨,认为组织结构、管理模式等的转型是组织的必然选择。通过组织转型改变劳动异化的现状,进而提升员工的自我发展能力。

未来组织的发展具有以下特征。

(1)组织平台化

组织平台化主要体现为开放交互,即把组织以前的各种业务职能,如生产、营销、财务、设计、研发等整合为一个大的支持性平台,为所有经过组织认可的创业者(创客)及团队提供融资、设计、人才、加工等各种资源支持。组织由原来等级严格的科层组织转变为提供资源支持与服务的平台,在这个平台中,创客有议价权、谈判权和决定权。这样,为了得到创客的青睐,组织的各个部门必须提高服务质量,端正服务态度,以创客满意为宗旨。平台的各个要素会不断根据外部需求持续提升自身的素质和服务品质，为创客提供最有力的支撑。

（2）员工创客化

以前组织的员工固定于某一个部门的某一个岗位，其工作内容和收入只有随着级别的提升才有可能发生变化，这容易导致一些有能力的员工离职，给企业带来人力资源损失。在组织平台化之后，每一个员工都有可能成为创客，组织成为创客创业的强大后盾和孵化平台，双方建立起合理的股权机制。在客户导向的驱动下，员工不断寻找商机并组建创业小分队，充分释放主观能动性；与此同时，组织也有了更多的产品创新和收益。

（3）组织分权化

在传统科层组织架构中，经理人具有绝对的决策权，层级越高的管理者掌握着组织越核心的资源，从而拥有更大的决策权。以传统服装企业为例，设计总监对于设计师设计出来的服装样式是否能批量生产有着绝对的话语权，而对于大批量布料等原材料的采购，做决策的是采购总监。平台化组织的管理层权责发生了变化，管理者不再进行事无巨细的管理，而是给予员工更多的授权。创客或创业团队可以根据自己的创业需求以及前端客户的需求行使决策权，从而提升了客户价值创造的效率和效果。

（4）内部协作紧密化

平台化组织采用"平台+个人"的组织模式。在组织运行过程中，平台内部各部门彼此之间相互协作，同时与平台外部进行交互协作。个人转型为创业者，针对客户价值创造寻找适合的人员组成创业小分队，并且与组织中的各个支撑部门达成协作关系，解决自身发展所遇到的各种问题。以前组织内部许多部门不在市场前端，服务意识不强，现在成为被众多创客"挑选"的对象，部门之间相互推诿的问题得到了解决，各部门之间的协作越来越紧密。

16.2 科层组织与零售企业数字化转型

进入21世纪，规模化发展使得组织管理者无法再事无巨细地管理组织的具体事务，组织管理者的能力也面临前所未有的挑战。于是，组织内部开始设立专门的职能部门和人员从事管理工作，科层组织开始出现。

科层组织结构类似于金字塔，塔尖是制定组织重大决策的高层管理者，塔身是由各职能部门、中层管理者和基层管理者组成的梯形结构，塔底为进行具体操作的员工。科层组织组构有直线制、直线职能制、事业部制等类型，无论采用哪种组织结构，都有决策权集中于金字塔塔尖上的管理人员和塔身中的各职能部门、命令只能纵向下达、信息流动缓慢、横向沟通困难、灵活性较差的问题。科层组织中的员工处于被动服从权威的状态，缺少自主权和建议权，不利于发挥员工的主动性和创造性。

钱德勒在1962年提出，企业不能仅从现有的组织结构出发考虑问题，而应该根据外部环境的要求去动态地制定相应的战略，然后根据新制定的战略来审视企业的组织结构，如果有必要就对其进行调整。面对复杂多变的外部竞争环境，科层组织面临如下挑战。

1. 复杂多变的环境

科层组织按照横向、纵向两个维度进行分工，在纵向上不同层级有明确的权利和义务，在横向上严格界定不同部门、不同岗位的工作职责。科层组织适用于组织外部环境较为稳定的情况，而在数字经济时代，组织外部环境复杂多变，使得科层组织面临挑战。科层组织往往会导致企业各部门间协调困难，官僚主义盛行，缺乏创新精神，无法灵活面对市场变化。

2. 产消合一

在互联网时代，产消合一的趋势不断加强，消费者开始参与到企业的产品设计中，客观上要求企业再造业务流程。科层组织严格的岗位分工使员工缺乏宏观视角，特别是缺乏从为消费者创造价值的角度来审视自身工作的意义，无法与消费者建立深度的情感连接。

3. 创新与组织柔性

科层组织对岗位职责、工作流程的界定比较严格，组织刚性较强，而创新要求组织具备一定的柔性，并要求组织打破原有的制度、流程，实现对资源的创造性利用或资源的重新组合。

4. 员工激励问题

科层组织具有结构稳定、效率高、分工明确、成本低等特点。这种组织模式无法激发员工的激情。企业内部的成员及其在企业中所扮演的角色也在发生重大的变化，完全在企业安排下工作的员工正在被具有自我激励意识、使用组织公共资源和服务的"创意精英"所取代（Florida，2002）。新生代员工的自我意识更强，更强调自我价值的实现，而科层组织并没有为员工的职业成长提供足够的空间，无法有效地激励新生代员工。

组织结构的转型，就是要把组织打造成为一个全体员工实现自我价值的平台。由格雷和沃尔合著的《互联网思维的企业》进一步阐释了互联网思维，该书认为互联网时代的企业不能像传统企业那样仅改进产品和服务的品质，还要在管理方式、组织结构和企业文化方面进行变革，建立具有互联网思维的企业。企业需要建立透明的互动和交流平台、推崇自治和具有应变能力的组织结构、学习型企业文化，以及一整套鼓励员工创新的管理和奖励体系。

16.3 网络零售平台企业的组织变革

由于网络零售生态系统需要快速响应客户需求，而原有的科层组织结构无法做到这一点，因此网络零售平台企业需要对认知模式、商业理念和业务流程进行变革以适应网络零售生态系统的需要，而组织变革的成功也会反向影响网络零售生态系统的构建和运行。

1. 认知模式与商业理念变革

在科层组织中，存在严格的自上而下的指令链条，各级管理层逐级传递指令和任务，权力、责任层层递进，清晰明确。而网络零售平台企业需要打破原有的层级关系，促使原有的链式思维向平台思维转化，并将科层组织倡导的服从指令、严格执行、边界清晰的理念转变为平台化组织倡导的协调协作、资源互补、价值共享、集成创新等理念。

2. 组织结构变革

网络零售生态系统的构建是以互联网为基础的，其组织结构必将朝着扁平化、网络化和虚拟化的方向发展。为了提高沟通效率，网络零售平台企业需要精简中间层，向扁平化的组织结构转型。以互联网和信息技术为基础与支撑，以协同合作为纽带，以满足客户需求为最终目标，是网络零售平台企业组织结构的重要特征。

3. 业务流程变革

传统企业业务流程主要在其内部，而网络零售平台企业的业务流程则突破了企业的边界。在传统企业中，客户价值是整个业务流程的终点，其他环节都在企业内部完成，但是其环节繁多、对客户的响应速度慢、运行成本高、效率较低。相比之下，网络零售平台企业的业务流程更加简捷，而且保证了价值传递的平稳性、精确性和及时性。此外，网络零售平台企业还通过吸引各方资源，促进开放式创新和系统集成，进行优势互补和资源整合，因而具有明显的竞争优势。

应用案例

海尔的平台化转型

从1984年创立至今，海尔一直走在自我变革、自我突破的道路上。在这一过程中，海尔经历了名牌战略（1984—1991年）、多元化战略（1991—1998年）、国际化战略（1998—2005年）、全球化战略（2005—2012年）、网络化战略（2012年至今）共5次战略调整，与之对应共经历了直线职能制、事业部制、人单合一模式与自主经营体、平台化组织共4种组织结构。海尔的组织变革紧紧追随战略变革，通过多次组织结构变革，实现海尔战略目标，构建海尔生态系统。

1. 名牌战略与直线职能制

20世纪80年代，中国社会对冰箱的需求旺盛，很多冰箱生产企业只注重产量而忽视质量。面对这种状况，海尔实施名牌战略。在提高产品质量方面，海尔一方面引进德国先进制造技术，另一方面实行严格的质量否决管理制度，对生产过程进行全面质量管理。

在管理方面，海尔建立直线职能制，将组织按照专业化分工的原则划分为设计、生产、营销、人事等职能部门，并自上而下地垂直整合和配置各种组织资源，呈现出典型的"正三角"形态和科层制特征。

2. 多元化战略

1991年到1998年，海尔进入多元化战略阶段，主要聚焦于多品种、大规模、低成本。在技术方面，通过合作设厂、技术合作等方式完善其生产和研发体系。在人才培养和人力资源管理方面，海尔将员工分为三个等级并按照绩效考核指标进行"三工并存，动态转换"。同年，海尔正式施行合同聘任制，给予员工充分的选岗自由，并引入竞争机制，促进企业快速成长。

3. 国际化战略与事业部制

1999年4月，海尔启动国际化战略，在美国推行研发、生产与销售"三位一体"的经营模式。海尔采取"先难后易"的做法，先进入发达国家市场，然后采取"三步走"的战略弥补与国外大型企业的差距，最后进行以实现"三个零"为目标的流程再造，确保其国际化战略的实施。在人力资源方面，海尔进行"人的再造"，提出"人人都是战略业务单元"，提高了创新效率，形成了企业的核心竞争力。

为了配合多元化与国际化战略，海尔组建了产品事业部和区域事业部，实现由直线职能制向事业部制的转型。海尔事业部作为一种相对分权的纵向一体化组织架构，其本质是在产品和区域方面实现规模化的科层组织。

4. 全球化战略、人单合一双赢模式与自主经营体

在这一阶段，由于信息主动权已从企业转向客户，客户需要能满足自己个性化需求的产品和服务，因此海尔开启了聚焦资源、品牌和创新的全球化阶段。需要明确的是，全球化并不是国际化的重复和简单延伸，全球化战略是一次大升级，它是将全球的资源为海尔所用，在当地创造本土化主流品牌。

在技术方面，海尔整合原有的资源建立全球研发资源整合平台，并借助分布在全球的五大研发中心，让海尔拥有了行业领先的创新速度和大量的全球客户资源。

在组织结构方面,海尔通过实施人单合一模式,将传统的职能管理关系转变为市场关系。所谓人单合一,"人"是指员工,"单"是指客户价值,具体是指员工承接的创造客户价值的任务目标。人单合一即将员工价值的实现与其所创造的客户价值融合在一起。人单合一实施的载体则是自主经营体。

海尔的自主经营体分为三类:第一类是一线自主经营体,主要包括研发、生产和市场,直接面对客户提供端到端的价值创造活动;第二类是平台经营体,主要从事财务、企业文化、人力资源和供应链管理等支撑性活动,是对传统相关职能的流程再造和功能重组;第三类是战略经营体,由高层决策者组成,其使命是塑造价值观,进行战略设计,整合全球各种资源,保持企业持续增长的核心竞争力。

5. 网络化战略与平台化组织

海尔历经多年的发展,企业惰性也无法避免地产生了。为了解决企业惰性,海尔借助创新和创业来推进网络化战略的实施,对企业组织进行颠覆性改革,将海尔从传统制造家电产品的企业转型互联网平台企业,成为孵化创客的平台。

2012年12月,海尔宣布实施网络化战略,树立"企业无边界、管理无领导、供应链无尺度"的"三无"发展观,打破企业原有边界,变成以自主经营体为基本单元的并联生态圈,为客户创造更大的价值。

在这一阶段,海尔针对自主经营体存在的契约过多、内容烦琐、个体本位、目标分歧等问题,由战略自主经营体,市场一线自主经营体和研发、制造等资源部门面向客户,通力协作,形成"利益共同体"。2014年年底,海尔为了更加及时地响应客户个性化的需求,推动自主经营体向孵化创业的"小微"企业转型。"小微"是海尔的"在线员工"(合作伙伴)与"在册员工"(具有合同关系的正式员工)共同创业、主动结成的合作组织,是对客户负责的独立运营主体,充分享有决策权、用人权和分配权。至此,海尔真正成为内外部资源互动、组织无边界的平台化组织。

参考资料:胡国栋,王晓杰. 平台型企业的演化逻辑及自组织机制——基于海尔集团的案例研究[J]. 中国软科学,2019(3): 146-148.

16.4 传统零售企业与组织变革

在互联网时代,传统零售企业既要面对网络零售带来的挑战,又要考虑企业的惯性和惰性,因此组织变革困难重重。一些传统零售企业在组织变革方面做出了积极的探索，下面以苏宁易购为例进行说明。

应用案例

苏宁易购的组织变革

从线下连锁零售企业到网络零售企业，苏宁易购的组织变革大致经历了4个阶段。

1. 线上启动

2000年前后，苏宁易购的发展模式以门店单向扩张为主，通过规模扩张即可实现盈利。2008年，苏宁易购的发展进入瓶颈期，其高层管理者逐渐认识到以前"资源驱动型"的发展难以为继。2009年，苏宁易购的发展重心开始由控制成本、扩大规模转向客户服务与价值创造。2010年，苏宁易购上线，它被赋予了带动苏宁易购整体转型的重任。苏宁易购线上运营的初期面临重重困难。这个阶段的苏宁易购主要依附线下门店，自身实力较弱。

2. 发展与抉择

2010年，苏宁易购的定位是线上与线下门店协同发展，线下优势为苏宁易购的发展起到了支撑和保障作用，但当时两者之间的"利益分配还没有明晰，存在左右手互搏的问题"。苏宁易购在线上要与其他网络零售企业进行价格竞争，其线上价格要比线下门店低3%~5%，否则会面临客户流失的危险。面对网络零售大潮与消费者习惯的转变，苏宁易购不能视而不见。于是，充分利用互联网进行迭代和升级成为苏宁易购的必然选择。

3. 互联网转型

2012年是苏宁易购互联网转型的关键一年，这时苏宁易购线上业务和线下业务的相对地位发生了显著的变化，其营收的增长主要依靠线上业务。但苏宁易购也并未忽视线下门店，此时线下门店需要的是优化升级，从粗放式规模扩张转为集约式效益提升。

苏宁易购线上与线下门店对互联网转型的理解有所不同，彼此之间的利益分配不够清晰，彼此间的协作也不顺畅。此外，变革也进入了"价格"这一深水区，较为敏感的"同价"问题凸显出来。"线上和线下价格不同，主要在于其供应链、渠道等方面有差异。定价问题涉及客户和供应商等多方利益，若是'同价'，即意味着要打破原有的均衡，重构利益关系，重新梳理供应链方面的关系，自身利润也可能在短期内出现下滑。

为此，苏宁易购开展了一系列管理方面的动作：再造组织架构，线上线下共享组织资源和渠道，统一核算经营成本，破除管理壁垒。2013年6月，苏宁易购正式实现线上线下同价，将以传统销售为主的线下门店升级为集产品展销、消费者体验、售前与售后服务、休闲娱乐、品牌传播为一体的新型互联网化门店，破除线上线下的体验壁垒。

首先是组织结构的变化。围绕"店商+电商+零售服务商"的"云商"模式，苏宁易购从原有的矩阵制组织模式转变为事业部制组织模式，组织结构变得更加专业、垂直、开放、融合、扁平和自主。在大区运营层面，苏宁易购将原来的"大区—子公司—营运部"管理模式中的子公司与营运部整合为"城市终端"，进一步进行扁平化管理，并以大区为单位，针对全品类、全客户群、全平台统筹实施规划运营。在总部管理层面，苏宁易购设立市场营销、连锁开发、服务物流、行政人事和财务信息五大管理总部，负责计划管控、标准制定、战略规划、资源协调。同时，在运营层面，苏宁易购组建了连锁平台经营总部、电子商务经营总部、商品经营总部三大集群，并下设28个事业部，形成了支撑线上线下融合发展和全品类拓展的"平台共享+垂直协同"经营组合。

2013年，苏宁易购再次对运营层面的组织结构做出调整：将连锁平台经营总部（负责线下门店经营）和电子商务经营总部（负责线上苏宁易购经营）进行了整合，组成新的大"运营总部"，对线上线下的销售实行统一管理，以及资源的彻底融合。接下来是对线下门店进行改造，让线下门店与互联网接轨。进行了双重商业模式创新后的线下门店不仅仅是具有销售功能的门店，也是一个集展示、体验、物流、市场推广、售后服务、休闲社交为一体的新型门店——云店。线下门店内开通免费WiFi，设置多媒体电子货架，实行全产品的电子价签，在商品价格发生变化时能够实时同步更新。此外，还利用物联网、互联网技术来收集和分析消费者的行为。组织架构的变化与线下门店的改造推动苏宁易购顺利实现"双线同价"的政策，解决了线上线下不同价的问题。

在物流方面，苏宁易购专门开发了商品寻源系统，客户在线上下的订单，系统会先自动搜索其配送地址附近的线下门店。如果线下门店有货，快递人员就会迅速将商品派送到指定地址；如果客户在线下门店看中了某款暂时缺货的产品，系统就会将距离门店最近的物流仓库中的货物匹配到店，然后客户可以根据需要选择自提或者配送。相对于之前的线上下单、线下提货，这种全面消除线上线下壁垒的一体化物流能够为客户带来更好的体验。

在仓储方面，在互联网转型之前苏宁易购的一个仓库可以供线上线下两个平台使用，但是两个平台的货物却是分别存放的。在推行线上线下同价的双重商业模式之后，所有商品实现了统一管理。这样不仅节约了资源，还提高了运作效率。由此可以看出，传统零售企业线上线下双重商业模式的成功实施，必须建立在线上线下资源充分融合的基础上。对于零售企业而言，线上线下两种商业模式之间本来就不应该是竞争关系，而应该是互补关系。线上商业模式能够满足客户随时随地购物的需求，而线下商业模式能够给客户带来更加真实的体验感，并为线上销售提供售前体验、售后服务等支持，因此线上线下两种商业模式的结合，不仅可以帮助传统零售企业提高竞争力，也为其自身的发展带来新的价值创造点。

4. 线上线下全面融合

2015年，苏宁易购实现了线上线下的全面融合，将自己打造成了"一体两翼三云四端"模式的网络零售企业。"一体"，是要始终坚守客户服务、商品经营的零售本质，以客户为中心，借助互联网等现代信息技术，实现科技零售和智慧服务。"两翼"，意味着致力于构建线上和线下两大平台。"三云"，就是围绕零售本质，把零售企业的商品、信息和资金这三大核心资源社会化、市场化，建立面向供应商和客户以及社会合作伙伴的物流云、数据云和金融云。"四端"，就是围绕线上线下两翼平台，因时因地因人，融合布局POS端、PC端、移动端、电视端。

苏宁易购的实践证明，线上线下资源融合让传统零售企业能够充分发挥线下优势，将线下优势带到线上，将线上数据运用于线下，提高运营效率，增强企业的核心竞争力。

参考资料：葛明磊，张丽华，黄秋风. 产业互联网背景下多重制度逻辑与组织双元性研究——以苏宁O2O变革过程为例[J]. 管理评论，2018（2）：242-255.

16.5 网络零售企业的组织变革

日本著名企业家稻盛和夫独创了名为"阿米巴经营"的经营手法。他在所著的《稻盛和夫阿米巴经营》一书中详尽地阐释了阿米巴经营模式：把组织分成一个个小的团体，以独立核算的形式运作；在组织内部培养有经营意识的领导者，实现全员参与型经营；组织去中心化和扁平化的一个结果就是组织平台化，组织成为员工实现个人价值的平台。下面以韩都衣舍为例说明网络零售企业的组织变革。

应用案例

韩都衣舍的组织变革

韩都衣舍创立于 2006 年。从创立至今，企业服务战略经历了由"多款少量、快时尚"到"品牌集群、全品类"，再到"多主体品牌孵化、时尚生态圈"的发展过程。作为诞生于互联网时代的网络零售企业，韩都衣舍将互联网的平等、开放、合作思维作为组织运行的基本原则，推动组织与员工之间的关系从雇佣关系向合作关系演化。韩都衣舍在发展过程中，坚持组织结构与外部环境相匹配的理念，进行了多次组织变革，以适应市场需求的变化。

1. "买手制"模式

韩都衣舍创业初期主要采用"买手制"模式，其建立了买手小组，每个买手小组负责跟踪诸多韩国品牌商品的动态，从中选出他们认为款式不错的商品到淘宝网上"预售"，"预售"成功后再到韩国网站下订单发货给国内买家。

2. "产品小组制"模式

"买手制"使韩都衣舍业务快速增长，但这一模式存在交货周期长、退换货成本高、图片和实物不符等问题。针对这些问题，韩都衣舍摒弃了从韩国厂家采购的模式，积极在国内寻找工厂代工，统一使用韩都衣舍品牌，并由原来的买手负责相关的商务谈判、仓储、物流等工作。工作内容的变化，使得买手在专业水平、时间、精力等方面均难以保证工作的效率和质量。为此，韩都衣舍积极推动"买手制"模式向"产品小组制"模式演化。

在"产品小组制"模式中，产品小组按照自身对市场需求的理解和判断，自行确定销售任务，包括销售额、毛利率和库存周转率，以及确定商品款式、尺码、库存深度、基准售价、打折节奏和程度、是否参加平台上的促销活动等，同时按照企业确定的比例从销售毛利中提成。与此同时，韩都衣舍的策划部、生产中心、仓储中心等平台部门不断整合并形成较强的后台支持能力。

3. "小组制"与赋能平台模式

随着业务的增长，产品小组与平台部门交叉的工作越来越多，产品小组与平台部门之间开始出现矛盾。为此，韩都衣舍将"产品小组制"模式发展为"小组制"与赋能平台模式。在这种模式中，韩都衣舍的小组从产品生产延伸到服务提供，而围绕小组运营的生产供应链、物流管理等赋能平台则以服务体系的方式为小组提供全方位支持。

随着赋能平台的发展，韩都衣舍的品牌孕育和运营能力、供应链管理和整合能力、客户服务能力、资源获取和运营能力等不断积累、沉淀，为韩都衣舍将自身打造成为产业社会化服务平台、赋能功能向外部市场延伸打下了基础。赋能平台能够提供以下能力。① 强大的供应链管理能力,为各个小组满足市场需求,做好客户服务工作提供了保障。② 精细的策划能力,为小组自主决策提供了强有力的支持。③ 完善的品牌管理体系,提升了产品溢价能力,为小组自主定价奠定了基础。④ 不断优化内部知识积累和扩散机制,使小组充满自驱动、自激励的自组织活力。

参考资料:罗仲伟,李先军,宋翔,等. 从"赋权"到"赋能"的企业组织结构演进——基于韩都衣舍案例的研究[J]. 中国工业经济,2017(9):174-192.

思 考 题

1. 零售企业组织变革的趋势是什么?
2. 在新零售背景下,试从组织变革的角度讨论战略与组织变革之间的关系。

参 考 文 献

[1] 李海舰,田跃新,李文杰. 互联网思维与传统企业再造[J]. 中国工业经济,2014(10):135-146.

[2] 陈威如,余卓轩. 平台战略:正在席卷全球的商业模式革命[M]. 北京:中信出版社,2013.

[3] 王建平. 工业4.0战略驱动下企业平台生态圈构建与组织变革[J]. 科技进步与对策,2018(16):91-96.

[4] 凯利. 失控:全人类的最终命运和结局[M]. 东西文库,译. 北京:新星出版社,2010.

[5] 哈默,布林. 管理的未来[M]. 陈劲,译. 北京:中信出版社,2012.

[6] 陈有勇. 互联网时代的企业组织转型研究[D]. 北京:中共中央党校,2016.

[7] 胡国栋,王晓杰. 平台型企业的演化逻辑及自组织机制:基于海尔集团的案例研究[J]. 中国软科学,2019(3):143-152.

[8] 许庆瑞,陈政融,吴画斌,等. 传统制造业企业战略演进:基于海尔集团的探索性案例分析[J]. 中国科技论坛,2019(8):52-59.

[9] 葛明磊,张丽华,黄秋风. 产业互联网背景下多重制度逻辑与组织双元性研究:以苏宁O2O变革过程为例[J]. 管理评论,2018(2):242-255.

[10] 罗仲伟,李先军,宋翔,等. 从"赋权"到"赋能"的企业组织结构演进:基于韩都衣舍案例的研究[J]. 中国工业经济,2017(9):174-192.

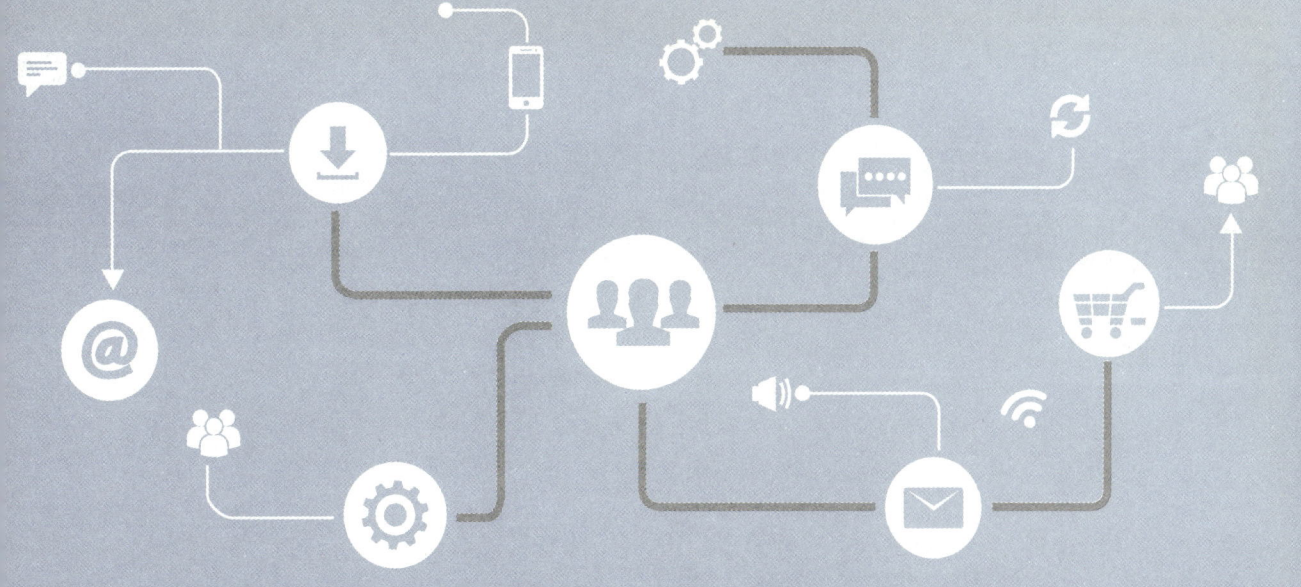

第五篇　大数据与网络零售

第 17 章

大数据在网络零售中的应用

学习目标

1. 了解大数据的定义和特征。
2. 了解大数据在网络零售中的应用。
3. 了解主流的大数据分析工具。
4. 了解大数据的应用趋势,特别是搜索引擎和个性化推荐。

第 17 章 大数据在网络零售中的应用

导言

> 新零售的提出绝非偶然,其背后存在两个重要的推动力。首先,它是基于新的信息技术基础设施出现的,如果没有大数据等新兴信息技术的快速发展,新零售是不存在的;其次,大数据时代终端消费者行为的数字化,深刻地改变了零售中的买卖关系。因此,新零售与大数据的发展是同步演进的。两者的有效结合,可以最大限度地优化零售策略,确保销售计划的实现,为企业赢得商机。

17.1 数据时代的来临

17.1.1 大数据的定义

大数据一词最早是由"数据仓库之父"比尔·恩门于20世纪90年代提出的。大数据之所以成为热点,是因为随着移动互联网、物联网和云计算等技术的快速发展,全球数据量大大提升。

大数据的定义由维克托·迈尔-舍恩伯格和肯尼思·库克耶提出,他们在所著的《大数据时代》中指出,大数据不采用随机分析法这样的捷径,而对所有数据进行分析和处理。在具体到现实问题时,大数据是指由数量巨大、结构复杂、类型众多的数据构成的数据集合,是基于云计算的数据处理与应用模式,是通过数据集成共享、交叉复用形成的智力资源和知识服务能力,是只有采用新处理模式才具有更强的决策力、洞察发现力和流程优化能力的海量、高增长率和多样化的信息资产。从某种程度上说,大数据是从各种类型的海量数据中快速获得有价值信息的能力。

大数据可以应用于各个领域,但大数据的战略意义不在于掌握海量数据,而在于对这些数据进行专业化处理,获取有价值的信息。换言之,如果把大数据比作一种产业,那么这种产业实现盈利的关键,在于提高对数据的"加工"能力,通过"加工"实现数据的"增值"。从技术上看,大数据与云计算的关系是密不可分的。大数据必然无法用单台计算机进行处理,必须采用分布式架构,其特色在于对海量数据进行分布式数据挖掘,因此大数据必须依托云计算的分布式处理、分布式数据库、云存储和虚拟化技术。

17.1.2 大数据的特征

大数据其实就是海量资料,这些海量资料来源于世界各地随时产生的数据,在大数据时代,任何微小的数据都可能产生巨大的价值。大数据具有数据体量大、数据类型多样、处理速度快、数据真实性高和价值密度低的特征。

1. 数据体量大

大数据是体量大、数据类型多的数据集,其规模一般为 10 TB 左右,但在实际应用中,很多组织把多个数据集放在一起,已经形成了 PB 级的数据量。

随着移动互联网、物联网和云计算等技术的发展,人和物的所有轨迹都可以被记录下来,数据因此被大量生产出来。

2. 数据类型多样

数据来自多种数据源,数据类型越来越丰富。数据除了结构化数据以外,还包括半结构化数据和非结构化数据。其中,结构化数据是遵循某种标准的数据,通常存储在关系数据库中,如企业财务报表等传统商务数据;半结构化数据是指有一定的结构与一致性约束,但在本质上不存在关系的数据;非结构化数据是指不规则或不完整,没有预定义的数据模型,不方便用数据库二维逻辑表来表现的数据,如图片、音频、视频等。大数据具有多层结构,这意味着大数据会呈现出多变的类型。

多样化的数据源正是大数据的威力所在。大数据不仅是处理海量数据的利器,更为处理不同来源、不同格式的多样化数据提供了可能。传统商务数据经过长期的发展已拥有标准的格式,能够被标准的商务智能软件所识别。目前,企业面临的挑战是从以各种类型呈现的复杂数据中挖掘价值。

3. 处理速度快

处理速度快指的是数据被创建和处理的速度快。企业不仅需要了解如何快速创建数据,还需要知道如何快速处理和分析数据,以实时满足客户的需求。数据处理遵循"1秒定律",即要在秒级时间的范围内给出分析结果,超出这个时间,数据就会失去价值。未来,越来越多的数据挖掘趋于前端化,这也需要大数据技术具有很快的处理速度。

4. 数据真实性高和价值密度低

随着社交数据、交易数据等新数据源的兴起,企业需要从数据的采集、整理、存储和分析等诸多方面保障数据的真实性。此外,由于数据采集不及时、样本不全面、数据不连续等,数据可能会失真,但当数据量达到一定规模时,数据就具有更高的真实性。价值密度的高低与数据量的大小呈反比,因此大数据的价值密度低,但其蕴含的总价值巨大。

17.2 大数据与网络零售

未来的零售企业必须以互联网为依托，充分运用大数据、人工智能等技术手段，对商品的生产、流通与销售过程进行升级改造，实现线上服务与线下体验的深度融合。

在传统零售中，有许多关于数据与营销的案例。一个经典案例就是啤酒和尿布的故事。在美国有婴儿的家庭中，一般由母亲在家照顾婴儿，而由父亲前去超市购买尿布，不过父亲在购买尿布的同时又会顺便为自己购买啤酒。当超市管理人员了解到啤酒和尿布销量存在正相关关系并进一步分析时，发现了这样的购买情境，于是将这两种属于不同门类的商品摆在一起。这个发现为商家带来了新的销售组合。可见，在零售业中大数据可以发挥很大的价值，可以为其业务的发展提供支持。

在网络零售中，更是有海量包含了企业各种运营信息及消费者信息的数据，对它们进行及时、有效的整理和分析，就可以帮助企业进行经营决策，使企业获得更大的利益。具体来说，大数据可以在网络零售中发挥以下作用。

1. 大数据精准营销

大数据营销产生于互联网，又作用于互联网。在网络零售中，大数据营销依托多维度的大数据采集，以及大数据分析与预测能力，使广告投放更加精准、有效，给品牌商带来更高的投资收益率。大数据精准营销的核心在于让网络广告在合适的时间，通过合适的载体，以合适的方式，投放给合适的人。其特点是：① 多样化数据采集。大数据的数据来源通常是多样化的，多样化的数据采集使得其对网络消费者的行为刻画更加全面而准确。② 强调时效性。网络消费者的消费行为和购买方式极易发生变化，在其某种需求最迫切时及时进行营销非常重要。

2. 个性化推荐

微视频 17-1
个性化推荐

个性化推荐，是指通过分析消费者的兴趣、特点和购买行为，有针对性地向消费者推荐其感兴趣的商品和服务，使其产生购买意向。在大数据时代，基于大数据的个性化推荐系统被越来越多地应用到网络零售领域。基于大数据的个性化推荐系统，可以通过关联算法、情感分析等技术，分析消费者的行为数据和历史交易记录，了解其偏好，从而主动地为消费者推荐其感兴趣的信息，满足消费者的个性化需求。

3. 细分消费者群体

大数据技术使得网络零售商能以较低的成本对消费者群体进行精准细分，实现"千人千面"，从而能瞄准特定的消费者群体进行有针对性的营销。

4. 模拟真实情境

随着移动设备的普及，微博、微信等社交媒体的涌现，消费者数据的数量呈爆炸式增长。大数据技术的应用，使商品的交易环节、商品的运输环节和使用环节等实现了数据化，对这些数据化的环节进行整合，可以更加真实地还原消费者的购买情境。

17.3　大数据分析工具

17.3.1　分析工具

掌握数据资产，进行智能化决策，已成为网络零售商脱颖而出的关键。越来越多的网络零售商开始重视大数据战略布局，并重新定义自己的核心竞争力。目前，大数据分析工具在网络零售领域有着广泛的应用。大数据分析工具种类繁多，下面对常用的数据分析工具进行简要介绍。

1. Hadoop

Hadoop是一个对大量数据进行分布式处理的软件框架，可靠性较好。Hadoop以并行方式工作，通过并行处理加快数据处理速度。Hadoop具有可伸缩性，能够处理PB级数据。此外，Hadoop可以运行在社区服务器上，因此其成本比较低，任何人都可以使用。

2. Storm

Storm是一个分布式的、高容错的实时计算系统。Storm可以非常可靠地处理庞大的数据流，可用于处理Hadoop的批量数据。Storm很简单，支持许多种编程语言，使用起来非常方便。

3. Apache Drill

Apache Drill是一个低延迟的分布式海量数据交互式查询引擎，是Google Dremel的开源版本，其本质是一个分布式的大规模并行处理（MPP）查询层，支持SQL以及一些用于NoSQL和Hadoop数据存储系统的语言。Apache Drill提供即插即用接口，可以被随时整合部署在现有的Hive和HBase中。

4. RapidMiner

RapidMiner是一种先进的数据挖掘解决方案，是用于数据挖掘、机器学习、商业预测分析的开源计算环境，因为其具备图形用户界面（GUI）特性，所以很适合数据挖掘的初学者。RapidMiner提供的数据挖掘和机器学习程序包括：数据装载和转换，数据预处理和可视化，数据建模、评估和部署。RapidMiner是由Java编写的，其还集成了Weka的机器学习和评估方法，它可以与R语言进行协同工作。

5. Pentaho BI

Pentaho BI平台不同于传统的商务智能产品,它是一个以流程为中心、面向解决方案的框架。其目的在于将一系列企业级商务智能产品、开源软件、API等组件集成起来,方便商务智能应用的开发。它的出现,使得一系列面向商务智能的独立产品(如Quartz等)能够集成在一起,构成复杂、完整的商务智能解决方案。

除此之外,一些专门针对零售业的消费者行为分析工具也得到了广泛应用,如表17-1所示。

表17-1 消费者行为分析工具

谷歌分析	谷歌分析是目前使用得最多的网站统计工具,功能完备强大,易于学习。谷歌分析最实用的功能是细分功能,而且细分功能不断强大。其推出并不断完善了路径分析、用户行为轨迹回放、自定义维度和指标、数据输入输出等功能。谷歌分析已经逐步从一种单纯的网站分析工具发展为网站用户行为数据中心
百度统计	百度统计是百度推出的一种网站流量分析工具,它提供了几十种图形化报告,可以全程跟踪用户的行为。同时,百度统计也集成了百度推广的数据,能够帮助用户及时了解百度推广的效果并优化推广方案。百度统计最常见的一个应用场景就是在开发HTML5时植入百度统计的代码,这样就可以清楚掌握HTML5页面的网站独立访客、流量来源以及在线时长等情况
友盟+	友盟+是一个第三方全域大数据智能服务商。友盟+统计使用的是自己的UMID策略,可以过滤掉刷量的数据,因此准确性较高。可以通过友盟+评估渠道的推广效果和用户质量,为后续的广告投放制定正确的推广策略
数极客	数极客是一个专门进行用户行为数据分析的平台,它采用实时多维细分、同期群分析、漏斗分析、对比分析等超过10种数据分析方法,为互联网经营者提供获客、活跃、留存、转化、用户行为等数据分析服务,是国内同类产品中最先同时支持软件即服务(SaaS)和私有化部署的平台

17.3.2 搜索引擎

搜索引擎是人们搜寻信息的重要途径。百度、谷歌等是常用的通用搜索引擎。随着网络零售的兴起,垂直搜索引擎得到了广泛的应用,极大地提升了消费者的购物体验等。近年来,随着面包屑数据的价值和作用日益凸显,个性化成为搜索引擎的发展趋势。利用个性化搜索引擎,可以针对消费者的特点,为不同的消费者提供不同的搜索结果。下面分别对通用搜索引擎、垂直搜索引擎和个性化搜索引擎进行介绍。

1. 通用搜索引擎和垂直搜索引擎

影响搜索引擎搜索结果排序的因素有多种。通用搜索引擎返回的搜索结果是页面,因此需要综合考虑与页面相关的多个指标,如页面的级别(如 Google PageRank 排名)、内容的关联程度等。垂直搜索引擎则专注于某一行业。例如,在网络零售中,垂直搜索引擎返回的结果通常是商品。为了提升消费者的购物体验,垂直搜索引擎允许消费者自行选择排序的方法,如综合排序、销量排序、价格排序、信用排序、时间排序、人气排序等。其中,综合排序是综合考虑多种因素,如信用、销售量、评价、好评率等进行排序。

2. 个性化搜索引擎

越来越多的搜索引擎具有个性化搜索功能。谷歌搜索引擎会对用户的搜索历史和点击过的搜索结果进行学习,把与该用户最相关的搜索结果集中展示在靠前的位置;随着用户搜索次数的增加,得到的搜索结果就越来越个性化。网络零售平台的搜索引擎也已经加入了个性化的因素,通过用户的历史购买行为和浏览记录,网络零售平台会了解用户的偏好;当用户发出搜索请求时,网络零售平台就会将相关的商品与用户的偏好进行匹配,然后返回有针对性的搜索结果。

个性化搜索引擎其实是在一般搜索引擎的基础上,添加了用户行为分析以及商品匹配功能,或者说是在搜索结果的排序规则中加入了用户个人属性与商品属性的匹配程度。图 17-1 展示了个性化搜索引擎对于用户搜索请求的响应过程。个性化搜索引擎可以根据用户的性别、年龄、职业等基本信息,并结合用户的历史购买行为和浏览记录,判断其购买力及风格偏好;在用户发出搜索请求之后,便会调出此用户的资料,并与相关的商品进行比对,为用户呈现与其购买力和风格相符的商品。

如图 17-1 所示,用户的购买力和风格是个性化搜索引擎考虑的主要因素;用户和商品模块之间的连线表示两者是相关的。

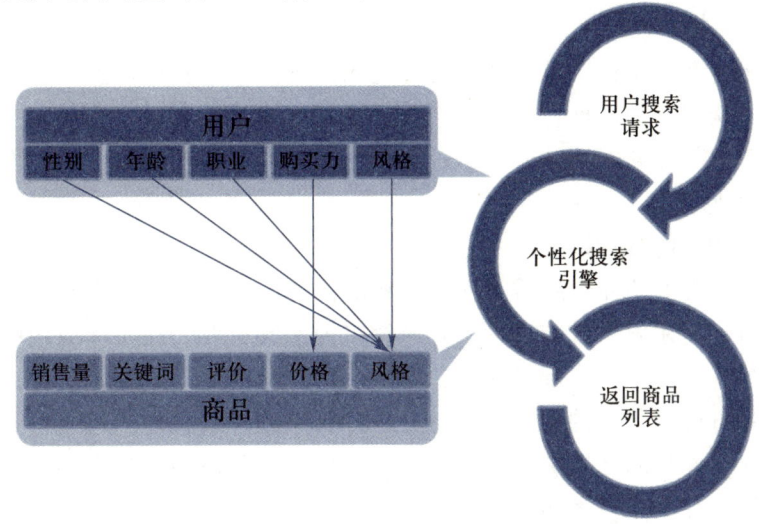

图 17-1 个性化搜索引擎对用户搜索请求的响应过程

第 17 章 大数据在网络零售中的应用

如果一个用户平时喜欢买打折商品或低价商品,那么个性化搜索引擎为其呈现的就是低价位商品;如果一个用户的消费能力较强,并且注重商品的品牌,那么个性化搜索引擎在搜索结果中,就会把符合其消费习惯的商品排在前面。消费能力强的用户在搜索"T恤女"时,无个性化搜索、过度个性化搜索与适度个性化搜索结果之间的差异如图17-2所示。

无个性化搜索结果   过度个性化搜索结果    适度个性化搜索结果

图17-2 无个性化搜索、过度个性化搜索与适度个性化搜索结果

17.3.3 推荐系统

与搜索引擎的模式相反,推荐系统主动向用户推送其可能感兴趣的商品,以激发他们的购买行为。推荐系统包括基于内容的推荐系统、基于协同过滤的推荐系统、基于二部分图网络结构的推荐系统,以及交叉推荐系统。每种推荐系统都有自己的优缺点。

1. 基于内容的推荐系统

在用户购买了某种商品后,基于内容的推荐系统就会向其推荐一些类似的商品,所以精确描述商品对于这种推荐系统来说非常重要。在实际应用中,基于内容的推荐系统需要三个步骤来实现:第一,为每种商品建立配置文件;第二,根据用户购买过或浏览过的商品信息,分析并预测用户的兴趣和偏好;第三,将用户偏好与候选商品的配置文件进行比较,向用户推荐最相关的商品。例如,在电影票订购网站中,推荐系统首先为每一部电影建立配置文件,包括演员、导演、风格等信息;然后分析某一用户订过票的所有电影的共性,分析并预测此用户的

兴趣和偏好；假设该用户喜欢看武侠片，那么基于内容的推荐系统就会把武侠片排在比较靠前的位置上。

2. 基于协同过滤的推荐系统

基于协同过滤的推荐系统是目前应用最广泛的一种推荐系统。协同，是指利用兴趣相投、拥有共同经验的群体的集体智慧，来帮助用户过滤信息。基于协同过滤的推荐系统，包括基于用户的协同过滤推荐系统和基于商品的协同过滤推荐系统。基于用户的协同过滤推荐系统的核心思想包含两点：一是利用用户的历史数据计算用户之间的相似度；二是利用与目标用户相似度较高的用户对某类商品的评价，来预测目标用户对该类商品的偏好程度。基于商品的协同过滤推荐系统与之相似，首先计算商品之间的相似度，然后再将与目标用户选择过的商品相似的商品推荐给目标用户。由此可见，基于协同过滤的推荐系统的主要优点是对推荐项目没有特殊的要求，能够轻松处理那些难以细致刻画的"音乐""电影"等项目，因为它并不需要利用项目的属性信息。

图17-3简单说明了基于用户的协同过滤推荐系统的计算过程。其中，字母代表用户，数字代表商品。有边框的用户a为待被推荐商品的目标用户。S_{ab}表示用户a和用户b之间的相似度（通常用共同邻居数来衡量），r_{ai}表示用户a对商品i的偏好程度（在此例中，简单地用1和0区分，分别表示"喜欢"和"不喜欢"）。图17-3（a）刻画了用户与商品之间的购买或喜欢关系，图17-3（b）则列出了简单的计算过程。计算用户相似度S_{ab}的指标有很多，这里以最易理解的"共同邻居数指标"为例，用两个用户共同喜欢的商品的数目来计算他们之间的相似度。如图17-3（b）所示，用户a与其他三个用户的相似度分别为2、1和0。对于所有未被用户a选中的商品，都可以根据这些相似度及其对应的用户偏好程度，来预测用户a对它们的偏好程度r'_{ai}。按照图17-3（a）中的相关关系，可以将与用户a兴趣相

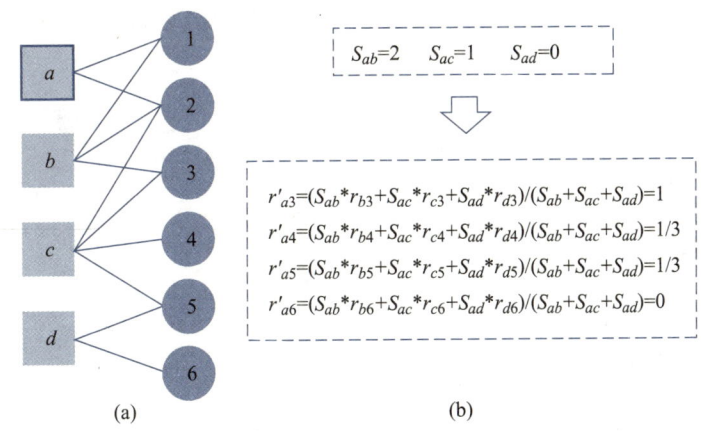

图17-3 基于用户的协同过滤推荐系统计算过程示例

似的用户 u 对某商品 i 的贡献量化为 $S_{au}*r_{ui}$，若用户 u 不喜欢或没有购买商品 i，则 $r_{ui}=0$。本例中在预测评分时考虑了所有用户，但是在实际应用中往往只考虑与目标用户最相似的少数用户。

还可以基于不同的特征、不同的形式来计算相似度，如基于用户评分的相似度、基于网络结构的相似度、基于用户属性的相似度等。此外，用户间的链路预测的方法也可以用于刻画用户之间的相似度。

与基于内容的推荐系统相比，基于协同过滤的推荐系统具有以下优势：① 具有推荐新信息的能力，可以发现用户潜在的但其尚未觉察的兴趣，这是基于内容的推荐系统无法做到的；② 不依赖商品的配置文件，能够处理基于内容的推荐系统难以处理的推荐项目。但基于协同过滤的推荐系统也有以下不足之处：① 比较依赖用户的历史行为，对于新用户和新商品，它就会陷入"冷启动"问题（即在缺少用户行为数据的情况下，推荐系统面临推荐不准或不合格的问题），而基于内容的推荐系统则不受此限制，只要有推荐项目的配置文件即可推荐；② 数据稀疏性是基于协同过滤的推荐系统所面临的另一个问题。

3. 基于二部分图网络结构的推荐系统

用户与商品之间的选择关系可以用二部分图来刻画。该二部分图包含商品集合和用户集合，如果某个用户购买了某种商品，那么就将该用户与该商品连接起来。这种推荐系统不需考虑用户和商品的内容特征，仅仅把它们看成抽象的节点，其算法所利用的信息都隐含在用户和商品之间的选择关系中。

假设用户与商品之间的选择关系如图17-4（a）所示，其中，方框代表用户，圆圈代表商品，第一个方框为目标用户。在使用基于二部分图网络结构的推荐系统时，第一步要为目标用户选择过的每种商品都分配一个单位的资源。第二步，把每种商品所拥有的资源按照用户-商品的连边关系分配给用户，每条边上传递的资源数量为 r_i/k_i，其中 r_i 是商品 i 所拥有的资源，k_i 是商品 i 的度（即与商品 i 相连的边的数量），于是每个用户从与其相连的每条边上所获得的资源总和，就是他在第二

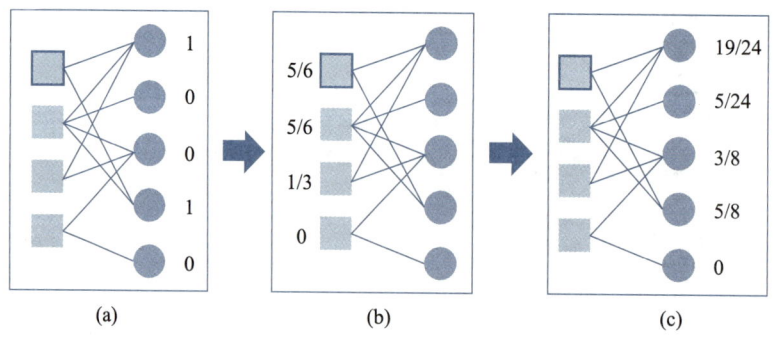

图17-4　基于二部分图网络结构的推荐系统计算过程示例

步结束之后所拥有的资源量。例如，第一个用户为目标用户，与他相连的有两条边，分别连向第一种商品和第四种商品，从第一种商品获得的资源量为1/3，从第四种商品获得的资源量为1/2，于是在第二步结束之后，第一个用户所拥有的资源量就为5/6，如图17-4(b)所示。第三步，用同样的方法，将用户所拥有的资源按照用户-商品的连边关系分配给商品，此时每条边上传递的资源数量为r_u/k_u，r_u表示用户u所拥有的资源，k_u则表示用户u的度。这样，每种商品经过两次分配之后所拥有的资源数量，便是推荐系统的推荐依据。如图17-4(c)所示，除去用户已经选择的第一种商品外，推荐系统会优先向其推荐第四种商品。

4. 交叉推荐系统

一直以来，如何解决推荐系统中的冷启动和数据稀疏等问题都是巨大的挑战。事实上，很多推荐系统面临冷启动和数据稀疏问题仅仅是由于其所拥有的数据不够充分。但是，一个网站的新用户，虽然对于该网站而言，没有任何历史信息，可是此用户却很有可能已经在其他网站上有过诸多消费行为。为了充分利用这一信息，可以采用交叉推荐系统，其思想如图17-5所示。可以用共同的用户把两个网站的用户行为信息联合起来，建立新的网络，然后针对新建的网络基于推荐算法分别为用户在两个网站中做出推荐。

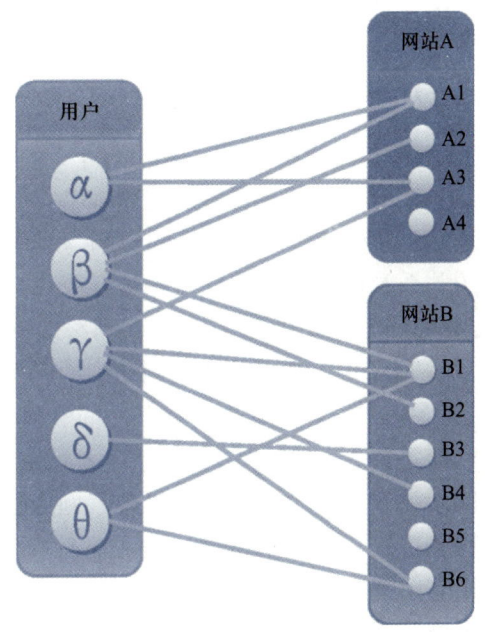

图17-5　交叉推荐系统示意图

应用案例

百分点个性化推荐服务

百分点是国内第一家专注于大数据推荐引擎的互联网企业。某电子商城曾希望百分点帮助解决自己遇到的难题：①电子商城有限的展示区域，不能满足万余种在线商品，特别是长尾商品的有效曝光问题和新商品的展示问题；②电子商城用户具有多样性，需要向不同的用户呈现其喜欢的商品；③电子商城的转化率不高，特别是市场活动带来的新客户的跳出率非常高。

百分点通过对电子商城的数据进行分析,发现其所销售的商品就功能而言差别并不明显,用户主要关心的是商品款式、商品价格,以及物流配送等问题;另外,当用户未在电子商城中找到其喜欢的商品,或者对电子商城的购物体验不满意时,就会转到其他同类电子商城购物。面对这些情况,百分点提出,按用户偏好抽取同类商品列表,使用户可以通过同类商品列表直接到达商品详情页,以降低用户跳出率;按用户偏好抽取对应的跨类商品列表,使用户也可以通过跨类商品列表直接到达商品详情页,从而实现交叉推荐,提高客单价。

17.3.4 影响力排名

常用的影响力排名方法有以下几种。

1. 基于网络结构的影响力排名

在进行基于网络结构的影响力排名时,把用户看作节点,把用户与用户之间的关系看作节点之间的边,这样就可以得到一个以用户为主体的关系网络,如图17-6所示。一个用户代表网络中的一个节点,一条边表示两端的节点之间有关系,可能是朋友、亲属关系,也可能是同事、同学关系,或者有相同的兴趣。例如,微博上用户与其他用户之间的关注关系可以用有向网络来衡量,边的方向表示谁关注了谁;QQ用户之间的好友关系可以用无向网络来衡量,因为QQ用户之间的好友关系是相互的,不存在方向性。

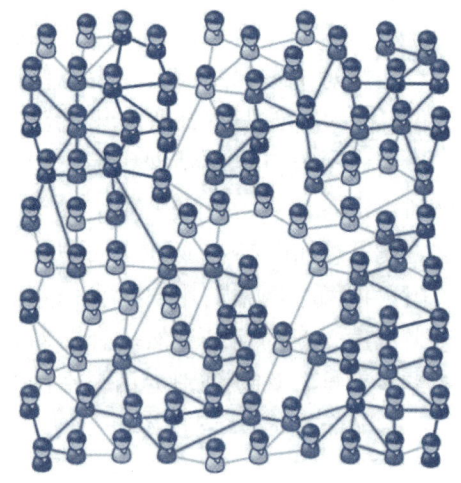

图17-6 以用户为主体的关系网络示意图

进行个体影响力排名最直接的方法,是利用节点的重要性(或称中心性指标)进行排名。衡量节点中心性的指标有三个:一是度中心性,是衡量节点中心性最简单、最直接的指标。二是接近中心性,它被定义为节点与网络中其他所有节点最短路径之和——这个值越小,说明该节点就位于网络越中心的位置。三是中介中心性,是指一个节点担任其他两个节点之间最短路径的桥梁的次数,一个节点充当"中介"的次数越高,其中介中心性就越大。

下面介绍两种常用的影响力排名算法。

(1)PageRank

PageRank是谷歌提出的一种按重要性对页面进行排序的方法,它的基本假设是"如果一个页面被很多高质量页面指向,这个页面的质量也就很高"。这是一个迭代的定义,因为每一个页面的PageRank值都由指向它的页面的PageRank值决定。下面以图17-7为例说明PageRank的计算方法。假设将每一个节点的PageRank值都初始化为1,然后更新每个节点的PageRank值。以节点3为例,它被节点1和节点2指向,那么它的PageRank值就可以更新为$P_1/k_1 + P_2/k_2$,其中P_1和P_2分别为节点1和节点2当前的PageRank值,k_i则是节点i的出度,即以节点i为源点的边的数目,第一次更新以后,节点3的PageRank值为4/3,节点2的PageRank值为2/3。在所有节点完成更新之后,再根据新的PageRank值进行下一次更新,直到所有的值都收敛为止。这是PageRank算法的迭代方法,用公式表示为

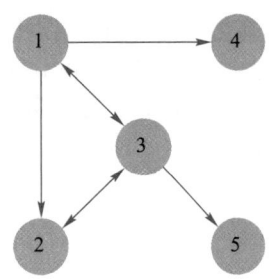

图17-7 PageRank计算方法示意图

$$p_i = \sum_{j=1}^{N} \frac{a_{ji}}{k_j} \cdot p_j$$

其中,N为网络中节点的数目;a_{ji}表示是否存在从节点j指向节点i的边,若存在则$a_{ji}=1$,否则$a_{ji}=0$;k_j就代表节点j的出度;p_i表示节点i当前的PageRank值。

若网络中有一些节点没有外链接,如图17-7中的节点4和节点5,那么它们传递出去的PageRank值就为0,而所有到达这个节点的值都会堆积起来,因此形象地称之为"陷阱"。为了解决这个问题,在原有算法的基础上引入一个阻尼系数$c(c<1)$,即给每个页面一个最小值$(1-c)/N$,于是可以将PageRank的迭代公式更新为

$$p_i = \frac{1-c}{N} + c \cdot \sum_{j=1}^{N} \frac{a_{ji}}{k_j} \cdot p_j$$

需要注意的是,这一迭代过程与前面介绍的基于二部分图网络结构的推荐过程非常接近,其实可以将它们都理解为在网络中随机游走的过程,阻尼系数c可以看作随机游走粒子沿着链接方向游走的概率,而$1-c$就是随机游走粒子随机跳转到其他节点的概率。

这一排名算法是经典的影响力排名算法,在此基础上人们还提出了许多改进方法,如挖掘社会网络意见领袖的LeaderRank算法、计算微博网络特定主题传播影响力的TwitterRank算法。其中,TwitterRank算法是与主题相关的影响力排名算法,将在后面进行介绍。

(2) LeaderRank

LeaderRank算法用一种巧妙的方法解决了"陷阱"问题,它不仅消除了阻尼系数,还显著地提高了迭代过程的收敛速度。如图17-8所示(节点旁边的数字表示该节点对应的LeaderRank值),LeaderRank算法在有向网络中添加了一个背景

节点，此节点与原网络中的所有节点之间都有双向的边，这样新网络中就不再存在"陷阱"，所以LeaderRank算法的迭代过程也就不需要阻尼系数了。实验表明LeaderRank算法比PageRank算法在抵抗垃圾用户攻击和随机干扰方面有更强的鲁棒性。

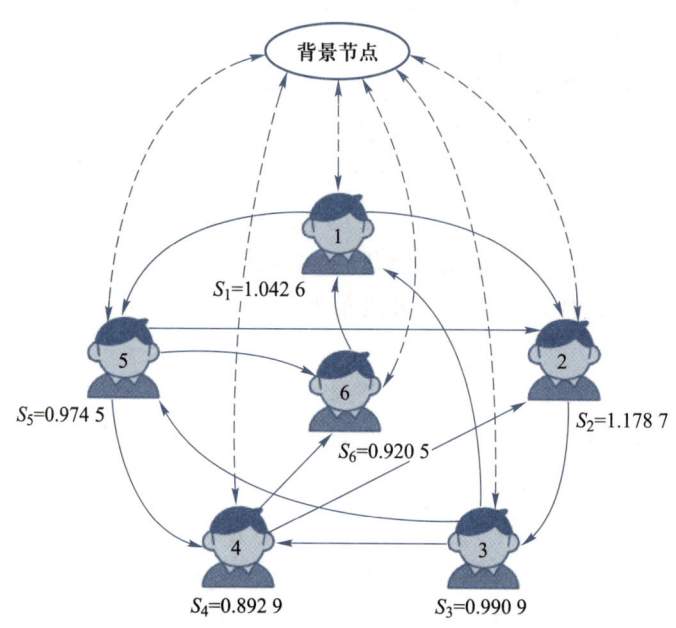

图17-8　LeaderRank算法示意图

2. 基于主题的影响力排名

PageRank算法可以给出页面整体的排名，但却忽略了主题的相关性，导致搜索结果可能文不对题。主题的相关性，不仅在搜索领域很重要，在微博营销方面同样很重要，于是便产生了主题敏感的PageRank算法。主题敏感的PageRank算法的计算分为两步：首先离线计算一些典型主题的PageRank值，然后利用这些计算好的值评估页面与用户查询主题的相似度，以给出基于主题的排名结果。

TwitterRank算法是Twitter提出的主题敏感的影响力排名算法，是PageRank算法的拓展版本。此算法的计算分为三步：首先，TwitterRank算法将每个用户所发布和转发的微博都放在一起，采用机器学习的方法对主题进行自动分类。其次，根据用户所发微博的主题及用户之间的关系，重构用户关系网络。最后，基于重构的关系网络进行主题敏感的影响力排名。TwitterRank算法与PageRank算法最大的不同就在于迭代过程的转移概率不同。转移概率是马尔可夫链中的重要概念，在PageRank算法中是指节点i的PageRank值贡献给节点j的PageRank值的比率。在TwitterRank算法中，两个节点之间的转移概率是与主题相关的。给定主题t，可

以将从节点 i 向节点 j 的转移概率定义为

$$P_t(i,j) = \frac{|T_j|}{\sum_{a:\,S_i \text{ follows } S_a}|T_a|} \cdot \text{sim}_t(i,j)$$

其中，$|T_j|$ 表示用户 S_j 发表的微博数量，$\text{sim}_t(i,j)$ 表示用户 S_i 和 S_j 在主题 t 中的相似度。图 17-9 给出了计算转移概率的简单示例。用户 S_c 关注了 S_a 和 S_b，用户 S_a 共发布了 500 条微博，S_b 发布了 1 000 条微博，于是从用户 S_c 到用户 S_a 的转移概率为 500/(500 + 1 000) × $\text{sim}_t(c, a)$。

TwitterRank 算法最大的特点是通过主题重新定义用户之间的关系。与主题相关的影响力排名算法还有 Klout 算法。该算法还考虑了许多其他因素，包括用户的关注数和粉丝数、转发微博的数量、关注的垃圾用户的数量、转发该用户微博的用户的影响力大小等。

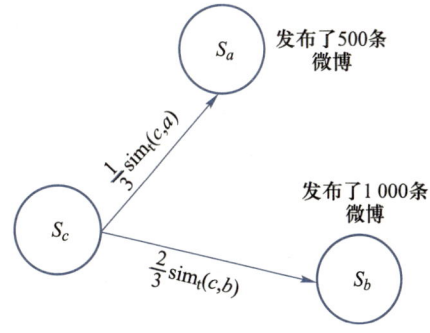

图 17-9　利用 TwitterRank 算法计算转移概率的简单示例

17.4　大数据助力零售升级

近年来，尽管网络零售依然保持快速增长，但其增长速度逐渐放缓。面对这样的情况，一些网络零售企业开始强调线上线下产品和服务的充分融合、实体与虚拟消费体验的无缝对接。零售原有的边界正在被不断超越与打破，零售的内涵更加丰富，外延也更加宽广。在这样的背景下，新零售应运而生。新零售的核心要义在于推动线上与线下的一体化进程，其关键在于使线上的互联网力量和线下的实体店终端形成真正意义上的合力，从而完成网络零售平台和实体零售店在商业维度上的优化与升级，同时促使价格消费时代向价值消费时代转型。

目前，对于新零售的定义并不统一。阿里研究院指出，新零售就是以用户体验为中心的、数据驱动的泛零售形态，其核心价值是最大限度地提升零售业的运转效率。它具有三个特征：①"以心为本"，以人的需求为本，围绕用户的需求，重构"人货场"；②"双重性"，任何零售主体、任何用户、任何商品都是物理的，也都是数字化的；③"零售物种大爆发"，借助数字技术，多元零售新形态、新物种会大量孵化出来。在这三个特征中，最重要的就是重构"人货场"。重构"人"，就是提高数据采集、整理、分析和应用的能力，不光要采集用户的线上数据，更要采集用户的线下数据，将用户行为数据整合起来。重构"货"就是要解决零售企业"卖什么、卖多少、怎么卖、赚多少"这几大问题。重构"场"，就是使得消费场景无处不在,所见即所得,使"人"的消费体验得到极大的提升。

零售业无论如何变革,从根本上还是离不开"货""场""人"这三个核心要素。传统零售业更关注"货"和"场",而新零售在很大程度上是回归到"人"这个要素上。用有特色的商品、服务、场景、体验打动用户,已经成为零售业经营的关键。找到用户、建立连接、产生影响、增强用户黏性、提高用户价值是零售企业经营的主线。新零售的最终目的就是让用户以更便利的方式购买到质量更好的商品,这是一场必须有新技术参与的变革。而云存储的海量数据和大数据分析技术使得对用户的有效识别、需求洞察、多维交互和精准触达成为可能。大数据可以整合线上和线下资源,挖掘用户特征,并不断驱动产品和服务创新、管理和决策创新、商业模式创新。

应用案例

盒马——新零售的成功范本

盒马是阿里巴巴集团对线下超市重构而形成的新业态,它是超市、餐饮店,也是菜市场,用户可以到店购物,也可以在APP上下单。除了线上线下融合的销售模式之外,盒马凭借店内新鲜的食品、快速的配送服务、自助付款等特点,为用户带来了更多的选择和更便利的购物体验。

在传统零售中,用户被动接受商品;而在新零售中,用户可以得到由大数据驱动的精准服务。盒马的新零售正是建立在大数据的基础之上:利用大数据掌握用户的需求,反向驱动商品采购、中央厨房、加工中心、配送等的精准和高效供应,最终实现3 km范围内30 min免费送达的物流体验,实现了"人""货""场"三者之间的最优匹配。这是一套颠覆传统零售的运营体系,它让盒马能够为用户提供性价比更高的商品。盒马的商品结构一直处于动态优化中,新商品的上架速度总是很快。这也是与线下门店同步的盒马APP具有很高的用户黏性的原因。一个值得关注的细节是,盒马的数字化还带来了损耗的降低。生鲜超市始终面临高损耗的问题,在采用大数据分析技术后,盒马的线下门店按需供应,有效地减少了生鲜商品的积压。在合理的顶层设计之下,盒马的每一个细节都区别于传统零售,通过线下门店、物流以及线上APP实现了"超市功能+餐饮功能+物流功能+企业与粉丝互动"的新零售模式,形成了一个强大的复合功能体,成为新零售的成功范本。

参考资料:盒马鲜生,你不一定学得会,搜狐网。

思 考 题

1. 大数据在零售业中发挥了哪些作用?
2. 分析搜索引擎和推荐系统的优点与不足。
3. 影响力排名在零售业中的具体应用有哪些?

参 考 文 献

[1] 迈尔-舍恩伯格,库克耶. 大数据时代:生活、工作与思维的大变革[M]. 盛杨燕,周涛,译. 杭州:浙江人民出版社,2013.

[2] 周志华. 机器学习[M]. 北京:清华大学出版社,2016.

[3] 苏萌,柏林森,周涛. 个性化:商业的未来[M]. 北京:机械工业出版社,2012.

[4] 汪小帆,李翔,陈关荣. 网络科学导论[M]. 北京:高等教育出版社,2012.

[5] 任晓龙,吕琳媛. 网络重要节点排序方法综述[J]. 科学通报,2014(13):1175-1197.

[6] 张亮,柏林森,周涛. 基于跨电商行为的交叉推荐算法[J]. 电子科技大学学报,2013(1):154-160.

[7] LÜ L Y, ZHOU T. Link Prediction in Complex Networks: a Survey[J]. Physica A: Statistical Mechanics and its Application, 2011(6): 1150-1170.

[8] LÜ L Y, ZHANG Y C, YEUNG C H, et al. Leaders in Social Networks, the Delicious Case[J]. PLoS ONE, 2011(6): e21202.

[9] WENG J, LIM E P, JIANG J, et al. Twitterrank: Finding Topic-Sensitive Influential Twitterers[C]// Proceedings of the Third International Conference on Web Search and Web Data Mining, WSDM 2010, New York, NY, USA, 2010.

第 18 章

智能时代网络零售的变革

学习目标

1. 了解智能时代的背景与特征。
2. 了解人工智能在零售业中的应用。
3. 了解个人智能助理以及智能零售的未来发展趋势。

导言

> 在"新零售"的背后,人工智能(artificial intelligence,AI)正在扮演"助跑者"的角色。人脸识别、声音识别、自然语言处理、深度学习等 AI 技术促进了智慧门店、智能买手、智能仓储与物流、智能营销与体验、智能客服等的发展。零售企业也在设计、生产、管理、物流和营销等核心业务环节应用人工智能进行智能升级。另外,智能的个人助理在人们的生活中发挥着越来重要的作用,为人们提供个性化、即时性、精准化的购物建议,提升了人们的购物体验。未来,人工智能会进入新零售的每一个环节,促进线上与线下紧密结合,实现买家和卖家的双赢。

18.1 智能时代概述

18.1.1 智能时代的来临

人们常用最具代表性的生产工具来代表一个历史时期。例如,人类文明的发展历程包括石器时代、青铜时代、铁器时代、蒸汽机时代、电气化时代等。近年来,随着人类在人工智能等科技前沿领域取得了重大突破,"智能"或"智慧"被越来越频繁、广泛地使用。例如,对于那些能够由电子芯片或者程控设备控制并能够代替人从事一定的决策、控制、执行工作的物品,或者那些需要通过数据计算、软件或网络来协调和组织生产活动或生活活动的领域,都在其前面增加了"智能"或"智慧"二字,像智能商务、智慧交通、智慧城市、智慧地球等。而那些能够模拟人脑、让硬件设备或软件程序来代替人去从事识别、感知、判断、操控等工作的工具,如智能手机、智能机器人、可穿戴设备等,都被称为智能终端。这一系列新概念、新工具、新的生产和生活方式的出现,意味着一个新的时代——智能时代的到来。

18.1.2 智能时代的特征

1. 资源共享、平台开放

在智能时代,每个人都可以通过互联网快速地获取信息,创造知识,分享自己的观点和经验。人类社会已经进入了一个资源共享、平台开放、协同创新、思想快速传播的时代。

2. 普通大众成为知识创造和传播的主力

在共享、开放的背景下,以文字、图片、音频、视频等形式呈现的资源更容易被复制、复用、扩散和再创造,普通大众第一次能够广泛、深入地参与到知识、经验、技术等的交流与共享之中,第一次成为知识传播和创造的主要力量。从这个角度来讲,知识、经验在普通大众之间传播的速度、深度和广度,将决定一个国家和社会科技进步、文明发展的速度。

3. 用户体验和用户口碑引导生产和资源配置

在大众知识、经验能够被快速传播和复用的背景下,智能时代人类社会物质产品的生产和销售方式也在发生着深刻的变化。第一,原先那种大批量生产推动大批量销售和大批量消费的方式,已被小批量、个性化生产和个性化消费的方式所取代。第二,原先是若用户不满意,他们就会去投诉生产者并要求生产者、销售者退款和赔偿;现在则是若用户不满意,生产者、销售者就根本得不到订单,也就无法启动生产。第三,原先生产者、销售者主要靠广告宣传、提供优惠的价格等来吸引和刺激用户购买商品,现在则主要靠用户体验和用户口碑来促进销售。以用户为中心、由用户体验决定生产组织方式、资源配置方式和生活服务业态的时代已经到来。

4. 不断延伸和拓展人的大脑功能

在智能化时代,人的大脑功能不断得到拓展和延伸,智能产品获得快速发展。智能产品的广泛使用,大幅度提高了人的听说读写能力,提高了人的搜索判断、信息存储和记忆能力,延伸了人的大脑,使人类脑力劳动的效率成倍增长。更多的人类脑力劳动逐渐被智能化的系统或设备所代替,并进一步激发了人类创新的热情。

18.2 人工智能与零售业

18.2.1 人工智能在零售业中的应用

人工智能是一门综合了计算机科学、统计学、心理学、神经科学和哲学等学科的交叉学科,其主要目的是开发与人类智能相关的计算机功能,如推理、学习和解决问题的能力。对于任何一个能产生大量数据的行业,人工智能均可以渗透其中将这些数据转化为价值和经济效益。而网络零售正是这样一个行业。人工智能在网络零售中的应用可以分为以下三类。

1. 机器学习在零售业中的应用

(1) 用户行为分析

零售企业,一方面可以通过在线上零售场景中收集用户的行为信息和购买记录等数据,判断其购买习惯、购物规律、购物偏好等,以对用户进行画像,用户数据收集得越多,用户画像就越完整;另一方面,可以通过在线下零售场景中安装智能传感装置,全方位获取相关信息,如区域人数、门店客流量、收银台排队时长、橱窗展柜用户浏览量、试衣间使用次数等,并基于这些数据进行客流分析。同时,也可以利用智能摄像头捕捉并识别用户的动作,如试鞋、触摸商品等,以为其提供更好的服务。

(2)会员管理

零售企业可以建立线上会员注册系统,或者通过智能终端对线下用户进行身份信息登记和会员权限设置,当会员在网络商店或线下门店进行消费时,基于机器学习的智能系统便能快速地将其识别出来并提醒网络零售商。会员管理的一项重要内容是对会员进行画像,其实质是用户画像。数据管理系统会根据会员画像,为每个会员打上多个标签,并据此对会员进行精准化营销,提供精细化服务。

(3)商品推荐

有了用户画像,零售企业便可以准确地掌握已有用户和潜在用户的特征,并根据这些特征为需求不同的用户进行个性化推荐,如优惠券、打折信息的推送,新商品的推荐。前面介绍过,在数据管理系统中每个会员都会被打上多个标签,经过数据挖掘,可以对这些标签进行匹配:如果发现会员A与会员B的部分标签重叠,当会员A购买了某些折扣商品时系统就会做出判断,考虑给会员B发送这些商品的信息。

2. 计算机视觉在零售业中的应用

(1)人的识别和商品识别

线下数字化是人们生活智能化的一个前提,也就是人们的日常生活等都能够被计算机所理解和描述。线上数字化是易于实现的。例如,人们在网络零售平台上的所有行为都是数字化的,这些行为都能被计算机捕捉,并被网络零售企业作为优化商品的主要依据。而线下数字化的难度则较高,计算机视觉就是实现线下数字化的一个重要技术。

类似于网络购物,线下门店如果能够对用户从进店那一刻起的所有行为都进行识别和分析,那么就能优化门店的商品,大大提升门店的运营效率。这就需要计算机视觉的支持。计算机视觉的核心技术是人的识别(如人脸识别、基于视频的行人重识别等)和商品识别。而商品识别同时还有商品排面分析、自动结算等方面的应用。

(2)虚拟试衣

虚拟试衣是一种以3D虚拟技术为主,实现用户无须穿上拟试的衣服即可查看着装效果的技术。近年来,更加先进、精准的虚拟试衣技术不断面世,其通过体感互动设备和摄像头捕捉人体数据,快速建立人体模型,根据用户的选择,利用算法实现人体与服装的同步建模和精准匹配,最终通过压缩传输技术将庞大的人体和服装数据传至云端,使得用户可以随时随地使用终端设备查看着装的"真实"效果,如图18-1所示。虚拟试衣使用户可以在购买衣服前尝试各种选择,为用户展现其穿上所选服装的虚拟影像。此外,采用虚拟试衣技术的网络零售企业也可以获得用户对服装偏好的统计数据。

图18-1　虚拟试衣效果图

3. 机器人在零售业中的应用

机器人无疑是人工智能的最佳载体之一。机器人可以同时嵌入机器学习、计算机视觉、语音识别、自然语言处理等技术,从而具备听、说、看的能力,这些功能的实现使得机器人在零售业中大有可为。

(1)人机交互型机器人

在零售业中,人机交互型机器人常用作导购机器人。导购机器人对于用户而言早已不是新鲜事。导购机器人的优点很明显:成本低,能够记住用户的偏好,增加用户购物过程的趣味性,从而促进商品销售。但其缺点也很明显:人机对话的精准度容易受到周围环境(如噪声)的影响,语音语义识别技术还不成熟。

(2)物流分拣机器人

物流是支撑网络零售的关键环节。网络零售的快速发展,使物流面临越来越大的压力,采用人工智能等技术实现降本增效是物流行业的当务之急。许多物流企业都先后引进了用于货物分拣的机器人,这些机器人通常具有感知和躲避障碍、路径规划等功能,物流分拣机器人的应用,使得物流效率大大提升,用户收到订购商品所需的时间更短,购物体验更好。

(3)超市巡逻机器人

超市巡逻机器人主要充当超市管理员的角色,超市里商品结构复杂,各种商品的价格以及标签内容互不相同,很难记住,超市巡逻机器人的出现正好解决了这些问题。超市巡逻机器人在巡逻过程中可以躲避障碍，也可以对商品进行探测扫描，然后对后台的商品数据进行分析，以准确地了解哪些商品需要补充上架，哪些商品的摆放位置不准确，或者定价错误等，并将相关信息反馈给超市管理人员。

应用案例

阿里巴巴集团牵手百联集团——人工智能赋能新零售

人工智能在零售业中应用的最典型的案例，当属阿里巴巴集团与百联集团的全业态、全渠道合作了。阿里巴巴集团与百联集团开展了以下六大领域的合作。

全业态融合创新：以消费者需求为核心，共同设计和建设具有全渠道订单处理能力、能实时感知并满足消费者需求、运营效率高的新型零售门店，拓展智能化、网络化的全渠道布局，为消费者提供创新的体验服务。

会员体系互通：打通双方会员体系，采用室内外人群定位、消费者画像分析、大数据支持下的营销及会员管理等措施，提升门店客户服务能力。

新零售技术研发：围绕新型零售门店，阿里巴巴集团将开放基于人工智能的智能支付、物流技术、物联网、大数据等新型零售技术。

物流体系协同：百联物流作为菜鸟网络的物流供应商，与阿里巴巴集团开展业务合作，双方共同开展物流规划，为消费者和商家提供服务。阿里巴巴集团希望线上线下数据能够全面打通，实现商品通、会员通和支付通，在人、货、场三个商业元素上实现变革。

供应链整合：利用线上线下收集的消费者需求及行为数据，梳理并整合各自旗下的商品资源，促进优质商家资源和新商品的引入。

支付金融互联：百联集团的线下门店支持支付宝，并且将其旗下的安付宝、联华OK卡接入支付宝，成为可供消费者选择的第三方支付渠道。同时，在数据分析和分享的基础上，向消费者和供应商提供快捷、便利、多样的支付及金融服务。

阿里巴巴集团的线下门店可以与百联集团遍布社区的超市、便利店进行合作，也可以与百联集团以商务为主的百货商店、购物中心进行合作，利用人工智能打通超市、百货商店、购物中心中的商品。社区居民可以在百联集团的任何一家社区超市购买其百货商店、购物中心中的各种商品。百联集团在上海的实体门店都完成了线上线下融合，可以作为"网购店取"的自提点，提高了物流效率，降低了配送成本。新零售是阿里巴巴集团与百联集团正在积极布局和探索的商业模式，基于人工智能的零售模式能否达到预期的效果，要看其能否准确地分析现有市场，发现未知市场并开拓新的市场。因此，百联集团除了线上线下融合外，还要进一步推动实体零售本身的转型升级，而阿里巴巴集团为了转型新零售，也需要向百联集团学习实体零售的各种经验，双方只有通力合作，才能更好地将人工智能以及双方各自的长处应用到零售领域中。

参考资料：阿里巴巴与百联达成战略合作 六大领域布局新零售，新浪财经。

18.2.2 人工智能在零售业中的价值

从百货商店、连锁店、超市、网络零售到新零售，零售的本质是不变的，其发展一直以"成本、效率、体验"为核心，每一种新的零售业态的出现，都会在至少一个方面有所创新，而且经得起时间考验的零售业态往往能够同时满足成本降低、效率提高和体验升级的要求。因此，新零售建立在互联网的基础上，又超越互联网，旨在实现消费者主权和智能商业的融合、资源的统一协调和共享价值的最大化。

近年来，人工智能开始被越来越多的企业用于布局新零售，主要集中在智慧供应链、智能客服、无人零售等方面。智慧供应链以市场和消费者需求为导向，围绕人员、商品、场景，以人工智能算法为基础，通过提供商品管理、动态定价、需求计划、订单承诺履行、库存管理、自动补货和调拨、协同计划、供应计划、成本效益分析等应用场景的解决方案，为上游企业构建全新的运营计划和决策体系。智能客服涉及多项人工智能技术，如深度学习、深度神经网络、自然语言处理、语义分析和理解、机器学习、大数据等，其中深度学习运用深度神经网络模型，从意图识别、命名实体识别、自动问答、用户画像等方面来提升用户的满意度。无人零售使用计算机视觉、深度学习、射频识别、生物特征自主感知和物联网等技术，免去了传统收银结账的过程。无人零售将给门店运营、选址、供应链等带来巨大的影响。目前无人零售还处于发展的初期阶段，是零售业自我补充和自我优化的一种形式。随着人工智能的发展和成熟，整个零售系统的资金、商品和信息流动不断优化，在供应端提高了效率、降低了成本，在需求端实现了便捷、高效的全新购物体验。从宏观上看，在新零售中应用人工智能会给管理带来如下改变。

（1）用户管理的智能化

在新零售中，零售企业利用人工智能可以更好地分析用户的特征，锁定并抓住目标用户，分析其内在需求，精准地向他们推送其所需要的信息，实现用户管理的智能化。

（2）商品管理的智能化

在新零售中，零售企业可以根据销售数据建立商品营销预测模型，对商品未来的销售量做出预测，从而提高销售效率。此外，利用人工智能，零售企业还可以了解用户的购物体验和商品使用情况，以及商品的销售情况、库存情况、受用户喜爱的程度等，以更好地调整商品营销计划，满足用户的需求，实现商品管理的智能化。

（3）供应链管理的智能化

在新零售中，利用人工智能可以将商品的供应商、制造商、销售商与用户更好地联系在一起，实现供应链的智能管理。也就是说，建立有效的供应链管理系统，实现供应链的数据化管理，使供应链更加协调，从而提高企业的经营效率。供应链管理智能化，能够实现对供应链的全方位的管理和监督，预防供应链失调。

（4）物流管理的智能化

在新零售中，可以用人工智能对物流运输、货物存储等活动进行有效的管理，使货物存储更加合理，并优化物流运输路径。对物流系统和物流活动进行智能化管理，可以优化物流配置，提高物流效率，从而能够以更快的速度将商品送到用户手中。

总体来说，人工智能将给零售业带来如下改变。

（1）形成智能化运营机制，提高运营效率

利用人工智能，可以实现零售企业生产及营销的一体化、自动化、可视化，从而形成智能化运营机制。利用人工智能，零售企业可以快速、准确地对商品进行分类，方便用户挑选商品，从而提高销售量；可以基于智能化仓储对库存进行数字化、自动化管理，并根据用户需求调整库存；可以基于智能化销售，实现智能化销售机制，提升用户体验，提高销售效率。

（2）进行个性化购物设计，提高用户体验

与传统服务模式不同，在人工智能的支持下，零售企业可以根据用户的偏好和需求为其提供个性化、定制化的商品与服务。这种个性化的购物设计能够激发用户的购物欲望，提高用户的满意度。此外，还可以通过虚拟现实技术，让用户直观、全面地了解商品的生产和加工过程，为其提供更好的购物体验。

（3）精简物流流程，降低人力成本

可以利用射频识别、机器人、智能识别等人工智能技术实现无人分拣。例如，利用射频识别技术识别商品信息，再进行智能分拣、传送、打包直至准确发货。机器人和智能识别技术，可以在一定程度上代替人力，从而简化了物流流程，降低了物流成本。

（4）提供高质量用户服务，实现与用户的即时沟通

智能服务机器人可以代替人工为用户提供服务。同时，可以根据系统预设的问题回答用户的提问，或者为用户提供其所需要的商品链接，或者解决用户提出的退款、投诉等方面的问题，实现与用户的即时沟通，为用户提供高质量的服务。

18.3 智能零售展望

18.3.1 个人智能助理

个人智能助理可以利用人工智能技术、通过统一的交互界面来为用户提供一站式的信息服务。它可以根据人的命令或人的行程安排、习惯及其他监测数据，"发现"人的需求，再通过综合分析，搜索最符合人的需求的"服务"，然后代替人去执行任务。目前苹果、亚马逊、谷歌、微软等公司已研发并推出了Siri、Alexa、Google智能助理、Cortana等具有代表性的个人智能助理。而我国的互联网企业也推出了阿里小蜜、天猫精灵、腾讯叮当等个人智能助理。下面对其中的几种个人智能助理进行介绍。

微视频 18-1
个人智能助理

1. Alexa

亚马逊于2014年推出智能音箱Echo，其主要功能集中在语音购物和对智能家居设备的控制上。随着Echo成为智能家居的交互入口，其搭载的"大脑"Alexa智能语音助手也开始得到普遍应用。通过Alexa，用户可以轻松地控制智能家居设备，如开关灯、开关窗帘、开关电视等。Alexa还可以综合多个信息源为用户播放流媒体音乐和阅读新闻，提供天气、交通等信息，以及提供购物服务。亚马逊Alexa智能设备如图18-2所示。

图18-2　亚马逊Alexa智能设备

2. Cortana

2014年，微软推出了自己的智能助理Cortana，如图18-3所示，并将其嵌入安装有Windows操作系统的计算机和手机。它是一种基于语音和文本的虚拟助

图18-3 微软Cortana智能助理

手,目前可以支持Windows、iOS以及Android系统。Cortana对语音具有较高的识别率,能够与系统功能深度集成,给用户带来极大的便利。Cortana在与用户对话时,并不只是简单地问答,而是同时利用人工智能等技术,读取和学习与用户相关的文本、图片、视频等数据,以更好地理解用户的语义和语境,从而实现人机智能交互。随着Cortana越来越了解用户的行为和习惯,它可以做出更加个性化的智能推荐。2018年,Cortana和Alexa正式结盟,推出了融合服务,一个Cortana用户可以通过相关的语音指令直接在亚马逊网站上购物。另外,亚马逊Echo智能音箱的用户也能够通过Cortana的帮助,接收Windows中的电子邮件或是设置日程提醒等。

3. 天猫精灵和阿里小蜜

阿里巴巴集团在智能助理领域有两个比较有名的产品,一个是天猫精灵,另一个则是阿里小蜜。天猫精灵是阿里巴巴人工智能实验室于2017年发布的智能产品品牌,当时同步发布了天猫精灵首款硬件产品——AI智能语音终端设备天猫精灵X1,如图18-4所示。天猫精灵X1内置AliGenie操作系统,AliGenie基于云平台,目前可实现智能家居设备控制、语音购物、手机充值、叫外卖、音乐播放等功能。AliGenie开发者平台是主要面向4种类型的开发者,包括内容开发者、应用开发者、智能家居设备开发商和硬件生产商。开发者既可以创建应用,为更多的语音用户提供服务,也可以将自己的设备接入云端服务,获取语音交互能力。

图18-4 天猫精灵X1

由于不同情境下的语义是多种多样的,有时无法确认用户意图,所以不少智能助手的思路是限定谈话的领域,将向宽度发展变为向深度发展,也就是做更加细分的垂直领域的智能助理。具体来说,就是在一个细分的场景下,用户产生大量相似的疑问和需求，目标明确或半明确而且需要引导，而智能助理具有领域专业知识（知识图谱）与丰富的问答经验（问答历史数据），可以在很短的时间内解答用户提出的问题；对于解答不了的问题，再由人工客服解答。智能助理的优势，在于可以自动获取用户画像、快速读取海量相关知识、通过多轮对话快速给出个性化答案。阿里小蜜就是这样一种针对购物细分场景的智能助理。阿里小蜜是阿里巴巴集团在2015年7月发布的一种人工智能购物助理虚拟机器人，如图18-5所示，它基于海量用户和商家数据并结合线上线下的购物场景，以智能+人工的模式提供智能导购、服务、助理等拟人交互业务。阿里小蜜通过智能化技术解答绝大部分简单、重复的可识别的问题，对于解答不了的问题则将其转由人工客服解答。目前，阿里小蜜可以在跨终端、多场景领域支持多轮交互、多模式交互（文本、语音和图像）以及推荐预测，支持多模型识别用户意图，结合上下文语义理解为用户推荐其想要购买的商品，以及解决与淘宝网和支付宝相关的服务问题。在这种意义下，阿里小蜜主要是淘宝网或支付宝的辅助工具，而不是独立的智能助理产品。

图18-5　阿里小蜜

个人智能助理通过接收信息、分析搜索、执行任务三个步骤来为用户提供有效的服务。个人智能助理将相关数据循环应用，并根据环境、个人及家庭生活状态等的变化，调整用户的习惯、偏好和需求记录，动态优化"智能化"助理服务。

智能助理也能根据用户的意愿成为"掌控中心",全方位安排用户的生活。

在新零售领域,个人智能助理也发挥着越来重要的作用,帮助人们更快、更精准地购物。便利和速度是人们获得良好购物体验的关键,通过收集用户的搜索记录、购物偏好、性格特质等数据,个人智能助理可以基于海量数据的分析和智能模型的计算为用户提供个性化、即时性、精准化的购物建议。

在线下门店里,个人智能助理可以利用自然语言处理技术与用户进行交流;结账时的自助扫码购,会节省用户的结账时间,让其购物更加便捷。在家中,个人智能助理可以给用户带来很大的便利,如提醒用户购买某种商品。

未来的个人智能助理将更加智能,能够像真人助理一样理解并回答用户提出的各种问题。由于它基于云平台,因此可以通过庞大的数据集不断学习和更新,并通过获取的最新数据,分析用户当前面临的问题并提供解决建议。借助个人智能助理,新零售可以在需求端实现"比你懂你""随处随想""所见即得"的服务体验。

18.3.2 零售新生态

重服务、低操作、高效率、精准个性化是智能零售的制胜关键,苏宁易购就是一个典型的例子。苏宁零售技术研究院院长王俊杰指出,未来属于智慧零售,苏宁易购将重点打造智慧零售供应链,在将各环节服务做到极致的同时,降低成本,给用户最优的反馈。他介绍说,苏宁易购在超过 1 000 个场景上,每天为 6 亿用户进行百亿次的个性化推荐,满足不同用户的需求;在无人门店方面,苏宁易购已经提供了 150 万人次的服务,为用户提供便捷的无感支付以及 7×24 全年无休的个性化服务;在智能客服方面,苏宁易购每日能够处理百万级的会话量,以及千万级以上的咨询量;与此同时,基于物联网、人工智能、内容及服务优势,苏宁易购打造了全场景智慧家庭解决方案。另外,在县镇市场,苏宁易购依托零售云平台将成熟的零售模式赋能给合作伙伴,选品、订货、营销、促销、陈列等统一运营,让零售商的门店可以全面共享苏宁易购的品牌、商品、销售、运营、市场、宣传、物流服务、金融等资源,让门店经营变得更简单、更有效率、更智能化。

未来人工智能在零售业中还有更多、更广泛的应用空间。例如,利用人工智能帮助零售企业管理库存,解决"商品缺货"的问题;利用人工智能监测天气、购买率和用户行为之间的关系,以及监测物流、库存、供应商等多个方面的数据,以便更好地管理供应链,确保合适的商品库存水平并避免脱销;利用人工智能帮助零售企业洞察用户,以制定更合理的营销策略;通过收集社交活动、行为等信息,人工智能可以在更细微的层面了解用户的需求,并将影响用户需求的各种因素纳入营销计划;利用人工智能帮助零售企业进行开店选址决策,可以将人口、交通、客流、竞争对手等多种因素考虑进去，为零售企业寻找一个开店的最佳位置。

目前，零售的线上线下业务已经开始融合，但是线上线下业务之间的壁垒仍然存在，随着人工智能、大数据等技术的发展，该壁垒终将会消失。零售企业通过商品、用户、支付等零售要素的数字化，采购、销售、服务等零售运营的智能化，可以更高的效率、更好的体验为用户提供个性化的商品和服务。

思 考 题

1. 智能时代的特征有哪些？
2. 人工智能在零售业中的应用有哪些？
3. 个人智能助理目前能实现什么功能？
4. 智能零售的发展趋势是怎样的？

参 考 文 献

[1] 王亚峰. 人工智能在零售中的应用[J]. 科技中国，2017(5)：57-60.
[2] 孙冰. 阿里巴巴联手"零售老大"百联打造新零售"样本"天猫：重构人货场　剑指新零售[J]. 中国经济周刊，2017(8)：44-47.
[3] 曾祥云. 人工智能推动无人零售崛起[J]. 企业管理，2017(11)：94-96.
[4] 刘晓楠，纪润佳，刘晓，等. "新零售"与人工智能深度融合的特点、机理及路径创新[J]. 商场现代化，2018(22)：10-11.
[5] 张力平. 虚拟个人助理予人智能生活[J]. 电信快报，2017(1)：42.

拓 展 学 习

人工智能：未来制胜之道

自20世纪50年代以来，在三次技术革新的浪潮中，人工智能诞生并发展。现阶段，人工智能正在从专有人工智能向通用人工智能发展，人工智能已不再局限于模拟人的行为结果，而拓展到"泛智能"应用，即更好地解决问题、有创意地解决问题和解决更复杂的问题。这些问题既包含人在信息爆炸时代所面临的信息接收和处理困难问题，也包含企业所面临的运营成本逐步增加、用户诉求和行为模式转变、商业模式被颠覆等问题，同时还包含社会亟须解决的自然环境治理、社会资源优化和维护社会稳定等问题。

1. 人工智能适于解决的商业问题

人工智能具备"快速处理"和"自主学习"两种能力,并已在图像识别、语言识别、自然语言处理等多个方面获得成功应用。研究发现,人工智能最适于解决符合以下特点的商业问题:第一,行业存在持续"痛点";第二,商业流程本身具备数字化的信息输入,而且问题可以被细分并被清晰地界定,商业流程存在重复,且对获得的结果的沟通以书面沟通或单向沟通为主;第三,商业流程较少受整体商业环境的影响。

2. 大数据是战略性竞争优势

数据是人工智能的基础,对企业而言,拥有针对特定领域的庞大数据集,是竞争优势的重要来源。现阶段,制约人工智能领域很多重大突破的关键,并非算法不够先进,而是缺乏高质量的数据集。

现阶段,特别是对创业企业而言,数据的来源主要有以下三种:第一,自筹数据,即从零开始,投入大量人力采集数据,或向用户提供照片处理等免费应用,以此来快速积累数据。第二,公共数据。通过公共数据开放平台获取数据。第三,产业数据协同,即创业企业或行业企业和产业链上游的数据或平台型企业建立合作,将对双方均有利的产品或数据连接起来。

3. 人工智能的发展

从人工智能的技术突破和应用价值两个维度来分析,未来人工智能将按照服务智能、技术突破、超级智能三个场景发展。未来3~5年仍处于服务智能阶段,即技术边际进步,应用海量扩展;中期人工智能将取得显著的技术突破,其应用向技术创新领域纵深拓展;长期人工智能将逐渐发展到超级智能阶段,技术和应用都极度拓展,人工智能将颠覆各个行业和领域。

在服务智能阶段,人工智能将率先在数据可得性高的行业应用。医疗、金融、交通、教育、零售等行业数据的数字化程度较高、数据较集中且数据质量较高,因此这些行业将会率先涌现出大量的人工智能应用场景。

4. 人工智能具有五大竞争定位模式,生态构建者是其中关键的一类模式

未来人工智能将呈现出若干主导平台加广泛场景应用的竞争格局,生态构建者将成为其中最重要的一类模式。按照产业链来分析,人工智能将呈现生态构建者、算法驱动者、应用聚焦者、垂直领域先行者、基础设施提供者五大竞争定位模式。

生态构建者以互联网企业为主,负责对包含基础计算能力、数据、通用算法、框架和技术,以及应用平台和具体解决方案的全产业链进行布局。它聚集了大量的开发者和用户。算法驱动者以软件企业为主,研发算法和通用技术,同时以场景应用作为流量入口。应用聚焦者以创业企业和传统行业企业为主,基于场景或行业数据,开发大量的细分场景应用。垂直领域先行者拥有杀手级应用(如出行场景应用等），积累了大量的用户和数据，并向产业链上游的技术和算法拓展，成为垂直领域的颠覆者。基础设施提供者，以芯片或硬件等基础设施提供企业为主，从基础设施切入，提高技术能力，向产业链上游的数据、算法等拓展。

5. 抓住战略性机遇，构建竞争优势

传统零售企业的竞争优势主要来自两个方面：第一，在布局上，传统零售企业有专有的固定资产、品牌、知识产权等资源，在所在领域取得了规模经济和范围经济，并通过门店和经销商网络建立了稳定的客户关系；第二，在自身的能力上，传统零售企业积累了独特的人力资源和技能，并且其流程尽可能精简。

大数据和人工智能将企业竞争带入新的发展时期，互联网不仅连接虚拟空间，还连接人和资产所在的现实空间。在人工智能时代，企业竞争优势转变为算法和数据资产，企业要建立学习网络和数据生态，全方位洞察用户，通过人工智能不断地学习和产生新的知识，同时在数据的驱动下进行自动决策。此外，为了实现快速转型，在人工智能时代构建新的竞争优势，传统零售企业需要与网络零售企业携手，不断探索新的商业模式。

参考资料：阿里云研究中心，人工智能：未来制胜之道。

郑重声明

高等教育出版社依法对本书享有专有出版权。任何未经许可的复制、销售行为均违反《中华人民共和国著作权法》，其行为人将承担相应的民事责任和行政责任；构成犯罪的，将被依法追究刑事责任。为了维护市场秩序，保护读者的合法权益，避免读者误用盗版书造成不良后果，我社将配合行政执法部门和司法机关对违法犯罪的单位和个人进行严厉打击。社会各界人士如发现上述侵权行为，希望及时举报，本社将奖励举报有功人员。

反盗版举报电话　（010）58581999　58582371　58582488
反盗版举报传真　（010）82086060
反盗版举报邮箱　dd@hep.com.cn
通信地址　北京市西城区德外大街4号
　　　　　高等教育出版社法律事务与版权管理部
邮政编码　100120

防伪查询说明
　　用户购书后刮开封底防伪涂层，利用手机微信等软件扫描二维码，会跳转至防伪查询网页，获得所购图书详细信息。也可将防伪二维码下的20位密码按从左到右、从上到下的顺序发送短信至106695881280，免费查询所购图书真伪。
反盗版短信举报
　　编辑短信"JB,图书名称,出版社,购买地点"发送至10669588128
防伪客服电话
（010）58582300